한국고전번역원 한국문집번역총서

송자대전 8

宋子大全

송시열 지음
宋時烈

양기정 옮김
김정기

일러두기

1. 이 책《송자대전》은《국역 송자대전》(1981~1988)의 미번역 부분을 포함하여 수정·번역한 완역서이다.
2. 이 책의 번역 대본은 한국고전번역원에서 간행한 한국문집총간 108~116집 소재《송자대전(宋子大全)》으로 하였다. 번역 대본의 원문 텍스트와 원문 이미지는 한국고전종합DB(http://db.itkc.or.kr)에서 확인할 수 있다.
3. 역주는 내용이 간단하면 간주(間註)로, 길면 각주(脚註)로 처리하였다.
4. 한자는 필요한 경우 이해를 돕기 위하여 넣었으며, 운문(韻文)은 원문을 병기하였다.
5. 원문의 오류를 수정하였거나 오류가 의심되는 경우, 교감자료와 중요한 자구(字句)에서 차이가 있는 경우에는 그 내용을 각주로 밝혔다.
6. '한글 맞춤법'의 용법과 다르거나 새로 만든 문장 부호는 다음과 같다.

   「 」: ' ' 안의 재인용을 나타낼 때 사용한다.

   『 』:「 」안의 재인용을 나타낼 때 사용한다.

   …… : 원문의 '云云'을 처리할 때, 각주에서 긴 인용문을 처리할 때, 각주의 표제어가 네 어절 이상일 경우 생략되는 말을 처리할 때 사용한다.

   - - : 본문에서 소자(小字) 원문 주(註)의 처음과 끝에 사용한다.

   □ : 원문의 글자가 빠진 빈 난을 표기하거나 '결락과 판독 불가 글자에 대한 지침'에 따라 번역할 때 사용한다.

   ▨ : 훼손 등으로 인해 판독이 불가능한 원문을 표기할 때 사용한다.

차례

송자대전 제36권

서 書

송자대전 제37권

서 書

송자대전 제38권

서 書

송자대전 제39권

서 書

송자대전 제40권

서 書

송자대전

제36권

書서

윤여임[1] 상거, 여망[2] 문거, 길보[3] 선거 에게 보냄 무자년(1648, 인조26) 11월

與尹汝任 商擧 汝望 文擧 吉甫 宣擧○戊子十一月

시열은 머리를 조아리고 두 번 절하고 아룁니다. 연산(連山)에서 작별한 지 벌써 며칠이 되었습니다. 장례[4]를 치르기 위한 제반 일은 이미 두서가 잡혀 가고 있으며, 여러 애시(哀侍)[5]는 기거를 잘해 나가고 계시는지요? 이전에 기력이 매우 상하고 쇠잔해진 것을 보았는데, 자신은 깨닫지 못해도 남은 알 수 있습니다. 효(孝) 때문에 효를 해치게 되는 것은 예(禮)의 근본으로 보면 옳지 않습니다. 삼가 바라건대 상을 치르면서 몸을 위태롭게 하지 말라는 경계를 깊이 유념하여 세도(世

1 윤여임(尹汝任) : 윤상거(尹商擧, 1603~1668)로, 본관은 파평(坡平), 자는 여임이다. 윤황(尹煌)의 아들이자 성혼(成渾)의 외손이다. 성문준(成文濬)의 문인이다. 《明齋遺稿 卷36 叔父庶尹府君墓誌》

2 여망(汝望) : 윤문거(尹文擧, 1606~1672)의 자로, 호는 석호(石湖)이다. 윤상거의 동생이다. 김집(金集)의 문인이다. 아들 윤단(尹摶)이 송시열의 사위이다. 《宋子大全 卷162 石湖尹公神道碑銘》

3 길보(吉甫) : 윤선거(尹宣擧, 1610~1669)의 자로, 호는 미촌(美村)・노서(魯西)이다. 윤상거, 윤문거의 동생이다. 김집의 문인이다. 본래 송시열과 교분이 두터웠으나 윤휴(尹鑴)를 두둔하다 사이가 벌어졌다. 《宋子大全 卷179 尹吉甫墓碣銘》

4 장례 : 윤황의 부인 창녕 성씨(昌寧成氏)의 장례를 가리킨다. 성씨는 1648년 9월에 별세하였다.

5 애시(哀侍) : 서간문에서 흔히 쓰는 말로, 거상(居喪) 중이면서 홀아버지나 홀어머니를 모시는 사람을 말한다.

道)와 붕우를 위한 계책으로 삼는 것이 어떻겠습니까.

일전에 계씨(季氏)의 큰아드님[6]이 첨부해 보내 준 별지(別紙)를 삼가 하나하나 자세히 읽어 보았습니다. 청송(聽松 성수침(成守琛)) 선생의 비석 음기(陰記)는 일전에 나 위솔(羅衛率)[7] 편을 통해 이미 편지를 써서 석실(石室 김상헌(金尙憲))께 거듭 여쭈었습니다. 우계(牛溪) 선생의 표음(表陰)은 당시 외성(外城)에 따라갔을 때 뵙고 여쭈었는데 바로 허락을 받았습니다.[8] 베끼는 일이 이미 완료되었으리라 생각됩니다. 보내 주신 편지에 "애시가 보내 준 붓이 그다지 좋지 않고, 다른 것을 찾아봐도 뜻에 걸맞지 않으므로 마음과 손이 서로 잘 호응하지 않는다."라고 하셨습니다. 임진년(1592, 선조25)에 관련된 한 가지 사항[9]은 미처 석실께 질문드리지 못하였는데, 앞서 편지에 대한 답서를 받은 뒤에 해도 늦지 않습니다.

저는 모친을 모시고 그럭저럭 지내다가 일전에 이우(李友)[10]와 함께 산에서 거처하고 있었는데, 갑자기 소명(召命)을 받고 허둥지둥 집으로 돌아와 사직 상소를 올리고 지금 한창 두려워하고 있습니다. 장례 시기가 만약 체직을 허락받은 뒤라면 마땅히 장례에 참석하겠습니다.

6 계씨(季氏)의 큰아드님 : 윤선거의 아들 윤증(尹拯)을 가리킨다.

7 나 위솔(羅衛率) : 익위사 위솔을 지낸 나성두(羅星斗)를 가리킨다.

8 우계(牛溪)……받았습니다 : 우계는 성혼(成渾)의 호이다. 송시열이 김집에게 김상헌이 새로 지은 성혼의 신도비문 글씨를 부탁한 것이다. 외성(外城)은 김집이 살던 연산(連山)의 지역을 가리킨다. 외성(巍城)이라고도 한다.

9 임진년에……사항 : 선조가 의주(義州)로 피난 갈 때 피난길 부근인 파주(坡州)에 살던 성혼이 선조를 찾아가 만나지 못했던 이유와 관련한 글을 가리킨다.

10 이우(李友) : 초려(草廬) 이유태(李惟泰)를 가리키는 듯하다.

부디 사서(司書)[11]로 하여금 저에게 시기를 알려 주게 하시는 것이 어떻겠습니까. 수성(隋城)의 큰아드님[12]과는 서신을 왕래해 보셨습니까? 처음에는 탐색하여 엿보고자 중간에서 서로 만나려고 하였으나, 지금은 제가 움직일 수 없는 형편입니다. 내일쯤 송형(宋兄)[13]과 사한(沙寒)[14]이라는 곳에서 만나 머물기로 약속했으니, 큰아드님이 틈이 있다면 부디 와서 만나도록 허락해 주시는 것이 어떻겠습니까. 하루치 양식을 준비하지 않아도 이를 수 있는 가까운 거리입니다.

○ 임진년에 관련된 한 가지 사항은 저의 소견으로는 마땅히 노선생(老先生 김장생(金長生))께서 들으신 것을 위주로 삼아야 하지만, 장(張)이 지은 글에 운운한 말[15]도 결코 그런 일이 없었다고 할 수 없으니,

11 사서(司書) : 상례(喪禮) 때 기록을 담당한 사람을 가리킨다.

12 수성(隋城)의 큰아드님 : 윤문거의 장남이자 송시열의 사위인 윤단(尹摶)을 가리키는 것으로 보인다. 수성은 수원(水原)의 고호(古號)이다.

13 송형(宋兄) : 동춘당(同春堂) 송준길(宋浚吉)을 가리키는 듯하다.

14 사한(沙寒) : 회덕 송씨들의 분묘가 있던 공주(公州) 사한리를 가리키는 것으로 보인다.

15 장(張)이……말 : 장유(張維)가 지은 성혼의 신도비에 "이듬해 왜구가 깊이 쳐들어옴에 따라 상이 장차 서쪽으로 피하려 한다는 말을 듣고 선생이 뛰어들어 국난을 구하려 하다가 스스로 생각하기를 '본디 산야에서 일어난 몸으로 현재 당파를 짓는다는 지목을 받고 밤낮으로 죄를 기다리고 있는 처지이니, 나라가 비록 위급하게 되었다 하더라도 의리상 감히 경솔하게 직접 나설 수는 없는 일이다. 승여(乘輿)가 만약 서쪽 지방으로 떠날 경우 길옆에서 곡하며 맞는 것이 마땅할 것이니, 그때 자문을 구하시는 은혜를 받게 되면 마땅히 대가(大駕)를 따를 것이요, 그렇게 되지 않으면 오직 물러가 구렁에 빠져 죽을 따름이다.' 하고 자제하였다. 그런데 얼마 뒤에 상이 갑작스레 도성을 떠날 계책을 결정하게 되었다. 선생의 집은 관로(官路)로부터 20리쯤 떨어져 있었는데, 거가(車駕)가 이미 임진(臨津)을 건넜다는 말을 듣고는 부랴부랴 그 뒤를 쫓아가려고

아울러 의심스러운 것은 의심스러운 대로 전하는 뜻을 견지하는 것이 주도면밀하고 조심스러운 방법인 듯합니다. 다만 그 정도로 물샐틈없는 엄밀함을 지닌 필력을 얻기는 어려울 듯합니다.

하였으나, 임진강 나루가 끊어진 데다 난병(亂兵)이 벌써 길들을 막고 있었으므로 마침내 통곡하면서 병든 몸을 이끌고 산속으로 피신하게 되었다."라고 한 것을 가리킨다. 《谿谷集 卷13 牛溪先生神道碑銘》

윤여임, 여망, 길보에게 보냄 기축년(1649, 효종 즉위년) 6월
與尹汝任汝望吉甫 己丑六月

무더위와 장마가 번갈아 극심한 가운데 여러 애시께서는 잘 견디고 계신지요? 그리움이 한량없습니다. 시열은 모친을 모시고 그럭저럭 보내다가 소지(召旨)를 받든 이후로는 달포를 머물면서 경거망동하는 계책은 감히 세우지 않고 있습니다. 지금 부곡(赴哭)[16]이 늦어진다는 이유로 사방의 질책을 심하게 받고 있습니다. 처음의 계책이 반드시 매우 완전하지는 않았다고 스스로 의심해 봅니다. 지금은 저 개인 소유의 말을 타고 장차 조금씩 전진하여 부곡하려는 것이지, 감히 소명(召命)에 달려가려는 뜻을 가진 것은 아닙니다. 하지만 이곳의 궁색하고 다급한 상황은 말로 표현할 수 없습니다.

듣자니 첨지(僉知) 애시께서는 객관을 떠난 지 벌써 오래되었다고 하는데, 이미 집에 도착했으리라 생각합니다. 딸아이가 왔을 때 불어난 물로 회덕(懷德)에서 막혔습니다. 그 아버지가 몸소 와서 데리고 가려고 하였는데, 물이 앞뒤로 범람하여[17] 나아가지도 물러나지도 못하여 함께 진북(鎭北)에 머물렀습니다. 그 아이가 상차(喪次)에서 조금 가깝다는 이유로 깊은 곳으로 더 들어가고자 하지 않으므로 그 어머니

16 부곡(赴哭) : 인조(仁祖)가 1649년 5월 8일에 승하하였으므로 그 상에 달려가 곡하는 것을 말한다.

17 물이 앞뒤로 범람하여 : 대본에는 '水前後懷襄'으로 되어 있다. 두주(頭註)에 "'水'의 위아래에 탈자(脫字)가 있는 듯하다."라고 하였다.

쪽 친척들이 벌써 와서 만나 보고 돌아갔습니다.

파주(坡州) 비문(碑文)[18]과 관련한 복잡한 사정은 다시 정백(靜伯)[19]을 통해 들었습니다. 너른 강호(江湖)에 한 마리 오리나 기러기처럼 보잘것없는 제가 본래 어떠한 영향을 끼치기에는 부족하나, 우선 잠시 서울에 다녀올 계획입니다. 감히 남들에게는 말하지 않을 듯합니다. 하지만 신독재(愼獨齋 김집(金集))와 이우(李友 이유태(李惟泰))는 도성에 들어간 지 이미 오래되었으니 합일된 논의가 벌써 있으리라 생각됩니다. 하고 싶은 말은 많지만 이만 줄입니다.

18 파주(坡州) 비문(碑文) : 성혼의 신도비 비문을 가리킨다. 본래 장유(張維)가 지었는데, 송시열은 장유가 삼전도(三田渡) 비문을 지었다는 이유로 김상헌(金尙憲)에게 개찬(改撰)해 주기를 청하였다. 《宋子大全隨箚 卷4》

19 정백(靜伯) : 이홍연(李弘淵, 1604~1683)의 자이다. 본관은 한산(韓山), 호는 삼죽(三竹)이다. 조희일(趙希逸), 정홍명(鄭弘溟)의 문인이다. 《宋子大全 卷168 左參贊李公神道碑銘》

윤여임, 여망, 길보에게 보냄 기축년(1649, 효종 즉위년) 8월
與尹汝任汝望吉甫 己丑八月

더위와 서늘함이 교체되는 시기에 여러 애시께서는 기력과 체력이 견딜 만하신지요? 괴롭게도 편지를 전할 인편이 없어 오랫동안 안부를 묻지 못한 채 늘 그리워하고 있었습니다.

시열은 일찍이 궁궐로 곡하러 달려갔다가 관직에 제수되었는데, 네 차례 상소를 올렸어도 체직을 받지 못해 부득이 명을 받들었습니다. 이는 출사하여 군주를 섬기는 하나의 중대한 일이어서 아무 생각 없이 구차스레 눌러앉아 있을 수는 없었습니다. 이에 등대(登對)할 기회를 얻어 대의(大義)를 은밀하게 아뢰려고 하였던 것입니다. 만약 성상의 뜻이 굳고 안정되셨다면 마땅히 저의 노둔한 재주나마 다해야 하고, 그렇지 못하시다면 마땅히 몸을 이끌고 물러나야 하는 상황이었습니다. 그런데 바로 지척에서 갑자기 막히고 보니, 비록 한탄스럽다는 하교가 내렸으나 견개(狷介)한 저의 성격에 의심과 두려움이 없을 수 없어 장차 상소 한 통을 올리고 사직하고 돌아오려고 하였습니다.[20]

20 지척에서……하였습니다 : 1649년 6월 초에 송시열이 효종의 부름에 응하여 상경하니, 효종이 진선(進善), 장령(掌令) 등 관직을 내려 예우하며 자신을 보필해 줄 것을 당부하였다. 송시열은 모친이 연로하다는 이유로 누차 사직을 청하였으나 윤허받지 못하였다. 6월 26일에 송시열이 사은숙배하고 소회를 진달하기 위해 입대(入對)를 요청하였으나, 효종은 "근래에 더위와 습기로 병이 났었는데, 지금 다시 몸이 불편하다. 이 때문에 인견(引見)할 수 없으니, 참으로 한탄스럽다."라는 전교를 내려 입대를 거절하였다. 이 전교를 받은 송시열은 상소 한 통을 올리고 곧바로 나왔다. 《承政院日記

승정원에서 먼저 미안한 일이라는 뜻으로 성상께 아뢰자, 성상께서는 여러 말씀으로 사과하시며 즉시 입대(入對)하도록 하셨는데, 저는 감히 구전(口傳)으로 회계하기를 "불행히도 병이 나서 어전에 나아갈 수 없습니다." 하고 마침내 도성 문을 나왔습니다.

상소가 들어가자 상께서 바로 여섯 승지를 인견(引見)하시고 눈물을 흘리며 자책한 뒤에 이어 만류할 방도를 물으셨습니다. 마침내 승지를 보내 교외에서 돈유(敦諭)하시니, 저는 바로 떠나기로 감히 결정하지 못하고 마침내 성곽 밖에 머물면서 상소를 올려 사양하였습니다. 하지만 이미 나온 이상 다시 들어가는 것은 사리에 맞지 않는 듯하였고, 또 성상의 뜻을 알지 못하는 상황에서 지레 먼저 관직을 받게 되는 우려를 면할 수 없었습니다. 그래서 이틀을 머무르고 바로 집으로 내려오려고 하니, 상께서 다시 비망기를 내려 자책하시며 승지로 하여금 유서(諭書)를 대신 짓게 하시고 예관(禮官)을 보내 타이르게 하셨는데, 저는 이미 길을 나섰으므로 추후에 보내왔던 것입니다. 돌아올 때 상소 한 통을 남겨 감히 머무를 수 없는 뜻을 진달하고 아울러 권계(勸戒)의 말씀 몇 조목을 올렸으니, 실로 우리 성상을 감히 버려두고 멀리 떠나 일신을 개결(介潔)하게 하려는 것이 아니었습니다.

그동안 복잡한 사정이 대략 이러한데, 온 세상 사람들의 분노와 비방은 견딜 수 없을 정도이고 심지어 감히 들을 수 없는 말도 지어내어 제가 한 말이라고 일컫고 있습니다. 말세에서 행세(行世)하기 어려운 것이 결국 이 지경에 이르렀습니다. 돌아온 뒤에 남겼던 상소에 대한 비답으로 인해 다시 사직 상소를 올리니 비지(批旨)가 더욱 융숭하였

孝宗 卽位年 6月》《宋子大全 附錄 卷2 年譜》

습니다. 이번 달 2일에 현도(縣道)에 병장(病狀)을 외람되이 올렸으니, 끝내 어떻게 결론이 날지 모르겠습니다. 이후의 거취 또한 어찌해야 좋을지 모르겠습니다. 답장하여 여쭙지 못해 부질없이 슬픔과 한이 맺혔습니다.

지난달 27일에는 전 대사헌 김집(金集)[21]과 대사성 김경여(金慶餘) 제공(諸公)이 인대(引對)를 통해 저의 일을 강력히 말씀드리고 또 저의 직임을 체직하였다가 다시 부를 것을 청하니, 상께서 그 진계(陳啓)가 옳다고 하셔서 벗어날 희망이 거의 있게 되었습니다. 하지만 인산(因山)이 장차 다가오니, 제공이 이때 감히 오지 않을 수 없다고 강력히 아뢰었다고 합니다. 도리가 정말 그러한지요?

내려올 때 함장(函丈)[22]께서는 저의 앞부분 행동에 대해서는 고인(古人)의 의리가 있었다고 하시며 경복(敬服)하는 뜻까지 보이셨습니다. 상께서 승지를 보내신 이후에는, 집으로 돌아가기로 결정한 것은 너무 지나치다고 하시며 두 차례 직접 왕림하셔서 머무르라고 권면하셨고 세 차례 자질(子姪)을 보내 타이르기도 하셨기에 본래 며칠을 더 머무르고자 했던 것입니다. 그런데 상께서 제가 떠나고자 하기 때문에 장차 유서를 내리시려 한다는 소식을 듣고는 임금을 협박한다는 혐의가 있을 듯했으므로 감히 머물 수 없었습니다. 함장께서도 엄히 질책해 마지않으셨으니, 제자가 함장을 대하는 도리에도 흠결이 있게 되어 매우 황공할 뿐입니다. 여러 애시께서 대략 전해 들어 거짓과 진실이 반반 뒤섞여 의아한 점이 없을 수 없기에 장황하게 말씀드리는

21 김집(金集) : 대본의 두주에 "'集'은 오자인 듯하다."라고 하였다.

22 함장(函丈) : 스승이라는 의미로, 신독재 김집을 가리킨다.

것을 꺼리지 않았습니다.

파주(坡州) 비문(碑文)을 개정(改訂)하는 일은 숙배하는 날에 석실(石室)에 들러 뵙고 여쭙고자 했으나, 실행하지 못한 채 왔습니다. 이미 비석에 새겨 어쩔 수 없으리라 생각합니다. 하지만 무중(武仲 유계(兪棨))의 의견도 일리가 있습니다. 어떻게 생각하십니까?

막내딸은 여막(廬幕)이 멀다는 이유로 다시 감히 옥천(沃川)으로 돌아가지 않고 있었는데, 지난달 그믐 이전에 그 어머니가 초정(椒井)에서 와서 그쪽으로 데리고 돌아갔습니다. 하지만 그 아이가 병든 남편을 간호할 수 없어 밤낮으로 애를 태우고 있으니, 자식에 대한 근심이 비록 깊다고 하나, 보내야 하는 상황입니다. 어떻게 생각하십니까?

저는 일찍이 진잠(鎭岑)의 산사에 머물렀는데, 어제는 태지(泰之 이유태(李惟泰))와 서산(西山)으로 돌아갈 것을 약속하고 보름 이전으로 계획을 잡았습니다. 명보(明甫 송준길(宋浚吉))는 열흘이나 보름쯤 올라가려고 하는데, 병으로 머뭇거리고 있을 따름입니다. 하고 싶은 말은 많지만 일일이 다 말씀드리지 못합니다.

윤여임, 여망, 길보에게 보냄 기축년(1649, 효종 즉위년) 9월
與尹汝任汝望吉甫 己丑九月

지난번 서산에 있을 적에 보내신 답장을 받고 알려 주신 뜻을 잘 알았습니다. 이어서 금협(錦峽)[23]으로부터 손수 써서 보내신 편지가 도착하니 더욱 위로됩니다.

시열은 노모를 모시고 그럭저럭 지내고 있습니다. 다만 막내딸이 추석 전날에 곽란을 앓아 거의 죽을 뻔하다가, 창질(瘡疾)에 시달려 때때로 음식을 폐한 채 누워 앓고 있습니다. 현재 욕법(浴法)을 써서 치료하고 있으나 아직 효과를 보지 못하여 매우 걱정스럽습니다.

인산(因山)이 벌써 다가와 신민(臣民)의 비통함이 더욱 깊습니다. 함장(函丈)과 청음(淸陰) 어른께서 모두 제게 올라와 국상의 발인(發靷)을 전송할 것을 명하시면서, 비록 관직이 없더라도 전함(前銜)을 지닌 사람은 모두 달려오니 지금 오지 않아서는 안 된다고 하셨습니다. 의리가 어떤지 모르겠습니다만, 군부(君父)를 장사 지냄에 후한 쪽으로 하는 것도 무방하다 여겼으므로 머뭇거리는 상황이었는데, 갑자기 시강원(侍講院)의 직임을 임명받고 보니 형편이 더욱 어렵게 되었습니다. 제 생각으로는 사사로운 걸음으로 올라가서 교외에서 전날 밤을 보낸 뒤에 곡반(哭班)에 참석만 하고 이어서 사직 상소를 올리고 돌아오려고 합니다. 어떻게 생각하시는지요?

대략 저의 뜻은 군주의 상(喪)에 재차 달려갈 필요는 없다는 것입니

23 금협(錦峽) : 이산(尼山)의 윤씨 형제들이 우거(寓居)하던 금산(錦山)을 가리킨다.

다만, 두 어른[24]과 서울에 올라간 세 벗[25]이 시의(時義)를 강력하게 말씀하고 있습니다. 청음 어른은 심지어 문밖까지 찾아오셔서 반드시 와야 한다는 뜻을 힘써 말씀하셨으니, 편지로 간절히 타이를 뿐만이 아니었습니다. 함장께서는 사우(師友)를 따르지 않고 독단하기를 좋아하는 것을 매우 준엄하게 꾸짖으셨습니다. 하지만 의리가 그렇지 않다면 어찌 억지로 좇을 수 있겠습니까.

다만 이천(伊川)의 한 가지 사례[26]가 저의 뜻과 부합하므로 이번 출행(出行)을 통해 저의 책임을 메우려는 것이고, 그런 뒤에 제가 원하는 바는 마음 편히 떠나는 것입니다. 이천의 생각은 붕당(朋黨)의 논의가 과격한 가운데 임금이 처음 즉위하였으니 한 달의 녹봉만 받고 곧바로 출사하지 않으려는 뜻을 이루는 것이었습니다. 이번에 곡송(哭送)으로 마땅히 녹봉을 받을 것이니 이로써 그 의리에 보답하고자 하는데, 어떻게 생각하십니까? 만나서 여쭙지 못하는 것이 한스럽습니다.

보내 주신 감은 매우 감사합니다. 다만 유곡(柳谷)[27]에 도착했을 때는 감이 너무 익어 버렸기에 이우(李友 이유태(李惟泰))가 노친(老親)께

24 두 어른 : 김집과 김상헌을 가리킨다.

25 세 벗 : 송준길(宋浚吉), 김경여(金慶餘), 이유태(李惟泰)를 가리킨다.

26 이천(伊川)의……사례 : 송 휘종(宋徽宗) 즉위년(1100)에 부주 편관(涪州編管)으로 있던 정이(程頤)가 권판서경국자감(權判西京國子監)에 제수되자 황제의 명에 응하여 낙양(洛陽)으로 돌아와서는 문인(門人)들에게 “상께서 처음 즉위하여 대은(大恩)을 가장 먼저 입은 마당에 이렇게 하지 않는다면 상의 덕의(德意)를 어떻게 받들 수 있겠는가. 하지만 내가 출사(出仕)할 수 없음은 이미 결정한 일이다. 한 달의 녹봉만 받고 나서 내가 하고 싶은 대로 하겠다.”라고 하였다. 《二程全書 附錄 伊川先生年譜》

27 유곡(柳谷) : 이유태가 살던 곳인 금산 유곡을 가리킨다.

드렸다고 합니다.

예(禮)에 대한 의문점은 보내 주신 의견이 정밀한 듯합니다. 그 가운데 제(祭)와 탈최(脫衰)를 두 가지로 보고자 하셨는데, 이는 옳지 않은 듯합니다. 〈소기(小記)〉는 단지 그 의미를 논했을 뿐, 이처럼 하고자 하는 것은 아닙니다. 나머지는 뒤이어 자세히 논하여 답장하겠습니다.

이 편지를 전하는 인편은 장단(長湍)의 종[28]인데, 마음대로 가다 머물다 하여 그가 문하(門下)를 꼭 방문할지 확신할 수 없으므로 잠깐 써서 회답합니다.

28 장단(長湍)의 종 : 송시열의 매부 윤염(尹爓) 집안의 종을 가리킨다. 윤염은 장단에 살았으며, 이성(尼城)의 윤씨와 가까운 일가이다.《宋子大全 卷196 郡守尹公墓表陰記》

윤여임, 여망, 길보에게 답함 기축년(1649, 효종 즉위년) 9월
答尹汝任汝望吉甫 己丑九月

아침에 장단(長湍)의 인편에 대충 편지를 써서 보냈는데, 특별히 사람을 보내 전해 온 편지가 홀연 도착했습니다. 위로와 감사의 마음이 번갈아 드는데 사례할 길이 없습니다.

말씀하신 진퇴(進退)의 설은 아침에 보낸 편지에서 대략 언급하였습니다. 대체로 이천(伊川)의 한 가지 사례는 본받을 만하지만 완전히 길을 잃는 지경에 이르지나 않을지 모르겠습니다. 석실(石室), 신독재(愼獨齋) 두 어른과 여러 벗은 함께 일하고자 하니 아마도 도(道)를 행할 만한 조짐이 있는 듯합니다. 하지만 이는 세상 물정 어둡고 재주 없는 제가 참여할 수 있는 일이 아닙니다. 교외의 곡반(哭班)에만 참석하고 이어서 사직 상소를 올리면, 비록 체직을 허락받지 못하더라도 또한 지난날의 잘못된 규례[29]를 사용하여 세상 사람들의 구설에 올릴 거리는 제공할 수 있을 것이니, 이 또한 하나의 방법입니다. 다만 신독재 문하에서 보고[30] 줄곧 간섭하니, 사소한 일이 아닙니다. 제가 우매하여 사리에 완전히 어둡기 때문에 스스로 군자(君子)에게 야단맞는 처지가 된 것이 아니겠습니까. 매우 두렵습니다.

29 지난날의 잘못된 규례 : 1649년 6월에 송시열이 상경하여 벼슬에 제수되었으나 한 달이 되지 않아 사직 상소를 올리고 낙향한 일을 가리키는 듯하다. 29쪽 주20 참조.

30 다만……보고 : 대본에는 '唯是愼齋門所見'으로 되어 있는데, 두주에 "'門' 아래에 탈자가 있는 듯하다."라고 한 것을 참작하여 번역하였다.

비문(碑文)의 일은 이미 이 지경에 이르고 말았으니, 어찌하겠습니까. 한스러운 점은 논의가 합일되지 못하여 사문(斯文)의 성대한 일에 한 점 유감이 없도록 하지 못했다는 것입니다. 후설(後說)[31]은 지난겨울에 보내 주신 것을 받고서 첨지(籤紙)를 붙이고 의문점을 기록하여 심력을 기울였는데, 다시 어떠한지 가르침을 주시니 매우 송구합니다. 천천히 살펴보도록 하겠습니다.

예에 대한 의문점은 별지에 참람히 논하였으니, 헤아려 가르쳐 주시기를 다시 바랍니다. 듣자니 막내딸이 훈계를 받아들이고 돌아간다고 하니, 삼야(三夜)의 감회[32]가 더욱 새롭습니다. 이장(李丈)께서 사위의 병증을 논한 것이 매우 상세하고 적절한 듯하니, 효과가 늦다 해서 싫어하여 버리고 빠른 방법을 찾지 않으시는 것이 어떻겠습니까. 석간주(石間朱)[33]는 보은(報恩)에서 나는 흔한 물건이라 구하는 데 어려움이 없었을 듯합니다. 마침 사형(舍兄)이 그쪽으로 가는 길이었기에 딸려 보냈을 뿐입니다. 나머지는 다 쓰지 못합니다.

31 후설(後說) : 윤선거가 성혼(成渾)이 무함받은 일에 대한 변론을 문답식으로 엮은 〈우계 선생 연보 후설(牛溪先生年譜後說)〉을 가리키는 것으로 보인다. 《魯西遺稿 卷14》

32 삼야(三夜)의 감회 : 친정 부모가 딸을 시가로 돌려보내는 서운한 심정을 말한다. 《예기》 〈증자문(曾子問)〉에 "딸을 시집보내는 집이 사흘 밤 동안 촛불을 끄지 않는 것은 서로 이별함을 생각해서이다."라고 한 데서 온 말이다.

33 석간주(石間朱) : 그림이나 도자기의 안료로 사용하는 붉은색의 흙이다.

윤여임, 여망, 길보에게 보냄 기축년(1649, 효종 즉위년) 12월
與尹汝任汝望吉甫 己丑十二月

한 해가 저물어 가는데 사모하는 마음은 날로 간절해집니다. 이번에 금리(錦里)에 사는 이우(李友 이유태(李惟泰))의 방문을 받고 아울러 애시(哀侍)들의 편지를 받았습니다. 애도하는 중에도 잘 견디고 계시다는 것을 알게 되니 위로되고 반가운 마음이 매우 큽니다. 더구나 큰아드님의 증세가 좋아졌다는 말씀을 들으니, 이보다 큰 다행이 어디 있겠습니까.

시열은 당초에 여러 사람을 따라 인산(因山)에 달려가 해야 할 예절을 다한 다음 진퇴를 오직 하고 싶은 대로 하려고 하였습니다. 그런데 뜻밖에도 조정의 상하가 저를 원수 붙잡듯이 하니, 저 하나의 몸과 마음도 어찌할 수 없었습니다. 지난달에야 비로소 관직을 벗어 버리고 돌아왔는데, 오랫동안 머물렀던 것이 저의 뜻은 아니었으나 어찌 감히 정길(征吉)의 괘상(卦象)[34]을 아는 사람이겠습니까.

다만 신독재(愼獨齋) 문장(文丈)과 송 중승(宋中丞)[35]은 수백 수십 근(斤)의 부담을 짊어지고 홀로 외로운 길을 가야 하는 심정을 지니고 있습니다. 이 몸은 비록 편하게 되었지만 남의 근심을 걱정하는 애타는

34 정길(征吉)의 괘상(卦象) : 《주역》 〈곤괘(困卦) 상육(上六)〉에 "움직일 때마다 후회가 있을 것이라 하여 후회하는 마음을 두면 떠나감이 길하다.〔動悔有悔, 征吉.〕"라고 한 것을 가리킨 말로, 벼슬길에서 빨리 떠나야 함을 뜻한다.

35 송 중승(宋中丞) : 송준길(宋浚吉)을 가리킨다. 중승은 사헌부 집의(司憲府執義)의 별칭이다.

마음을 견딜 수 없습니다.

대개 저는 본디 머무르고 싶지 않았고, 게다가 성상의 은덕과 예우가 날로 점점 융숭해져 참으로 우매하고 고루한 제가 감히 감당할 바가 아니었습니다. 그래서 놀라 두리번거리고 방황하다가 달아나듯 돌아와 버렸던 것입니다. 하지만 사우(師友)들은 거취의 형편이 크게 다르니 단지 나라를 위해 헌신할 뿐입니다.

무엇보다도 문장께서 더욱 낭패스러웠던 것은, 청음(淸陰) 어른께서 차자를 올려 임전(林銓)이 마땅히 양보해야 한다고 논했기 때문에[36] 문장 또한 필부들이 달아났던 것을 본받아야 했던 일입니다. 이미 교외로 나가자, 상께서 두 차례나 사관을 보내고 또한 불초(不肖)와 승지 중문(仲文 김익희(金益熙))을 인견(引見)하여 문장을 머무르기 할 수 있는 방도를 물으신 뒤에 마침내 중문으로 하여금 가서 사례하게 하였습니다. 그래서 문장께서 부득이 도로 들어가게 된 것인데, 평소에 지켜 온 겸손한 덕으로 보아 어찌 그 불안한 마음을 견딜 수 있었겠습니까. 생각건대 여러 애시께서 그 속사정을 잘 알지 못하겠기에 부질없이 언급하였습니다.

딸아이가 멀리 떠나게 되어 참으로 이별을 아쉬워하는 마음을 견딜 수 없습니다. 그러나 또한 다시 어찌할 수 있겠습니까. 옥랑(玉郞) 최 수재(崔秀才)[37]가 축취(逐臭)[38]하여 멀리서 찾아왔습니다. 비록 그

36 청음(淸陰)……때문에 : 임전은 이조 판서 임담(林墰)을 가리킨다. 1649년 11월 8일에 임담이 이조 판서에 임명되자, 10일에 영돈녕부사 김상헌(金尙憲)이 차자를 올려 낙향하려고 하는 부호군(副護軍) 김집(金集)을 임담 대신 이조 판서에 제수하여 붙들어 둘 것을 청하였다. 《孝宗實錄 卽位年 11月 8日, 10日》

37 옥랑(玉郞) 최 수재(崔秀才) : 옥랑은 사위의 미칭(美稱)이다. 최 수재는 윤문거

의 뜻이 매우 가상하지만, 저는 또한 몹시 부끄러워 얼굴이 붉어집니다. 시열이 오랫동안 이처럼 병으로 누워 있다가 딸아이가 떠나는 날이 박두했다는 말을 홀연 듣고 급히 이렇게 사람을 보내니, 그 아이가 떠나는 날이 과연 언제인지 알고 싶습니다.

(尹文擧)의 사위 최세경(崔世慶)을 가리키는 듯하다. 《宋子大全隨箚 卷4》

38 축취(逐臭) : 기호가 괴벽한 이를 좇는다는 말이다. 어떤 사람이 몸에서 몹시 악취가 나서 가족 친지들과 같이 살 수가 없어 스스로 괴로워하다가 혼자 바닷가에서 살았는데, 바닷가에 사는 사람이 그의 악취를 좋아하여 밤낮으로 떠나지 않고 따라다녔다는 고사에서 온 말이다. 《呂氏春秋 遇合》

윤여임, 여망, 길보에게 보냄 기축년(1649, 효종 즉위년) 12월
與尹汝任汝望吉甫 己丑十二月

그저께 답장을 써서 보냈는데, 받아 보셨습니까? 근래에 바람 불고 음산한 날씨에 춥기까지 하니, 병들지 않고 평안한 사람이 없습니다. 여러 애시께서는 기력이 견딜 만하신지요? 시열은 사직을 청하는 글을 올리자마자 처가 병을 앓고 있다는 소식을 들었습니다. 지금 짐을 싸서 돌아가려 해도 마부와 말이 없어 걱정입니다.

딸아이가 앓고 있는 병은 이미 완치 단계에 이르렀습니까? 날씨가 조금 누그러지면 귀녕(歸寧)을 잠시 허락해 주시기를 청하려 하는데, 또한 무릅쓰고 오다가 몸을 상하게 될까 두렵습니다. 모든 일을 잘 헤아려 알려 주시는 것이 어떻겠습니까?

어제 금리(錦里 이유태)의 편지를 받았는데, 장자(長者)와 아무개 벗이 시사(時事)를 담당하여 이처럼 힘이 미약한데도 남의 일 바라보듯이 하는 것은 매우 의리가 없는 것이라 하였고, 또 가림(嘉林)의 동지[39]가 조정에 나아가지 않는 것은 아무개 벗의 파급(波及)을 피하려는 의사가 조금 있기 때문이라고 하였습니다. 제가 물러나 엎드려 있는 것은 실로 저 스스로를 자세히 헤아려서이지만, 가림이 물러난 이유가 과연 그러하다면 개탄을 금할 수 없는 일입니다. 만약 다시 만나면 부디 자세히 상의해 보시는 것이 어떻겠습니까.

39 가림(嘉林)의 동지 : 임천(林川)에 살았던 시남(市南) 유계(兪棨)를 가리킨다. 가림은 임천의 옛 이름이다.

끝으로 해가 바뀌는 계절을 맞아 슬픔을 절제하고 자중자애하시기를 바랍니다. 이만 줄입니다.

윤여임, 여망, 길보에게 보냄 경인년(1650, 효종1) 1월

與尹汝任汝望吉甫 庚寅正月

세서(歲序)가 홀연 바뀌어 여러 애시의 효심이 더욱 망극하실 텐데, 위문드리지 못해 그리움만 절절할 뿐입니다.

시열은 노모를 모시고 새해를 맞이하니 기쁨과 두려움이 더욱 깊어집니다. 또한 점차 기력이 쇠하는 나이에 부모와 스승의 기대를 저버린 자신을 되돌아보매 부끄럽고 슬픈 탄식이 나오니, 어떻게 마음을 가눌 수 있겠습니까.

딸아이는 무사히 들어왔고 그 어머니의 병도 나아 가니 개인의 다행스러움은 형언하기 어려울 정도입니다. 다만 그 어머니의 병세가 더했다 덜했다 하니, 이것이 걱정입니다. 최생(崔生)[40]은 여러 날 같이 지내다가 갑자기 작별을 고하여 저의 마음을 매우 아프게 하였습니다.

유형(兪兄)[41]의 편지를 여러 번 읽어 보니 저도 모르게 시원해졌습니다. 오늘날의 취사(取捨)가 어찌 유독 일신의 형통(亨通)과 비색(否塞)일 뿐이겠습니까. 또한 묵묵히 관조해야 할 하나의 단서입니다.

장(張 장유(張維))의 문집은 일찍이 여관에 머물 적에 이기(理氣)를 논한 몇 판(板)을 대략 보았고, 그 나머지는 아직 못 보았습니다. 지금 보내온 말씀을 들으니 실망을 금치 못하겠습니다. 무주(婺州)에서 온갖 기괴한 학설이 거듭 발생하였으니, 어찌 백공(伯恭)이 창도(倡導)

40 최생(崔生) : 윤문거의 사위 최세경(崔世慶)을 가리키는 듯하다.

41 유형(兪兄) : 유계(兪棨)를 가리키는 듯하다.

한 것이 아니겠습니까.[42] 하지만 백공의 학문이 없었다면 폐단이 그보다 더했을 것이니, 참으로 이른바 '두려울 뿐이다.'라는 경우입니다.

시열은 바야흐로 비답(批答)을 기다리고 있는데, 그저 체직되기만을 바라고 있습니다. 요즘 날씨가 매우 춥습니다. 오직 절제하고 자중자애하여 저의 정성에 부응해 주시기 바랍니다.

○ 지난겨울에 중문(仲文 김익희(金益熙)) 영공(令公)이 말하기를 "근자에 승정원 고사(故事)를 열람해 보니, 영남(嶺南)의 정씨(鄭氏)[43]가 지은 옥당의 차자에서 우계(牛溪 성혼(成渾))와 송강(松江 정철(鄭澈))을 극력 비난하였는데, 심지어 '악독한 철과 흉악한 아무개〔毒澈凶某〕'라는 말까지 있었다." 하였습니다. 그렇다면 오늘날 일종의 논의는 그 근원이 깊은 것입니다.

42 무주(婺州)에서……아니겠습니까 : 무주는 남송(南宋)의 학자 여조겸(呂祖謙)의 고향이다. 주희가 문인 유청지(劉淸之)에게 보낸 편지에 "무주에 백공이 별세한 뒤로 온갖 괴이한 학설이 모두 발생하였다. 심지어 자약(子約)이 일종의 기이한 설을 별도로 주장하여 전혀 공자와 맹자의 가르침이 아닌 관중(管仲)과 상앙(商鞅)의 견해를 만들어 사람들을 놀라게 하였다. 하지만 이 또한 여백공의 학문에 다소 어물어물하여 명확하지 못한 점이 있어 이러한 결과를 초래한 것이다."라는 내용이 나온다.《晦菴集 卷35 與劉子澄》 백공은 여조겸의 자이고, 자약은 여조겸의 동생인 여조검(呂祖儉)의 자이다. 여조검은 형에게 배워 정자(程子)를 계승하면서 주희와 육구연(陸九淵)의 설을 절충하려 하였으나, 주희의 배척을 받았다.

43 영남(嶺南)의 정씨(鄭氏) : 《송자대전수차(宋子大全隨箚)》 권4에는 "우복(愚伏)을 가리키는 듯하다. 우복이 초년에는 우계를 매우 경시하고 모욕하였다가 만년에 오면서 잘못을 깨달았다."라고 하였다. 우복은 정경세(鄭經世)의 호이다.

윤여임, 여망, 길보에게 보냄 경인년(1650, 효종1) 2월

與尹汝任汝望吉甫 庚寅二月

봄추위가 한창 매서운 가운데 애시들께서는 모든 상황을 잘 견디고 계시는지요? 그리움이 날로 더합니다.

시열은 일전에 소명(召命)에 달려가 처음 경연에 들어가서 사욕(私慾)을 이기는 것과 백성을 보호하는 것을 강령으로 삼아 상께 아뢴 말씀이 거의 수천 마디였습니다만 대부분 받아들여지지 못했습니다. 말미에 유우(兪友)의 일을 언급하니[44] 상께서 목이 메어 말씀을 못 하셨습니다. 바로 성상 앞에서 사직을 청하였으나, 두 차례 피혐하고 세 차례 아뢰고 세 차례 상소를 올리고서야 비로소 체직의 허락을 받았습니다.

미처 서반(西班)에 부직(付職)되기 전인 6일에 도성을 나와 집에 이르렀는데, 곧바로 얼굴이 붓는 병을 앓아 얼굴이 정관(鼎冠)만 해졌습니다. 6, 7일 고통에 시달리다가 비로소 살아나고 있지만, 신기(神

44 유우(兪友)의 일을 언급하니 : 유우는 유계(兪棨)를 가리킨다. 송시열이 1650년 1월에 소명을 받고 입시한 자리에서 효종에게 유계가 올렸던 상소를 언급하면서 그를 서용할 것을 건의한 것을 가리킨다. 1649년 5월에 효종이 대행 대왕(大行大王)의 묘호를 '인조(仁祖)'로 정하자, 부수찬 유계가 상소하여 "우리 조종(祖宗)에 이미 인묘(仁廟)가 계시는데 오늘날 묘호에 다시 '인(仁)' 자를 쓴다면, 비록 전성(前聖)과 후성(後聖)께서 도리가 같고 법도가 같다고는 하지만, 어찌 혐의쩍은 일을 피하는 이치가 없을 수 있겠습니까."라고 하며 반대하였다. 이 일로 인해 유계는 효종의 눈 밖에 나서 임용에서 소외되다가 1650년 4월에 온성(穩城)에 원찬(遠竄)되었다.《孝宗實錄 卽位年 5月 23日》《市南集 附錄 卷1 市南兪公行狀》《宋子大全 附錄 卷2 年譜》

氣)가 위태하여 아직 인귀관(人鬼關)[45]을 완전히 통과하지 못하였습니다. 이때 만약 털끝만큼이라도 외부의 사기(邪氣)와 접촉한다면 바로 어찌할 수가 없게 될 것입니다.

도성에 있을 적에 보내 주신 편지와 별지는 잘 받았습니다. 하지만 마침 청음(淸陰) 어른과 동시에 도성을 떠나는 바람에 이 일이 마침내 차질을 빚게 되었습니다. 다만 떠나기에 앞서 이 보덕(李輔德)을 만나 상의하니, 이 보덕은 이 어른께서 그것에 대해 언급할 뜻이 없으시다는 이유를 대며 받으려고 하지 않기에 마침내 가지고 돌아왔습니다. 더구나 지금처럼 위급한 시기에는 더욱 적합한 일이 아니니 천천히 기다리는 것이 좋을 듯합니다. 비석을 운반하는 일은 이 보덕이 담당하기를 사양하지 않았으나, 지금도 일이 어렵다는 탄식을 면치 못하고 있는 형편입니다.[46]

시사(時事)에 대해서는 오히려 무슨 말을 할 수 있겠습니까. 처음에는 예닐곱 사람의 화복(禍福)[47]일 뿐이라고 여겼는데, 지금은 차마 말할 수 없는 설이 이처럼 생기고 보니 망극하고 망극합니다. 유우는

45 인귀관(人鬼關) : 《심경부주(心經附註)》 권2 〈성의장(誠意章)〉에 "뜻을 참되게 하는 공부야말로 사람이 되느냐 귀신이 되느냐 하는 관문이 된다. 이 하나의 관문을 통과해야만 비로소 전진할 수가 있다."라고 한 데서 온 말이다. 여기서는 병이 아직 완쾌되지 않은 것을 의미한다.

46 지금도……형편입니다 : 대본에는 '今亦未免難故之歎矣'로 되어 있는데, 두주에 "'故'는 오자인 듯하다."라고 한 것을 참작하여 번역하였다.

47 예닐곱 사람의 화복(禍福) : 《송자대전수차》 권4에서는 이에 대해 "당시 청음과 신독재(愼獨齋) 등 한 무리 사류(士流)들이 모두 물러나 변고에 대비하고 있었다."라고 하였는데, 아마도 청나라 사신이 왔을 때 일어날 수 있는 변고를 가리키는 듯하다.

사례(謝禮)하는 표문에 조제(弔祭)에 대한 조목 한 가지를 넣지 않았다는 이유로 또한 심문(審問)을 받는 대상에 응당 끼게 될 것입니다.[48] 무너진 둥지 아래에 어찌 온전한 알이 있겠습니까. 하지만 이는 조판서(趙判書)의 혀에 달려 있다고 합니다.

지금 영남(嶺南)의 상소[49]를 보니, 양현(兩賢)을 무함하고 비방한 것이 채진후(蔡振後)와 홍유부(洪有阜)[50]보다 열 배나 더합니다. 아마도 군중(群衆)을 믿고 능욕한 것이니, 이 무슨 작태입니까. 연명(聯名)한 자가 900여 명이라고 합니다. 손이 떨리고 정신이 혼미하여 근근이 지어 보냅니다.

48 유우는……것입니다 : 1649년 10월에 청나라 사신이 와서 인조의 상을 조문하고 효종을 책봉하는 책문(冊文)을 전하니, 조선에서는 11월에 청나라에 사은사(謝恩使)를 보내어 사례하는 표문을 올렸다. 청나라는 조선의 표문 중에 책봉에 대한 사례만 있고 조제(弔祭)에 대한 사례가 없는 점을 트집 잡아 1650년 2월에 다시 사신을 보내와 조제에 대한 사례가 빠진 것을 힐책하고 그 이유를 조사하였다. 해당 표문은 유계(兪棨)가 짓고, 조경(趙絅)이 대제학으로서 제술(製述)을 주관한 것이었다. 아래에 나오는 조판서는 조경을 가리킨다. 《孝宗實錄 1年 2月 8日》

49 영남(嶺南)의 상소 : 1650년 2월에 진사 유직(柳稷)이 소두(疏頭)가 되어 올린 연명 상소로, 이이(李珥)와 성혼(成渾)의 문묘 종사(文廟從祀)를 반대하는 내용이다. 《百拙庵集 附錄 行狀》《孝宗實錄 1年 2月 22日》

50 채진후(蔡振後)와 홍유부(洪有阜) : 채진후는 1635년(인조13) 5월에 생원으로서 소두가 되어 이이와 성혼의 문묘 종사를 반대하는 상소를 올렸던 인물이다. 《仁祖實錄 13年 5月 11日》 홍유부는 1649년 12월에 진사로서 이이와 성혼의 문묘 종사를 반대하는 상소를 올렸던 인물이다. 《承政院日記 孝宗 卽位年 12月 14日》

윤여임, 여망, 길보에게 답함 경인년(1650, 효종1) 3월
答尹汝任汝望吉甫 庚寅三月

병중에 애시께서 보낸 서찰을 받고, 아울러 은혜로운 약까지 받아 병이 나으니, 감사한 마음 비할 데 없습니다. 근래 여러 애시께서는 기거가 건승하신지요? 그리움이 간절합니다. 시열은 큰 병을 겪고 난 이후 조열(潮熱)과 설사로 매우 괴롭고 얼굴의 부기도 아직 다 가라앉지 않았으니, 인귀관(人鬼關)을 완전히 통과하지는 못한 듯합니다.

북쪽의 소식[51]이 비록 나쁘지만, 끊고 버려둔 지 이미 오래여서 놀라 동요하는 지경까지는 이르지 않았습니다. 다만 이로 인해 성상께서 크게 성취하시려는 뜻이 마침내 꺾여 버린다면 어찌 천고의 여한이 아니겠습니까. 더구나 변괴가 매우 급박하니 어찌 예닐곱 사람의 화복(禍福)에 그칠 뿐이겠습니까.

영남(嶺南)의 상소를 보니 악랄하여 차마 읽을 수 없었습니다. 이기호발설(理氣互發說)에 대해 주자(朱子)까지 아울러 공격하였다고 한 말[52]은 또한 한바탕 웃음거리도 되지 못합니다. 상주(尙州)의 진사 신

51 북쪽의 소식 : 김자점(金自點)이 이미 귀양 가자, 그의 무리가 서로들 스스로 의구(疑懼)하여 사류(士流)를 제거하기를 도모했는데, 김자점의 아들 김식(金鉽)이 부제학 신면(申冕)과 모의하여 청나라에 참소하기를 "효종이 신진 인물들을 등용하여 장차 큰일을 거행하려 한다." 하니, 청나라에서 1650년 2월에 파흘내(巴訖乃), 보대평고(甫大平古), 정명수(鄭命守) 등 사신 여섯 명을 보내 조사하게 하였다. 《孝宗實錄 1年 3月 1日》

52 이기호발설(理氣互發說)에……말 : 이이가 성혼에게 보낸 편지에 "선과 악은 판연

석형(申碩亨)은 사부(師傅) 신석번(申碩蕃)의 아우입니다. 그가 한 도에 통문(通文)을 돌려 변무(辨誣)하는 일을 벌이려고 하는데, 호응하는 사람이 대략 5, 6십 명쯤 된다고 합니다. 사람들 마음에 흡족한 일이기는 하지만 분란을 더 야기할 것이니 매우 염려스럽습니다.

황간(黃澗)과 영동(永同) 지역의 몇몇 사람들도 변무하려고 하면서 상소문 작성을 저에게 부탁하였으나 병중이라 해낼 수 없습니다. 부디 바라건대 몇 단락 긴요한 부분을 기초(起草)해 보여 주어 그들로 하여금 명백하고 통쾌하게 해 주시는 것이 어떻겠습니까. 영남의 상소는 송 진선(宋進善 송준길(宋浚吉))에게 등사(謄寫)해 보냈으니 구해 읽어 보시는 것이 좋겠습니다. 하고 싶은 말은 마음이 두렵고 손이 떨려 여기서 줄입니다.

(判然)히 다른 두 물건이지만 오히려 상대하여 각각 따로 나오는 이치가 없는데, 하물며 혼합되어 서로 떨어질 수 없는 이와 기가 어찌 상대하여 호발할 리가 있겠습니까. 만약 주자가 진정 이와 기가 서로 발용(發用)함에 상대하여 각각 나온다고 말하였다면 이는 주자도 잘못 말한 것이니, 어찌 주자라고 할 수 있겠습니까."라고 한 것에 대해, 유직의 상소에서 이이가 전현(前賢)을 헐뜯었다고 비판한 것을 가리킨다. 《栗谷全書 卷10 答成浩原》《孝宗實錄 1年 2月 22日》

윤여임, 여망, 길보에게 답함 경인년(1650, 효종1) 3월
答尹汝任汝望吉甫 庚寅三月

전후의 편지는 큰아우 편에 받았습니다. 일전에 금형(錦兄 이유태(李惟泰)) 편에 편지 한 통을 보냈는데 받아 보았으리라 생각됩니다. 날씨가 음산하여 날마다 좋지 못한 이때에 여러 애시께서는 잘 견디고 계시는지요? 간절히 그립다는 말이 진정 헛된 말이 아닙니다. 시열은 제대로 조섭할 줄 몰라 한 가지 병이 한 달이 넘도록 덜하다 더하다 하였는데, 현재는 두통에 시달려 번민과 피곤함을 견딜 수 없습니다.

시사(時事)는 시골에 묻혀 있는 사람이 알 일이 아닙니다. 다만 조정은 저들[53]이 함부로 사람을 죽이지 않았다고 서로들 축하하며 〈황곡(黃鵠)〉의 원한[54]이 있도록 내버려두었으니 눈물도 나오지 않습니다. 참으로 이른바 "이와 같은 기상과 규모로 어떻게 국사(國事)를 감당할 수 있겠는가."[55]라고 한 경우와 같으니, 매우 통탄스럽습니다.

53 저들 : 청나라 사신을 가리킨다. 48쪽 주51 참조.

54 황곡(黃鵠)의 원한 : 한 무제(漢武帝) 때 서방(西方)의 나라 오손(烏孫)과 우호를 다지기 위해 한나라 종실의 딸인 세군공주(細君公主)를 오손의 국왕에게 시집보냈다. 공주가 고국을 그리워하며 지어 부른 노래가 〈황곡〉으로, 〈비추가(悲秋歌)〉라고도 한다. 그 가사에 "언제나 고향이 그리워 마음 상하니, 고니가 되어 고향으로 돌아가고 싶어라.〔居常土思兮心內傷, 願爲黃鵠兮歸故鄕.〕"라는 구절이 있다. 《漢書 西域傳下》 1650년 청나라 사신이 왔을 때 종실인 금림군(錦林君) 이개윤(李愷胤)의 딸을 의순공주(義順公主)로 삼아 청나라 섭정왕(攝政王) 다이곤(多爾袞)에게 시집보냈기 때문에 송시열이 시사를 한탄한 것이다. 《宋子大全隨箚 卷4》

55 이와……있겠는가 : 주희가 위원리(魏元履)에게 보낸 편지에 "근래에 하나의 의론

보내 주신 편지에서 종사(從祀)에 관해 운운하신 말씀[56]은 청음(淸陰), 신독재(愼獨齋), 호형(濠兄)[57]의 의견이 어떤지 모르므로 말하지 않겠습니다.

저는 한 번 경연(經筵)에 들어갔다가 어려움을 알고는 물러가기로 결심하였는데, 겨를이 없었을 뿐만 아니라 저의 얕은 소견에 급급하게 큰일로 여기는 것이 따로 있었습니다. 이 의리가 밝혀지지 않으면 표장(表章)하는 은전(恩典)이 비록 융숭하더라도 한낱 쓸모없는 일이 될 뿐이기 때문입니다. 그래서 일찍이 호남(湖南)의 소유(疏儒)에게 말하기를 "오늘 위호(僞號)[58]를 쓰지 않아 퇴짜를 맞으면 바로 거두어 물러나라." 하였던 것입니다. 두 현인을 숭상하는 것은 바로 이 의리를 부지하기 위해서입니다. 두 현인이 허형(許衡)[59]에 대해 논한 것을 제가

이 올바른 사람의 입에서 나왔으나 흐리멍덩하여 그 말을 들으면 사람을 심란하게 만듭니다. 이와 같은 기상과 규모로 어떻게 국사를 감당할 수 있겠습니까."라는 말이 나온다. 《晦菴集 卷24 與魏元履書》

56 종사(從祀)에……말씀 : 이이와 성혼을 문묘에 종사하는 일에 대해 언급한 것을 가리킨다.

57 호형(濠兄) : 송준길(宋浚吉)을 가리킨다. 호(濠)는 송준길이 살던 호음천(好音川)을 가리키는데, '호(好)' 자와 '호(濠)' 자의 음이 비슷하여 이렇게 지칭한 것이라고 한다. 《宋子大全隨箚 卷3》

58 위호(僞號) : 청나라 연호를 가리킨다.

59 허형(許衡) : 1209～1281. 원나라 초기의 학자이자 문신으로, 자는 중평(仲平), 호는 노재(魯齋), 시호는 문정(文正)이다. 원나라 세조(世祖)의 부름을 받아 경조 제학(京兆提學), 국자 좨주(國子祭酒) 등에 임명되었다. 병으로 벼슬에서 물러난 뒤에는 순수한 주자학자로서 도학을 실천하는 것을 임무로 삼고 주자학의 기초를 닦았으며 주희와 육구연(陸九淵)의 학문을 조화하려 노력하였다. 송시열은 허형이 오랑캐인 원나라에서 벼슬했다는 이유로 폄하하였으며, 1657년 8월에 올린 〈정유봉사(丁酉封事)〉

일찍이 들었으니, 비록 시휘(時諱)에 저촉되기는 하겠지만 교화(敎化)를 세우는 것이 구차하게 그 일을 이루는 것보다는 참으로 나을 것입니다.[60] 사람이 미천하고 말이 부족하기에 청납(聽納)되지는 못했으나, 또한 인심이 이미 거의 사라져 부끄러워할 줄 모르기 때문이 아니겠습니까. 저의 의견은 이러한데, 혹시 고집스럽고 막히어 통하지 못하는 점은 없는지요? 다시 말씀해 주신다면 다행이겠습니다.

천식(賤息)[61]과 병중에 서로 헤어져 비록 허전함을 느끼지만, 일전에 같이 지낸 시간이 많았으니 어찌 지체하기를 더 바라겠습니까. 심하게 병이 더쳐 겨우 편지를 짓느라 말이 두서가 없습니다.

○ 금형(錦兄)의 의론은 어떠합니까? 일찍이 나를 찾아와서 "과감하게 결단했다가 일을 그르쳐 버렸다."라고 책망하기에, 내가 "일은 잘되기만 바라고 공은 이루어지기만 바란다면, 옛날에 크게 발길질하고 지극한 정성을 쏟은 분들[62]이 어찌하여 일을 이루지 못하고 그저 쓸쓸히 방황했겠는가. 더구나 지금은 일이 잘될지 안될지 단정할 수 없는 상황이 아닌가."라고 대답하였습니다. 고견은 어떠신지요? 가르쳐 주시기를 간절히 바랍니다.

에서 허형을 문묘에서 출향(黜享)할 것을 청하였다.

60 교화(敎化)를……것입니다 : '교화를 세우는 것'은 허형을 문묘에서 출향하는 것을 가리키고, '그 일'은 이이와 성혼을 문묘에 종사하는 일을 가리키는 것으로 보인다.

61 천식(賤息) : 자기 자식의 겸칭(謙稱)으로, 여기서는 윤문거(尹文擧)의 아들 윤단(尹摶)에게 시집간 송시열의 셋째 딸을 가리키는 것으로 보인다.

62 크게……분들 : 공자와 맹자를 가리킨다. 주희가 진량(陳亮)에게 준 편지에 "공자가 어찌 지극히 공정하고 정성스럽지 않았으며, 맹자가 어찌 거친 주먹을 휘두르고 크게 발길질하지 않았겠는가."라고 한 데서 온 말이다. 《晦菴集 卷28 答陳同夫書》

윤여임, 여망, 길보에게 답함 경인년(1650, 효종1) 4월
答尹汝任汝望吉甫 庚寅四月

가림(嘉林 유계(兪棨))이 유배된 뒤로 마음을 추스를 수 없어 공손히 편지 한 통을 지어 공산(公山)을 시켜 전달하게 하였는데, 아직 받아 보지 못하셨을 것입니다. 저는 심부름꾼이 전해 온 편지를 받고 근래 기거가 건승하심을 알게 되어 위로되고 기쁜 마음을 가눌 수 없습니다. 소소한 질환은 피하기 어렵다는 것을 잘 압니다만, 몸을 아끼고 사랑함에 반드시 좋은 방도가 있으리라고 생각됩니다.

시열은 산사에 병으로 누워 있어 한결같이 정신이 흐릿하나, 또한 사람들을 응대하는 고통에서 벗어나지 못한 채 분수에 따라 견디고 있습니다. 가림이 6일에 쓴 편지가 회덕(懷德)으로부터 전달되어 왔고, 이 외에 다른 것은 보지 못했습니다. 주문(朱門)에 계통(季通)을 전송하면서 눈물을 흘린 사람이 있었습니다.[63] 제가 이를 두고 '어떻게 그런 지경에 이를 수 있을까.'라고 생각한 적이 있었는데, 오늘 실제 그런 상황을 맞고 보니 참으로 그러합니다. 하지만 이것이 어찌 단지 그 한 사람 때문이겠습니까.

근자에 사헌부 관원이 이 일 때문에 모두 피혐(避嫌)하고 삭직을

63 주문(朱門)에……있었습니다 : 계통은 주희의 제자인 채원정(蔡元定)의 자이다. 1197년 1월 채원정이 '위학(僞學)'의 일원으로 몰려 도주(道州)로 유배되어 떠날 때 주희와 주희의 문인들이 정안사(淨安寺)에 모여 채원정을 전송하였는데, 유독 구응(丘膺)이 눈물을 그치지 않았다고 한다. 《晦菴集 續集 卷4 答儲行之》

청하였는데, 아뢴 대로 하라고 답하셨다고 하니 더욱 매우 두렵고 놀랍습니다.

아이의 굶주림은 저도 염려하고 있습니다. 여러 벗께서는 속히 구제해 주어야 할 것입니다만, 오래 지속할 수 있을지 장담하기 어렵습니다.

변무(辨誣) 상소[64]는 처음에 재〔嶺〕 밑 사람에게 부탁받고서 병이 나으면 지으려고 하였습니다. 이어서 관학(館學)의 부탁[65]을 받고는 3분의 1쯤 지었으나, 병으로 정신이 쇠락하여 매번 한두 줄을 지으면 문득 다시 멍해져서 반드시 서너 번 종이를 바꾸어야 합니다. 비록 억지로 짓더라도 사용할 수 없을 듯합니다. 탈고하면 마땅히 검토를 청하겠습니다.

상주(尙州)의 신석형(申碩亨)과 성산(星山)의 이석견(李碩堅) 등이 창의(倡議)하고 금산(金山)에서 회합하여 변무의 글을 봉하였고 오랑캐가 돌아가기를 기다렸다가 올리려고 합니다. 상소의 문장이 매우 좋은데, 보셨습니까? 이 글이 바로 유직(柳稷)의 회소(會所)에 보낸 단사(單辭)로, 신석형이 지었다고 합니다.

최생(崔生)은 소식만 듣고 보지는 못했는데, 병이 난 듯합니다. 이 사람이 염려스러운 것은 참으로 앞서 말씀하신 바와 같습니다. 조만간 저를 찾아온다면 마땅히 알려 주신 뜻으로 훈계하겠습니다.

○ 백분(伯奮 윤원거(尹元擧))의 부형(婦兄 아내의 오빠)인 정윤승(鄭

64 변무(辨誣) 상소 : 1650년 2월에 경상도 유생 유직이 소두(疏頭)가 되어 올린 이이와 성혼의 문묘 종사를 반대하는 상소에 대해 서인(西人) 측에서 올리려던 상소이다.

65 관학(館學)의 부탁 : 성균관 유생이던 김수항(金壽恒) 등도 이이와 성혼을 위해 변무 상소를 올리기 위해 송시열에게 상소를 기초해 줄 것을 부탁했다고 한다. 《宋子大全隨箚 卷4》

允升)이 향인(鄕人) 30인을 이끌고 신석형과 이석견의 모임을 쫓아냈는데, 언사가 매우 패악하였습니다. 제가 평소에 사람을 알아보지 못했으니 매우 뉘우칠 만합니다.

윤여임, 여망, 길보에게 보냄 경인년(1650, 효종1) 4월
與尹汝任汝望吉甫 庚寅四月

변무(辨誣) 문자는 본래 관학(館學)에 있는 여러 사람에게 맡길 만합니다. 우리처럼 이미 전리(田里)로 자취를 숨긴 사람들이 다시 젊은이 무리 속에 들어가 물결을 일으켜 파란을 조장하는 일을 하는 것은 합당하지 않습니다. 지난번에 석문(石門)[66]에서 이미 여러 번 부탁하였고 또 여러 벗에게 재촉받은 상황에서, 다시 생각해 보니 이 일이 관계된 바가 가볍지 않아 한 글자의 착오가 선인에게 누를 끼치고 후인에게 잘못을 끼칠 수 있기에 애써 응하였던 것입니다.

다만 큰 병을 앓은 뒤라 정신이 쇠락하였고, 또 사람들을 응접하는 번거로움을 괴로워하다가 입산한 뒤에야 겨우 마음을 쓸 수 있었습니다. 그러나 산속에서도 따라온 사람들이 날마다 시끄러운 짓을 일삼는 것을 피할 수 없었습니다. 모든 일은 전일(專一)하지 않으면 치밀하지 못한 법이니, 제가 쓴 글이 쓸 만하지 않다는 것을 절감합니다. 하지만 굳이 버리지 않고자 하신다면 행인(行人)과 동리(東里)의 손이 반드시 필요합니다.[67] 부디 여러분께서 통렬하게 수정을 가해 흠이 없도록 하여 다른 사람들의 지적과 논란이 없게 해 주시는 것이 어떻겠습니까. 하지

66 석문(石門) : 석실(石室) 김상헌(金尙憲)의 문하를 가리킨다.

67 행인(行人)과……필요합니다 : 다른 사람들의 검토와 윤문이 필요하다는 뜻으로, 공자가 이르기를 "사명을 만드는 데에 비심(裨諶)이 이를 초하여 짓고, 세숙(世叔)이 이를 토론하고, 행인 자우(行人子羽)가 이를 수식하고, 동리 자산(東里子產)이 이를 윤색하였다."라고 한 데서 온 말이다. 《論語 憲問》

만 말뜻이 너무 밖으로 드러나 함축적인 점이 부족하고, 충후하면서도 평이한 기상은 더더욱 없으니, 얼마 지나지 않아 옛사람을 비호하고 케케묵은 학설을 옹호하는 결과에 이르지 않겠습니까. 이것은 참으로 편협하고 고집이 센 제 성격의 여증(餘症)입니다. 산삭(刪削)하고 윤색할 때 극도로 손질을 가하여 예리한 칼끝은 숨기고 의리는 분명하게 해서 불로써 불을 끄는 폐단을 면할 수 있게 해 주시기 바랍니다.

다만 석문의 재촉이 이미 오래된 것이 염려스러운데, 이는 오랑캐 사신이 돌아가기를 기다렸다가 바로 진달하려던 것이었습니다. 지금 이미 늦은 듯하니, 부디 신속히 도모하십시오. 젊은이들로 하여금 한 통을 정사(精寫)하게 하여 유형(兪兄)의 편지와 함께 아울러 김수증(金壽增)과 김수항(金壽恒)에게 보내고, 제게는 다시 보내지 마십시오. 아직 호우(濠友 송준길)와는 상의하지 않았는데, 상의하여 고칠 곳이 있으면 마땅히 여기서 직접 김수증, 김수항에게 알려서 스스로 품정(稟定)하게 하겠습니다. 하지만 여러분께서 고칠 곳은 이 종이에 표기한 뒤에 바로 답장해 알려 주시는 것이 어떻겠습니까?

일찍이 호우, 금우(錦友 이유태)와 약속하기를, 유형(兪兄 유계)이 돌아오기를 기다렸다가 신문(愼門)으로부터 가림(嘉林 유계)의 우거(寓居)로 갔다가 이어서 여러분의 여막(廬幕)을 방문하여 얼굴을 맞대고 이 일을 논의하자고 하였습니다. 며칠 전에 홀연 방백(方伯)이 성상의 교지를 전유(傳諭)하니, 두렵고 놀라서 정신과 혼백이 모두 흩어졌습니다. 문자를 올려 대죄하고 이어 이렇게 엎드려 있으니, 지난날의 계획에 차질이 생겼을 뿐만 아니라 이후로 여러분을 찾아가 뵙는 것도 기약이 없습니다. 매우 서글퍼하면서 운명이 기구함을 탄식합니다.

윤여임, 여망, 길보에게 답함 경인년(1650, 효종1) 4월

答尹汝任汝望吉甫 庚寅四月

전후로 보내 주신 편지를 하나하나 잘 받았습니다. 유형(兪兄 유계)과 했던 계룡산(鷄龍山) 약속에 가려고 그끄저께 병을 무릅쓰고 지름길로 달려갔는데, 중도에 홀연 그에게 온성(穩城) 유배의 명이 내렸다는 소식을 듣고는 놀랍고 두려워 어찌해야 할지 몰랐습니다. 성인(聖人)이 다스리는 세상에 이러한 소식을 들으리라 상상이나 했겠습니까. 며칠에 명을 듣고 며칠에 유배길에 오르는지요? 언로에 있는 제공(諸公)은 입을 다물고 팔짱을 낀 채 그가 대령(大嶺)을 넘어가도록 내버려 두는 것입니까? 만사가 답답하니 부디 가르침을 주시기 바랍니다.

지난 편지에서 타이르신 말씀은 하나하나가 타당하니 감히 의거하여 따르지 않을 수 있겠습니까. 다만 큰 병을 앓은 뒤로 정신이 쇠락하여 붓을 잡고 생각을 글로 쓸 때면 멍하여 마치 운무가 가슴에 가득 찬 듯합니다. 비록 혹시 억지로 짓더라도 흡족하지는 못할 듯합니다. 몇 권의 책도 아울러 잘 받았습니다.

시열은 이미 여기에 왔으나 계룡산을 혼자 유람할 생각은 없습니다. 마땅히 진촌(鎭村)에 칩거하면서 수십 일 동안 조섭하는 기회로 삼으려 합니다. 병세가 호전된다면 돌아갈 때 혹시라도 길을 둘러 가서 뵐 수 있으련만, 기약할 수는 없습니다.

무형(武兄)[68]의 본가에 혹시 이러한 인편이 있습니까? 편지 한 통을

68 무형(武兄) : 자가 무중(武仲)인 유계(兪棨)를 가리킨다.

조만간 보낼 계획입니다. 부디 가림(嘉林)에 전달해 주시는 것이 어떻겠습니까. 그 집이 정착할 곳이 없으리라 생각되고 굶주림도 염려되지만, 저 같은 사람은 도울 수 없는 형편이라 그저 혼자 슬퍼하고 탄식할 뿐입니다. 나머지는 병으로 혼미하여 이만 줄입니다.

윤여임, 여망, 길보에게 보냄 경인년(1650, 효종1) 6월
與尹汝任汝望吉甫 庚寅六月

근래 찌는 듯한 더위에 애시들의 기거가 건승하신지요? 저는 그리움이 날로 더합니다. 지난날에 중이 돌아가기에 창졸간에 답장을 써서 보내서 아쉬움의 탄식이 지금껏 간절했습니다.

소본(疏本)은 서울의 여러 사람이 이미 기다리고 있는 마당에 제가 마땅히 더욱 상의하고 수정해야 하는데, 병의 고통이 점점 심해져 착수하지 못하고 있으니 한탄스럽습니다. 바라건대 애시들과 유형(兪兄)이 다시 의논하여 충분히 흡족하게 만들어 주시는 것이 어떻겠습니까.

앞서 소본의 문간공(文簡公 성혼)에 관한 한 단락은 참으로 자세하여 더는 유감이 없으나 조금 번잡한 느낌이 있으니, 약간 잘라 내 줄이는 것이 어떻겠습니까? 앞서 소본을 저쪽에 보냈는데, 저쪽의 대답은 어떠합니까?

근자에 듣자니 영남에 크게 싸움이 일어나 다시는 사대부로 서로 대하지 않고 이적(夷狄)과 금수(禽獸)로 지목하면서 신석형(申碩亨) 등 여러 사람을 쫓아냈다고 합니다. 참으로 놀랍고 한탄스럽습니다.

시열은 근래 다시 복창증(腹脹症)을 앓아 식음을 전폐하니 번민이 날로 더합니다. 이러하고도 죽지 않는 사람을 아직 못 보았으니, 또한 어찌하겠습니까. 새로 내린 명에 대해 병장(病狀)을 올려 체직을 청한 지 6, 7일이 되었는데, 어떻게 결정될지 모르겠습니다.

신 승지(申承旨)가 사직 상소에서 분노를 한없이 표출하여 사람을 전율케 합니다.[69] 《퇴계집(退溪集)》을 봉납합니다. 나머지는 병으로 심란하고 누워 쓰느라 갖추어 쓰지 못합니다.

69 신 승지(申承旨)가……합니다 : 신 승지는 신면(申冕)을 가리킨다. 1649년 10월 김자점(金自點)의 당이라는 탄핵을 받아 찬축(竄逐)되었다가 이듬해 6월 승지에 제수되자 자신은 김자점과 관련이 없으며 억울하게 산림(山林)의 무고를 받았다는 내용의 사직 상소를 올렸다. 《孝宗實錄 1年 6月 3日》

윤여임, 여망, 길보에게 답함 경인년(1650, 효종1) 8월
答尹汝任汝望吉甫 庚寅八月

병중에 그리움으로 한층 더 괴롭던 차에 은혜로운 편지를 받고 애시들의 기거가 건승하심을 알게 되니 매우 고맙고 위로되어 무어라 표현할 길이 없습니다.

월초에 옥천(沃川)에 있으면서 문의하시는 편지와 별지를 전해 받고 매우 위로되었습니다. 별지는 말이 엄숙하고 의리가 중하니 저를 계도해 주신 것이 참으로 많았습니다. 제가 비록 매우 유치한 식견을 지녔으나 어찌 몽매함을 깨치지 않겠습니까. 다만 제 소견으로는 오늘의 일을 대소를 가지고 말하면 삼강(三綱)이 무너졌고, 의론에 본디 선후의 차례가 있으니 본말을 가지고 말하면 성상께서 뜻을 굽혀 도(道)를 구하고자 하지 않으시므로 아뢸 경우 성상의 마음을 격노하게 할 뿐입니다.

지난해 한 통의 글[70]을 올려 춘추대의(春秋大義)와 수공전(垂拱殿) 주차(奏箚)[71]의 의미에 대해 극론하였습니다. 비록 넉넉한 칭찬을 받았

70 한 통의 글 : 송시열이 1649년 8월에 효종에게 올린 〈기축봉사(己丑封事)〉를 가리킨다.

71 수공전(垂拱殿) 주차(奏箚) : 수공전은 송나라 황궁의 전각으로, 황제가 정무를 처리하고 신하를 접견하던 곳이다. 송 효종이 즉위하여 직언을 구하는 조서를 내리자, 이듬해 1163년 11월에 주희가 수공전에 입대하여 주차를 세 차례 올렸다. 그 주차의 첫 번째는 정심성의(正心誠意)와 격물치지(格物致知)의 학문을, 두 번째는 이적(夷狄)을 물리치는 복수의 대의를, 세 번째는 내정(內政)을 닦고 간신(奸臣)을 물리칠 것을

으나, 이후로 바로 일이 어긋나 지금은 이미 한가한 처지에 있습니다. 다시 소장을 올려 성상의 눈을 어지럽힌다면 "자주 간하면 욕을 당한다."라는 경계를 범할 듯합니다. 그래서 일전의 사직 상소에서 단지 주자가 학문을 논한 것 및 천리(天理)와 인욕(人慾)을 논한 내용의 글을 올리고, 생각하기를 '성상의 마음이 만약 이를 통해 불이 처음 타오르고 샘이 처음 솟아나는 것[72]처럼 된다면, 더 이상 족히 할 것이 없게 되고 부정을 물리치고 유가의 도를 지키는 일이 차례로 이루어질 것이니, 아마도 또한 조짐으로 삼을 수 있을 것이다.' 하였습니다.

그 후에 간관(諫官) 장응일(張應一)의 소본(疏本)을 보니 비방하며 배척한 것이 매우 심하여 심지어 임금을 무시했다고 지목하였습니다.[73] 마침내 당시에 자세히 살펴 죄를 무릅쓰고 진언하여 그 죄명을 실증(實證)하지 못한 것을 후회하였습니다. 하지만 성상의 비답도 기뻐하시는 뜻이 없었습니다. 그러므로 오랑캐 사신이 돌아가고 성균관의 소란[74]

논하는 내용이었다. 《朱子年譜 與魏元履書》

72 불이……것 : 《맹자》 〈공손추 상(公孫丑上)〉에 "나에게 있는 사단(四端)을 다 넓혀서 채울 줄 알면, 마치 불이 처음 타오르며 샘물이 처음 솟아나는 것과 같을 것이다."라고 한 데서 온 말이다.

73 간관(諫官)……지목하였습니다 : 1650년 7월 7일 사간(司諫) 장응일이 상소를 올려 붕당의 폐해를 논하였는데, 그 내용 중에 "산림의 학덕 높은 선비들까지 색목(色目) 속에 걸려 있고 대로(大老)마저도 붕당의 논의를 주장하고 있으니, 다른 사람들이야 무슨 말을 하겠습니까. 어지럽게 떠들고 다니면서 임금을 두려워할 줄 모르니, 전하께서 신하들에게 경시되는 현실이 안타깝기만 합니다."라는 말이 있다. 《承政院日記 孝宗 1年 7月 7日》 상소 내용 중에 대로는 김상헌을 가리킨다.

74 성균관의 소란 : 경상도 유생 유직(柳稷)이 이이와 성혼의 문묘 종사에 대해 반대하는 상소를 올리자, 성균관 유생들이 그를 부황(付黃)에 처하였다. 효종이 엄지(嚴旨)

이 진정되기를 기다렸다가 몇 명의 동지들과 연명(聯名)으로 밝게 변론하려고 합니다. 하지만 의리가 어떠한지는 모르겠습니다.

소본은 가림(嘉林 유계(兪棨))의 가장 나중 뜻으로 수정하였는데, 산정(刪定)이 이미 끝났으나 필사할 사람이 없어 봉납하지 못했습니다. 다만 병은 날로 더욱 고통스러워지고 의원과 약물은 끊긴 상황에서 매번 애를 쓰며 해내고 있으나 정신이 산란하여 항시 쓰러져 눕기를 생각합니다. 조물주가 이 몸을 얼마 동안이나 이승에 잡아 두려는 계획인지 모르겠습니다.

제 처의 혈붕증(血崩症)은 본래 고질병입니다. 지금 약 덕분에 바로 멈추었기 때문에 신우(申友)가 그렇게 말했던 것입니다. 하지만 이처럼 기구한 운명에 어찌 바다를 헤쳐서 불을 찾는 기적이 있겠습니까.

삼가 듣건대 네 분이 내우(內憂)를 오래 치르느라 편안하지 못하시다니, 매우 염려됩니다. 딸아이는 먼 곳으로 옮겨 간다 들었으나, 병으로 가서 만나 보지 못하니 제 마음이 더욱 좋지 않습니다.

가림의 편지는 잘 받았습니다. 금리(錦里)에서 아직 앞서의 편지가 전달되지 않았는데, 혹시 제관(濟館)[75]에서 지체되어 있는지요? 근자에 듣자니 금리에서 곤액을 매우 심하게 당했다는데,[76] 어찌 제류(儕

를 내려 유직에 대한 처벌을 풀어 주라 하니, 성균관 유생들이 동맹 휴업인 권당(捲堂)을 하였다. 《孝宗實錄 1年 7月 3日》

75 제관(濟館) : 금산(錦山)의 속역(屬驛)인 제원역(濟原驛)의 우관(郵館)을 가리키는 듯하다.

76 금리에서……당했다는데 : 1650년 봄에 금산(錦山)의 향인(鄕人) 박정(朴珽)이 김자점(金自點)의 사주를 받아 이유태(李惟泰)를 무욕(誣辱)했던 일을 가리킨다. 이유태의 종형(從兄) 이유항(李惟恒)의 묘를 쓴 곳이 박정 처의 무덤과 가깝다는 것을

流)들의 운기(運氣)가 서로 얽혀 있어 그러한 것이 아니겠습니까. 하고픈 말은 기력이 없어 다 하지 못합니다.

트집 잡아 박정이 행패를 부리고 관찰사에게 정소(呈訴)하였다.《宋子大全隨箚 卷3》《孝宗實錄 2年 4月 17日》

윤여임, 여망, 길보에게 답함 경인년(1650, 효종1) 8월

答尹汝任汝望吉甫 庚寅八月

전에 올린 답장은 받아 보셨는지요? 오늘 아침 옥천(沃川)에서 심부름꾼이 와서 금리(錦里)에서 보내신 편지를 전해 주었습니다. 말씀하신 것을 읽고 위로되는 마음을 이길 수 없습니다. 보내 주신 이른 감〔早柿〕은 더욱 감사합니다. 시열은 이미 병이 온몸에 퍼졌고 처도 병들어 마음을 끓이고 있으니, 이곳의 근심은 이루 다 형언할 수 없습니다. 딸아이가 떠나는 것을 빨리 가서 전송하고 겸하여 여러분을 문후하고 싶지만 병이 이러하니 한탄만 할 뿐입니다.

제가 《율곡전서(栗谷全書)》를 보고자 하니, 보내 주시기를 간절히 바랍니다. 《우계집(牛溪集)》 잡설(雜說) 중에 남(南)이 보낸 갖옷을 받지 않은 민장(閔丈)은 성함이 무엇입니까?[77] 지금 후손이 있습니까? 그 내용 중에 이른바 '남(南)의 행실'이라는 것은 무슨 일을 가리킵니까? 남은 퇴계(退溪)의 문인이 아닙니까? 그리고 선생께서 양생(梁生)에게 남명(南冥)의 적절하지 못한 점을 말씀하셨는데,[78] 어떠한 이

77 우계집(牛溪集)……무엇입니까 : 《우계집》 권6 〈잡기(雜記)〉에 "용강 현령(龍岡縣令) 민장이 부임할 때 남시보(南時甫)가 갖옷을 보내며 말하기를 '추운 겨울 북쪽 길을 가시기에 삼가 드리는 것입니다.' 하였다. 그러나 민장은 사양하고 받지 않으며 말하기를 '내 일찍이 갖옷을 입지 않았으니, 이것이 없더라도 춥지 않을 것입니다.' 하였으니, 이는 남시보의 행실을 부족하게 여겨 받지 않은 것이었다."라는 말이 나온다. 민장은 1576년(선조9)에 용강 현령에 부임했던 민순(閔純)을 가리키는 것으로 추정되며, 남(南)은 자가 시보(時甫)인 남언경(南彦經)을 가리킨다.

야기입니까? 이 일을 매번 만나 묻고 싶었으나, 병으로 그러지 못하고 문득 편지에 아뢰니 매우 송구스럽습니다.

78 선생께서……말씀하셨는데 : 《우계집》 권6 〈잡기〉에 "지난여름 양홍주(梁弘澍)가 우계서당(牛溪書堂)에 와서 책을 읽으면서 함께 이야기하던 차에 남명 선생의 학문을 말하면서 퇴도(退陶) 선생보다 훨씬 더 추존하였다. 이에 내가 그에게 이르기를 '퇴도는 학문이 매우 심오하지만, 남명의 학문은 이만 못한 듯하다.……남명의 높은 절개는 사람들이 따를 수 없으나, 그의 언론(言論)과 풍지(風旨)를 보면 적절하지 않은 점이 있으니 배워서는 안 될 듯하다.' 하였다."라는 말이 나온다.

윤여임, 여망, 길보에게 보냄 경인년(1650, 효종1) 9월

與尹汝任汝望吉甫 庚寅九月

세월이 빠르게 흘러 상일(祥日)이 점점 다가옵니다. 애모의 심정이 더욱 지극해지셨을 텐데 어떻게 견디고 계시는지요? 그리움이 더욱 깊어 갑니다.

시열은 액운이 거듭 이어져 제 자신의 병이 점점 심해지는 가운데 병든 처의 증세도 10일쯤부터 위독해져서 여러 날 동안 기식(氣息)을 살피며 지켜보았습니다. 다행히도 한 줄기 생기가 돌아온 지 겨우 2, 3일 되었습니다. 이로 인해 저의 병도 더쳐서 엄엄하기가 마치 숨이 거의 끊어진 사람과 같습니다.

일전에 애시(哀侍) 조완배(趙完培)[79]가 그 선인(先人)의 만사(挽詞) 몇 편을 등사해 보내오면서 그것을 전해 주기를 원했습니다. 성 선생(成先生 성혼(成渾))의 문집에서 사실을 살펴 증거로 삼으려는 것이 아니겠습니까. 이정(二程)의 전서(全書)는 구산(龜山)으로부터 나와 연평(延平)에 전해졌으니 그 전래가 확실하다고 할 수 있으나, 오히려 유 광평(游廣平)의 글을 뒤섞어 놓아 회암(晦菴)에 이르러서야 비로소 변별되었습니다.[80] 그러니 이와 같은 일은 고금을 따질 것 없이 참으로

79 조완배(趙完培) : 중봉(重峰) 조헌(趙憲)의 서자이다.

80 이정(二程)의……변별되었습니다 : 정호(程顥)와 정이(程頤)의 《이정문집》은 구산 양시(楊時)로부터 나와 연평 이동(李侗)에게 전해졌는데, 중간에 광평(廣平) 유작(游酢)의 글이 섞여 들어갔다. 주희가 이 오류를 지적한 바 있다.《二程文集 附錄 卷下 朱子辨論胡本錯誤書》

정하기 어렵습니다. 저와 같이 한 구절로 단정하는 자는 탁월한 지혜를 지닌 사람이 아니라면 필시 망녕된 사람일 것입니다.

언젠가 파산(坡山)에 크게 "처사성모(處士成某)"[81]라고 쓴 네 글자의 어제(御製)가 있는 것을 보았습니다. 이것은 분명히 초년에 임금과 뜻이 맞았을 때 받은 은혜로운 글씨입니다. 제가 모사 판각하고, 또 그 아래쪽에 "선묘어필(宣廟御筆)"이라는 네 글자의 소주(小註)를 달아 세상에 전하려고 합니다. 이 또한 한 가지 일인데, 여러분의 의견은 어떠하신지 모르겠습니다. 나머지는 마음이 너무나 불안하여 다 쓰지 못합니다.

81 처사성모(處士成某) : 본래 "처사성혼(處士成渾)"이라고 쓰여 있었을 것인데, 윤상거(尹商擧) 형제들이 성혼의 외손이므로 송시열이 피휘(避諱)한 것이다.

윤여임, 여망, 길보에게 답함

答尹汝任汝望吉甫

초삼일(初三日)의 장례[82]는 당기거나 늦추는 일이 없었으리라 생각됩니다. 그 뒤로 기거가 어떠한지 여쭐 길이 없었기에 그리워하는 일념이 잠시도 풀리지 않았습니다. 시열은 산속에서 병들어 칩거한 채 글을 보고 있는데 하루에 몇 판(板)에 불과하고, 확실하게 힘을 쏟은 곳이 전혀 없으니 한탄스럽습니다.

지난달에 신독재(愼獨齋) 함장께서 애시들이 전후 상의 발인 때 입은 복(服)을 보고 언급하셨습니다. 저는 전상(前喪)이 비록 중하나 시마복(緦麻服) 때문에 최복(衰服)을 버릴 수 없다고 생각합니다. 그리고 복인(服人)들이 모두 최복을 입는 상황에서 효자들이 도리어 시마를 입어 편치 않았을 듯합니다. 어떻게 생각하시는지요? 제 소견이 진실로 꼭 옳은 것은 아니지만, 그 당시에 여쭙지 못하여 매우 부끄럽고 한탄스럽습니다.

듣자니 사의(司議) 어른[83]의 장례일이 또한 가까워졌다고 합니다. 슬프고 사모하는 마음을 가눌 수 없으리라 생각됩니다.

82 초삼일(初三日)의 장례 : 1648년(인조26) 9월 윤상거 형제들이 모친 성씨(成氏)의 상을 당하였다. 부친 윤황(尹煌)의 묘에 부장(祔葬)하려고 했으나 묘를 파 보니 물이 차 있어 임시로 다른 곳에 매장하였다가 그해 12월에 부친과 모친의 묘를 이산현(尼山縣) 장구동(長久洞)으로 옮겨 합장한 일을 가리킨다. 《魯西遺稿 附錄上 年譜》

83 사의(司議) 어른 : 윤상거의 숙부 윤희(尹熺, 1584~1648)이다. 자는 덕소(德昭)이며, 장례원 사의(掌隷院司議)를 지냈다.

생공(甥公)[84]에게 일찍이 내방하도록 허락하고 날마다 애타게 기다렸으나 아직 만나지 못했으니, 근심과 답답함을 견딜 수 없습니다. 한편으로는 그가 혹시 병이 있는지도 염려스럽습니다.

모든 일을 잘 처리하신 뒤에도 예(禮)를 강론하기를 그만두지 않았으리라 생각됩니다. 그것으로 붕우를 기쁘게 해 주지 않으시렵니까. 더욱 보중하시어 멀리서 축원하는 사람의 정성을 위로해 주시기를 그저 바랄 뿐입니다.

○ 파산(坡山) 묘표(墓表)의 음기(陰記)와 관련하여 일찍이 외성(外城)[85]께 편지를 올리니 "당초 군(君)이 범연하게 언급했다고 잘못 생각했기 때문에 나도 범연히 응대했던 것입니다. 만약 아무 애시의 뜻인 줄 알았다면 어찌 감히 경솔히 받아들였겠습니까. 전후의 문자는 결코 가볍게 지을 수 없습니다."라는 답장을 받았습니다. 애시들께서 반드시 한번 편지를 왕복하셔야겠습니다. 어떻게 생각하시는지요?

84 생공(甥公) : 윤상거 형제들의 생질로 추정되나, 자세한 사항은 미상이다.

85 외성(外城) : 연산(連山) 외성에 살았던 김집(金集)을 가리킨다. 《宋子大全隨箚 卷3》

윤여망, 길보에게 답함
答尹汝望吉甫

요사이 찌는 더위에 여러 형은 기거가 어떠하시고, 어린 손자는 아픈 데가 어떠한지 염려하여 마지않습니다.

저는 13일에 조카 기륭(基隆)의 집으로 가서 제사를 모시고 이어서 천천히 서울에 가려고 하고 있습니다. 요사이 듣자니, 경연(經筵)에서 누차 저를 초치하려는 뜻을 보였다고 합니다. 제 생각에는 긴 시일을 머뭇거리고 있는 것보다는 하루아침에 결판을 내고 돌아와 버리는 것이 낫다고 여겨서 이런 계획을 하는 것입니다. 그러나 만일 도중에 과로로 쓰러진다면 마땅히 소장(疏章)을 올리고 물러나 돌아와야 합니다. 그래서 기륭의 집에서 며칠 머무르고자 하는 것이고, 운거(雲擧 이상(李翔))도 그러하고자 하니, 제 자신의 기력을 보아 가면서 할 것입니다. 이 계획이 어떨지 모르겠습니다.

만에 하나라도 입대(入對)하게 된다면 장차 어떤 말을 요점으로 삼아야 할지 모르겠습니다. 회옹(晦翁 주희(朱熹))이 조정에 들어갈 때면 연평(延平 이동(李侗))에게 물어보고 갔는데, 이것이 바로 지금의 의리이니 부디 성심으로 가르침을 주시기 바랍니다.

그리고 첫째로 미촌(美村 윤선거(尹宣擧))의 과단성에 미치지 못하고, 둘째로 동춘(同春 송준길(宋浚吉))의 온화함을 본받지 못하고, 셋째로 또한 탄곡(炭谷 권시(權諰))의 자득함과도 거리가 멀어 마침내 기댈 곳 없는 물건이 되고 말았으니, 부디 애처롭게 여기고 지도해 주시기 바랍니다. 가만히 생각해 보면 증형(甑兄)의 절뚝대는 걸음보다 좋은 방법이 없지만,[86] 저의 역량이 부족하니 어찌하겠습니까. 참으로 우습습니다. 마음으로 이해해 주시기만을 간절히 바랄 뿐입니다.

86 증형(甑兄)의……없지만 : 증형은 윤문거(尹文擧)를 가리킨다. 윤문거는 다리를 전다는 핑계로 벼슬에 나아가지 않았다고 한다. 《宋子大全隨箚 卷4》

윤여망, 길보에게 답하면서 아울러 유무중에게 보냄 무술년 (1658, 효종9) 6월

答尹汝望吉甫兼示兪武仲 戊戌六月

영문(營門)에서 전해 온 간곡한 편지를 받으니, 합석하여 자세히 강론하는 것과 참으로 다름이 없어 매우 기쁘고 다행스럽습니다.

저는 목천(木川)의 산사에 도착하여 휴식할 계획이었는데, 경기 감사가 안숙(晏叔)[87]에게 성상의 병세가 매우 위중하다는 소식을 급보하였고, 안숙으로 하여금 제가 혹시라도 지체하지 말고 오도록 재촉하게 하였습니다. 하지만 또한 하루 가고 한 번 쉬었습니다.

진위(振威)에 이르니, 도승지가 경기 감사로 하여금 저에게 급보하게 하기를 "아무 날 대신(大臣)이 의관과 입진(入診)할 때 성상의 체후가 특별히 매우 위중하여 말씀이 분명치 않으셨는데, 홀연 아무가 벌써 도착했는지를 물으셨습니다.……"라고 하였습니다. 듣고서 너무나 놀랍고 당혹스러워 비로소 감히 더는 지체하지 않았습니다.

사흘 걸려 어제 낮에 도성에 들어가니, 성상의 체후는 조금 나으신 듯하였으나, 저의 병이 매우 심해져서 마치 거의 죽은 사람 같았습니다. 그래서 부득이 사유를 갖추어 상소를 올렸습니다. 이후의 일은 저는 정말 어찌해야 할지 모르겠습니다. 부디 여러 형의 가르침에 힘입어 큰 낭패를 면할 수 있다면 실로 큰 은혜일 것입니다.

초령(初令)[88]이 만약 진심을 드러내려 한다면 제가 어찌 목석처럼

87 안숙(晏叔) : 정양(鄭瀁, 1600~1668)의 자로, 당시 진천 현감(鎭川縣監)이었다.

있겠습니까. 두려운 것은 여러 연소배의 습속이 으레 일이 많은 것을 좋아하여 혹시라도 이러저러한 말이 있게 되는 것입니다. 여러 형께서는 중간에서 귀를 닫고 계시기를 아울러 바랍니다. 여러 친척이 주변에 가득 있어 여러분의 편지를 자세히 살필 수 없으니 차후에 수정하여 여쭙겠습니다.

듣자니 해남(海南)이 그 아들이 울면서 간한 일 때문에 올리려던 상소를 접고서 떠난다고 합니다.[89] 만약 그러하다면 아울러 허다한 일들이 없게 될 것입니다. 비록 일이 있어 아무 영감과 편지를 열 번 왕복하더라도 할 수 없는 점이 있을 듯합니다. 저는 성격이 급해서 말하면 반드시 불쑥 내뱉어 공연히 남들의 뜻을 격앙시키니, 저 사람 역시 조금 부딪혀도 반드시 크게 격앙될 것입니다. 그래서 어렵게 여기는 것입니다. 온갖 일을 창졸간에 어찌 다 말씀드리겠습니까. 이만 줄입니다.

88 초령(初令) : 자가 중초(仲初)인 조복양(趙復陽)을 가리킨다. 《宋子大全隨箚 卷4》

89 해남(海南)이……합니다 : 해남은 해남에 살던 윤선도(尹善道)를 가리킨다. 1658년 4월에 윤선도가 정개청(鄭介淸)을 향사(享祀)하는 서원을 폐지한 조처가 부당하다며 상소를 올렸고, 6월에 정개청의 억울한 사정을 논하는 장문의 상소를 재차 올렸으나 승정원에서 받아들이지 않았다. 《孤山遺稿 卷3上 論政院壅蔽疏, 國是疏》《孝宗實錄 9年 7月 25日》

윤여망, 길보에게 보냄 기해년(1659, 현종 즉위년) 10월

與尹汝望吉甫 己亥十月

증형(甑兄 윤문거)께서 다시 오셨다는데, 병들어 외로이 사는 저는 찾아가 뵐 길이 없습니다. 남들은 보는 절뚝대는 형의 모습을 저 홀로 보지 못하니 더욱 한스럽습니다.

지난날 널리 인재를 초치(招致)했을 때 우리 선왕께서 약물을 하사하라고 집사에게 명하셨습니다. 오늘날 일어나 달려온 것은 기운을 더하기 위해서가 아니었는데, 바로 호곡(號哭)하는 상황이 되고 말았으니, 생각하면 더욱 슬퍼 목이 멥니다.

광주(廣州)에서 보내온 묵본(墨本)은 아이가 잘 잊어버려 지금껏 처박혀 있었으니, 아이를 꾸짖어 마지않았습니다. 지금 특별히 사람을 시켜 보내 드리니, 광주에 답장을 써 주시는 것이 어떻겠습니까. 생각건대 청송(聽松 성수침(成守琛))께서 이것을 지으셨다는 것을 자못 이해할 수 없습니다. 당시에 문체가 그러했던가요? 또한 박옥(璞玉)과 뒤섞인 것이라 더욱 존경할 만했던가요? 한번 나아가 질정하고 싶었습니다. 이만 줄입니다.

○ 길형(吉兄 윤선거)께 별도로 아룁니다. 일전에 파주(坡州)의 유생을 통해 보낸 편지는 벌써 받아 보셨습니까? 서재의 이름인 '향도(向道)'를 '준도(遵道)'라고 잘못 써도 본디 해될 것은 없습니다만, 부자(夫子)의 말[90]을 온전히 써서 '향도'라고 하는 것만은 못합니다. 기타 취사

90 부자(夫子)의 말 : 《시경》 〈소아(小雅) 차할(車舝)〉의 "높은 산을 우러러보고,

(取捨)의 기준을 부디 저에게 알려 주시기 바랍니다.

큰길을 걸어간다.〔高山仰止, 景行行止.〕"라는 구절에 대해, 공자가 "《시》에서 인을 좋아함이 이와 같다. 사람들은 큰길을 걸어가다가 힘이 다해서 계속 걸을 수 없을 때에야 중도에 그만둔다. 마찬가지로 몸이 이미 늙은 것도 잊고 앞으로 남은 세월이 얼마 되지 않는 것도 염두에 두지 않은 채 날마다 열심히 노력하다가 죽은 뒤에야 그만두어야 한다."라고 평한 말이 《예기》〈표기(表記)〉에 보인다.

윤여망, 길보에게 보냄 임인년(1662, 현종3) 8월 26일
與尹汝望吉甫 壬寅八月二十六日

자장(子章) 학사[91]가 갑자기 이 지경에 이를 줄 생각지도 못했습니다. 예전에는 그와 친숙하지 않았는데, 지난해 여름 그가 왕명을 받들고 세 차례 저를 찾아왔었고, 또 사적인 장소에서 조용히 만나 비로소 그가 지닌 바를 자세히 알게 되었습니다. 매번 참으로 훌륭한 집안에 걸맞은 자제라고 생각하여 붕우들에게 말할 때면 입이 마르도록 칭찬하지 않은 적이 없었습니다. 조정은 좋은 선비 한 사람을 잃었고, 붕우들은 좋은 벗 한 명을 잃었으니, 어찌 한 집안만의 불행이겠습니까.

이어 생각건대 여러분의 그에 대한 자애와 깊은 슬픔은 상복의 마포(麻布)가 조금 정밀하다 하여 감쇄하지는 않을 것입니다.[92] 생각지도 않게 흉사를 당하여 어떻게 감당하고 계시는지요? 그리고 월중(越中)[93]의 상황을 그려 보니 목이 메고 눈물이 흘러 차마 형언할 수 없습니다. 덕을 쌓은 집안이 누차 이러한 일을 겪는 것은 이치로 따지기 어렵지만, 어찌 한결같이 이 지경에 이른단 말입니까. 이미 지난 일이 되었습

91 자장(子章) 학사 : 윤절(尹晢, 1625～1662)이다. 본관은 파평, 자는 자장이다. 윤순거(尹舜擧)의 장남이다. 접위관(接慰官)이 되어 동래(東萊)에 갔다가 1662년 8월 17일에 갑자기 세상을 떠났다. 《明齋遺稿 卷35 從兄修撰公墓表》

92 여러분의……것입니다 : 윤문거의 형인 윤순거가 백부에게 입양되어 윤절의 상복을 대공(大功)이 아닌 소공(小功)으로 입어야 했기 때문에 이렇게 말한 것이다. 《宋子大全隨箚 卷4》

93 월중(越中) : 영월 군수(寧越郡守)로 재임하고 있던 윤순거를 가리킨다.

니다. 그저 여러분께서 서로 위로하고 일깨워 주어 무익한 슬픔을 지나치게 지니지 말기를 간절히 바랄 뿐입니다. 보잘것없는 저의 정성을 가눌 길이 없습니다.

윤여망, 길보에게 답함 임인년(1662, 현종3) 9월 9일
答尹汝望吉甫 壬寅九月九日

답장을 보니 더욱 슬퍼 눈물이 나옵니다. 늙은이가 젊은이를 곡하지 않는 세상을 다시 볼 수 없으니, 가슴이 아파 나오는 탄식을 어찌하겠습니까.

선인(先人)의 묘표(墓表) 초고가 완성된 지 이미 오래되었고 정사(淨寫)하는 것도 기한을 맞출 것이나, 저희 집에 사람이 없습니다. 지금 관(官)의 우편에 넣어 봉입하고 진퇴의 명을 기다리겠습니다.

다만 생각건대 묘표는 한 가지 격식이 아닙니다. 이미 비갈(碑碣)이 있다면 여러 내용을 모두 잘라 줄여서 단지 대강만 거론합니다. 비록 비갈이 없더라도, 앞면에 이름이 쓰여 있다면 묘표에는 세계(世系)만 대략 갖추어 기록하고 이름은 다시 기록하지 않습니다. 지금 이 초고는 뒤의 격식을 따랐습니다. 근거 없이 헤아려 지은 것이라 적합하지 않으면 어쩌나 매우 두렵습니다. 아울러 답장해 알려 주시는 것이 어떻겠습니까.

시형(市兄 유계(兪棨))과 3일 밤을 같이 잤는데, 서로가 모두 피곤하여 대화를 나누지 못했으니 매우 한탄스럽습니다. 영구(靈柩)를 맞이하는 날에 미형(美兄 윤선거)께서 방문을 허락해 주기를 애타게 기다리겠습니다. 이만 줄입니다.

윤여망, 길보에게 보냄 을사년(1665, 현종6) 6월

與尹汝望吉甫 乙巳六月

일전에 중동(中洞)의 인편을 통해 미촌(美村)의 편지에 답장을 드렸는데, 벌써 받아 보셨는지요? 비가 내린 뒤로 매우 덥습니다. 형들의 기거는 모두 건승하신지요? 그리움이 간절합니다. 저는 여름이 되자 문득 병이 나더니 지금은 배나 더 심합니다. 혈기가 이미 쇠하였으니 병세가 절로 심해지는 것도 이치상 괴이하지 않습니다.

초하룻날에 갑자기 상께서 사관을 보내 비지(批旨)로 유시하셨습니다. 춘형(春兄)도 천거하기를 그치지 않으나, 다른 일은 제쳐 두고라도 저의 아픈 병은 참고 나아가기 힘든 상황이니 어찌하겠습니까. 바로 다시 문자를 올리려고 하였으나 의지가 쇠락하여 미루다 지금에 이르고 말았기에 더욱 황공합니다.

듣자니 황산서원(黃山書院)의 사액(賜額)이 '죽림(竹林)'으로 낙점받았으니 오래지 않아 예관이 와서 선유(宣諭)할 것이라 합니다. 만약 그쪽의 선비들을 만나면 말씀해 주시는 것이 어떻겠습니까. 죽림정사(竹林精舍)는 주자가 강학하던 곳입니다만, 혹자는 '죽림'이라는 말을 진(晉)나라 죽림칠현(竹林七賢)이 술에 탐닉한 일과 송나라 때 대나무를 잘라 꽂았던 일[94] 때문에 탐탁하게 여기지 않습니다. 묻는 사람이

94 송나라……일 : 북송(北宋)의 재상 구준(寇準)이 뇌주(雷州)로 좌천되어 세상을 떠나자, 낙양(洛陽)으로 운구하였다. 영구(靈柩)가 형남(荊南)을 지날 때 공안현(公安縣) 백성들이 그의 덕을 추모하여 땅에 대나무를 꽂아 지전(紙錢)을 매달고 제사를

있으면 부디 해명해 주시기 바랍니다.

윤생(尹生)이 떠난다고 하기에 누워 쓰느라 이만 줄입니다.

올렸는데, 나중에 그 대나무가 자라 숲을 이루어 사람들이 '상공죽(相公竹)'이라고 불렀다.《宋名臣言行錄 前集 卷4》

윤여망, 길보에게 답함 을사년(1665, 현종6) 8월 21일
答尹汝望吉甫 乙巳八月二十一日

칠산(七山)의 인편이 와서 두 형의 편지를 전하니, 그리워하던 마음이 매우 위로됩니다. 미형(美兄 윤선거)에게 어제 안숙(晏叔 정양(鄭瀁))을 통해 편지 한 통을 부쳤으니, 오늘 받아 보시리라 생각됩니다.

증형(甑兄 윤문거)이 봉도(蓬島)[95]로 이사한 것은 골짜기를 나와 높은 나무 위로 옮긴 것[96]이라 이를 만합니다. 그곳 산수의 정취가 어찌 증산(甑山)에 견줄 만한 것이겠습니까. 한 배를 타고 함께 노닐지 못하는 것이 한스럽습니다. 하지만 혹시라도 그곳에 오래 머무신다면 조만간 응당 한번 그럴 기회를 얻겠지요.

산사의 모임은 정말 초형(草兄)과 약속이 있었습니다. 그런데 갑자기 초형이 길을 바꾸어 다른 곳으로 가 버렸고, 저도 노소(老少)가 병이 나서 약속을 어겼으니, 적절한 기회를 얻는다면 끝내 저버리지 않을 것입니다.

춘형(春兄 송준길)이 비로소 오래 머물 계획을 하였습니다. 서로 깊이 그리워하지만 또한 그가 돌아오지 말기를 바랍니다. 선공후사(先公後私)로 보자면 그러지 않을 수 없습니다.

95 봉도(蓬島) : 석성(石城)의 봉호(蓬湖)를 가리킨다. 지형이 섬처럼 생겨 이렇게 불렸으며, 석호(石湖)라고도 하였다. 《宋子大全隨箚 卷4》

96 골짜기를……것 : 《시경》 〈소아(小雅) 벌목(伐木)〉의 "깊은 골짜기에서 나와, 높은 나무 위로 옮겨 가누나.〔出自幽谷, 遷于喬木.〕"라는 구절에서 온 말로, 다른 사람이 좋은 자리로 옮겨 간 것을 축하하는 말로 쓰인다.

미형이 별지로 물은 것은 과연 그런 점이 있습니다. 다만 듣자니 북막(北幕)은 좌규(左揆)와 춘형이 아뢴 일로 인해 과거를 주관한 뒤에 바로 소환될 것이라고 하는데, 이 일에 힘을 쏟을 사람이 없을까 두렵습니다.[97] 그 편지와 별지, 정 평사(鄭評事)[98]의 사실을 기록하여 올리고, 또한 북방 선비들의 정문(呈文)도 아울러 올립니다. 보신 뒤에 돌려주시는 것이 어떻겠습니까.

파주(坡州)[99]의 연보는 우환으로 미처 교수(校讎)하지 못하였으니, 교수가 끝나면 잘못된 곳을 기록하여 올리겠습니다. 모든 일이 매우 바빠서 이만 줄입니다.

97 북막(北幕)은……두렵습니다 : 북막은 당시 북평사(北評事)로 나가 있던 이단하(李端夏)를 가리킨다. 좌규는 좌의정 홍명하(洪命夏)이다. '이 일'은 이단하가 부임지인 함경도에서 정문부(鄭文孚)의 사당을 세우고 있던 일을 가리킨다. 홍명하와 송준길이 1665년 8월 12일 경연에서 현종에게 문학에 뛰어난 이단하를 내직으로 옮겨 제수하라고 건의하였다.《顯宗實錄 6年 8月 12日》《宋子大全隨箚 卷4》

98 정 평사(鄭評事) : 함경북도 평사를 지낸 정문부를 가리킨다.

99 파주(坡州) : 파주에 살던 성혼(成渾)을 가리킨다.

윤여망, 길보에게 답함 을사년(1665, 현종6) 9월 21일

答尹汝望吉甫 乙巳九月廿一日

빈한한 집으로 돌아와 앉아 높은 산을 우러르고 있던 차에 홀연 여러분의 서한을 받아 보니, 불쌍히 여겨 가르쳐 주심이 지극합니다. 나이와 덕이 높은 분을 존경할 줄 모르지 않으면서도 응당 보답해야 할 상황에서 농담의 말을 따로 내뱉었는데, 다행히도 형들께서는 무례하다고 여기지 않으셨습니다.

간성(杆城)[100]의 편지에 대해서는 삼가 가르침을 잘 들었습니다. 깊은 산 차가운 눈 속에서 어찌 제가 이것을 즐기겠습니까. 단지 혼자 말하고자 하니, 남이 듣지 못해 크게 허물하지 않을 뿐이지요. 이만 줄입니다.

100 간성(杆城) : 간성 군수(杆城郡守) 정양(鄭瀁)을 가리킨다.

윤여망, 길보에게 답함 병오년(1666, 현종7) 1월 6일

答尹汝望吉甫 丙午正月六日

주자(朱子)의 사당을 세우다. ○ 선생이 석담(石潭)의 은병(隱屛)에 정사(精舍)를 건립하여 회암(晦菴)을 향사하고, 장차 정암(靜菴)과 퇴계(退溪) 두 선생을 배향하려고 하였다. 선생이 별세한 뒤 병술년(1586, 선조19)에 제생(諸生)이 처음으로 위판(位版)을 봉안하였다.

제 생각에 만약 이처럼 주(註)를 달면, 율곡이 생존해 계실 때 이미 주자를 향사하고 그 뒤에 제생이 두 선생을 추배(追配)한 것처럼 보입니다. 사실은 그렇지 않지요. 그리고 위판을 봉안했다고 운운한 구절은 또한 율곡의 위패를 봉안한 것처럼 보여 조어(措語)가 온당하지 않습니다. 다음과 같이 고치고자 합니다. "선생이 일찍이 석담의 은병에 정사를 건립하고 장차 주자를 향사하려고 하였고, 다시 정암과 퇴계 두 선생을 배향하고자 하였다. 선생이 세상을 떠난 뒤 병술년에 제생이 처음으로 향사의 예를 거행하였으니, 한결같이 선생이 정한 대로 하였다."

제생이 선생의 위판을 받들어 주자의 사당에 배향하였다.

다음과 같이 고치고자 합니다. "제생이 선생을 주자의 사당에 배향하였다."

파산(坡山) 제생의 주에 "'자운서원(紫雲書院)'이라고 사액하였다."라고 하였다.

'서원' 두 글자를 삭제하는 것이 어떻겠습니까?

태사(太師) 휘국(徽國) 주 문공(朱文公) ○ 제문(祭文)은 수록할 필요가 없다.

제 생각에는 이 글은 수록하는 것이 합당할 듯합니다. 그리고 자성(粢盛)은 서(黍)와 직(稷)이고, 생(牲)은 양과 돼지이고, 폐백(幣帛)은 포(布)와 백(帛)입니다. 모두 지금 세상에 상용하는 것이니, 어찌 지금에 적합하지 않다고 할 수 있겠습니까. 다만 '예제(醴齊)'는 지금 사용하는 것이 아니니 '청제(淸齊)'라고 고치는 것이 어떻겠습니까?

윤노직[101] 순거, 여망, 길보에게 보냄 병오년(1666, 현종7) 10월 8일

與尹魯直 舜擧 汝望吉甫 丙午十月八日

노릉(魯陵) 어른[102]께서 돌아오셨다는 소식을 전해 듣고 형제들이 함께 모여 지내는 즐거움을 상상하니 흠모와 찬탄을 금할 수 없습니다. 자식이 부모를 영광스럽게 하는 것은 본래 자식의 본분이니 경하할 것이 못 됩니다만, 조정에서 어진 인재를 찾아 발탁하여 세도(世道)를 부지하는 것은 작은 일이 아닙니다. 그렇지 않다면 저의 사사로운 근심이 더욱 깊어질 것입니다.

미촌(美村 윤선거)과 그의 큰아들에게서 누차 편지를 받았습니다만 인편을 얻지 못해 지금에 이르도록 답장이 늦어졌습니다. 매우 죄송합니다. 듣자니 증산(甑山 윤문거)이 둘째 손자의 등창 때문에 동양(東陽)[103]을 찾아가기에 이르렀다던데, 차도가 어떠한지 모르겠습니다. 매우 우려됩니다.

저는 자식의 혼례를 치르기 위해 고향으로 돌아온 지 이미 오래되었

101 윤노직(尹魯直) : 윤순거(尹舜擧, 1596~1668)로, 본관은 파평(坡平), 자는 노직, 호는 동토(童土)이다. 윤황(尹煌)의 차남으로, 백부인 윤수(尹燧)에게 입양되었다. 성문준(成文濬), 강항(姜沆), 김장생(金長生)에게 배웠다.

102 노릉(魯陵) 어른 : 영월 군수를 지낸 윤순거를 가리킨다. 단종(端宗)의 능인 노릉이 영월에 있으므로 이렇게 부른 것이다.

103 동양(東陽) : 황해도 평산(平山)의 이칭이다. 의술에 조예가 깊었던, 송시열의 문인 신만(申曼, 1620~1669)을 가리키는 듯하다. 신만의 본관이 평산이다.

습니다.[104] 산에 있을 적에는 그래도 아침저녁으로 책을 보았는데, 여기 온 이후로는 줄곧 심란합니다. 이것은 안착할 수 있는 근본이 확립되지 않았기 때문입니다. 그래서 심신(心神)이 조금이라도 동요되면 바로 흐트러져 버리니, 이는 매우 두려워할 만한 일입니다

요구하신 발문(跋文)은 지금 비로소 초(草)하여 올립니다. 어찌 성인(聖人)의 계책을 더럽히기를 바라겠습니까. 단지 가르침을 구하고자 합니다.

만날 기약은 없지만, 얼음이 얼기 시작하는 계절에 각자 편안하시기 바랍니다. 이만 줄입니다.

○ 미형(美兄)이 전에 말씀하신 이하종(李河宗)은 승지공(承旨公)의 증손이 아니라 현손입니다.[105] 듣자니 영락하여 남은 증거는 없고, 근래에 집에서 새로 간행한 선조(先祖)의 필적 8폭이 있을 뿐이라고 합니다.

104 고향으로……오래되었습니다 : 송시열은 1666년 8월부터 화양동(華陽洞)에 집을 짓고 우거하고 있었다.

105 미형(美兄)이……현손입니다 : 승지공은 조선 중기의 문신 이문건(李文楗, 1494~1567)을 가리킨다. 윤선거가 1664년 4월에 괴산(槐山)에 사는 이하종을 방문했었는데, 나중에 송시열에게 이 일을 언급하였던 것으로 보인다. 《魯西遺稿 續集 卷3 巴東紀行》

윤여망, 길보에게 보냄 정미년(1667, 현종8) 1월 4일
與尹汝望吉甫 丁未正月四日

전후의 편지를 아울러 모두 받고 위로가 되었습니다. 이번 새해에 널리 복을 받으시기를 축원해 마지않습니다. 저는 이미 설을 쇠고 화양동(華陽洞)으로 향하여 사람들에게서 멀리 떨어져 있습니다. 서로 소식을 듣는 것이 더욱 쉽지 않을 것입니다.

《여사제강(麗史提綱)》에 대해서는 일전에 이미 윤보(胤甫)[106]와 서신을 왕래하였으니, 알려 드렸으리라 생각됩니다. 이 일은 진실로 경솔히 할 수 없는 일입니다.

혹약(或躍)[107]에 대해서는 물가에 물어보시는 것이 어떻겠습니까.[108]

《소학중편(小學重編)》[109]은 제목의 '중(重)' 자를 고치는 것을 허락

106 윤보(胤甫) : 유계의 아들인 유명윤(兪命胤, 1629~1669)의 자이다.

107 혹약(或躍) : 벼슬에 나아가는 것을 비유한 말이다. 《주역》 〈건괘(乾卦) 구사(九四)〉에 "혹 뛰어올라 연못에 있으면 허물이 없으리라.〔或躍在淵, 無咎.〕"라고 한 데서 온 말이다. 아마도 당시에 윤씨 형제들이 편지를 통해 송시열의 진퇴를 물었던 듯하다.

108 물가에……어떻겠습니까 : 자신이 알 바가 아니라는 말이다. 제 환공(齊桓公)이 패자(霸者)가 되어 제후들을 거느리고 초나라를 토벌하면서, 초나라가 포모(包茅)를 바치지 않아 주나라 종묘 제사에 술을 거를 수 없다고 따지고 주 소왕(周昭王)이 초나라 지역을 순수(巡狩)하다가 돌아오지 못한 이유를 추궁하였다. 그러자 초나라는 공물을 바치지 않은 죄는 인정하였으나, 소왕이 돌아가지 못한 것은 "물가에 가서 물어보라."라고 하며 책임을 회피하였다. 《春秋左氏傳 僖公4年》

109 소학중편(小學重編) : 이이와 성혼의 문인인 한교(韓嶠)가 주희의 글과 말을 뽑아 편찬한 책으로 《소학속편(小學續編)》이라고도 한다. 미국 버클리대학교 도서관 아

받았으니, 삼가 마땅히 가르침대로 하겠습니다.

저희 집 형제들의 안부를 물어 주시니, 매우 감사합니다. 이만 줄입니다.

사미문고에 《소학주설중편(小學朱說重編)》으로 필사본 1책이 유일하게 전한다. 《沙溪全書 卷5 小學續編序》

윤여망, 길보에게 답함 정미년(1667, 현종8) 3월 17일
答尹汝望吉甫 丁未三月十七日

길형(吉兄 윤선거)의 큰아드님이 방문하는 편에 여러분의 서한을 전달받았습니다. 또한 몽매한 저를 깨우쳐 주시는 의미인 듯하여 심심한 고마움에 무어라 말씀드려야 할지 모르겠습니다.

다만 이전에 믿은 것은 성상께서 황극(皇極)을 세우시고 신민(臣民)들이 이를 바탕으로 금수를 면하는 것이었습니다. 지금 이후로는 비록 누가 저의 혀를 잡지 않더라도 말을 스스로 내뱉지 않을 것입니다. 그리고 올해부터는 질병이 깊어져 글을 읽는 공부도 매우 허술해졌습니다. 이것은 장자후(章子厚)가 그렇게 만든 것이 아니니,[110] 스스로 탄식함이 끝이 있겠습니까.

근래에 또한 마음속으로 혼자 웃는 경우가 있습니다. 지난번 동학사(東鶴寺)에서 대화를 나누다가 여강(驪江)에 대해 흑백과 음양으로 말씀하신 것을 들었습니다.[111] 지금 돌이켜 보면 자연히 그처럼 나누어

110 장자후(章子厚)가……아니니 : 다른 사람 때문에 그렇게 된 것이 아니라는 말이다. 송나라의 재상 범순인(范純仁)이 장돈(章惇)에게 배척받아 영주(永州)로 좌천되었다. 영주로 가는 길에 자식들이 장돈을 원망할 때면 범순인은 그러지 말라고 타일렀다. 마침 그들이 탄 배가 뒤집혀 다 젖게 되었을 때, 범순인은 자식들을 돌아보며 "이것이 어찌 장자후가 한 짓이겠는가."라고 하였다. 《宋史 范純仁列傳》《宋名臣言行錄 後集 卷11》 자후는 장돈의 자이다.

111 동학사(東鶴寺)에서……들었습니다 : 여강은 윤휴(尹鑴)를 가리킨다. 1665년 9월에 송시열이 윤선거(尹宣擧), 이유태(李惟泰) 등과 함께 동학사에 모여 《율곡우계이선생연보(栗谷牛溪二先生年譜)》를 교정하였다. 이때 송시열과 윤선거가 윤휴를 두고 논

지는 점이 있습니다. 당시에 어찌해서 애써 한바탕 사건으로 한껏 만들었을까요. 조금 참지 못했던 것이 한스러울 뿐입니다. 저의 병이 나으면 바로 동쪽 길로 가서 찾아뵙겠습니다. 소식을 계속 왕래하기 쉽지 않으니, 사람을 서글프게 합니다. 이만 줄입니다.

쟁을 벌였다. 처음에 윤선거가 "윤선도(尹善道)는 소인이고 윤휴는 군자이다."라고 하자, 송시열은 "윤선도는 말(末)이고 윤휴는 본(本)이다. 더구나 윤휴는 주문(朱門)의 반적(叛賊)이니, 터럭 하나까지도 죄역 아닌 것이 없고 지금에 와서는 본색이 다 드러났다. 공은 어찌 감히 이처럼 그를 감싸는가."라고 책망하였다. 이에 윤선거가 "흑백으로 말하자면 흑이고, 음양으로 말하자면 음이다."라고 윤휴를 다시 평가한 뒤에 앞으로 윤휴와 관계를 끊겠다는 취지의 말을 하였다. 《宋子大全 附錄 卷5 年譜》

윤여망, 길보에게 답함 정미년(1667, 현종8) 5월 5일
答尹汝望吉甫 丁未五月五日

광주(光州) 사람이 전해 준 편지를 읽고 말씀하신 뜻을 잘 알았습니다. 단지 배가 떠난 뒤로 가고 멈추는 정황이 어떤지는 듣지 못하였습니다만, 사람을 통해 아이가 육지에 내려 먼저 갔다는 소식은 대략 들었습니다. 경강(京江)에 빨리 도착하고자 해서 배를 바꾸어 타는 것을 주선했으리라 생각됩니다.

성장(成丈)의 문자[112]는 다만 저의 노둔함을 채찍질하면서 취사(取捨)를 어떻게 하실지 기다려야 할 뿐이겠습니다.

딸아이와 같이 지내도록 허락해 주시니 은혜가 매우 큽니다. 매우 다행스럽게 생각합니다.

안형(晏兄)은 돌아갈 것을 결심하였으니 매우 용기 있는 일이어서 매우 위로됩니다. 바라건대 이미 태백(太白)에 있으니 앞으로 편지는 영백(嶺伯)에게 부탁해 전해야 할 것입니다.[113]

112 성장(成丈)의 문자 : 윤씨 형제들이 송시열에게 부탁한 성문준(成文濬)의 묘갈명을 가리킨다. 성문준은 윤문거 형제의 외숙이다. 성문준이 일찍이 성혼(成渾)의 문인 신응구(申應榘) 등과 함께 기축옥사(己丑獄事)로 인해 야기된 성혼에 대한 동인(東人)의 원망을 풀기 위해 정인홍(鄭仁弘)에게 의지하고, 성혼의 신원(伸冤)을 위해 올린 상소에서 기축옥사의 책임을 정철(鄭澈)에게 돌린 적이 있었다. 송시열은 이 사실과 관련된 내용을 성문준의 묘갈명에 기록하려고 하였는데, 윤선거 형제가 이후로 여러 차례 송시열에게 편지를 보내 내용을 수정해 줄 것을 부탁하였다. 송시열과 윤씨 형제들 사이의 갈등은 여기서 시작되었다고 한다. 《宋子大全 附錄 卷5 年譜》

113 안형(晏兄)은……것입니다 : 안형은 정양(鄭瀁)의 자가 안숙(晏叔)이므로 이렇

별지

사계(沙溪)와 청음(淸陰) 두 선생이 공을 책망한 것은 신원(伸冤)할 때의 한 가지 일 때문만이 아닙니다. 정인홍(鄭仁弘)과 이이첨(李爾瞻)의 간악함에 대해 엄정히 대처하지 못했다고 생각하셔서 책망하고 타일렀던 것입니다. 하지만 책망하고 타이른 것은 공을 아끼고 중하게 여겨서입니다. 다른 사람이었다면 두 선생께서 필시 그렇게 하지 않았을 것입니다. 그러나 제가 쓴 글[114]이 편치 않다고 여기신다면 "사계 김 선생이 일찍이 우계(牛溪) 문하를 출입하였다. 나중에 어떤 일로 인해 공을 책망하였는데, 거의 체면을 차리지 않을 정도였다. 이를 통해 선현(先賢)의 정의(情誼)가 돈독하였다는 것을 알 수 있고, 공도 스스로를 굽히는 것을 어렵게 여기지 않았으니 어찌 또한 법문(法門)에 전해 오는 법도가 아니겠는가."라고 고치십시오. 그렇게 하면 어떨지 모르겠습니다.

이성보(李誠甫)[115]는 끝내 명가(名家) 자제로서의 본분을 잃지 않았고

게 부른 것이다. 당시 간성 군수(杆城郡守)로 있다가 사직하고 태백산 아래 도심리(道深里)에 은거하였다.

114 제가 쓴 글 : 《송자대전》에 실려 있는 성문준의 묘갈명 말미에 "사계 김 선생이 일찍이 공이 음양(陰陽)이 소장(消長)하는 마당에 처신을 매우 불분명하게 한다고 의심하여 공을 준엄하게 꾸짖고, 또 다른 사람에게 공을 잘 타이르도록 간곡히 부탁하기까지 하였으니, 선현의 정의(情誼)가 돈독하였다는 것을 알 수 있다. 그리고 공도 그것을 감당하지 못할 처지는 아니어서 언젠가 서신으로 제공(諸公)에게 공손히 사과하였다. 공이 자기 자신을 굽히기에 인색하지 않았으니, 그 역시 법문에서 전해 오는 법도이리라."라고 한 것을 가리킨다. 《宋子大全 卷174 滄浪成公墓碣銘》

115 이성보(李誠甫) : 연평(延平) 이동(李侗)의 아들인 이신보(李信甫)로 자가 성보

오백풍(吳伯豐)[116]은 수립한 것이 탁월했으므로 주자가 의심했던 것이 후련히 풀렸습니다. 지금 이들을 인용해 공의 일을 증명하니[117] 글에 매우 힘이 있습니다. 하지만 편치 않다고 여기신다면 성보의 일은 없애고 백풍의 일만 남기는 것이 어떻겠습니까?

말단(末端) 위의 한 조목[118]으로 말하자면, 선정(先正)이 덕(德)을 기술한 문자에 이와 같은 것이 매우 많습니다. 더구나 꾸지람을 받은 일이 있다면 드러내고 이어서 설파하고 해명하는 바탕으로 삼지 않을 수 없습니다. 주자가 부자득(傅自得)에 대해 지은 글을 보면 알 수 있습니다.[119] 그리고 지금 사정(事情)에는 오활(迂闊)하지만 행실에는

이다. 권신(權臣)인 용대연(龍大淵)과 증적(曾覿)이 집권할 때 간관(諫官)의 직에 임명되었으므로 주희(朱熹)가 편지를 보내어 타이른 적이 있었다. 《宋子大全隨箚 卷4》

116 오백풍(吳伯豐) : 주희의 고제(高弟)인 오필대(吳必大)로, 자가 백풍이다. 간신(奸臣) 한탁주(韓侂胄)가 집권할 때 벼슬에 임명되었으므로 주희가 걱정하였는데, 뒤에 위학(僞學)을 금지하자 벼슬을 그만두었다. 《宋子大全隨箚 卷4》

117 지금……증명하니 : 《송자대전》에 실려 있는 성문준의 묘갈명에는 "이성보와 오백풍이 일찍이 주자의 문하에서 의심받은 일이 있었지만 끝내 명인(名人)이 되었으니, 한때의 잘잘못만 가지고 이 세상 선비들을 단정할 수는 없는 것이다."라고 되어 있다. 《宋子大全 卷174 滄浪成公墓碣銘》

118 말단(末端)……조목 : 95쪽 주114에서 언급한 부분을 가리킨다. 《宋子大全隨箚 卷4》

119 주자가……있습니다 : 부자득은 남송(南宋) 때의 문신이다. 주희가 지은 부자득의 행장에 "다만 젊은 시절에 깊이 스스로를 숨기지 못하여 불행히 권신에게 이름이 알려져 허물을 피하려다 마침내 중도에 폐기되었다. 하지만 당시의 식자들은 본래 그것이 공이 원하던 바가 아니었음을 알고 있었다."라고 한 것을 가리킨다. 《晦菴集 卷98 朝奉大夫直秘閣主管建寧府武夷山冲佑觀傅公行狀》

독실한 것이 군자의 덕에 무슨 해가 됩니까. 지금 그것을 악(惡)을 언급한 것에 견주신다면 전혀 합당하지 않습니다.

삼가 생각건대 당시에 사정이 다단(多端)하고 좋은 말들이 적은 가운데 단지 신원(伸冤)하는 일로 인해 표출되었던 것이지, 전적으로 신원하는 일로 인해서 저쪽 사람들이 전부 다 지어낸 것이라고 할 수 없습니다. 춘형(春兄)이 일찍이 그 일의 전말을 한교(韓嶠)[120]가 실제로 알고 있다고 하였습니다. 하지만 이미 고인이 되었으니 자세한 것을 물을 길이 없습니다. 대개 사계와 청음 두 선생이 공공연히 하신 말씀이 간곡할 뿐만이 아니니, 단지 아무가 여러 노형(老兄)에게 신명이 매우 돈독하다는 것을 바탕으로 삼아 다시 창랑공(滄浪公 성문준)의 글을 가지고 증명한다면 지난날의 의심이 열에 여덟아홉은 제거될 것입니다. 그러므로 지금 저의 글에 대해 제 스스로 매우 공정하다고 생각하며, 춘형도 나쁘다고 여기지 않습니다.

지금 보내신 편지에서 "조금도 용서하지 않았다.", "악을 언급하여 본색을 깎아내렸다."라는 등의 말씀을 하셨는데, 정말 너무도 송구스럽습니다. 다만 원문의 주된 의미를 자세히 살펴보신다면, 비록 고인(古人)의 반열에 두더라도 부끄러워할 점이 없을 듯합니다. 만약 한 구절이라도 힐문(詰問)하는 뜻을 두지 않고 순전히 추존(推尊)하는

120 한교(韓嶠) : 1556~1627. 본관은 청주(淸州), 자는 사앙(士昂), 호는 동담(東潭)이다. 한명회(韓明澮)의 후손으로, 서얼 출신이다. 이이(李珥), 성혼(成渾)의 문인이다. 이이와 왕복한 편지가 상당히 많았으나, 서인(西人)에게 배척되어 《율곡집(栗谷集)》에 한 편도 실리지 않았다고 한다. 《隱峯全書 卷4 三友言行》

말만 쓴다면, 창랑공의 유집(遺集) 속에 이미 허다한 이야기가 실려 있는 상황에서, 어둠 속에 감출수록 더욱 후인의 의혹만 야기할까 두렵습니다. 그러므로 저는 이것에 대한 문제를 가볍게나마 제기하여 설파하는 바탕으로 삼지 않을 수 없다고 생각합니다.

그리고 또 한 가지 의견이 있습니다. 두 김 선생의 후손들이 선조의 의견을 매우 독실하게 지키고 있는데, 지금 만약 말씀하신 대로 한다면 저들이 필시 마음에 만족스럽지 않아서 입을 닫고만 있을 수 없을 것입니다. 그렇게 되면 성씨(成氏)의 불행으로 그칠 뿐만이 아닐 것이니, 부디 이 일을 좀 천천히 하시는 것이 어떻겠습니까.

이미 많은 일을 겪었고 혈기도 더욱 쇠하여 소란함이 괴롭다는 것을 더욱 알겠습니다. 아울러 사전에 미리 계책을 세우는 마당에 참으로 군대를 패하게 한 장수와는 용맹을 논할 수 없는 법이지요.

윤여망, 길보에게 답함 정미년(1667, 현종8) 7월 7일

答尹汝望吉甫 丁未七月七日

지난번 돌아가는 인편에 답장을 올리고 겸하여 별지도 올렸습니다. 지금 보내신 편지를 받았는데, 지난번 편지를 받으셨다는 말씀이 없으니 아마도 동춘(同春) 댁에서 잠시 지체된 듯합니다. 지금은 아마 받아 보셨을 터인데, 저의 망녕된 논의에 대해 고견이 어떠신지 모르겠습니다. 대체로 여러 성씨(成氏)의 뜻이 형들의 의견과 같다면 저의 글은 버려질 겨를조차 없을까 두렵습니다만, 단지 사소한 일을 쓸지 버릴지를 가지고 논의한다면 정정(訂定)하는 데 문제가 없을 것입니다. 질병의 근심이 있다고 하시니 매우 염려스럽습니다. 이만 줄입니다.

윤여망, 길보에게 보냄 정미년(1667, 현종8) 7월 29일
與尹汝望吉甫 丁未七月二十九日

가뭄이 다하자 서리가 내리려고 하니, 오싹 마음이 시립니다. 이 시절에 여러분은 기거가 절서(節序)를 따라 편하신지요? 앞서 답장은 받아 보셨습니까? 임천(林川)의 유생들이 들러 고한 것이 어떠합니까? 길에서 만났던 사람이 와서 그들의 말을 전하였는데, 대략 저의 뜻과 어긋나니 참 의아스럽습니다. 연전의 일이 우연히 기억납니다. 해주(海州)의 유생이 와서 석담(石潭)의 서원에 추향(追享)하는 일[121]을 묻기에 "신중해야 하는 일이라 감히 대답할 수 없다."라고만 말했는데, 결국 추향을 불허했다는 비방을 받았습니다. 오늘날 다시 크게 상반되는 경우를 당하니, 오늘날에는 사람과 말하는 일이 가장 어렵다는 것을 알 수 있습니다.

북로(北路)의 유생들이 또 자신들의 서원에 동방의 선현 가운데 탁월한 분을 향사하고자 하면서 누가 적합한지 와서 물었는데, 저의 의견으로 "지금 세상에 학문의 경지에 이른 사람이 누가 있어 이 논의를 주관할 수 있겠습니까. 그만두지 않으시려거든 다만 북방에 자취를 끼친 삼현(三賢)을 봉안하는 것이 어떻겠습니까?"라고 하였습니다. 삼현은 포은(圃隱 정몽주(鄭夢周)), 정암(靜菴 조광조(趙光祖)), 중봉(重峰 조헌(趙憲))을 이른 것입니다. 하지만 저의 말이 장차 시행되지 않고

121 석담(石潭)의……일 : 이이(李珥)가 향사된 해주의 소현서원(紹賢書院)에 성혼(成渾)을 추향하는 일을 가리킨다.

반드시 한번 분란이 있을 듯하니, 매우 염려됩니다.

○ 함흥향교(咸興鄕校)의 위전(位田)은 한결같이 성균관의 수(數)와 같습니다. 게다가 문회서원(文會書院)이 있어 위전의 수가 또한 많습니다. 모두 관(官)에서 희생과 폐백을 공급합니다. 지금 다시 새로운 서원이 생긴다면 관가의 힘으로 지탱하기 어려울 뿐만 아니라, 사람들에게도 찬반이 생겨 하지 않으려는 자도 있을 것입니다. 제 생각으로는 단지 창주서원(滄洲書院)의 제수(祭需)에 의거하되 소채(蔬菜)를 사사로이 갖추는 것이 어떨까 합니다. 오늘날의 일은 일체 간소하게 하는 것이 마땅한 듯합니다.

윤여망, 길보에게 답함 무신년(1668, 현종9) 1월 11일

答尹汝望吉甫 戊申正月十一日

편지를 받고 새해 원단(元旦)에 여러분의 기거가 절서를 따라 편안하심을 알게 되어 감사하고 또 경하합니다. 다만 듣건대 중씨(仲氏)가 앓고 있는 병이 심해졌다니, 염려가 실로 깊습니다.

창랑(滄浪)에 대한 글[122]은 다시 고칠 만한 곳이 없습니까? 파주(坡州) 향사(享祀)의 위차(位次)에 대해서는 말이 점점 많아지는 것이 걱정스럽습니다.

홍천(洪川) 형제[123]는 상을 잘 견뎌 낼지 끝내 보장할 수 있겠습니까? 종질(從姪) 기후(基厚)가 들은 바를 전하였는데, 그들이 오래도록 마실 것을 입에 대지 않았다고 합니다. 증자(曾子)의 후회[124]를 경계로 삼지 않은 것입니까? 매우 염려스럽습니다.

122 창랑(滄浪)에 대한 글 : 성문준(成文濬)의 묘갈명을 가리킨다. 창랑은 성문준의 호이다. 94쪽 주112 참조.

123 홍천(洪川) 형제 : 유계(兪棨)의 아들인 유명윤(兪命胤)과 유명필(兪命弼) 형제를 가리킨다. 1664년 부친상을 당하고 이어 1667년에 모친상을 당했는데, 거상(居喪) 중이던 1669년 1월에 형제가 전염병에 걸려 연이어 죽었다. 유명윤이 홍천 현감을 지냈다. 《顯宗改修實錄 10年 2月 6日》《杞溪兪氏族譜 卷16》

124 증자(曾子)의 후회 : 증자가 자사(子思)에게 자신이 부친상을 치를 때 7일 동안 마실 것을 입에 대지 않았다고 하자, 자사가 옛 군자는 부친상을 치를 때 3일 동안만 마시지 않아 상장(喪杖)을 짚고 일어날 수 있었다고 말해 주었다는 고사가 《예기》 〈단궁 상(檀弓上)〉에 나온다. 자사의 말을 들은 증자가 자신의 행동이 지나쳤었다고 후회했는지는 미상이다.

기천(沂川) 대감[125]에게 평소 불만이 없을 수 없었으나, 지금 선류(善類)가 다시 기댈 곳이 없게 되고 보니, 도보로 가 본 뒤에야 수레의 편리한 쓰임을 안다는 말을 비로소 깨닫게 된 꼴입니다. 통탄스럽습니다.

저의 병은 며칠 사이에 조금 나았습니다만, 아직도 제대로 먹고 마시지 못합니다. 그 밖에 이장(移葬)하는 일을 순조롭게 치르시기 바랍니다. 이만 줄입니다.

125 기천(沂川) 대감 : 호가 기천인 홍명하(洪命夏, 1607~1667)를 가리킨다. 본관은 남양(南陽), 자는 대이(大而)이다. 벼슬이 영의정에 이르렀다.《宋子大全 卷162 沂川洪公神道碑銘》

윤여망, 길보에게 답함 무신년(1668, 현종9) 3월 4일

答尹汝望吉甫 戊申三月四日

아산(牙山) 인편에 보내신 편지를 받고 보니 위로되는 마음 무어라 말할 수 없습니다. 시열은 요사이 감기에 걸려 병세가 매우 고통스럽습니다. 또 새로 임명된 일[126] 때문에 조심스럽고 두렵게 날을 보내고 있는데, 체직되기 전까지 어떻게 견딜지 매우 근심스럽습니다.

창랑(滄浪)에 대한 글[127]은 삼가 말씀하신 대로 춘형(春兄)과 주고받으면서 교감하여 보내 드리는데, 춘형의 서신에도 나름대로 주장이 있었습니다.

받은 별지(別紙)에서 저를 고루하게 여기지 않으시니 매우 감사합니다. 다만 선생님의 논의는 이미 책에 실려 있고 후인들이 외고 말하는 것이 이미 이처럼 익숙하니, 비루한 제가 비록 수레가 열흘 달리는 힘을 쓰더라도 어찌 파주(坡州)와 연산(連山)에서 논하여 정해 놓은 것에 만에 하나라도 도움이 되겠습니까. 한갓 사생(師生) 간에 다르게 한 죄만 얻게 될 것입니다.

신 영천(申靈川)[128]의 일은 참으로 다시 갈등을 야기하고 싶지 않습

126 새로 임명된 일 : 1668년 2월 24일에 송시열이 대광보국숭록대부(大匡輔國崇祿大夫) 의정부 우의정에 제배되었다. 《宋子大全 附錄 卷5 年譜》

127 창랑(滄浪)에 대한 글 : 성문준의 묘갈명을 가리킨다. 94쪽 주112 참조.

128 신 영천(申靈川) : 봉호가 영천군(靈川君)인 신응구(申應榘, 1553~1623)를 가리킨다. 본관은 고령(高靈), 자는 자방(子方), 호는 만퇴헌(晩退軒)이다. 성혼의 문인이다. 임해군(臨海君)의 모역(謀逆)을 고변하는 일에 참여해 익사 공신(翊社功臣)이

니다. 다만 저의 고루하고 막힌 소견으로는 창랑이 조차석(曺次石)과 대화했다는 설[129]과 공자(孔子)를 흠복(欽服)하듯이 하였다는 명(銘)[130]이 모두 석실(石室 김상헌)에게서 나왔으니, 어찌 그중에 하나는 믿고 하나는 의심할 수 있겠습니까. 더구나 묘갈명에서 "명성과 행실이 있는 선비를 발탁하자 계급을 뛰어넘어 6품에 서용되었다."[131]라고 한 말은 필시 가장(家狀)에 의거하여 이와 같이 말을 만드셨을 것입니다. 어찌 노선생(老先生)께서 절실하게 꾸짖은 것[132]과는 크게 서로 어긋나지 않겠습니까. 이렇게 되면 단지 후인들의 의혹만 자아내고 기왕의 시비를 따지는 데에 도움이 되지 않을 것입니다. 가만히 생각건대 가장을

되었으나, 나중에 이를 부끄럽게 여겨 삭훈(削勳)해 줄 것을 청하였다. 이이첨(李爾瞻)이 폐모론을 주장하자 관직에서 물러나 남포(藍浦)로 낙향하였다.

129 창랑이……설 : 송시열이 김상헌에게 성문준의 일을 묻자, 김상헌이 "나도 그가 정직하지 못한 점을 분명히 알고 있다. 성문준이 일찍이 조차석을 길에서 만나 먼저 '선생님의 안부가 어떠십니까?'라고 하면서 정인홍(鄭仁弘)의 안부를 물었고, 이어서 '선생님께서는 언제 올라오십니까?'라고 물어 성심으로 정인홍을 존경하는 듯한 태도를 보였다."라고 대답하였다. 조차석과의 대화는 바로 이것을 가리킨다. 조차석은 조식(曺植)의 아들이자 정인홍의 제자이다. 《宋子大全隨箚 卷4》

130 공자(孔子)를……명(銘) : 김상헌이 지은 신응구의 묘갈명에 "약관 때에 옷자락을 말아 쥐고서, 파주 고을 향양리를 찾아갔었네. 스승이라 하고 또한 제자라 하매, 칠십 제자가 공자를 흠복한 것과 어찌 달랐으랴."라고 하였다. 《淸陰集 卷32 承政院左副承旨申公墓碣銘》

131 명성과……서용되었다 : 김상헌이 지은 신응구 묘갈명의 일부이다.

132 노선생(老先生)께서……것 : 김장생(金長生)은 신응구와 성문준이 정인홍의 도움을 받아 성혼에 대한 동인(東人)의 원망과 비난을 정철(鄭澈)에게 돌리려고 획책하자 이를 준엄하게 꾸짖었다고 한다. 《宋子大全 卷96 答李同甫(丁卯五月三日), 答李同甫(戊辰十二月二十二日)》

지은 사람이 우연히도 깊이 생각하지 못한 듯합니다. 어떻게 생각하시는지요?

만장(挽章)은 잘 받았습니다. 나머지는 병석에 누워 입으로 불러 쓰게 하느라 황송하여 다 말하지 못합니다.

별지

그동안 알려 주신 말씀은 상세하고 정확하니 감히 따르고 복종하여 올바른 방향으로 귀결되게 하지 않겠습니까. 다만 그래도 마음에 의심나는 것이 있기에 감히 다시 다 털어놓아 가르침을 구하는 바탕으로 삼지 않을 수 없습니다.

옛일을 생각해 보면 지난 경오년(1630, 인조8) 가을에 사계(沙溪) 노선생께서 송강(松江)의 행장(行狀)을 내보이셨는데, 그 내용 중에 이른바 '창랑공(滄浪公)의 일'은 사람들로 하여금 땀이 흐르게 하였지만[133] 노선생께서는 오히려 자신이 지나치다고 여기지 않으셨으니, 이는 이전의 의심이 아직 다 제거되지 않았기 때문입니다.

또 들어 보면 월정(月汀 윤근수(尹根壽))이 창랑공이 올린 편지[134]를

133 송강(松江)의……하였지만 : 송강 정철(鄭澈)의 행장이라고 했지만, 실제는 김장생이 지은 행록(行錄)을 가리킨다. 김장생은 이 글에서 성문준이 이이첨에게 편지를 보내고 조차석을 통해 정인홍에게 해명함으로써 성혼에 대한 비난을 해소하려 했다고 하면서 "성문준이 아버지를 위해 정인홍에게 도움을 청할 때 우계가 송강과 일을 함께하지 않았다는 점과 서로 친하지 않은 실상을 밝히면서 당시에 했던 모든 일의 허물을 송강에게 돌려 화를 면하려고 하였으나, 그 계획은 결국 무위로 돌아갔다."라고 하였다. 《松江集 別集 卷4 行錄》

134 창랑공이 올린 편지 : 성혼의 문인 신응구가 1608년(광해군 즉위년)에 상소를 올려 성혼이 기축옥사(己丑獄事)의 배후로 지목되어 동인의 비난을 받는 것과 관련하

읽어 보고 자주 칭찬하기를 "글은 좋구나. 글은 좋아."라고 했다고 하였으니, 이는 창랑이 변론한 말들이 모두 정말 그러하다고 여기지는 않은 것입니다.

청음(淸陰)이 언급하신 "무인(武人)[135]……."이라는 말씀은 비록 그 무인이 전해 아뢴 말에 사실과 다른 점이 있었다고는 하지만, 창랑이 조차석과 서로 친밀하게 지낸 것이 송강의 편지를 조차석에게 꺼내 보여 주었다는 사실[136]과 서로 부합하니, 이런 일이 전혀 없었다고 할 수 없을 것입니다. 만일 그렇다면 끝내 의심스러운 점이 없을 수 없습니다.

또한 정인홍(鄭仁弘)이 우계(牛溪)를 논하여 풍신수길(豐臣秀吉)의 침략에 비견하였으니,[137] 창랑의 처지에서는 진실로 당연히 정인홍을 통분하게 여기며 원망하고 미워하여 장차 한 하늘 아래 함께 살지 않기

여 변론하였다. 이에 대한 서인(西人) 측의 여론은 성문준과 신응구가 성혼의 신원(伸冤)을 위해 정철에게 죄를 뒤집어씌웠다는 것이었다. 윤근수가 성문준이 신응구의 상소를 막지 못한 잘못을 비판하자, 성문준이 윤근수에게 보낸 해명의 편지가 이것이다. 《滄浪集 卷3 上海平府院君書》 창랑(滄浪)은 성문준의 호이다.

135 무인(武人) : 이항복(李恒福)의 서자(庶子) 이기남(李箕男)을 가리킨다. 성문준이 길에서 조차석을 만나는 자리에 있다가 이를 김상헌에게 알려 준 사람이다. 105쪽 주129 참조. 《宋子大全隨箚 卷4》

136 송강의……사실 : '송강의 편지'는 정철이 성혼에게 답한 편지를 가리킨다. 이 편지에 성혼이 최영경(崔永慶)을 구하려고 했던 일이 기록되어 있었으므로 성문준이 조차석에게 보여 주면서 성혼에 대한 동인의 원한과 비난을 풀고자 하였던 것이다. 《宋子大全隨箚 卷4》

137 정인홍(鄭仁弘)이……비견하였으니 : 정인홍이 올린 상소에서 성혼이 붕당을 짓는 것이 풍신수길의 침략과도 같아 모두 나라를 망하게 하는 도적이라고 한 것을 가리킨다. 《宋子大全隨箚 卷4》

로 해야 옳았습니다. 그리고 조차석은 정인홍에게 부자간이나 다름이 없으므로 마땅히 원수나 도적을 피하듯이 해야 하는데 그렇게 하지 못했으니, 저의 편지에서 이른바 "엄정하게 대처하지 못했다."라고 한 것[138]은 이런 것들을 가리킨 것입니다. 이로써 생각해 보면 그 당시에 왕래한 말이 진실로 덧붙여진 것이 많았으며, 창랑공에게도 어떤 단서가 있었을 듯합니다.

송강의 행장에 추포(秋浦)로 하여금 이산해(李山海)를 논핵하게 했다고 쓴 한 조항[139]은 참으로 사실과 다릅니다. 이는 시급하게 개정해야 할 것으로, 바로 후인들이 해야 할 책무입니다.

그러나 만일 이 한마디 말로 인해 전편(全篇)이 의심받을 수 있다고 여긴다면 저는 그렇지 않은 점이 있다고 생각합니다. 옛날에 《이정문집(二程文集)》은 구산(龜山)에게서 나왔는데도 오히려 유 찰원(游察院)의 글이 뒤섞여 있어[140] 본모습을 심하게 잃었습니다. 그러나 어찌

138 엄정하게……것 : 1667년 5월 5일에 송시열이 윤문거(尹文擧) 형제에게 보낸 편지에서 "정인홍과 이이첨의 간악함에 대해 엄정하게 대처하지 못했다."라고 한 것을 가리킨다. 《宋子大全 卷36 答尹汝望吉甫(丁未五月五日)》

139 송강의……조항 : 김장생이 쓴 정철의 행록에 다음과 같은 일화가 실려 있다. 기축옥사의 추관(推官)이었던 정철이 김장생에게 정여립(鄭汝立)을 황해 도사(黃海都事)와 김제 군수(金堤郡守)로 의망했던 때의 인사 담당자를 처벌하는 것에 대해 의견을 물었다. 김장생이 반대하자, 정철은 이것이 성혼의 주장이라고 하였다. 여기서 말한 인사 담당자는 이산해를 가리키는 것이었다. 이 대화가 있고 얼마 되지 않아 정언(正言) 황신(黃愼)이 이산해를 논핵하였다. 《松江集 別集 卷4 行錄》 추포는 황신의 호이다.

140 이정문집(二程文集)은……있어 : 정호(程顥)와 정이(程頤)의 《이정문집》은 구산 양시(楊時)로부터 나와 연평(延平) 이동(李侗)에게 전해졌는데, 중간에 유작(游酢)의 글이 섞여 들어갔다. 주희가 이 오류를 지적한 바 있다. 《二程文集 附錄 卷下 朱子辨

이 때문에 《이정문집》이 모두 두 정 선생(程先生)에게서 나온 것이 아니라고 의심할 수 있겠습니까. 오늘날의 일은 마땅히 의심스럽거나 불안한 것은 놓아두고 그 나머지만 신중하게 다루는 것이 좋겠습니다.

대체로 노선생께서 창랑공이 영동 현감(永同縣監)으로 재직할 적에 그의 거취에 대한 의리를 논했었으니, 이는 친구 사이의 도리로 처신하신 것입니다. 사문(師門)께서 이미 친구의 도리로 처신하셨다면 후생의 처지에서 어찌 감히 이의를 가질 수 있겠습니까.

여러 형의 뜻을 엿보건대 시열이 원래부터 이 어른을 낮게 본다고 생각하십니다. 그렇기 때문에 비록 제가 무심코 말한 부분이라 하더라도 반드시 의도를 가지고 찾으므로 머리털이 부스럼과 혹으로 변하게 되니, 이는 사소한 일이 아닌 듯합니다.

한편 생각하면 대현(大賢) 이하의 사람은 누군들 말할 만한 장단점이 없겠습니까. 비록 대현이라 하더라도 출처(出處)의 대절(大節)에서는 또한 남들에게 의심받는 경우가 없을 수 없습니다. 이를테면 명도(明道)가 삼사 조례사(三司條例司) 직을 맡았을 적에 이천(伊川)이 꺼리고,[141] 이천이 서감(西監)의 관직에 응했을 때 화정(和靖)이 의심한 것[142]과 같은 경우입니다.

論胡本錯誤書》 찰원(察院)은 벼슬 이름이다.

141 명도(明道)가……꺼리고 : 왕안석(王安石)이 신법(新法)을 시행하기 위해 염철(鹽鐵), 호부(戶部), 탁지(度支)에 삼사 조례사를 설치하였다. 명도 정호(程顥)가 삼사 조례사의 속관(屬官)으로 종사하자, 이천 정이(程頤)가 이를 못마땅하게 여겼고 정호의 행장에도 조례사에 종사한 일을 기록하지 않았다. 《朱子語類 卷130》

142 이천이……것 : 서감은 서경 국자감(西京國子監)의 약칭이다. 이천 정이가 송 휘종(宋徽宗)이 즉위한 1100년에 귀양지인 부주(涪州)로부터 풀려나와 곧바로 서경

설사 창랑공이 지난날에 조금 미진한 점이 있었다 하더라도 요컨대 많은 점이 훌륭하니, 어찌 군자(君子)가 되고 현인(賢人)이 되는 데에 문제 될 것이 있겠습니까. 하지만 여러 형의 뜻을 보건대 반드시 문자에 말마다 구절마다 모두 존중하는 곳에다 써 오던 말을 사용해 달라고 하는데, 명도의 지문(誌文)만 보더라도 마땅히 이와 같이 하지 말아야 할 듯합니다.

그러므로 시열은 당초에 지문의 '보박연천(溥博淵泉)'[143]이라는 대문 등을 의심하였으며, 이 대문 아래는 말이 되기 어렵겠다고 여겼던 것입니다. 저의 생각은 이런 것을 염려한 것입니다. 하지만 이와 같이 후세에 전하는 글은 난숙하게 강구하는 것이 좋으니, 만일 다시 하실 말씀이 있을 경우 또 말씀해 주시면 그보다 다행함이 없겠습니다.

말단(末段)의 말-'일에 대해 잘 모른다〔於事不甚曉解〕'[144]라는 말은 문집에 의거하여 '세속의 일을 잘 모른다〔未諳塵俗事〕'[145]로 고칩니다.-

국자감의 관직에 취임하자, 정이의 문인인 화정 윤돈(尹焞)이 나아가지 않을 자리에 나아갔다고 스승을 의심하였다. 《二程全書 卷50 伊川年譜》

143 보박연천(溥博淵泉) : 성인(聖人)의 깊고 너른 덕을 표현한 말이다. 《중용장구(中庸章句)》 제31장에 "보박하고 연천하여 수시로 나타나게 되는 것이다.〔溥博淵泉, 而時出之.〕"라고 하고, 그 주에 "보박은 두루 미치고 광활함이요, 연천은 고요하고 깊어 근본이 있는 것이다."라고 하였다.

144 일에……모른다 : 송시열이 지은 성문준의 묘갈명에 "삼가 《우계집》의 내용을 보면, 선생이 처음에는 공이 일에 대해 잘 모르는 것을 병통으로 여기다가〔先生嘗病公於事不甚曉解〕 얼마 뒤에는 말씀하시기를 '자질이 순후하고 욕심이 적으며 또 의리를 알고 있어 그렇게 아름다운 기질은 얻기가 어렵다고 하겠다.' 하였다."라고 하였다. 《宋子大全 卷174 滄浪成公墓碣銘》

명사(銘辭)의 말-명사에 서사(敍事)가 충분한 것을 골라 취한 경우도 있고 서사가 충분하지 않은 것을 골라 취한 경우도 있으니, 그 체제가 한결같지 않습니다. 다만 '사소(事疎)'의 '사(事)' 자[146]는 '세(世)'로 고치는 것도 무방합니다.-

'무안면(無顔面)'[147]-본래 주자(朱子)의 말로, 친구에게 체면을 차리지 않고 대하는 경우를 일컫는 것이니, 오래 사귀는 도리입니다. 이는 서로가 무턱대고 순종하지 않는다는 뜻입니다. 무릇 문구는 오직 그 출처와 내력을 살펴보는 것이 합당할 듯합니다.-

'선생(先生)'과 '공(公)'이라는 말-주자의 문인들이 '문공 선생(文公先生)'이라고 칭하였으니 '공'과 '선생'은 본디 고하(高下)의 차이가 없었으나, 다만 '공'이라 한 것은 많고 '선생'이라 한 것은 적었기 때문에 적은 것을 귀하게 여겼을

145 세속의……모른다 : 성혼의 《우계집》 권26 〈시자문준급삼손아(示子文濬及三孫兒)〉에 "문준은 자질이 순후하고 욕심이 적으며 또 의리를 알고 있어 그렇게 아름다운 기질은 얻기가 어렵다고 하겠다.……또 세속의 일을 잘 모르는 데다 기민함이 부족하다.〔又未諳塵俗之事, 且乏警敏.〕"라고 하였다.

146 사소(事疎)의 사(事) 자 : 송시열이 지은 성문준의 묘갈명에 "아버지 말씀이 아들이 일에는 어두워도, 그 행실은 나도 못 따른다 하였네.〔父曰子於事疎, 乃其行吾不如.〕"라고 한 것을 가리킨다. 《宋子大全 卷174 滄浪成公墓碣銘》

147 무안면(無顔面) : 체면을 차리지 않는다는 의미이다. 송시열이 1667년(현종8) 5월 5일에 윤문거 형제에게 보낸 편지에서 성문준 묘갈명의 일부를 "사계 김 선생이 일찍이 우계 문하를 출입하였다. 나중에 어떤 일로 인해 공을 책망하였는데, 거의 체면을 차리지 않을 정도였다.〔殆無顔面〕 이를 통해 선현의 정의(情誼)가 돈독하였다는 것을 알 수 있고, 공도 스스로를 굽히는 것을 어렵게 여기지 않았으니 어찌 또한 법문(法門)에 전해 오는 법도가 아니겠는가."라고 수정할 것을 제안한 바 있다. 《宋子大全 卷36 答尹汝望吉甫(丁未五月五日)》

뿐입니다. 그러나 요즘 세상에서 조금이라도 문장에 재능이 있는 사람이면 그의 문집에 으레 '선생'이라고 칭하니, 이것이 도리어 많아져 귀하지 않게 되었습니다. 다만 창랑공은 두 선생[148] 아래에서 비슷하게 여겨질 혐의가 있으니, 근엄해야 하는 도리로 보아 참작해서 해야 할 바가 있을 듯합니다. 이미 동춘(同春) 형과 더불어 대강 상의하였으니, 바라건대 다시 그와 더불어 편지를 주고받아 보시는 것이 어떻겠습니까.-

'영천(靈川)'과 '수몽(守夢)'[149]이라는 말-당초에 저도 높이거나 낮추고 취하거나 버리려는 의견이 사실 없지 않았습니다. 이번에 춘형(春兄)이 또한 그 가운데 한 어른을 빼 버리고자 했는데, 그렇게 한다면 논쟁의 발단이 다시 일어나 확정될 때가 없을 것이니, 명칭은 모두 빼 버리고 단지 '일시명현(一時名賢)'이라고 하는 것이 나을 것입니다.[150] 어떻게 생각하시는지요?-

148 두 선생 : 성문준의 조부인 성수침(成守琛)과 부친인 성혼을 가리킨다.

149 영천(靈川)과 수몽(守夢) : 영천군 신응구와 수몽 정엽(鄭曄)을 가리킨다.

150 당초에……것입니다 : 《송자대전》에 수록된 성문준의 묘갈명에 "공에게 승복한 이로는 송강 정철(鄭澈), 청풍(淸風) 김권(金權), 추탄(楸灘) 오윤겸(吳允謙), 추포(秋浦) 황신(黃愼), 우산(牛山) 안방준(安邦俊) 같은 이들이 있었다."라고 하였다. 이에 대해 윤선거가 송시열에게 편지를 보내 "신 영천(申靈川), 정수몽(鄭守夢)은 실로 창랑과 막역지교(莫逆之交)였는데, 지금 이 묘갈명에서 여러 공을 나열한 가운데 두 분이 보이지 않으니, 무슨 까닭입니까?"라고 물었기 때문에 이렇게 대답한 것이다. 《魯西遺稿 卷8 與宋明甫英甫》

윤여망, 길보에게 답함 무신년(1668, 현종9) 4월

答尹汝望吉甫 戊申四月

미형(美兄)의 큰아드님을 생각지도 않게 해후하여 그를 통해 편지와 별지를 받았습니다. 보내 주신 말씀을 다 읽고 저를 비루하게 여기지 않으심에 매우 감격했습니다.

다만 그동안 말씀하신 의미를 가만히 살펴보건대, 저희들의 글이 논의를 합당하게 만들 단서에 보탬이 된다고 여기시는 듯합니다. 이는 한 줌의 모래로 세차게 흐르는 여울을 막는 격일 듯합니다.

시열은 항상 스스로 웃으며 '파문(坡門)의 뜻을 한결같이 따를 수 없고 사문(師門)의 설도 온전히 지킬 수 없다면 양쪽에 다 죄를 얻을 것이니, 그저 여러 형께서 양찰(諒察)해 주실 것을 믿고 두려워하지 않을 뿐이다.'라고 생각하고 있습니다.

저는 지금 다섯 번째 상소를 올린 상황인데, 어느 때나 고난을 벗어나 피안(彼岸)에 도달할지 모르겠습니다. 매우 울적합니다. 나머지는 마침 소란하여 이만 줄입니다.

윤여망, 길보에게 보냄 무신년(1668, 현종9) 6월
與尹汝望吉甫 戊申六月

무더위가 날로 심해지는 시절에 여러분의 기거가 어떠하신지 몰라 그립기 그지없습니다. 저는 병이 날로 더욱 괴롭히니, 운기(運氣)를 알 만합니다.

일전에 능주(綾州)의 유생이 와서 우산(牛山 안방준(安邦俊))의 사우(祠宇)에 사액(賜額)을 청하는 상소를 지어 달라고 부탁하였습니다. 병세를 참고 짓기 어렵다고 생각되어 고사하였으나, 더욱 완강하게 부탁하기에 우선 상황을 보아 가며 하기로 하고 보냈습니다. 그런데 근래 며칠 사이에 앓는 병이 갑자기 더쳐서 낫기를 기약하기 어렵게 되었습니다. 남의 부탁을 간곡하게 받은 처지에 기회를 망칠까 두려워 매우 심란합니다.

제 생각에 금일의 이 일은 애초에 집사(執事)를 버려두고 다른 사람에게 구하는 것은 합당하지 않습니다. 더구나 지금 저의 형편이 이러하니, 집사께서 끝내 사양할 수 없으리라 생각됩니다. 그러므로 이렇게 간절히 청하니, 부디 유의해 주시는 것이 어떻겠습니까. 아니면 자인(子仁 윤증)으로 하여금 짓게 해도 불가할 것이 없습니다. 정자(程子)가 팽사영(彭思永)과 부필(富弼)을 대신해 지은 경우[151]와 율곡 어른이

151 정자(程子)가……경우 : 정이(程頤)가 팽사영을 대신해 지어 올린 〈대팽중승논복왕칭친소(代彭中丞論濮王稱親疏)〉와 부필을 대신해 지어 올린 〈대부필상신종황제논영소릉소(代富弼上神宗皇帝論永昭陵疏)〉를 가리킨다. 《二程文集 卷6》

백공(白公)을 대신해 지은 경우[152]는 비록 임금께 아뢰는 글도 오히려 혐의쩍게 여기지 않았던 것입니다. 더구나 이것은 마땅히 사실대로 고해야 하는 글이지 않습니까. 그들이 와서 전해 준 책 2권과 두꺼운 종이 9장을 보내 드립니다.

또 어제저녁에 애시(哀侍) 정주(鄭澍)[153]가 와서 말하기를 "여기의 의론이 진천(鎭川)과 봉화(奉化)를 버리고 별도의 장소에 장사 지내는 것은 불가하다고 하므로 장차 두 곳 중에서 선택하려고 하였습니다.[154] 그런데 지금 장지(葬地)에 대한 논의가 분분하여 두 곳을 모두 장사 지낼 수 없는 곳이라 하고 이미 장사 지낸 묘소도 모두 천장(遷葬)해야 한다고 하므로 이번 상사(喪事)는 별도로 장사 지내는 것을 면치 못할 상황입니다. 다만 여기의 의론을 어렵게 여기는 까닭에 와서 여쭙니다." 하였습니다.

제 생각에 이 일은 온당치 않지만 지관의 말을 무시할 수 없는 상황이고 보면, 모두 다 반대할 수는 없다고 여겼습니다. 그러므로 여러

152 율곡……경우 : 백공은 백인걸(白仁傑)을 가리킨다. 1579년(선조12) 백인걸이 시사(時事)와 당인(黨人)의 보합(保合)을 논하는 상소를 올렸는데, 그 상소에서 시사와 보합에 관한 부분은 이이(李珥)가 지었다고 한다. 《宣祖修正實錄 12年 7月 1日》

153 애시(哀侍) 정주(鄭澍) : 1634~1704. 본관은 영일(迎日), 자는 덕우(德雨)이다. 정경연(鄭慶演)의 아들이다. 당시 부친상을 치르고 있었으므로 애시라고 한 것이다. 《迎日鄭氏文淸公派世譜》

154 여기의……하였습니다 : 1668년 5월 13일에 정양(鄭瀁)이 서울 관동(館洞)에서 별세하자, 그의 장지를 정하는 일을 두고 한 말이다. 당시 정양의 아들 정보연(鄭普衍)이 정양보다 먼저 죽었고, 손자인 정천(鄭洊)은 나이가 어렸으므로 정양의 종손(宗孫)인 정주가 상사(喪事)를 주관하고 있었던 듯하다. 진천은 정양의 조부 정철(鄭澈)의 묘소가 있던 곳이고, 봉화는 아들 정보연의 묘소가 있던 곳이다. 《抱翁集 卷7 年譜》

친지와 상의하여 선처해야 한다고 말해 주고, 또 마땅히 집사의 뜻을 여쭈어 보아야 한다고 알려 주었으니, 부디 집사께서는 한마디 해 주시기 바랍니다.

일전에 용담 현령(龍潭縣令) 홍석(洪錫)[155] 씨가 방문하여 정보연(鄭普衍)의 장지는 분명히 후손이 끊어질 땅이라고 하였습니다. 이 말을 비록 감히 믿을 수는 없지만, 본가에서 어찌 동요하지 않을 수 있겠습니까. 이것은 저도 매우 염려됩니다. 나머지는 병석에 누워 대신 쓰게 하는 형편이라 이만 줄입니다.

155 홍석(洪錫) : 1604~1680. 본관은 남양(南陽), 자는 공서(公敍), 호는 손우(遜愚)이다. 김상헌(金尙憲)의 문인이다. 김수항(金壽恒)의 추천으로 출사하여 용담 현령, 세자익위사 사어(世子翊衛司司禦)를 지냈다. 《陶菴集 卷32 司禦遜愚洪公墓碣》

윤여망, 길보에게 답함 무신년(1668, 현종9) 7월 8일

答尹汝望吉甫 戊申七月八日

답장을 잘 받았습니다. 저는 줄곧 병으로 칩거해 있어 전혀 살아가는 재미가 없습니다. 안숙(晏叔 정양(鄭瀁))의 장지(葬地)는 지금껏 정해진 계획이 없어 벗들이 모두 근심하는 바입니다. 듣자니 그가 글짜기에 우거를 조성할 때 홍 용담(洪龍潭 홍석(洪錫))이 옳지 않다고 극언하였는데, 그 말을 듣지 않았을 뿐만 아니라 서로 사이가 어그러질 뻔했다고 합니다. 여기의 벗들도 어찌할 도리가 없었습니다. 지금의 일은 단지 애시 정주(鄭澍)와 그의 두 사위의 결정에 달려 있을 뿐입니다.

우산(牛山)의 서원[156]에 대한 말씀은 잘 알았습니다. 이 서원뿐만이 아니라, 저는 매번 새로 서원을 세우는 것을 경계하고 있습니다. 이만 줄입니다.

156 우산(牛山)의 서원 : 앞 편지에서 언급한 안방준(安邦俊)의 사우(祠宇)를 말한다. 《宋子大全 卷36 與尹汝望吉甫(戊申六月)》

윤여망, 길보에게 답함 무신년(1668, 현종9) 8월 18일
答尹汝望吉甫 戊申八月十八日

특별히 사람을 보내 전해 주신 편지를 받고 위로되고 감사함이 그지없습니다. 다시 비루하게 여기지 않는 은혜를 베풀어 이렇게 하문해 주시니 부끄럽고 두려운 마음이 더합니다.

6일에 큰비가 종일 내리기에 어가(御駕)의 행차[157]를 매우 염려하였습니다. 바로 경하(京下)에 사는 사람을 통해 오후에 날이 개어 과천(果川)에 무사히 이르셨다는 소식을 듣고 다행스러움을 비할 길 없었습니다. 길가에서 맞이해 알현하는 것이 의리상 마땅하나, 근래 누차 산곽(疝霍)[158]을 앓는 바람에 기혈이 소진되어 혼자 움직일 수 없었습니다. 그래서 이미 상소를 올려 스스로 논열하였습니다.

희온(希溫)[159]이 또 고인이 되었으니 비통하고 애석한 심정이 어찌 다함이 있겠습니까. 운기(運氣)가 이러하니 어찌하겠습니까.

귀댁의 이장(移葬)이 단지 수재에 대한 염려에서 나왔을 뿐이라면, 물이 없는 것을 확인한 뒤에는 도로 복토(復土)하는 것이 당연합니다.

157 어가(御駕)의 행차 : 1668년 8월 16일에 현종이 도성을 출발하여 온양(溫陽)의 온천에 거둥하였다. 20일에 온양에 도착하여 보름을 머물렀는데, 9월 4일에 송시열이 행궁을 찾아가 알현하였다. 《顯宗實錄 9年》

158 산곽(疝霍) : 아랫배가 아프면서 토하고 설사하는 병이다.

159 희온(希溫) : 조속(趙涑, 1595~1668)의 자이다. 본관은 풍양(豐壤), 호는 창강(滄江)이다. 부친 조수륜(趙守倫)이 광해군 때 억울하게 죽은 것을 애통하게 여겨 인조반정에 가담했으나 훈록(勳錄)에는 참여하지 않았다. 《宋子大全 卷191 滄江趙公墓表》

이것은 외인이 감히 알 바가 아닙니다.

자손 가운데 와서 참석하지 못하는 자는 소복(素服)을 입고 망곡례(望哭禮)를 행하는 것이 정으로나 이치로나 그만둘 수 없는 일입니다. 더구나 국조(國朝)에서 이미 전례(典禮)가 되지 않았습니까. 곡을 하면서 곡위(哭位)를 설치하지 않는 것을 예서(禮書)에서 이미 잘못이라 하였으니, 이는 의심할 것도 없는 듯합니다.

조복(弔服)에 가마(加麻)하는 것은 "나머지 복(服)이 있는 사람"이라는 글[160]로 보자면 친소의 구별이 없으나, 자사(子思)가 답한 말[161]로 보자면 기복(朞服)의 친속만을 지칭한 듯합니다. 소원한 친속은 비록 화려한 꾸밈만 제거해도 근거가 없지는 않을 듯합니다.

증형(甑兄 윤문거(尹文擧))이 다시 대죄의 글을 올리는 것도 무방할 듯합니다. 한 차례 비답이 그대로 영구히 받들어 쓰는 물건이 되었더라면 오늘날 어찌 이처럼 일이 많았겠습니까.

큰비가 내린 뒤에 병을 무릅쓰고 선영에 성묘 와서 종이를 구해 근근이 편지를 짓기에 일일이 다 쓰지 못합니다.

160 나머지……글 : 《가례(家禮)》 권4 〈상례(喪禮) 초종(初終)〉의 주에 "처와 자식, 며느리, 첩은 모두 관(冠)과 윗옷을 벗고 머리를 푼다. 남자는 윗섶을 끼우고 맨발을 한다. 나머지 복(服)이 있는 사람은 모두 화려한 꾸밈을 제거한다."라고 하였다.

161 자사(子思)가 답한 말 : 위(衛)나라 사도(司徒) 문자(文子)가 자신의 숙부를 개장(改葬)하는데 어떤 복을 입을지 자사에게 문의하였다. 자사는 "예법에 부모를 개장하는 경우에는 시마복(緦麻服)을 입고 장사를 지내면 복을 벗으니, 아무런 복이 없이 지친(至親)을 보내는 것은 차마 하지 못할 일이기 때문이다. 부모가 아니면 복이 없으니 복이 없다면 조복을 입고 가마한다."라고 하였다. 《通典 卷102》

윤여망, 길보에게 답함 무신년(1668, 현종9) 8월 28일
答尹汝望吉甫 戊申八月二十八日

묘소를 여신 이튿날 아침에 편지 한 통을 올려 저의 우려를 풀고자 하였습니다만, 세상사란 어긋나기 십상이지요. 아이가 오늘에야 비로소 나아가기에 불민한 것을 몹시 자책하고 있었습니다. 그런데 홀연 광주(光州)의 우편을 통해 보내 주신 편지를 받고 우려했던 것[162]과는 다르다는 사실을 알았습니다. 매우 다행스럽게 여기면서 한편으로 진실한 효심을 신명(神明)이 도우신 것을 탄복하였습니다.

물으신 의례(疑禮)는 감히 단정하여 말할 수 없습니다. 다만 예서(禮書)에 시신이 든 관을 보았으므로 시복(緦服)을 입는다고 말하였으나,[163] 그 대절(大節)은 개장(改葬)을 두고 말한 것입니다. 이미 개장하지 않았으니 예전대로 복토한 뒤에 바로 입었던 복을 벗는 것이 마땅할 듯합니다. 예서에 또한 무복(無服)으로 지친(至親)을 장사 지내서는 안 된다고 명확히 말하였습니다. 지금 이미 개장한 것이 아니니 어찌 장사 지내는 일을 일삼을 것이 있겠습니까. 저의 소견은 이러하니,

162 우려했던 것 : 앞의 편지에서 윤문거 형제가 자신들의 선영(先塋)에 수재(水災)가 있을까 걱정하던 것을 가리킨다. 《宋子大全 卷36 答尹汝望吉甫(戊申八月十八日)》

163 예서(禮書)에……말하였으나 : 《의례(儀禮)》 〈상복(喪服)〉에 "개장하면 시마복을 입는다.〔改葬緦〕"라고 하였는데, 그 주에 "시마복은 신하가 임금을 위하여, 자식이 아버지를 위하여, 처가 남편을 위하여 입는다. 반드시 시마복을 입는 것은 시신이 든 관을 직접 보니 복이 없어서는 안 되기 때문이다. 석 달 동안 시마복을 입고 나면 복을 벗는다."라고 하였다.

부디 참작하여 다시 가르침을 주시는 것이 어떻겠습니까.

시열은 다시 사직 상소를 올리고 체직되기를 공손히 기다리고 있는데, 병이 한창 고통스러워 더할 나위 없이 근심스럽고 불쌍한 처지입니다. 이만 줄입니다.

윤여망, 길보에게 보냄 무신년(1668, 현종9) 9월 23일
與尹汝望吉甫 戊申九月二十三日

승중(承重)한 첩자(妾子)의 장자(長子)는 소생 조모(所生祖母)에 대해 복(服)이 없는 것이 분명합니다. 그 나머지 아들들은 어떻게 해야 합니까? 선조대왕(宣祖大王)은 방계(傍系)로서 들어와 대통(大統)을 이으셨는데, 사친(私親)의 제부(諸父)와 형제들에 대해 이미 모두 복을 끊었습니다. 그런데 지금 듣자니, 영풍군(靈豐君)[164] 제종(諸宗)과 하원군(河原君)[165] 자손들 간에 서로 복을 입는다고 합니다. 이것은 아버지가 복을 입지 않는 대상에게는 감히 복을 입지 않는다는 뜻과 서로 어긋납니다. 어떻게 생각하시는지요? 부디 상량하여 가르쳐 주시기 바랍니다.

164 영풍군(靈豐君) : 인조의 동생인 능원대군(綾原大君) 이보(李俌)의 아들 이식(李湜)의 봉호이다. 인조와 능원대군의 아버지 정원대원군(定遠大院君) 이부(李琈)는 선조의 아들이다.

165 하원군(河原君) : 덕흥대원군(德興大院君) 이초(李岹)의 큰아들인 이정(李鋥)의 봉호이다. 선조는 덕흥대원군의 셋째 아들인 하성군(河城君) 이균(李鈞)이다.

윤여망에게 보냄 계사년(1653, 효종4) 9월 6일

與尹汝望 癸巳九月六日

가을도 이미 끝나 갑니다. 형제들과 화락한 가운데 한가로이 잘 지내시는지요? 일전에 보내 주신 편지에 대해 답장을 써서 보냈는데, 받아 보셨습니까? 은거하려는 계획은 장차 어찌하시렵니까? 매번 구봉(九峯)[166]의 빼어난 경치를 생각할 때면 저의 마음이 몹시 들뜹니다. 형의 계획이 만약 이루어지면 반씩 나누어 거처하자는 약속을 저는 기필코 이루어야겠습니다. 제가 만약 먼저 정착한 상황에서 형이 혹시라도 차질을 빚는다면, 경영(經營)에 힘을 허비하게 되고 소란만 일으킨다는 경계를 공연히 범하게 될 것입니다. 형께서 선구(先驅)가 되는 것을 꼭 보려는 것도 이 때문입니다. 부디 굳게 결심하여 노년에 서로 지켜 줄 곳을 마련하는 것이 참으로 재주 없는 이 사람의 바람입니다.

김규(金槼)[167] 무리는 성실하고 신의가 있어 의지할 만하니, 어찌 꼭 관가(官家)일 필요가 있겠습니까. 회옹(晦翁)도 아무 수령에게 부탁하여 그로 하여금 곤궁한 벗을 몰래 돕게 한 일이 있습니다.[168] 만약 한결같이 이러한 의리로 서로 대처한다면 매우 좋을 것입니다. 우리

166 구봉(九峯) : 진잠(鎭岑)에 있는 산의 이름이다.

167 김규(金槼) : 김장생의 서자이다.

168 회옹(晦翁)도……있습니다 : 채원정(蔡元定)이 도주(道州)로 귀양 갔을 때 주희가 수령인 친구에게 부탁하여 그의 집안을 몰래 도와주었다고 한다. 《宋子大全隨箚 卷4》

쪽에서 그것을 요구하면 의리를 해칠 듯하니, 이 점은 다시 헤아려 보아야 합니다.

계룡산(鷄龍山)을 유람하자는 약속은 언제나 실천할 수 있을까요? 처음에는 이번에 외성(外城)에 가면 형들과 계룡산에 함께 가기로 약속하고 이어 구봉을 거쳐 돌아오려고 했습니다만, 명형(明兄 송준길)이 과부가 된 딸을 기다리는 바람에 지금껏 미적거리게 되었습니다. 형이 만약 먼저 이르러 부르신다면 불시에 좇아갈 수 있을 것입니다. 매번 〈현승편(玄繩編)〉[169]을 읽다 보면 두 선생께서 구봉(龜峯 송익필(宋翼弼))과 산수 유람을 논의하다가 끝내 이루지 못한 것을 봅니다. 이것은 참으로 천고의 한입니다. 지금 우리가 어긋난 것도 이 경우와 같으니, 후대에 지금을 바라보면 또한 지금 우리가 이전의 일을 바라보는 것과 같지 않겠습니까.

어제 수성(隋城)에서 돌아온 집의 인편을 통해 큰아드님이 28일에 쓴 편지를 받고는 기거가 편안하고 좋다는 답장을 하였습니다. 나머지는 이만 줄입니다.

169 현승편(玄繩編) : 송익필이 이이(李珥), 성혼(成渾)과 주고받은 편지를 모아 편집한 것으로, 《구봉집(龜峯集)》에 수록되어 있다.

윤여망에게 보냄 을미년(1655, 효종6) 9월 25일

與尹汝望 乙未九月二十五日

곡하던 중에[170] 수찰(手札)을 받고 서리 내리는 추위에 아직 체후가 완전히 회복되지 않으셨다는 것을 알았습니다. 슬퍼하고 있던 터에 염려가 매우 깊습니다. 고애(孤哀)는 장례를 아직 마치지 않아 밤낮으로 마음을 졸이고 있습니다. 스스로의 병을 돌아볼 겨를이 없고 또한 떨치고 일어나 자신의 정성을 다할 수 없으니, 참으로 천지간에 일개 죄인입니다. 어찌하겠습니까.

음식을 먹는 일은 장례 전부터 함장(函丈)께서 자제를 보내 돈독히 면려하시기에 이미 수반(水飯)을 먹고 있었고, 근래에는 다시 소식(疏食)에 채소를 더하였습니다. 이것을 넘어서면 비록 병들더라도 감히 가볍게 논하여 죄를 가중시킬 수 없습니다. 병이 만약 심해진다면 또한 마땅히 사우(師友)의 명을 삼가 따르겠습니다. 어찌하여 하늘이 돕지 않아 이 지경에 이르러 여러 자애로운 분께 염려를 끼친단 말입니까. 통곡하고 통곡합니다. 반곡(盤谷)의 존형(尊兄)[171]께는 별도로 아뢰었습니다.

봄에 송천곡(宋泉谷)[172]의 행장을 지어 달라는 부탁을 받았습니다.

170 곡하던 중에 : 1655년 3월에 송시열이 모친상을 당하였다.

171 반곡(盤谷)의 존형(尊兄) : 윤선거 형제 중 누구인 듯하다.

172 송천곡(宋泉谷) : 송상현(宋象賢, 1551~1592)으로, 본관은 여산(礪山), 자는 덕구(德求), 호는 천곡이다. 1592년 동래 부사(東萊府使)로서 왜적을 막다 순절하

함장을 직접 뵙고 수정을 받아 보여 드립니다. 습유(拾遺)의 몇 가지 일 중에는 절대 빠뜨려서는 안 되는 것이 있습니다. 일전에 천곡의 후손이 와서 정서(淨書)해 달라고 독촉하였는데, 원고(元稿)를 아울러 교정할수록 잘못된 것이 보여 매우 심란하였습니다. 번거롭지만 다시 기록하여 보여 주시는 것이 어떻겠습니까? 듣자니 함장께서 학질이 자주 발병하신다니 우려를 금할 수 없습니다.

였다. 《宋子大全 卷202 泉谷宋公諡狀》

윤여망에게 보냄 병신년(1656, 효종7) 5월

與尹汝望 丙申五月

근래 서신이 꽤나 뜸했습니다. 조용히 지내시는 생활은 신명의 가호로 편안하신지요? 고애(孤哀)는 얼마 전에 설사를 앓다가 거의 죽었다 다행히 살아났습니다. 일전에는 회덕(懷德)의 우사(寓舍)에서 사람을 보내 큰아드님께 약봉지를 전달하게 하였는데, 도달했는지 모르겠습니다.

자운(紫雲) 묘지(墓誌)[173]의 초본(草本)은 교감을 받게 되어 매우 다행스럽습니다. 계씨(季氏) 존전(尊前)에 다시 알렸으니 전달되었을 것으로 생각합니다. 그 내용 중에 사관(四館)에 관한 한 조목[174]은 잊고 답장드리지 못해 유감스럽습니다. 이것은 선생의 처지에서는 작은 일이지만 세상의 교화에 관계되므로 사소한 일이 아닙니다. 후인들이 이로 인해 오랑캐의 습속을 다시 씻어 낼지 어찌 알겠습니까. 그러므로 삼가 드러내 기록하였는데, 어떻게 생각하실지 모르겠습니다. 우리들 중에서는 이 일에 대해 시남(市南 유계(兪棨)) 형이 마땅히 알 것입니다.

173 자운(紫雲) 묘지(墓誌) : 이이(李珥)의 묘지를 가리킨다. 자운은 파주(坡州)의 지명으로, 그곳에 이이의 묘소가 있다. 당시 김집이 송시열에게 이이의 묘지명을 짓게 하였다.

174 사관(四館)에……조목 : 이이의 묘지명에 "사관에서 신진(新進)들을 괴롭히는 풍습을 미워하여 아주 뿌리 뽑을 것을 청하면서 '중국 사람들은 그것을 보고 오랑캐 풍속이라고 하면서 놀라고 비웃는다'고 하니, 주상이 그대로 따랐다."라고 한 것을 가리킨다. 《愼獨齋遺稿 卷9 文成公栗谷李先生墓誌銘》

의례(疑禮) 두 조목은 별지에 아뢰었으니, 부디 행할 바를 바로잡아 가르쳐 주시기 바랍니다. 이어서 시남에게도 보내 주시는 것이 어떻겠습니까? 미처 따로 서신을 마련하지 못했습니다. 그가 요구한 변무소(辨誣疏)의 초본은 현재 황생(黃生) 주경(周卿)[175]에게 있으니, 그에게 가지고 가라는 뜻을 전달해 주시면 다행이겠습니다. 의례 한 조목은 아직 이 형과 의논하지 못했으니, 아울러 전해 보여 주기를 바랍니다.

큰아드님과 딸아이에게는 모두 서신이 없습니다. 《기보통편(紀譜通編)》[176]은 비록 흔쾌히 허락해 주기를 바라지만, 한편으로 땀을 흘리며 쓰다가 병이라도 날까 염려됩니다. 이 책은 매우 드무니 형의 집에도 한 본을 비치해 두시는 것이 어떻겠습니까? 이만 줄입니다.

175 황생 주경(黃生周卿) : 황세정(黃世楨, 1622~1705)으로, 주경은 그의 자이다. 본관은 회덕(懷德)이다. 송준길과 송시열의 문인이다. 《陶菴集 卷32 同知黃公墓碣》

176 기보통편(紀譜通編) : 송시열이 주희의 제자 이방자(李方子)가 지은 《주자연보(朱子年譜)》와 명나라 대선(戴銑)이 지은 《주자실기(朱子實紀)》를 합편(合編)하고, 의심나는 점을 기록한 책이다. 정식 서명은 《문공선생기보통편(文公先生紀譜通編)》이다.

윤여망에게 답함 정유년(1657, 효종8) 1월 8일

答尹汝望 丁酉正月八日

세전(歲前)에 보내 주신 서신을 누차 받으니 고애(孤哀)는 감사하고 위로됩니다. 요즘 원단(元旦)을 맞아 체후(體候)가 큰 복을 받아 편안하신지요? 고애는 새해를 맞아 슬픔이 더하는 가운데 재기(再朞)도 임박하여 다시는 어쩔 수 없게 되었으니, 애통함과 사모함을 어찌해야 합니까. 이런 상황에서 다시 성상의 보살핌을 입어 의원이 와서 진찰을 하니 복이 지나치면 재앙이 생긴다는 두려움을 어찌 이길 수 있겠습니까. 황공하고 위축되는 마음을 가눌 수 없습니다.

큰아드님이 우거(寓居)하는 곳에 어제 낮에 갑자기 불이 난 것은 비록 놀랄 만한 일이나, 오직 온아(溫兒)가 화상을 면한 것을 다행으로 여기면서 우사(寓舍)가 불타 버린 것에 대한 탄식은 완전히 잊었습니다. 이것이 어찌 훌륭한 덕으로 자애롭게 보호해 주신 덕분이 아니겠습니까. 다만 이전에 매번 고적(孤寂)한 것이 염려스러워 일찍이 흥룡(興龍)[177] 또는 호상(濠上)[178]으로 이사할 것을 큰아드님과 논의하고서, 큰아드님으로 하여금 조용히 아뢰도록 하였습니다. 하물며 지금 화재로 다 타 버렸으니, 하늘이 묵묵히 도와준 것이 아니겠습니까. 흥룡과

177 홍룡(興龍) : 회덕 남쪽 소제(蘇堤) 부근이다. 송시열이 옥천(沃川)에서 회덕으로 이사했을 때 처음 살던 곳이다. 남간정사(南磵精舍)가 여기에 있으며, 홍농(興農)이라는 이름으로 바뀌었다. 《宋子大全隨箚 卷4》

178 호상(濠上) : 호음천(好音川)을 가리키는 듯하다. '호(好)' 자와 '호(濠)' 자의 음이 비슷하여 음차(音借)한 것이다. 흥룡과 가까운 곳이다. 《宋子大全隨箚 卷4》

호상 모두 좋은 곳입니다만, 만약 허수(虛受)[179]의 산수(山水)를 버릴 수 없다고 여긴다면 또한 몇 사람을 써서 수리해 살 수 있습니다. 이 세 곳 중에서 자친(慈親)으로 하여금 좋은 곳으로 지정하게 하시는 것이 어떻겠습니까?

만약 소소한 한 가지 불행한 일 때문에 그대로 돌아가게 한다면 저처럼 고독한 사람이 어떻게 살아갈 수 있겠습니까. 매우 걱정스러우니 다시 불쌍히 여기고 살펴 주시기 바랍니다. 제가 이미 한 호(戶)의 건장한 종에게 따라가게 하였으니, 이후로 걱정을 놓으실 수 있을 것입니다.

179 허수(虛受) : 회덕의 송촌(宋村) 부근에 있는 허수암(虛受巖)을 가리킨다.《宋子大全隨箚 卷4》

윤여망, 유무중에게 답함 무술년(1658, 효종9) 5월 29일
答尹汝望兪武仲 戊戌五月小晦

이별한 뒤로 덕을 연모함이 배나 더 심합니다. 보내 주신 찬란한 수찰(手札)이 어디선가 전해 와서 눈을 비비고 펼쳐 읽어 보니, 저의 고질병이 몸에서 사라진 것 같은 기분이 갑자기 듭니다. 편지를 주신 뒤에 더위가 심한데, 여러 형은 기거에 더욱 진중하시리라 생각됩니다.

말씀하신 토로(土老)[180]의 문자는 전혀 감당할 수 없습니다만, 한편으로는 이 일이 아직도 이루어지지 않은 것은 한탄스럽습니다. 저쪽 선배들이 몹시 애석해했던 일이지요. 그런데 오늘날 대목수가 손을 뺀 상황에서 다른 사람이 대신 나무를 깎다가 손가락을 다쳐 피가 나는 것[181]을 보고자 한다면 어떻겠습니까. 부디 다시 생각해 보시기 바랍니다.

증산(甑山 윤문거(尹文擧))이 연꽃의 안부를 물은 것을 언급하지 않은 것은 무슨 까닭입니까? 이미 봉오리 소식은 있겠지요? 이곳은 벌써 물 밖으로 나온 것이 서너 개인데, 단지 너무 깨끗하고 순수한 것이 걱정일 따름입니다. 더위가 심하니 더욱 자중자애하시어 멀리서 그리는 마음에 부응해 주시기 바랍니다. 이만 줄입니다.

180 토로(土老) : 《송자대전수차》 권4에서는 토정(土亭) 이지함(李之菡)으로 추정하였으나, 자세한 사항은 미상이다.

181 대목수가……것 : 다른 사람을 대신해서 감당하기 어려운 일을 하는 것을 뜻한다. 《노자(老子)》 제74장에 "대목수 대신 나무를 깎을 경우 손을 다치지 않는 때가 거의 없다."라고 한 데서 온 말이다.

윤여망에게 답함
答尹汝望

은혜로운 편지를 받아 보고 매우 위로됩니다. 어린아이가 잘 있다는 소식에 더욱 기쁩니다. 길형(吉兄 윤선거)은 이미 동쪽으로 떠나셨는지요? 큰아드님의 치법(治法)은 매우 걱정스럽습니다.

옛날 현자(賢者)는 질병을 가지고 국가를 비유했습니다. 지금 만약 되돌려서 서로 증명해 본다면, 상앙(商鞅)이 나무를 옮기게 하고[182] 위수(渭水) 가에서 죄인을 처단할 때[183]를 어찌 본받겠습니까. 또한 한번 시험해 볼 만한 상황도 아니니 부디 더 심사숙고하시는 것이 어떻겠습니까.

초형(草兄)은 대흥(大興) 관아에 도착한 지 이미 오래입니다. 지난 25일에 병든 모친 때문에 올린 상소로 인해 사대(賜對)하였는데,[184]

182 상앙(商鞅)이……하고 : 전국 시대 진(秦)나라의 재상 상앙이 법령을 제정하고 백성들이 그 법령을 믿지 않을까 염려하였다. 법령을 선포하기에 앞서 세 길쯤 되는 나무를 남문에 세우고 "이것을 북문에 옮겨 놓는 사람이 있으면 10금(金)을 준다."라고 하였다. 백성들이 괴이하게 여길 뿐 옮기는 사람이 없었다. 50금을 주겠다고 다시 약속하니, 마침내 어떤 사람이 그 나무를 옮겨 놓았다. 약속대로 50금을 그에게 주어 백성의 신뢰를 얻은 뒤에 법령을 공표하였다. 《史記 商君列傳》

183 위수(渭水)……때 : 상앙의 법 집행이 너무나 가혹하여 위수 가에서 죄인을 처단할 때면 위수가 온통 붉은색으로 물들었다고 한다. 《資治通鑑 卷2 周顯王31年》

184 초형(草兄)은……사대(賜對)하였는데 : 초형은 초려(草廬) 이유태(李惟泰)이다. 1663년(현종4) 3월 부호군(副護軍) 이유태가 모친의 병환을 이유로 상소를 올리자, 현종이 자신을 한번 만나 보고 가라는 비답을 내렸다. 당시 이유태의 큰형 이유택(李惟

상께서 "옛날과 지금에 적합한 것이 각기 다르니, 진언한 것은 실행하기 어렵다."라고 하교하셨고, 승지가 말을 지급하기를 청하자 허락하셨다고 합니다. 그의 후련한 심정이 어떠할지 상상이 됩니다. 이만 줄입니다.

澤)이 대흥 현감(大興縣監)으로 재임하며 모친을 모시고 있었다. 《承政院日記 顯宗 4年 3月 25日》

윤여망에게 답함
答尹汝望

시절은 쓸쓸하고 그리움으로 괴롭던 차에 보내신 편지가 홀연 이르니 손을 바삐 움직여 펼쳐 보았습니다. 거의 글자가 닳아 버릴 지경인데도 읽기를 그만두지 않고 있습니다.

광망(狂妄)한 저의 말이 다행히 포용되었으나, 조소(趙疏)에 대해 내리신 비유(批諭)에 사사로운 의리와 관련하여 불안한 점이 있었기에 스스로 자책하는 소장(疏章)을 이미 올렸습니다.[185] 끝내 어떻게 결론

185 조소(趙疏)에……올렸습니다 : 1657년(효종8) 7월에 조경(趙絅)이 상소를 올려 인조의 묘호(廟號)에 '조(祖)' 자를 쓰는 것을 반대하다 처벌받았던 심대부(沈大孚)의 사면을 청하였다. 조경은 이 상소에서 한 무제(漢武帝)의 사당에 음악을 새로 만드는 것을 반대하다가 처벌받았던 하후승(夏侯勝)이 무제의 증손인 선제(宣帝) 때 사면되어 발탁된 사례를 인용하였다. 이 상소에 대해 효종이 내린 비답에 "세상 사람들은 대부분 하후승의 일을 가지고 말하는데, 이는 내가 석연치 못하게 여기는 점이다. 무제와 선제 사이는 비록 할아버지와 손자라고 하지만 실은 원수이다."라고 하였다. 무제의 아들인 여태자(戾太子) 유거(劉据)는 주술(呪術)로 무제를 죽이려 한다는 무고(巫蠱) 사건이 일어나 폐위되어 죽음을 당했고, 그 아들인 유진(劉進)도 그 일로 인해 죽었다. 유진의 아들 유순(劉詢)만이 병길(丙吉)의 도움으로 살아남았는데, 이 사람이 바로 선제이다. 이 때문에 효종이 그렇게 말한 것이었다. 9월에 송시열이 상소를 올려 효종이 조경의 상소에 내렸던 비답에 대해 "의리가 경전에 근거한 것이 아니므로 인륜에 관계된 일이 한번 어긋나게 되면 그 해로움이 적지 않습니다. 만일 정 부자(程夫子)가 말한 '할아버지가 그의 아버지를 죽였을 경우 손자가 할아버지를 고발하면 손자는 사죄(死罪)에 해당한다.'라는 말로 헤아려 본다면 아마도 전하의 전교는 천리(天理)나 인정(人情)에 지극하지 않은 것으로 그 일을 전후해 전하의 조정에서 법에 의해 죽음을 당한 자들의 자손들 또한 앞으로 숨을 죽이고 어찌해야 할지 모를 것이니, 아마도 무사함을 보장할

이 날지 모르겠습니다.

명형(明兄 송준길(宋浚吉))에게서 누차 편지를 받았으나 자세히 설명해 주지 않았습니다. 단지 식질(栻姪)[186]에게 보낸 편지에 "천안(天顔)이 온화하고 순수하시며, 응대하시는 것이 메아리처럼 유창하였다."라고 한 것을 통해 성상과 뜻이 잘 맞았음을 상상할 수 있습니다. 다만 이러하고도 사업이 보잘것없다면 '숙헌(叔獻)은 유자(儒者)가 아니다.'[187]라는 것과 같은 말이 있을까 매우 두렵습니다. 그러므로 저는 그다지 기뻐하지 않습니다.

두 분 형께서 성상의 은혜를 입은 것[188]도 우연이 아니니, 끝내 꼼짝하지 않고 누워 있을 수 있을지 모르겠습니다. 천신(賤臣)은 성상께서 이미 병세가 위중한 것을 헤아려 주셨고 정 의관(鄭醫官)이 서계(書啓)를 통해 또한 남김없이 아뢰었으니 집 문을 닫고 죽을 수 있게 되었습니다.

수 있는 징후가 아니라고 여깁니다."라는 의견을 개진하였다. 《孝宗實錄 8年 7月 20日, 9月 12日》

186 식질(栻姪) : 송준길의 장남 송광식(宋光栻, 1625~1664)을 가리킨다.

187 숙헌(叔獻)은 유자(儒者)가 아니다 : 선조(宣祖) 연간에 이이(李珥)가 이조 판서에 제수되어 나아가자, 성혼이 송익필(宋翼弼)에게 편지를 보내 "숙헌은 지위가 매우 높아져 집정(執政)이 되고 대신(大臣)이 될 것입니다. 자고로 유자가 이처럼 높은 지위를 얻은 적이 없었습니다. 이로써 보자면 세도(世道)가 반드시 좋아지고 생민(生民)은 반드시 복을 받을 것입니다. 만약 세도가 좋아지지 않고 생민이 복을 받지 못한다면 숙헌은 필시 유자가 아닐 것입니다."라고 하였다. 《牛溪集 卷4 與宋雲長別紙(壬午九月)》 숙헌은 이이의 자이다.

188 두……것 : 1657년에 윤문거가 이조 참의, 대사성 등에 제수된 것과 윤선거가 시강원 진선에 제수된 것을 가리킨다.

손자 아이는 정상으로 돌아온 지 벌써 열흘 남짓 되었습니다. 방긋 웃으며 기어다니는 것이 참으로 사랑스럽습니다.

이형(李兄)은 끝내 우려할 만한 증세를 보이니 어찌해야 한답니까. 종모(從母)이신 이 회인(李懷仁)의 부인[189]께서 청주(淸州)에 계시는데, 방금 그 분의 부고를 들었습니다. 슬프고 혼란스러워 이만 줄입니다.

189 종모(從母)이신……부인 : 송시열의 이모인 선산 곽씨(善山郭氏)를 가리킨다. 이 회인은 회인 현감(懷仁縣監)을 지낸 이덕렴(李德濂)이다.

윤여망에게 답함
答尹汝望

집으로 무사히 돌아오셨고 댁내가 다 평안하시다는 것을 알고서 경하하는 제 마음을 표현할 길 없습니다. 다만 조정이 텅 비고 성상께서 근심하실 것을 생각하면 길게 탄식하며 눈물이 흐르는 것을 금할 수 없습니다.

말씀하신 대이(大而)[190]를 비롯한 제공(諸公)의 말은 어찌 성심에서 나온 것이 아니겠습니까. 다만 저는 어느 누구보다 재주가 없어 세상에 보탬이 되지 않을 뿐만 아니라 일에 반드시 해를 끼칠 것입니다. 오늘날의 혼란함은 바로 저 스스로 그 동기를 유발하고 많은 사람을 연루시켰기 때문입니다. 바야흐로 자책하기에도 겨를이 없는데 감히 다른 뜻을 갖겠습니까. 더구나 전에 그 사람[191]의 학술이 바르지 않다고 여기면서도 오히려 다른 문제는 없다고 생각했으므로 여러 의견과 힘껏 싸우면서 한편으로 그를 도와주었던 것입니다. 그런데 생각지도 않게 그 사람의 낭패가 이 지경에 이르렀습니다. 심지어 그에게 편지를 보내 "공(公)의 포의(布衣)가 지금은 어떠합니까."[192]라고 책망하기까지 했으니, 참으로 사람을 대할 면목이 없습니다. 더구나 그 기세가 활활

190 대이(大而) : 홍명하(洪命夏)의 자이다.

191 그 사람 : 《송자대전수차》 권4에서는 윤휴(尹鑴)를 가리킨다고 하였다.

192 공(公)의……어떠합니까 : 윤휴가 처음에는 '포의의 현자(賢者)'라고 불렸다고 한다. 《宋子大全隨箚 卷4》

타오르는 것이 진실로 시남(市南)이 걱정한 대로이니, 어찌 꼭 몸을 기름으로 삼아 다 태워 버린 뒤에야 그만둔단 말입니까.

모든 이런 일들을 곰곰이 생각해 보아도 문을 닫고 들어앉아 있는 것 외에는 다시 좋은 계책이 없습니다. 만날 수 없으니 슬픔만 더합니다. 이만 줄입니다.

윤여망에게 보냄

與尹汝望

전에 보낸 편지는 받아 보셨습니까? 큰아드님이 저와 오랫동안 같이 지내다가 갑자기 떠나 버려 늙은이가 고적함을 가눌 길 없습니다. 저는 근래 병으로 칩거한 채 책은 못 보고 그저 옛날의 허물만 생각하니 후회를 이길 수 없습니다. 세월은 가고 기력은 쇠하여 지난날의 잘못을 보완할 수 없다는 것을 생각하면 탄식만 나올 뿐입니다.

무엇보다 저 여윤(驪尹)[193]의 선악이 저의 일과 무슨 관계가 있겠습니까마는 논설이 끊이지 않아 스스로 가시덤불 속으로 들어가니 참으로 우습습니다. 옛날의 전철을 통렬하게 고치고자 해도 요령을 알 수 없으니, 부디 형께서 불쌍히 여기고 가르침을 주시기를 간절히 바랍니다. 이만 줄입니다.

193 여윤(驪尹) : 여주(驪州)에 살던 윤휴를 가리킨다.

윤여망에게 보냄 경자년(1660, 현종1) 1월 15일
與尹汝望 庚子正月十五日

여러 형께서 손수 써 보내신 편지를 받아 보니 선부인(先夫人)의 묘도 문자(墓道文字)[194]를 부탁하는 내용이었습니다. 지금이 아닌 다른 때라도 감히 받아들일 수 없는데, 바로 이러한 시절에 더구나 이 일을 감히 할 수 있겠습니까. 두 번 절하고 사양하는 것이 마땅하나 두터운 정의(情誼)를 생각하여 끝내 감히 사양하지 못하고 문득 경솔하게 지어 보았습니다. 쓸 수 있는지 없는지는 여러 형께서 어떻게 재량하실지에 달려 있을 따름입니다. 다 버리고자 하지 않으신다면 하자가 있는 부분은 통렬하게 재단(裁斷)하여 작은 잘못이라도 적게 해 주신다면 매우 다행스럽겠습니다.

194 선부인(先夫人)의 묘도 문자(墓道文字) : 윤문거의 모친 창녕 성씨(昌寧成氏)의 묘표를 가리킨다. 《宋子大全 卷200 貞夫人成氏墓表》

윤여망에게 답함 경자년(1660, 현종1) 6월 23일

答尹汝望 庚子六月二十三日

의리를 사모하는 마음이 날로 더하는 가운데 보내 주신 귀중한 편지를 전해 받으니 너무나 위로되고 다행스럽습니다. 다만 일전에 누차 이 일을 가지고 타이르셨는데, 저는 오래도록 보살핌을 받으며 돈독하게 아껴 주신다고 여겨서 차례로 명을 받들었던 것이지 제가 능하다고 여겨서가 아니었습니다. 지금 더할 나위 없이 좋은 두 가지 일로 명을 전하는 사람을 다시 수고롭게 한 것은 당세에 글 잘 짓는 대가가 어깨가 부딪힌다고 할 정도로 많기 때문입니다. 스스로 돌아보매 두려워 대답할 수 없습니다. 일찍이 외람되이 승낙할 때 참으로 신중히 대답하지 못했다가 지금에 와서 고사하게 되니 정말 변명의 여지가 없습니다. 이것을 다시 헤아려 보고 알려 주신다면 매우 다행이겠습니다.

병사(丙舍)[195]의 절목은 미형(美兄)의 큰아드님[196]이 제게 보여 주었습니다. 그것이 세교(世敎)에 관계되는 것이 매우 큽니다. 저도 한 본(本)을 전사(傳寫)해서 저희 종족에게 적용해 보려고 합니다. 간약 덜거나 더할 것이 더 있다면 이어서 보내 주시기를 간절히 바랍니다.

천생(賤生)이 병들고 무료하였는데, 다행히 지금 아들놈이 돌아와서 우선은 서로 위로하며 지냅니다.

195 병사(丙舍) : 묘소를 수호하기 위해 묘소 부근에 지은 건물이다. 분암(墳菴)이라고도 한다.

196 미형(美兄)의 큰아드님 : 윤선거(尹宣擧)의 장남 윤증(尹拯)을 가리킨다.

윤여망에게 답함 임인년(1662, 현종3) 8월 11일

答尹汝望 壬寅八月十一日

그리워 마지않던 차에 방금 춘형(春兄 송준길(宋浚吉))을 통해 보내신 수찰(手札)이 도착하니 저의 심정이 매우 위로됩니다. 선인(先人)의 묘표(墓表)는 오랫동안 부응하려 했으나 근래 배탈을 심하게 앓았기에 나은 뒤에 지어 올리려고 했습니다. 지금 말씀이 이처럼 절박하시니 마땅히 병을 참고 부탁하신 대로 지어 춘형의 큰아들[197]을 통해 부쳐 올리겠습니다. 구구한 제가 누차 형을 번거롭게 해 드려 도리어 송구스럽습니다.

○ 별지는 잘 받아 보았습니다. 이후로 강론할 만한 것이 없다면 합일된 논의라고 이를 수 있겠습니까, 아니면 예율(禮律)에 어긋나지 않는다고 이를 수 있겠습니까? 도리어 더욱 놀랍고 두렵습니다. 칭호(稱號)와 봉사(奉祀)의 세수(世數)에 대해서는 마땅히 말씀하신 대로 할 뿐이고, 이 외에는 다른 뜻이 없을 듯합니다. 한강(寒岡 정구(鄭逑))의 설은 하신 말씀이 또한 매우 타당한 듯합니다.

197 춘형의 큰아들 : 당시 이산 현감(尼山縣監)으로 재직하고 있던 송준길의 장남 송광식(宋光栻)을 가리킨다.

윤여망에게 답함 계묘년(1663, 현종4) 9월 1일
答尹汝望 癸卯九月一日

보내 주신 편지를 받으니 매우 기쁩니다. 임천(林川)의 여러 애시(哀侍)가 염려스러운 것은 참으로 말씀하신 바와 같습니다. 주손(疇孫)의 혼사는 정상(貞相)이 처음에는 간곡하게 약속하더니만, 어제 그의 편지를 받아 보니 업하(鄴下)의 풍속 때문에 확정할 수 없다고 하였습니다.[198] 만일 혹 성사되더라도 주혼자(主婚者)와 그 아버지가 모두 구애될 일은 없습니다. 조부(祖父)에 대해 비록 복(服)은 있지만 예율(禮律)에서 논하지 않았으니, 행하기 어려운 일은 없을 듯합니다. 고견은 어떠신지 부디 가르쳐 주시기 바랍니다.

초외(草外)의 상제(喪祭)는 형편상 마땅히 행한 바대로 해야 할 것입니다. 세도(世道)가 찬탄하고 우러르는 것을 통해 지극한 충후(忠

198 주손(疇孫)의……하였습니다 : 주손은 송시열의 손자 송주석(宋疇錫)을 가리키고, 정상은 정릉(貞陵)에 살던 이경석(李景奭)을 가리킨다. 송주석과 이경석의 되손녀가 처음에 이경석의 간청으로 약혼하였으나, 나중에 이경석의 딸이 송주석이 모친이 없다는 이유를 들어 결혼을 반대하였다고 한다. '업하의 풍속'은 《소학(小學)》 〈가언(嘉言)〉에 "업하 지방의 풍속은 오로지 부인이 집안의 일을 주관한다. 송사(訟事)를 하여 시비를 가리기도 하고, 손님을 초청하거나 맞이하기도 하며, 아들을 대신해 관직을 구하러 다니기도 하고, 남편을 위해 관청에 억울함을 호소하기도 한다. 이것은 바로 항(恒)과 대(代) 지방의 유풍이다."라고 한 데서 온 말로, 집안의 모든 일을 부인이 주관하는 것을 가리킨다. 이경석이 자신의 딸이 혼사를 반대하는 것을 이유로 들어 혼사를 확정하지 않기 때문에 한 말이다. 《宋子大全 卷79 答宋希張(癸卯九月十二日)》《宋子大全隨箚 卷4》

厚)함을 엿볼 수 있습니다. 많은 사람을 어렵게 한 것은 제게 실로 허물이 있기에, 이러한 일을 들을 때마다 저도 모르게 부끄러워 흐르는 땀이 옷을 적십니다.

큰아드님이 며칠을 같이 머물렀습니다. 대화를 다 마치지도 못한 채 이별을 앞두고 있으니 탄식만 더합니다. 이만 줄입니다.

윤여망에게 답함 계묘년(1663, 현종4) 12월 8일

答尹汝望 癸卯十二月八日

순창(淳昌) 사군(使君)이 잠시 들르면서 수찰을 전해 주어 큰아드님이 약효가 없지 않다는 소식을 알게 되니 기쁘고 다행스러움을 이길 수 없습니다.

시남(市南 유계(兪棨))은 별다른 계책 없이 단지 자신의 몸을 이끌고 벼슬에서 물러나 은거하려는 뜻을 이루었으니, 의리의 측면에서도 문제 될 것이 없고 개인의 계책에도 이롭습니다. 하지만 누차 이러한 의견을 아뢰었는데도 쓰이지 않았고 보면, 어찌 형세에 쉽지 않은 점이 있는데 외인이 미처 알지 못하는 것이 아니겠습니까. 중초(仲初 조복양(趙復陽))는 시남과는 같지 않습니다.

어제 다른 사람을 위해 글 한 편을 지었습니다. 저는 조 평택(趙平澤)-조수륜(趙守倫)이다.- 어른이 파로(坡老 성혼(成渾))의 문인이라고 여겼는데, 혹자는 순전한 사승(師承) 관계가 아니라 단지 왕래하면서 익혔을 뿐이라고 합니다. 후생(後生)이 고루하여 그 진실을 알 수 없으니 부디 가르쳐 주시는 것이 어떻겠습니까. 만약 근거할 수 있는 글을 얻을 수 있다면 더욱 좋겠습니다.

○ 초형(草兄 이유태(李惟泰))은 지금 어디 있습니까? 이 형은 성품이 너무나 준엄해서 소란에 가까운 일을 크게 야기하였으니 매우 한탄스럽습니다.

윤여망에게 보냄
與尹汝望

날이 따뜻해지는데 조용히 지내시는 기거가 어떠신지요? 저는 이곳 선영(先塋)에 의지해 지내며 별다른 일이 없습니다. 다만 요즘의 계책은 장생(莊生)이 말한 텅 빈 골짜기로 숨어드는 것[199]을 배우는 것입니다. 그런데 형께서 부 정공(富鄭公)이 입조(入朝)했던 일로 하교하시니, 형께서는 언제부터 소요부(邵堯夫) 선생이 되시렵니까?[200] 하하. 나머지는 새벽에 일어나 대충 쓰기에 이만 줄입니다.

199 장생(莊生)이……것 : 《장자》 〈서무귀(徐无鬼)〉에 "텅 빈 골짜기로 도망가 숨어 사는 사람은 명아주와 콩잎이 족제비의 길마저 빽빽이 막고 있는 터라, 빈 골짜기를 비틀거리며 돌아다니다 보면 다른 사람의 발자국 소리만 들어도 기쁜 것이다."라고 한 것을 이른다. 깊은 산중에 은거하는 것을 뜻한다.

200 형께서……되시렵니까 : 부 정공은 북송의 명재상 부필(富弼)로, 정국공(鄭國公)에 봉해졌다. 소요부는 북송의 학자 소옹(邵雍)으로, 요부는 자이다. 부필이 소옹에게 출사(出仕)를 권한 적이 있었기 때문에 송시열이 농담 삼아 한 말이다.

윤여망에게 답함 을사년(1665, 현종6)

答尹汝望 乙巳

답장을 재삼 반복해 읽었습니다. 계룡산(鷄龍山)에 갔을 때는 미형(美兄 윤선거(尹宣擧))도 와서 함께 상의했지만, 농담이 절반이나 되고 올바른 말은 많지 않았으며, 곁에서 전한 이가 본의를 잃어서 그저 구설만 늘렸을 뿐이니 돌이켜 생각하면 후회스럽기만 합니다. 저의 뜻은 선사(先師 김장생(金長生))께서 신공(申公 신응구(申應榘))을 책망하신 글을 지금 문집 속에 넣어야 한다고 생각하기 때문입니다. 거기에 이미 "신공이 장문의 편지를 써서 파옹(坡翁 성혼(成渾)) 함장(函丈)에게 율곡(栗谷)을 비난하고 헐뜯었다."[201]라고 하신 말씀이 있는데, 지금 율곡의 연보 뒤에다 신공을 붙여 놓는다면[202] 보는 사람들이 의아하게 여기지 않을 수 없을 것이며, 한갓 의아스럽게 생각할 뿐 아니라 혹시 엄중한 말로 죄주더라도 해명할 말이 없을 것입니다. 이것이 지난날 제가 여쭙고 답을 기다렸던 까닭입니다.

201 신공이……헐뜯었다 : 1604년(선조37) 김장생이 신응구에게 보낸 편지의 첫머리에 "내가 옳다 한 것은 공이 그르다 하고, 내가 그르다 한 것은 공이 옳다 하며, 율곡에 대해 내가 옳다고 한 것을 공이 장문(長文)의 편지를 써서 우계(牛溪)에게 보내어 아주 그르다 하였고, 당시의 무리들에 대해 내가 그르다고 한 것을 공이 그 그릇된 것을 모르면서도 옳다 하니, 서로의 의론이 어떻게 합해질 수 있겠습니까."라는 말이 있다. 《사계전서 제4권 신자방(申子方)에게 답함(갑진년), 민족문화추진회, 2000》

202 율곡의……놓는다면 : 이이(李珥)의 연보에 붙어 있는 문인록(門人錄)에다 신응구를 기록하는 것을 두고 한 말이다. 당시 송시열이 주동이 되어 이이와 성혼의 연보를 합편(合編)하여 《율곡우계이선생연보(栗谷牛溪二先生年譜)》를 간행하려고 하였다.

다만 생각건대 선사께서 신공을 책망하신 것이 비록 절실하였지만 오히려 서로 교제를 끊는 뜻은 없었으니 여전히 붕우의 반열에 두셨던 것입니다. 파옹께서는 그를 책망하려 하지 않으셨으니 그를 끊은 것이 더욱 엄격했던 것입니다. 하지만 신공이 파옹의 억울함을 해명하는 일에 심력을 다하였으니 사제(師弟)의 의리에 유종의 미가 있는 것입니다. 후생(後生)이 이 문제에 대해 처리하기가 지극히 어렵기 때문에 두 분의 연보를 각각 따로 간행하자는 요청이 있게 된 것입니다. 신공이 율곡에 대해서는 선사께서 말씀하신 것과 같은 점이 있지만 파옹에 대해서는 유종의 미가 있었으니, 이 점이 바로 두 유현(儒賢)에 대해서 의리가 다른 까닭입니다. 이미 다르다면, 두 분의 연보를 정리하여 둘로 나누고 신공은 파옹의 문하에 붙여 놓는 것이 어찌 양쪽 다 온전하지 않겠습니까.

또 생각건대 두 유현의 연보를 합치는 일은 이전에는 없던 일로 오늘날에 새로운 선례를 만드는 것입니다. 이번에 정리하여 둘로 나누더라도 사람들이 그리 괴이하게 여기지 않을 것입니다. 무엇 때문이겠습니까? 범진(范鎭)과 사마광(司馬光) 두 현인이 비록 전(傳)을 같이하고 뜻을 같이하자는 말을 했었어도[203] 실제로는 그처럼 하지 않았습니다. 오늘날에 어찌 꼭 범진과 사마광도 하지 않은 일을 창작해서 앞으로도 걸리고 뒤로도 걸리는 함정에 빠져서야 되겠습니까. 저의 뜻은 다만

203 범진(范鎭)과……했었어도 : 북송(北宋) 때 범진과 사마광이 서로 도덕과 취향이 비슷한 데다 우정이 두터워 생전에 서로 "나와 그대는 살아서는 뜻을 같이하고 죽어서는 전(傳)을 같이할 것이다."라고 하였다. 《宋名臣言行錄 後集 卷5》 기전체(紀傳體) 역사서에서 성향이 같은 인물들끼리 한 열전(列傳)에 모아 엮기 때문에 한 말이다.

이렇고, 신공을 완전히 거절해서 물리치자고 하는 것은 아닙니다. 만일 저의 뜻이 그렇지 않다면, 어째서 율곡에게는 붙일 수 없고 유독 파옹에게는 붙일 수 있다고 하겠습니까.

또 생각건대 후생이 두 유현에 대해 이미 친소와 향배의 차이가 없으니 어찌 다르게 볼 리가 있겠습니까. 다만 율곡은 후손이 잔약하여 없는 것과 같은 데다 선사 2대[204]도 미처 칭송하여 계술(繼述)하는 일을 하지 못하였습니다. 파옹은 평통후(平通侯) 한 사람뿐만이 아니니, 태사공(太史公)의 유사(遺事)를 수습하기에 매우 여유가 있어 부족한 점이 없을 것입니다.[205] 그렇지 않다면 파옹에 대하여 찬정(纂訂)하여 수록하는 책임을 우매한 제가 감당하지 못할까 두렵지만, 전혀 감히 사양하지 않을 것입니다. 주자께서 명도(明道)의 연보는 만들지 않고 이천(伊川)의 연보만 편차한 것은 단지 명도는 이천이 지은 행장(行狀)이 있었기 때문이지 명도에게 박하게 한 것이 아니었습니다. 지금 만일 곁에서 보는 사람이 본뜻은 따져 보지 않고 친소와 향배가 없을 수 없었다고 여긴다면, 너무도 우스운 일입니다.

그런데 일찍이 이상하게 생각한 일이 있습니다. 이정(二程) 부자(夫子)는 형제간이고 도(道)도 같고 덕도 같아, 두 문하의 모든 제자에게 은혜와 의리가 같았습니다. 단지 유작(游酢)과 양시(楊時)[206]가 각각

204 선사 2대 : 송시열의 스승인 김장생과 김집(金集) 부자를 말한다.

205 파옹은……것입니다 : 평통후는 전한(前漢) 사람 양운(楊惲)으로 태사공 사마천(司馬遷)의 외손이다. 성혼의 외손인 윤문거 형제를 평통후에, 성혼을 사마천에 비유한 말이다. 《宋子大全隨箚 卷4》

206 유작(游酢)과 양시(楊時) : 모두 이정(二程)의 수제자이다. 처음에 정호(程顥)에게 배웠다가 정호 사후에 정이(程頤)를 찾아가 사사하였다.

기상(氣象)이 비슷한 것 때문에 사랑받은 것이 조금 달랐을 뿐이었습니다. 그런데 어찌하여 태중(太中)의 제사를 받드는 의론에 제자들이 각기 스승을 내세워 서로들 옳으니 그르니 하였던 것입니까?[207] 그러나 이천을 내세운 사람들은 마침내 옳지 못했으니, 이로써 의리라는 것은 마땅히 공심(公心)으로 찾아야 하고 사정(私情)으로 해서는 안 되는 것임을 알 수 있습니다.

이런 까닭에 일찍이 미형에게 서울에서 의논해 보도록 청했던 것입니다. 이는 노서(魯西 윤선거) 같은 노련함과 동춘(同春 송준길(宋浚吉)) 같은 도량으로 반드시 원만하게 합치되는 의론이 있을 것이기 때문이었습니다. 그런데 미형이 처음에는 좋다고 하다가 나중에는 반대했으니, 필시 깊은 생각이 있어서일 것이고 아울러 저에게 구설이 많아질까 우려해서일 것입니다. 이 점은 매우 감사하지만, 이 일이 끝내 마무리될 때가 없는 것은 절대 작은 일이 아닙니다. 마음에 소회가 있어 부족하나마 이렇게 털어놓았으니, 삼가 재량해 보고 말씀해 주시기 바랍니다.

207 태중(太中)의……것입니까 : 태중은 태중대부(太中大夫)에 오른 정향(程珦)으로, 정호와 정이의 부친이다. 정호는 부친보다 먼저 죽었는데, 정향이 죽었을 때 정호의 아들이자 적손(嫡孫)인 정앙(程昂) 대신에 차자(次子)인 정이가 상제(喪祭)를 주관하였다. 이뿐만 아니라 정이 사후에 종통(宗統)이 정앙에게 돌아가지 않고 정이의 중자(衆子)인 정단언(程端彦)에게 돌아갔는데, 이는 정이의 유명(遺命)에 따른 것이었다. 이로 인해 두 형제의 후손과 제자들 사이에 분란이 일어났다.

윤여망에게 답함
答尹汝望

시열은 쌓인 재앙이 다하지 않아 상화(喪禍)가 거듭되고 양생(養生)을 삼가지 못해 질병으로 위태하니, 근일의 사정은 거의 말로 표현하기 어려울 정도입니다. 일전에 누차 가르침을 받았으나, 정신은 혼미하고 손은 떨려서 답장을 드리지 못하였습니다. 매우 황공합니다.

창랑공(滄浪公 성문준(成文濬))에 대한 문자는 제 자신을 헤아려 볼 때 지을 수 없는 것이었습니다. 성 수재(成秀才)가 거듭 방문하였는데, 다시 빈손으로 돌아가게 하는 것이 감히 편치 않아 병을 무릅쓰고 붓을 들었습니다. 병들지 않은 때 지은 것으로 보더라도 이것이 필시 모양새를 이루지 못했으리라는 것을 알 수 있습니다. 그저 여러 집사(執事)께서 취사(取捨)하신 결과를 기다릴 뿐입니다.

자인(子仁 윤증(尹拯))에게는 별장(別狀)을 쓰지 못했으니, 소지(小紙)를 보내 주시면 되겠습니다. 나머지는 피곤하여 이만 줄입니다.

윤여망에게 답함
答尹汝望

자인(子仁 윤증)이 와서 보내신 편지를 전해 주었는데, 이번처럼 가르침을 자세히 받은 적이 없기에 너무나 기쁘고 다행스럽습니다. 저의 뜻은 다시 남김없이 다 말씀드렸으니, 자인이 부친을 뵈었을 때 전달해 드렸으리라 생각됩니다.

대체로 지금은 형세를 달리하는 자들이 함께 같은 곳으로 돌아간다고 말할 수 있겠습니다만, 춘형(春兄 송준길)의 글 짓는 일이 다시 차질을 빚게 되어 성씨(成氏) 집안에서 필시 답답해하고 있을 것입니다.

임향(林鄕)에 대한 논의는 또한 다시 몽땅 부쳤으니, 요지는 삼가면 해롭지 않다는 것입니다. 주루(邾婁)의 변고[208]는 읍인(邑人)들이 어찌할 수 없으니, 다만 읍재(邑宰)와 장관(長官)이 적절하게 재량하여 대처하면 좋을 것입니다. 아무는 아직 금형(錦兄 이유태)을 위로하지 못하고 있어 한스러움이 마음에 맺혀 있습니다.

받으신 《소학속편(小學續編)》[209]은 언제쯤이나 단정(斷定)합니까? 지금 한생 여옥(韓生如玉)[210]을 통해 들으니 도산(陶山)에 남아 보존된

208 주루(邾婁)의 변고 : 자식이 자신의 부모를 시해한 일을 가리키는 듯하다. 주루는 춘추 시대 제후국인 주(邾)나라의 다른 이름이다. 정공(定公) 때 주루에 자기 아버지를 시해한 자가 있었는데, 유사(有司)가 이 사실을 고하자 정공이 눈을 휘둥그렇게 뜨고 자리를 떠나며 말하기를 "이는 과인의 죄이다."라고 하였다는 고사가 있다. 《禮記 檀弓下》

209 소학속편(小學續編) : 한교(韓嶠)가 주희의 말과 글을 뽑아 편찬한 책으로 《소학중편(小學重編)》이라고도 한다. 90쪽 주109 참조.

것이 아직 많다고 하는데, 늦게 들은 것이 한스럽습니다. 율곡(栗谷)이 윤색한 부분은 화숙(和叔 박세채(朴世采))의 말로 보건대 민멸되게 해서는 안 될 듯합니다. 부디 거두어 검토해 주시기 바랍니다. 이번 동백(東伯)[211]이 체직되기 전에 그로 하여금 처리하게 하는 것이 어떻겠습니까? 그리고 그 판본이 바닷가 후미진 곳에 있어 염려되는 점이 많고 또 인쇄를 하려는 사람도 뜻이 꺾이고 맙니다. 동백에게 알려서 감영(監營) 아래 혹은 조금 가까운 중도(中途)의 다른 곳으로 옮겨 두게 하는 것이 어떻겠습니까? 이만 줄입니다.

210 한생 여옥(韓生如玉) : 한여옥(韓如玉, 1636~1685)으로, 본관은 청주(淸州), 자는 자강(子剛), 호는 창우(蒼愚)이다.

211 동백(東伯) : 강원도 관찰사의 이칭이다. 누구인지는 미상이다.

윤여망에게 보냄
與尹汝望

운기(運氣)가 서로 연관된 것이 거의 대태(臺駘)에서 서로 곡했던 일[212]과 비슷하니, 지금이 어떤 시절인 줄 모르겠습니다. 열흘 사이에 갑자기 네 번의 상을 당하고 질병과 근심이 한창 극심하니, 이 세상에 오래 머무르는 것이 즐거운 일이 아님을 더욱 느낍니다. 이러한 때에 상중(喪中)의 기거는 어떠신지요? 삼가 지극히 염려됩니다.

시열은 주 부자(朱夫子)를 잘못 배워 나라의 계책을 함부로 논하다가 낭패를 맛보고 돌아와서야 사리에 밝은 동춘(同春 송준길)에 미칠 수 없다는 것을 비로소 알았습니다. 귀가한 뒤에 다시 슬픔과 소란 속에 날을 보내다 보니 구업(舊業)을 정리하지 못했습니다. 또한 지난날의 정력(精力)과는 같지 않다는 것을 스스로 헤아리지만 어찌하겠습니까.

드릴 말씀이 있습니다. 손녀[213]는 상상(殤喪)[214]입니다. 그래서 처음

212 대태(臺駘)에서……일 : 여러 사람이 한꺼번에 죽은 것을 뜻한다. 《예기》 〈단궁 상(檀弓上)〉에 "노나라 부녀자들이 북상투를 하고 조문하는 것은 대태에서 패전한 뒤로부터 시작되었다."라고 한 데서 온 말로, 당시 집집마다 상이 있었기 때문에 상투를 드러내는 북상투 차림으로 서로 곡했던 것이다.

213 손녀 : 송시열의 외손녀이자 윤단(尹摶)의 딸을 가리키는 듯하다.

214 상상(殤喪) : 19세 이전에 죽은 것을 이른다. 16세에서 19세 사이에 죽은 것을 장상(長殤), 12세에서 15세 사이에 죽은 것을 중상(中殤), 8세에서 11세 사이에 죽은 것을 하상(下殤), 8세 이전에 죽은 것을 무복지상(無服之殤)이라 한다. 《儀禮 喪服》

에 상복을 입지 않았습니다. 얼마 뒤에 생각해 보니, 혼인을 허락한 지 이미 오래되었고 3, 4월 사이에 혼례를 거행하기로 했었으니, 이 경우 상상으로 처리해서는 안 됩니다. 존문(尊門)에서는 어떻게 처리하시는지 모르겠습니다. 만약 상상으로 처리하지 않고자 하신다면 소급하여 상복을 입고자 합니다. 큰아드님에게는 따로 편지를 보내지 않습니다. 이만 줄입니다.

○ 자매 자식의 상에 대해 예(禮)가 후한 것은 아버지로부터 말미암아 미루어 나가기 때문입니다. 하지만 아버지의 복(服)이 도리어 자식보다 가벼우니, 그 의리를 모르겠습니다. 부디 가르쳐 주시기 바랍니다. 저희 집으로 말씀드리자면, 제가 이 아이를 위해 입는 복이 시마(緦麻)에 해당하는데, 태아(泰兒)[215]는 소공(小功)을 입습니다.

215 태아(泰兒) : 송시열의 장남 송기태(宋基泰)를 가리킨다.

윤여망에게 답함

答尹汝望

아산(牙山)의 인편이 와서 전한 편지에 단비가 가뭄을 씻어 주었다는 말씀이 있었습니다. 덕인(德人)이 거처하시는 곳을 하늘이 이렇게 도우시니 기쁜 마음을 이길 수 없습니다. 저는 오래도록 체직(遞職)되지 않고 있습니다. 듣건대 승정원에서 다시 유지(諭旨)를 받들고 온다고 하니, 더욱 너무나 황공합니다.

창랑공(滄浪公)의 문자[216]에 대한 두 개의 첨지(籤紙)는 잘 살펴보았습니다. 다만 앞의 첨지에서 "손녀 김씨부(金氏婦)에게는 또한 옛 절부(節婦)의 행실이 있었다."라고 한 것은 위의 문장과 어세가 중첩되므로 "그중에 옛 절부로 칭해진 사람은 손녀 김 아무의 처이다."라고 고치고자 합니다. 뒤의 첨지는 이미 춘형(春兄)에게 부탁해 상의하여 취사(取捨)하였습니다. 다만 여기에 본 편지가 없어 김 아무가 고출(考出)해 낼 길이 없으니, 나중에 다시 알려 드리는 것이 어떻겠습니까?

딸아이가 점차 회복되고 있으니, 모두 잘 보살펴 주신 덕택입니다. 그 증상이 신생(申生)[217]은 매번 심화(心火) 때문이라고 말했는데, 지금 말씀하신 것으로 보자면, 신생의 말은 그럴듯하지만 실제로는 그렇지 않은 소견일 뿐이었습니다.

216 창랑공(滄浪公)의 문자 : 송시열이 윤문거 형제의 부탁을 받아 짓고 있던 창랑 성문준의 묘갈명을 가리킨다. 《宋子大全 卷174 滄浪成公墓碣銘》

217 신생(申生) : 의술에 조예가 깊었던 송시열의 문인 신만(申曼)을 가리키는 듯하다.

이산(尼山)의 편지에 대한 답장은 부디 자세히 살펴보시고 착오처가 있으면 직접 고쳐서 보내시든지 혹은 돌려보내 주셔도 무방합니다. 이만 줄입니다.

윤여망에게 답함 기유년(1669, 현종10) 2월 29일

答尹汝望 己酉二月二十九日

돌아오자마자[218] 보내신 편지를 받으니 위로되고 또 감사합니다. 다만 미형(美兄)의 손자가 또 탄방(炭坊)에서 요절했으니,[219] 어찌 이토록 하늘이 돕지 않는단 말입니까. 이것은 평범한 운기(運氣)가 아니니 어찌하겠습니까.

여기로 상상(殤喪)의 빈소(殯所)를 옮긴 것은 차마 손자를 빈 당(堂)에 홀로 거처하게 둘 수 없고, 또 그 외조모가 매번 가서 어루만지며 곡하는데, 그 지극한 심정을 막기 어려우면서도 몸을 상하는 것이 적지 않기 때문입니다. 그래서 차라리 이렇게 했던 것일 뿐입니다.

두역(痘疫)이 창궐하여 매우 걱정스럽고 두렵습니다. 집안 형제들에게 이미 보내 주신 편지를 전하였고, 여기 있던 약료(藥料)를 편지와 함께 큰아드님에게 부쳤습니다.

삭망(朔望)의 의절(儀節)에 대해 어리석은 소견을 아뢰니, 부디 바로잡아 가르쳐 주시는 것이 어떻겠습니까.

○ 예에 "주거(住居)를 같이하는 경우 비록 미천한 신첩(臣妾)이라도 반드시 장사를 지낸 뒤에 제사를 지낸다."[220]라고 하였습니다. 지금

218 돌아오자마자 : 우의정으로 재직하던 송시열이 1669년 2월 14일 사직하는 차자(箚子)를 남기고 도성을 떠나 20일에 집으로 돌아왔다. 《宋子大全 附錄 卷6 年譜》

219 미형(美兄)의……요절했으니 : 미형은 윤선거를 가리킨다. 윤선거의 아들 윤증의 부인이 바로 권시(權諰)의 딸이다. 탄방은 권시가 살던 공주(公州)의 마을 이름이다. 윤증의 어린 아들이 그곳에서 죽은 것으로 보인다.

중장(仲丈)[221]의 상이 단지 재실(齋室)에 있으니, 선인(先人)의 묘소가 비록 가깝더라도 주거를 같이하는 것과는 차이가 있습니다. 그리고 선인의 제사를 주관하는 사람이 광주(光州)[222]이니 마땅히 대공복(大功服)에 의거해야 할 듯하며, 장사를 지내기 전에 의식을 간략히 설행하더라도 무방할 듯합니다. 어떻게 생각하십니까?

상상(殤喪)의 상식(上食)은 마땅히 《개원례(開元禮)》[223]로 단정해야 할 듯하지만, 《개원례》는 상상의 의례(儀禮)가 너무 박합니다. 《가례(家禮)》의 "제사는 형제의 자식에까지 미친다."[224]라는 글로 보자면, 장사를 지낸 뒤에 바로 부묘(祔廟)하는 것은 《개원례》의 신속함만 못한 듯합니다. 다만 명확한 글이 없어 어찌해야 좋을지 모르겠습니다.

220 주거(住居)를……지낸다 : 《예기》 〈잡기(雜記)〉에 "부모의 상중에 장차 소상(小祥) 또는 대상(大祥) 제사를 올리려고 할 때 형제가 죽었을 경우에는 형제의 빈장(殯葬)을 마치고 제사 지낸다. 만일 주거를 같이하는 자가 죽었을 경우에는 비록 미천한 신첩이라도 장례를 마치고 나서 제사를 지낸다."라고 하였다.

221 중장(仲丈) : 윤문거의 중형(仲兄) 윤순거(尹舜擧)를 가리킨다. 1668년 12월에 졸하여 이듬해 3월 이산(尼山)의 선영에 장사 지냈다.

222 광주(光州) : 광주 목사(光州牧使)를 지낸 윤변(尹抃)을 가리킨다. 윤훈거(尹勛擧)의 장남이자 윤순거의 장조카이다.

223 개원례(開元禮) : 당 현종(唐玄宗) 개원 연간에 서견(徐堅), 소숭(蕭嵩) 등이 칙명(勅命)을 받아 편찬한 《대당개원례(大唐開元禮)》를 가리킨다.

224 제사는……미친다 : 《가례》 권1 〈사당(祠堂)〉의 "후손이 없는 방친(傍親)은 그 차례에 따라 합부(合祔)한다."라는 조목 아래 정자(程子)의 설에 "복(服)이 없는 상상(殤喪)은 제사를 지내지 않고, 하상(下殤)의 제사는 부모에서 그치고, 중상(中殤)의 제사는 형제에서 그치고, 장상(長殤)의 제사는 형제의 자식에서 그치고, 성인이면서 후사가 없는 경우는 형제의 손자에서 그치니, 모두 의리를 헤아려 제정한 예이다."라고 하였다.

윤여망에게 답함 경술년(1670, 현종11) 12월 27일

答尹汝望 庚戌十二月二十七日

보내 주신 서신을 받을 때마다 문득 마음과 눈이 모두 열리는 느낌입니다. 연못의 물고기[225]라는 말씀은 참으로 좋은 비유입니다. 하지만 또한 어찌할 방도가 없습니다. 다만 "군자는 곤궁함을 편히 여기고 도를 지키지만, 소인은 곤궁하면 제멋대로 행동한다."[226]라는 교훈과 "지사(志士)는 자신의 시신이 도랑에 버려질 수도 있음을 잊지 않는다."[227]라는 취지를 평생토록 공부하였는데, 오늘에 그 효과를 보려고 합니다. 수세(守歲)하시는 때에 신령의 가호가 더하기를 간절히 바랍니다. 이만 줄입니다.

225 연못의 물고기 : 이유 없이 연루되어 재앙을 당하는 경우를 비유한 말이다. 춘추시대 송나라의 성문에 불이 나자 성문 옆에 있던 연못에서 물을 퍼서 불을 껐는데, 그 연못의 물이 고갈되는 바람에 물고기가 다 말라 죽었다고 한다. 《藝文類聚 卷80 火》

226 군자는……행동한다 : 《논어》 〈위령공(衛靈公)〉에 나오는 말이다.

227 지사(志士)는……않는다 : 《맹자》 〈등문공 하(滕文公下)〉에 나오는 말이다.

윤여망에게 답함 임자년(1672, 현종13) 8월 28일

答尹汝望 壬子八月二十八日

제가 차마 오늘을 지낼 수 있겠습니까.[228] 다시 어찌할 도리가 없으니 어쩌면 좋단 말입니까. "공경하기를 제때 하지 못한 점이 있다."[229]라는 가르침을 읽을 때마다 슬퍼서 목이 메지 않은 적이 없습니다. 어찌 오늘 이것을 직접 겪게 되리라 생각이나 했겠습니까. 비통하고 비통합니다.

차장방(次長房)으로 신주(神主)를 옮기는 일에 대해 집사께서 장방(長房)의 상이 끝나기를 기다리지 않을 것이라 하시니,[230] 이것은 근거가 있는 일이고 백성도 믿을 것입니다. 저희 집안은 삼가 이에 따라 받들어 거행할 것입니다. 별지에서 말씀하신 의문(儀文)[231]은 모두 자세하고 정확합니다. 저희 집안도 응당 이것을 예법으로 삼는다면 또한 자신이 예법을 창작한 것이라는 혐의를 면할 수 있을 것이니 너무도

228 제가……있겠습니까 : 송시열의 중형(仲兄) 송시묵(宋時默)이 1672년 7월 5일에 별세하니, 8월 28일에 공주(公州) 신오(新塢)에 장사 지냈다. 바로 이 편지를 쓴 날이다. 《宋子大全 附錄 卷6 年譜》

229 공경하기를……있다 : 《소학(小學)》 〈명륜(明倫)〉에 나오는 말이다.

230 차장방(次長房)으로……하시니 : 윤문거가 장방이었던 종형(從兄) 윤원거(尹元擧)가 1672년 7월에 별세하자, 차장방으로서 증조고비(曾祖考妣)의 사판(祠版)을 자신의 집으로 옮기게 되었기 때문에 이렇게 말한 것이다. 《石湖遺稿 卷7 年譜》

231 의문(儀文) : 대본에는 '議文'으로 되어 있는데, 두주(頭註)에 근거하여 '議'를 '儀'로 바로잡아 번역하였다.

다행스럽습니다. 생각건대 장방의 주인(主人)이 비록 부친의 상복을 입고 있지만, 《가례》의 부주(附註)에 기록된 '단독으로 지내는 제사'와 '일상으로 지내는 제사'의 설[232]을 가지고 보자면, 비록 신주를 옮겨 나가는 사유를 스스로 고하는 것도 근거가 없지는 않을 것입니다. 어떻게 생각하시는지요? 모든 일에 막히는 점이 있으면 계속 여쭈어 바로잡겠습니다. 슬프고 심란하여 이만 줄입니다.

232 단독으로……설 : 《가례》 권6 〈상례(喪禮)〉 담제(禫祭)에 대한 부주(附註)에 "졸곡(卒哭)이 끝난 뒤에 사시제(四時祭)를 지낼 날이 되면 최복(衰服)을 입고 궤연(几筵)에 '단독으로 지내는 제사〔特祀〕'를 올리고, 다시 묵최복(墨衰服)을 입고 가묘(家廟)에서 '일상으로 지내는 제사〔常祀〕'를 지내면 될 것이다."라고 한 것을 가리킨다.

송자대전

제37권

書서

윤길보에게 답함 경인년(1650, 효종1) 12월

答尹吉甫 庚寅十二月

떠나는 날에 남기신 묵서(墨書)를 우편을 통해 받으니 위로되는 마음을 형언할 수 없습니다. 엄동의 여정에 숙식은 편안하신지 모르겠습니다. 아드님은 앓던 병이 벌써 나았습니까? 저는 병중에 중씨(仲氏) 영형(令兄)[1]을 우연히 만나 며칠 동안 정담을 나눌 수 있어 쓸쓸한 처지에 매우 위로되었습니다.

청송(聽松) 선생의 비음(碑陰) 문자[2]는 당시에 깊이 논의하지 못했고, 또한 돕는 사람이 없어 결국 깊은 우물 속에 빠진 듯이 되어 버렸습니다. 비석의 표면이 마멸되고서야 비로소 한 가지 의견이 떠올랐습니다. 형이 한번 동교(東郊)[3]로 가서 지난번의 말씀을 다시 올리면 아마도 들어주시지 않겠습니까. 혹시라도 여의치 않다면 조야(趙爺 조익(趙翼))께 부탁하시는 것이 어떻겠습니까? 형이 만약 내려오신다면, 이 일을 다시 맡을 사람이 없어 마침내 천고의 한이 될까 두렵습니다.

1 중씨(仲氏) 영형(令兄) : 윤순거(尹舜擧)를 가리킨다.

2 청송(聽松)……문자 : 성수침(成守琛)의 묘갈(墓碣) 음기(陰記)를 가리킨다. 성수침의 묘갈명은 이황(李滉)이 지었다. 나중에 묘갈을 세울 때 이황의 수필(手筆) 초본(草本)을 그대로 새겼는데, 글자의 획이 너무 가늘어 쉽게 마멸될 우려가 있었다. 이 문제를 보완하기 위해 묘갈 음기를 따로 지어 뒷면에 새기자는 의견이 나왔다. 송시열의 조언에 따라 윤선거(尹宣擧)가 석실(石室)로 김상헌(金尙憲)을 찾아가 지어 달라고 부탁하였으나, 김상헌은 노쇠하다는 이유로 거절하였다. 그 뒤에 조익이 지었다. 송시열이 지은 것도 있다. 《宋子大全 卷172 聽松成先生墓碣陰記》 청송은 성수침의 호이다.

3 동교(東郊) : 김상헌이 머물고 있던 석실을 가리킨다.

윤길보에게 답함 신묘년(1651, 효종2) 5월

答尹吉甫 辛卯五月

전후로 보내신 편지 세 통을 차례로 잘 받았으나, 이후로 줄곧 인편이 없는 관계로 여태껏 답장을 보내 드리지 못하여 마음이 항상 한스러웠습니다. 가장 나중에 보내신 편지는 오래되지 않았으니, 한결같이 건승하시리라 생각됩니다. 저는 고질병이 재발하여 온갖 위기를 계속 맞고 있습니다. 전혀 좋은 징조가 아니니 그저 손을 모은 채 천명(天命)을 기다릴 뿐입니다.

명형(明兄)이 당한 일[4]은 형이 당한 일[5]에 비해 더욱 혹독하여 서로 대하기가 매우 나쁩니다.

금리(錦里)의 일[6]은 마디에서 가지가 다시 생겨나듯이 일이 확대되어 점차 수습하기 어렵게 되고 있으니, 길게 탄식한들 어찌하겠습니까. 다만 무엇보다 안(安)의 상소로 인해 한층 더 심해졌습니다.[7] 저도 애

4 명형(明兄)이 당한 일 : 명형은 자가 명보(明甫)인 송준길을 가리킨다. 1651년 4월 27일에 송준길의 사위 나명좌(羅明佐)가 18세로 요절하였다.《同春堂集 卷17 祭羅甥文》《農巖集 卷27 伯舅墓誌銘》

5 형이 당한 일 : 윤선거의 사위 박세후(朴世垕)가 1650년 12월에 24세로 요절한 것을 가리킨다.《明齋遺稿 卷36 潘南朴君墓誌銘》

6 금리(錦里)의 일 : 금리는 금산(錦山)에 사는 이유태(李惟泰)를 가리킨다. 1650년 봄에 금산의 향인(鄕人) 박정(朴珽)이 김자점(金自點)의 사주를 받아 이유태를 무욕(誣辱)하였다. 이유태의 종형(從兄) 이유항(李惟恒)의 묘를 쓴 곳이 박정 처의 무덤과 가깝다는 것을 트집 잡아 박정이 행패를 부리고 관찰사에게 정소(呈訴)하였다.《宋子大全隨箚 卷3》《孝宗實錄 2年 4月 17日》

초에 매우 놀랐습니다. 듣자니 지금은 바깥이 매우 소란하다고 합니다. 처음에는 비록 서로 친애하던 사람이더라도 절교하려고 했습니다. 하지만 그렇게 하면 사우(師友)의 의리가 마침내 밝아지지 않을 것입니다. 어찌 서툰 의원이 사람을 죽인 일로 인해서 기백(岐伯)과 화타(華佗)[8]의 의서까지 몽땅 불태워서야 되겠습니까. 우습습니다.

송강(松江)의 연보는 일을 마친 지 이미 오래입니다만, 누차 수정을 거친 결과 지저분해져서 볼 수가 없으므로 바야흐로 종이를 바꾸려고 계획하고 있습니다. 필사가 끝나면 바로 보내 드리겠습니다.

앞의 편지에서 말씀하신 국상(國祥) 5월과 관련한 설은 저도 들었습니다만, 터무니없는 말이라고 생각합니다. 형께서는 혹시 그 말이 사람에게 해를 끼칠까 걱정하십니까? 담제(禫祭)가 없다는 설은 주자의 가르침이 있을 뿐만 아니라, 무릇 상장(喪杖)을 짚으면 반드시 담제를 지냅니다. 임금을 위한 복(服)을 입을 때 마땅히 상장을 짚으니, 명백할 뿐만이 아닙니다. 이것도 증거로 삼을 수 있을 것입니다.

저는 직명(職名)이 체직되었는데도 약물을 하사하라는 명이 계속 내립니다. 이런 때에 저 스스로 사례하는 글을 올리고 싶지 않아서 방백(方伯)에게 청해 주자의 설에 의거하여 보명(保明)[9]하려고 하였으

7 안(安)의……심해졌습니다 : '안'은 안적(安績)을 가리킨다. 박정이 이유태를 두함(誣陷)한 일과 관련하여 이유태의 문인 이만영(李萬榮)이 상언하여 이유태의 억울한 사정을 논쟁하였는데, 승지 오정일(吳挺一)이 상언에 수록된 여러 사람의 서명이 한 사람의 글씨인 듯하다는 이유로 방계(防啓)하자, 안적 등이 다시 상소를 올려 이유태를 변호하고 승정원을 공격하였다.《孝宗實錄 2年 4月 17日》

8 기백(岐伯)과 화타(華佗) : 기백은 황제(黃帝) 시대의 전설적인 명의(名醫)이고, 화타는 후한(後漢) 말기의 명의이다.

나, 들어주지 않았습니다. 다시 성명(姓名)을 드러내야 할 형편이라 황공하고 답답합니다.

일들이 가지각색입니다. 삼가 바라건대 일마다 가르침을 주시는 것이 어떻겠습니까. 송생(宋生)에게서 종이가 오지 않았습니다. 오면 저쪽에 전하겠습니다. 이만 줄입니다.

9 보명(保明) : 당사자를 대신하여 해당 지방관이 보증하고 상부에 해명하는 것이다. 주희는 사직서를 올릴 일이 있으면 자신이 거주하던 건녕부(建寧府)에 알려서 대신 아뢰도록 하였다. 《宋子大全隨箚 卷4》

윤길보에게 보냄 신묘년(1651, 효종2) 9월

與尹吉甫 辛卯九月

일전에 숲속의 오두막을 방문하셨을 때 마침 제가 모친 곁에 가 있는 바람에 맞이해 뵙지 못하였습니다. 한스러운 심정이 정말 음식이 목에 걸린 듯합니다. 다만 회덕(懷德)의 여러 벗을 통해 담론하신 대화의 일부를 대략 듣고 조금 마음에 위로를 얻었습니다.

요즘 같은 늦가을에 조용히 지내시는 기거가 절서(節序)를 따라 편하시겠지요. 저는 병증이 예전과 같습니다. 비록 애써 책을 보려 해도 기운이 뜻을 따라 주지 않아 게으름을 피우면서 날을 보내며 부질없이 스스로 탄식만 할 뿐입니다.

이전 편지에서 말씀드린 《상례비요(喪禮備要)》의 의문처는 명보(明甫 송준길)와 소상히 논의하셨으리라 생각합니다. 마침내 합일된 결론을 얻었는지요?

파산(坡山)의 묘갈(墓碣) 음기(陰記)[10]는 벌써 포저(浦渚 조익(趙翼))와 서신을 왕래해 보셨습니까? 저의 얕은 견해를 말씀드리자면, 후세에 전하는 글은 결코 대충 지어서는 안 됩니다. 여덟 번 아홉 번 왕복하여 반드시 한 글자라도 편치 않은 부분이 없게 하고 나서야 비석에 새길 수 있습니다. 만약 번거롭게 고하는 것을 어렵게 여긴다면, 마땅히 주자의 설에 의거하여 우선 새기지 않는 것도 한 가지 방법입니

10 파산(坡山)의 묘갈(墓碣) 음기(陰記) : 성수침(成守琛)의 묘갈 음기를 가리킨다. 165쪽 주2 참조.

다. 일전에 동래(東萊) 형[11]에게 저의 의견을 여쭈었는데, 혹시 전해 들었습니까? 동래 형께서 말을 몰아 바로 임소로 가 버리시니, 저는 허전한 심정을 견딜 수 없습니다.

형에게 다시 새로운 제수가 내렸다고 들었습니다. 이것은 칩거하고 있는 사람에게 맞는 일은 아닙니다만, 뜻밖에 이르렀다 해서 또한 어찌 개의할 것이 있겠습니까. 마침 김 수재(金秀才)를 만나 서둘러 쓰느라 이만 줄입니다.

11 동래(東萊) 형 : 윤문거(尹文擧)를 가리킨다. 1651년 7월에 동래 부사(東萊府使)에 제수되어 8월에 부임하였다.

윤길보에게 보냄 신묘년(1651, 효종2) 10월

與尹吉甫 辛卯十月

전에 말씀하신 《우계선생연보(牛溪先生年譜)》의 초본(草本)과 《계갑록(癸甲錄)》[12]은 지금 장단(長湍)의 인편에 부쳐 돌려보냅니다. 송강(松江)의 연보도 보내니, 정정(訂正)하여 보내 주시면 다시 첨삭하여 안숙(晏叔 정양(鄭瀁))에게 보내려고 합니다. 그러나 안숙이 필시 고대하고 있을 것이니, 만일 인편이 있거든 연보가 이미 완성된 사실을 먼저 알려 주시는 것이 어떻겠습니까? 그 강령과 조목은 제 자신은 대단히 심력을 기울였다고 생각되지만 다른 사람에게 죄를 얻지나 않을는지 모르겠습니다. 이러한 이유로 더욱 고명(高明)께 질정을 받고자 하는 것입니다.

별지에 말씀하신 묘갈(墓碣) 음기(陰記)[13]는 지난여름에 여러분의 말씀에 따라 감히 저의 견해대로 의심나는 곳을 궁리하여 문단마다 수정하고 보니, 고친 것이 거의 십중팔구라 원문의 모양을 찾을 수 없게 되었습니다. 스스로 깜짝 놀라 생각하기를 '이것은 이른바 창작이

12 계갑록(癸甲錄) : 윤선거(尹宣擧)가 안방준(安邦俊)의 《혼정록(混定錄)》과 정철(鄭澈)의 《관시록(觀時錄)》을 참고하여 선조(宣祖) 연간의 당쟁과 임진왜란의 시말을 기록한 책이다. 총 4책이다. 《魯西遺稿 附錄 年譜》

13 묘갈(墓碣) 음기(陰記) : 성수침(成守琛)의 묘갈 음기를 가리킨다. 165쪽 주2 참조. 이 편지 내용으로 볼 때, 조익(趙翼)이 지은 묘갈 음기를 송시열이 개정하였고 그 개정본이 《송자대전》 권172의 〈청송 성 선생 묘갈 음기(聽松成先生墓碣陰記)〉인 것으로 추정된다.

지 조술(祖述)이 아니니, 후생(後生) 소자(小子)로서 어찌 감히 이렇게 무례하고 불공(不恭)할 수가 있는가.' 하였습니다. 그래서 마침내 다시 없애 버리고 원본에다 대강 표시하였습니다. 하지만 늘 스스로 '그때 혹시 잘못 생각하여 개정본을 보냈더라면 함부로 창작한 죄를 어떻게 면할 수 있었을까.'라고 생각하면서 더 깊이 빠지기 전에 잘못을 깨달은 것을 다행으로 여겼습니다. 이것은 필시 동래(東萊) 형[14]이 저의 경계하고 성찰하는 말로 인해 형에게 잘못 전달한 것입니다. 하지만 형의 요구를 저버릴 수가 없어서 저는 과감히 실제로 이 일을 했고, 허물을 짓고서 숨긴다면 더욱 시치미를 떼고 버젓이 있는 꼴이 되므로 감히 추기(追記)하여 올리니, 참으로 저의 죄안(罪案)이라 하겠습니다. 부디 보신 뒤에 바로 돌려보내 주시고 다른 사람에게는 보이지 마시기 바랍니다. 간절히 부탁드립니다. 형이 만일 이것이 완전히 별본(別本)이라는 것을 아셨다면 필시 저에게 요구하지 않았을 것입니다. 보신 뒤 형이 저상(渚相 조익(趙翼))의 집과 정의가 두터워도 알리지 않을 것을 알기에 꺼리지 않고 보여 드리는 것입니다. 형이 저를 허물하기를 바랄 뿐입니다.

14 동래(東萊) 형 : 동래 부사 윤문거를 가리킨다.

윤길보에게 답함 신묘년(1651, 효종2) 11월

答尹吉甫 辛卯十一月

온 산에 눈보라가 치는 가운데 고을 관아의 인편이 편지를 가지고 멀리서 당도하였습니다. 발자국 소리를 듣고 기뻤지만, 장생(莊生)의 모습은 아직 형용해 내지 못하고 있어 못내 한스럽습니다.[15] 이어서 친족이 화목하시다는 것과 장차 혼사가 있을 것임을 알고서 매우 기쁘고 부러웠습니다. 이러한 도리가 있고 나서야 비로소 세상을 살아가는 즐거움이 있는 것이지요.

산방(山房)의 생활이 병 치료에 방해가 된다는 경계를 주시니 사랑과 염려에 매우 감사드립니다. 다만 근년에 소란 때문에 매우 고통을 겪다 보니, 소란 속에 한 달을 견디는 것이 한 달 동안 병을 앓는 것과 비슷하였습니다. 그래서 마침내 조용한 정취를 탐닉하게 되었고, 그대로 고질이 되어 버렸습니다. 하지만 밥을 먹지 않으면 오래 앉아 있을 수 없는데, 산꼭대기에서 나물만 먹으며 살던 노인[16]은 도대체 어떠한

15 발자국……한스럽습니다 : 《장자(莊子)》 〈서무귀(徐无鬼)〉에 "텅 빈 골짜기로 도망가 숨어 사는 사람은 명아주와 콩잎이 족제비의 길마저 빽빽이 막고 있는 터라, 빈 골짜기를 비틀거리며 돌아다니다 보면 다른 사람의 발자국 소리만 들어도 기쁜 것이다."라고 하였다. 송시열이 산속에 은거해서도 진정한 은자로서의 삶을 실천하지 못하는 자신의 처지를 한탄한 말이다.

16 산꼭대기에서……노인 : 송나라 때의 학자 채원정(蔡元定)을 가리킨다. 서산(西山) 꼭대기에 올라가 배고픔을 참고 나물을 캐어 먹으며 글을 읽었다고 한다. 《宋史 蔡元定列傳》

체력을 지녔던 것일까요?

묘갈 음기의 문자에 대해 지난 편지에서 모조리 다 말씀드렸는데, 제 말씀은 살펴 주시지 않고 끝내 포저(浦渚) 어른께 아뢰고자 하실 줄은 생각조차 못했습니다. 평소에 저의 말과 행동이 상부(相符)하지 않아 벗에게 신뢰를 받지 못하고 있음을 충분히 알 수 있었습니다. 두렵고 부끄러운 나머지 거의 다시 만나 대화를 나눌 수 없을 지경입니다. 바라건대 형께서 저의 말이 정말 진심에서 나왔음을 다시 헤아리시고 속히 이전의 계획을 중지하셔서 비천한 저로 하여금 거듭 죄를 짓지 않게 해 주십시오. 그리해 주신다면 매우 다행스럽겠습니다.

이 선생(李先生)의 지문(誌文)[17]에 대한 말씀에 더욱 놀랐습니다. 저 백강(白江) 상공(相公)은 사리에 밝다고 평소 사람들이 평하는데도 오히려 이러한 주장을 하였습니다.[18] 이것은 매우 괴이한 일인데, 고명(高明)한 형께서는 바로 논박해 바로잡지 않았습니다. 그렇다면 진항(陳亢)이 지혜롭지 못하다는 꾸지람을 자초한 일[19]은 여전히 가벼이 볼 문제가 아닙니다. 부디 말씀에 더욱 신중을 기하시는 것이 어떻겠습니까.

17 이 선생(李先生)의 지문(誌文) : 송시열이 신독재 김집을 대신해 짓고 있던 이이(李珥)의 묘지명을 가리킨다.

18 백강(白江)……하였습니다 : 백강은 이경여(李敬輿)의 호이다. 《송자대전수차》 권4에서는 이경여가 송시열이 지은 이이의 묘지명을 읽고 칭찬한 것을 가리킨다고 하였다.

19 진항(陳亢)이……일 : 공자의 문인 진항이 자공(子貢)을 공자보다 훌륭하다고 평하자, 자공이 "군자는 한마디 말로 지혜로운 사람이 되기도 하고 지혜롭지 못한 사람이 되기도 하니, 말을 신중하게 하지 않으면 안 된다."라고 꾸짖었던 일을 가리킨다. 《論語 子張》

송강(松江)의 연보에 대한 별지는 천천히 살펴보고 답장을 드리겠습니다만, 얼핏 보니 하나하나가 다 합당합니다. 탄복해 마지않습니다. 생질(甥姪)의 편지는 잘 받았습니다. 나머지는 해가 바뀐 뒤에 돈암(遯巖)에서 모이기로 한 약속을 기다렸다가 말씀드리겠습니다. 이만 줄입니다.

윤길보에게 보냄

與尹吉甫

원단(元旦)을 맞이하여 복과 신의 가호를 아울러 받으시기를 축원해 마지않습니다. 현재의 일은 갈수록 점점 놀랍습니다. 굴 좌도(屈左徒)가 수명을 연장하여 당시 사람들이 어떤 결말을 맞을지 보고 싶어 했던 것[20]은 무슨 마음이었겠습니까.

저는 노친을 모시고 한 살 더 먹었으나 심사가 안정되지 않아 몽매했던 아이 때와 줄곧 다름없으니, 언제쯤 조금이라도 진보하는 성과가 있을지 모르겠습니다.

일전에 부황(夫皇)[21]의 편지 말미에다 몇 글자 안부를 물어 주시어 제 마음이 위로되고 풀린 것이 형언하기 어려울 정도였습니다. 저는 다시 성상의 부름을 받고 머뭇거리며 어찌할 줄 모르다가 사직 상소를 통해 포속(布粟)의 경계[22]를 대략 아뢰려고 합니다. 형은 매번 시의(時

20 굴 좌도(屈左徒)가……것 : 굴 좌도는 전국 시대 초 회왕(楚懷王) 때 좌도 벼슬을 지낸 굴평(屈平), 즉 굴원(屈原)을 가리킨다. 주희가 유덕수(劉德修)에게 답한 편지에서 "굴원이 과거는 미칠 수 없고 미래는 들을 수 없었으므로 자신의 수명을 늘리고 인간 세상을 뛰어넘어 신선이 되려는 생각을 가졌었다. 이것은 굴평이 당시 사람들이 함부로 저지르는 행동을 견딜 수 없어 그들이 결국 어떠한 결말을 맞을지 보고자 한 것일 뿐이다."라고 하였다. 《晦菴集 續集 卷4 答劉德修》

21 부황(夫皇) : 윤선거 형제 중 누군가가 사는 곳의 지명으로 추정되나 미상이다. 《宋子大全隨箚 卷4》

22 포속(布粟)의 경계 : 형제간의 불화에 대한 경계이다. 한 문제(漢文帝) 때 문제의 동생 회남왕(淮南王) 장(長)이 모반을 일으켰다가 실패하자 문제가 그를 촉군(蜀郡)으

義)에 적절한 말씀을 하시니, 지금의 의리는 어떠한지 모르겠습니다. 멀어서 직접 만나 여쭙지 못하는 것이 매우 한스럽습니다.

사성(思誠 권시(權諰))은 과연 서쪽으로 잘 돌아갔으니, 벗들에게 다행입니다. 사면(辭免)된 뒤에 제가 외성(外城)[23]께 문후하러 갈 것이니, 그때 모일 수 있을 것입니다. 나머지는 이만 줄입니다.

로 추방하였는데, 장이 음식을 먹지 않다가 죽었다. 이 사건을 두고 당시 사람들이 "한 자의 베도 꿰매어 옷을 만들어 함께 입을 수 있고, 한 말의 곡식도 찧어서 밥을 지어 함께 먹을 수 있는데, 형제 두 사람이 서로 용납하지 못하는구나.〔一尺布, 尙可縫, 一斗粟, 尙可舂, 兄弟二人, 不能相容.〕"라는 노래를 지어 불러 형제간의 불화를 풍자하였다.《史記 淮南列傳》 당시 효종의 이복동생인 숭선군(崇善君) 이징(李澂)이 김자점(金自點)의 역모에 연루되어 강화에 안치되자, 송시열이 1652년(효종3) 2월 3일에 상소하여 회남왕의 고사를 언급하며 이징을 관대하게 처분해 달라고 청하였다.《孝宗實錄 3年 2月 3日》

23 외성(外城) : 연산(連山) 외성에 살았던 김집(金集)을 가리킨다.《宋子大全隨箚 卷3》

윤길보에게 답함 계사년(1653, 효종4) 1월

答尹吉甫 癸巳正月

수찰(手札)을 받고 위로되었습니다. 은명(恩命)이 갑자기 이르렀다 해서 어찌 이처럼 낙담하는 지경까지 이르렀습니까? 말씀하신 대로라면 저는 이미 오래전에 제정신이 아니었을 것입니다. 성형(誠兄)은 매번 "임금께서 부르시면 종〔奴〕의 이름으로 사장(辭狀)을 올리는 것이 매우 편하지 않으나, 그저 전례에 따라 처리할 수밖에 없다."라고 하였습니다. 지금 형께서는 이 형과 의논하고 그렇게 하신 것입니까?[24]

저는 신년에 거듭 감기에 걸려 반달 동안 시달리다가 근래에 비로소 나아지고 있습니다. 말씀하신 '도(道)' 자에 대해 회옹(晦翁)은 오히려 선비가 되어 도를 배우는 것은 농부가 밭을 가는 것과 같다고 말했으니, 이것을 버리면 무엇을 가지고 서로 권면하겠습니까. 만약 혐의쩍게 여기신다면, 이전에 간혹 저에게 하신 말씀이 서로 용서하는 도가 아니겠습니까. 참 우습습니다.

24 성형(誠兄)은……것입니까 : 성형은 자가 사성(思誠)인 권시(權諰)를 가리킨다. 1652년 12월에 윤선거가 시강원 자의(侍講院諮議)에 제수되었다. 당시에 사장(辭狀)은 종의 이름으로 올리는 것이 상례였으나, 윤선거는 자신의 이름으로 사장을 올렸던 것으로 보인다. 윤증(尹拯)의 《명재유고(明齋遺稿)》 수록 편지에는 이와 관련하여 다음과 같은 내용이 있다. "지금은 상소가 아니면 으레 종의 이름으로 사장을 올리는데, 임금께 아뢰는 문자를 종의 이름으로 대신 진달하는 것이 실로 편하지 않습니다. 옛날에 선인(先人)께서는 종의 이름을 사용하지 않고 바로 당신의 이름으로 올렸습니다." 《明齋遺稿 卷12 與朴和叔(九月五日)》

주자(朱子)의 글을 읽고 계신다고 들었는데, 책을 들고 가서 질의하지 못하는 것이 아쉽습니다. 무형(武兄)[25]은 벌써 가림(嘉林)에 도착하셨는지요? 날이 따뜻해지면 배를 타고 내려가서 아울러 찾아뵙겠습니다.

25 무형(武兄) : 자가 무중(武仲)인 유계(兪棨)를 가리킨다.

윤길보에게 답함 계사년(1653, 효종4) 3월

答尹吉甫 癸巳三月

시절이 벌써 따뜻해지고 있는데, 신령의 도움으로 기거가 편안하신지 알 수 없어 그리움이 간절합니다. 그동안 보내신 편지는 차례로 잘 받았습니다. 당시에 선영(先塋)이 있는 재〔嶺〕 밑에서 작은 일을 처리하느라 달을 넘기고 그끄저께 비로소 돌아왔습니다. 이 때문에 답장이 늦었으니, 비록 꾸지람은 면했으나 깊이 자책하고 있습니다.

연산(連山)으로부터 편지를 전해 받고 참람한 답장을 보내야 했습니다만, 편지를 받은 날에 계책이 이미 결정되었습니다. 그 뒤로 사람을 통해 사직 상소를 올려 체직되셨다는 소식을 듣고서 순경(順境)을 만나게 되신 것을 기뻐하였습니다. 다만 상소의 내용이 어떠한지 모르겠습니다. 저의 생각은 율곡(栗谷) 어른의 무진년(1568, 선조1) 상소처럼 가슴에 쌓아 두었던 것을 다 아뢰지 않아서는 안 된다고 생각합니다.[26] 어떻게 생각하시는지요?

저는 가형(家兄)의 집으로부터 노친을 모시고 회덕(懷德)의 친속에게로 돌아왔습니다. 노친을 봉양하며 그럭저럭 지내고 있으니, 이것이 저의 본분입니다. 달리 말씀드릴 것이 없습니다. 날이 따뜻해진 뒤에

26 율곡(栗谷)……생각합니다 : 1568년에 이이(李珥)가 홍문관 교리를 사직하는 상소를 올렸는데, 어린 시절에 모친을 잃고 실의하여 불가에 귀의했던 자신의 과거를 솔직하게 밝히며 그것을 사직의 구실로 삼았다. 송시열이 시강원 자의에 제수된 윤선거에게 이이를 본받아 병자호란 때 강화(江華)에서 혼자 목숨을 부지하여 탈출했던 사실을 사직 상소에 써야 한다고 조언한 것이다.

가림(嘉林)[27]을 방문하고 아울러 은거하시는 곳으로 갈 생각입니다. 그때까지 자중자애하시기 바랍니다. 마침 탄방(炭坊)[28]으로 가는 인편이 있어 바삐 쓰느라 이만 줄입니다.

27 가림(嘉林) : 임천(林川)의 옛 이름이다. 유계(兪棨)가 그곳에 살고 있었다.

28 탄방(炭坊) : 권시(權諰)가 살던 공주(公州)의 마을 이름이다.

윤길보에게 답함 계사년(1653, 효종4) 12월

答尹吉甫 癸巳十二月

은혜로운 가르침이 매우 위로되었습니다. 마치 〈대아(大雅)〉의 〈억(抑)〉 시를 읽고 예성(睿聖)을 만난 듯하니,[29] 더욱 깊이 공경하고 탄복합니다. 회옹(晦翁)도 일찍이 술을 끊는다는 말씀을 하셨는데, 성현도 여기서부터 해 나갔던 것이 아니겠습니까.

봄이 장차 기지개를 펴려는 시기에 학문하시는 기거가 더욱 좋아졌으리라 생각합니다. 저는 며칠간 병이 났다가 어제부터 조금 나아졌습니다.

광석(廣石)에는 식질(栻姪)이 가서 처리하고 있는데, 애써 지휘하고 있으리라 생각됩니다. 어찌 그리도 허수(虛受)와 모두 서로 부합하는지 참으로 기이합니다.[30]

29 은혜로운……듯하니 : 1653년 11월에 송시열, 윤선거, 이유태(李惟泰) 등이 진산(珍山)에서 조헌(趙憲)의 분황례(焚黃禮)를 참관하고 저교(楮橋)에 모여 술을 마시면서 과음한 끝에 서로 말다툼을 벌였다. 이 일이 있은 뒤에 윤선거가 송시열에게 편지를 보내 금주를 언급하였던 듯하다. 《宋子大全 附錄 卷2 年譜》《시경》〈대아 억〉은 춘추시대 위 무공(衛武公)이 95세 때 자신을 경계하기 위해 지은 시이다. 그 시의 제3장에 "그 지금에는, 정사에 미란함을 숭상하여, 그 덕을 전복하고, 술에 빠지고 즐거워하는구나. 네 비록 술에 빠지고 즐거워함을 따르나, 그 전통을 생각하지 않겠는가. 널리 선왕의 도를 구하여, 밝은 법을 집행하지 않는구나.〔其在于今, 興迷亂于政. 顚覆厥德, 荒湛于酒. 女雖湛樂從, 弗念厥紹? 罔敷求先王, 克共明刑.〕"라고 하여 술을 경계하였다. 예성은 위 무공의 시호이다.

30 광석(廣石)에는……기이합니다 : 광석은 노성(魯城)과 은진(恩津)의 접경에 있

가림(嘉林)에 보내는 편지는 적당한 인편을 통해 전달해 주시기를 간절히 바랍니다. 이만 줄입니다.

는 광석평(廣石坪)이다. 송준길(宋浚吉)의 사위 민유중(閔維重)의 우거(寓居)가 거기 있었다고 한다. 식질은 송준길의 장남인 송광식(宋光栻)이다. 아마도 송준길이 송광식을 보내 민유중의 우거를 마련해 주게 한 듯하다. 허수는 허수암(虛受巖)으로, 회덕(懷德)의 송촌(宋村) 부근에 있는 지명이다. 송시열의 사위 윤단(尹摶)이 우거하던 곳인데, 송시열이 마련해 주었다고 한다. 그래서 송시열이 두 가지 일이 서로 부합한다고 말한 것이다. 《宋子大全隨箚 卷4》

윤길보에게 보냄 갑오년(1654, 효종5)
與尹吉甫 甲午

종유(從遊)한 지 오래될수록 이별의 그리움은 더욱 깊어집니다. 방금 양정재(養正齋)에 도착하여 형이 몸이 조금 편하지 않다는 소식을 듣고 근심해 마지않습니다. 어제 백헌(伯憲)[31]과 함께 회덕(懷德) 고을로 거슬러 올라가니 노소(老少)가 이미 원정(猿亭)에 도착해 있었습니다. 배가 정박하기도 전에 급히 부르는 사람이 있어 새로운 명이 내렸다는 것을 알았습니다. 모래톱에서 인사만 나눈 뒤에 말없이 돌아와 바로 외성(外城)[32]으로 향했습니다. 큰아드님과 했던 같이 가자는 약속을 저버릴 수 없기에 삼가 이렇게 알려 드립니다. 내일 새벽에 돈암(遯巖)까지 배를 태워 보내 주시면 어떻겠습니까?

형과 초려(草廬 이유태(李惟泰)), 탄옹(炭翁 권시(權諰))이 경상 도사(慶尙都事)에 의망(擬望)되었다가, 탄방(炭坊)의 송백(松柏)이 마침내 분란을 당하게 되었습니다.[33] 어찌 저와 동병상련이 아니겠습니까.

31 백헌(伯憲) : 윤선거의 중부(仲父) 윤전(尹烇)의 사위인 김휜(金楦)으로 추정된다. 그의 자가 백헌이다. 《송자대전수차》 권4에는 윤원거(尹元擧)의 자가 백분(伯奮)이고 헌직(憲職)을 지내서 '백헌'이라고 칭했다고 추정하였으나, 윤원거는 1653년에 처음으로 관직에 나갔고 헌직에 제수된 것은 1660년 지평(持平)에 제수된 것이 처음이다. 따라서 윤원거가 백헌이 될 수 없다.

32 외성(外城) : 연산(連山) 외성으로, 김집(金集)이 사는 곳이다.

33 탄방(炭坊)의……되었습니다 : 권시가 1654년 4월 무렵에 경상 도사에 제수된 것을 비유한 말이다. 송시열이 권시의 〈감흥(感興)〉 시에 "홀로 송백을 사랑하노니, 높은

이어서 벗들에게 물으니, 모두들 이번의 특별한 초수(超授)[34]는 사장(辭狀)을 올려 사양해서는 안 된다고 합니다. 형편상 글을 올려야 할 듯한데, 그동안 계속 올리는 바람에 구상(構想)이 고갈되었으니, 형께서 반드시 저를 위해 짧은 상소를 지어 큰아드님을 통해 부쳐 주셔야겠습니다. 간절히 부탁합니다.

여러 벗이 광석(廣石)에서 모이는 것은 내일 아니면 모레일 것입니다.

언덕에 우뚝 빼어나네. 세모의 차디찬 빙설 속에서도, 당당히 늙은 기운 무성하도다.〔獨愛松柏樹, 亭亭秀高岡. 歲暮氷雪裏, 居然老氣蒼.〕"라고 한 것을 두고 장난삼아 말한 듯하다. 탄방은 권시가 살던 공주(公州)의 마을 이름이다. 《炭翁集 卷1 感興十首》

34 특별한 초수(超授) : 1654년 4월 초에 송시열이 특지(特旨)로 통정대부(通政大夫) 승정원 동부승지로 승진하여 제수된 것을 가리킨다. 《宋子大全 附錄 卷2 年譜》

윤길보에게 답함 갑오년(1654, 효종5) 5월
答尹吉甫 甲午五月

전후의 편지는 차례로 잘 받았습니다. 내용이 화락하여 읽을 때마다 마음이 깨어납니다. 여름비로 후덥지근한 날씨에도 기거가 편안하시리라 생각됩니다. 저는 오랫동안 눈병을 앓았습니다. 한창 아플 때에는 거의 미쳐 소리칠 정도였는데, 지금은 다행히 조금 진정되었습니다만 여증(餘症)으로 아직 괴로워 근심스럽습니다.

큰아드님이 딸을 낳아 비록 기대에 못 미친 듯해도 신명께서 넉넉한 복을 내려 주는 경사가 또한 어찌 멀리 있겠습니까.[35]

중씨(仲氏) 영형(令兄)[36]은 거취를 이미 결정했으리라 생각합니다. 대개 함장(函丈)[37]의 가르침을 따르지 않는다면 마땅히 무중(武仲 유계(兪棨))의 계책을 따라야 할 것이니, 두 가지를 다 온전히 살리는 이치는 실로 없을 것입니다.

저는 다시 간절한 상소를 올리고 지금 엄한 명이 내리기를 기다리고 있습니다. 큰아드님과는 바야흐로 다행히 같이 지내며 학문을 강독하고 토론하였는데, 둘 다 병으로 황망하게 흩어졌으니 매우 한탄스럽습니다. 남궁 상사(南宮上舍)가 올 뜻이 있기에 저는 그가 오기를 고대하고 있습니다.

35 신명께서……있겠습니까 : 머지않아 후사를 이을 아들을 낳을 것이라는 의미이다.

36 중씨(仲氏) 영형(令兄) : 윤순거(尹舜擧)를 가리킨다.

37 함장(函丈) : 김집(金集)을 가리킨다.

두 그림[38]을 종일토록 보아도 저는 흉내도 못 낼 정도이니, 정신이 쇠락한 것이 한탄스럽습니다. 만약 뵙게 된다면 다시 소상히 토론할 수 있을 것입니다. 나머지는 이만 줄입니다.

별지

"생강(生薑)이 나무 위에서 난다."[39]라는 말에 대해 일찍이 불자(佛者)의 설을 들었습니다. 두 사람이 논쟁하는데, 한 사람은 생강이 나무 아래에서 난다고 하고, 다른 한 사람이 운운한 말은 생강은 절대로 나무 위에서 나지 않는다는 것이었습니다. 소자(邵子)는 정자(程子)의 말을 독실히 믿었으므로 그렇게 운운하였던 것입니다. 하지만 다른 한 곳에는 "날 때는 생강은 나무 위에서 나고, 죽을 때는 생강은 나무 위에서 죽는다."라고 하였습니다. 이것은 앞서의 설에 의거해 말한 것으로, 역시 통합니다. 명확한 견해가 있으면 가르쳐 주시기 바랍니다. '내성외왕(內聖外王)'[40]이라는 말에 대해 평소에 의문이 있었습니다.

38 두 그림 : 윤선거의 〈후천도설(後天圖說)〉에 수록되어 있는 〈희문역상함도(羲文易相含圖)〉와 〈선후천팔괘첩원도(先後天八卦疊圓圖)〉를 가리키는 것으로 보인다. 《魯西遺稿 卷13 後天圖說》

39 생강(生薑)이……난다 : 소옹(邵雍)이 임종 시에 정이(程頤)에게 "그대는 생강이 나무 위에서 난다고 하는데, 나도 그대의 말을 따를 수밖에 없다."라고 하였다. 《二程遺書 卷18 劉元承手編》

40 내성외왕(內聖外王) : 《장자(莊子)》 〈천하(天下)〉에 나오는 말로, 일반적으로 '안으로 성인의 대덕(大德)을 갖추고 밖으로 왕도(王道)를 펼친다.'라고 풀이하는데, 일설에는 '외(外)' 자를 도외시한다는 의미로 푼다고 한다. 이 때문에 송시열이 의문을 가진 듯하다. 정호(程顥)가 일찍이 소옹이 학문이 깊은데도 세상에 쓰이지 못한 것을 두고 내성외왕의 도를 지니고 있다고 평한 바 있다. 《宋名臣言行錄 外集 卷5 邵雍康節先生》

어린아이에게 억지 설명을 면치 못했으니 참으로 부끄럽습니다. 아울러 밝게 가르쳐 주시기 바랍니다.

윤길보에게 보냄 갑오년(1654, 효종5) 5월

與尹吉甫 甲午五月

비를 무릅쓰고 여기에 이르렀으나, 만나서 대화도 나누지 못하니 매우 한탄스럽습니다. 행색이 너무나 바빠 두루 돌아보지도 못합니다. 여러 형은 그곳에서 서로 친하게 지내시는지 모르겠습니다. 수성(隋城) 영형(令兄)은 좋게 결정되어 매우 기쁩니다.[41] 저는 방금 세 번째 상소를 올렸는데, 세태와 맞는지 모르겠습니다. 회옹(晦翁)이 임기응변했던 일은 강절(康節)의 경우와 다릅니다.[42] 후학들은 장차 누구를 배워야 합니까? 여러 형께서 가르쳐 주시기 바랍니다.

형의 중씨(仲氏)께서 용담(龍潭) 고을을 얻어 녹은(祿隱)을 하나 더했으니[43] 참 기쁩니다. 가을에 선경(仙境)을 유람하게 되면 합당한

41 수성(隋城)……기쁩니다 : 수성 영형은 당시 수원(水原)에 머물고 있던 윤문거(尹文擧)를 가리킨다. 1654년 4월에 이조 참의에 제수되고 5월에 대사헌에 제수되었으나, 모두 사직 상소를 올려 윤허받았다. 《石湖遺稿 卷7 年譜》

42 회옹(晦翁)이……다릅니다 : 회옹이 임기응변했던 일은 주희가 1173년 5월에 특지(特旨)로 선교랑(宣教郎)으로 개질(改秩)되고 주관태주숭도관(主管台州崇道觀)에 임명되자 네 차례 사양하다가 결국 부득이 받아들였던 것을 가리킨다. 강절은 소옹(邵雍)의 시호이다. 소옹은 본래 출사하려고 하지 않았으나, 잠시 세속에 섞여 살기 위해 장작감 주부(將作監主簿)에 나아가려고 하였다. 주희는 이러한 소옹의 행동을 두고 "타괴법문(打乖法門)이니 사수(辭受)의 정도가 아니다."라고 평하였다. 《朱熹年譜長編, 束景南, 華東師範大學出版社, 2001》《宋子大全隨箚 卷4》《晦菴集 卷33 答呂伯恭》

43 형의……더했으니 : 윤선거의 숙형(叔兄) 윤상거(尹商擧)가 용담 현령(龍潭縣令)에 제수된 것을 가리킨다. 중씨, 즉 중형(仲兄)이라고 한 것은 송시열의 착오이다.

주인을 얻게 된 것을 더욱 기뻐하겠지요.

저는 부여(扶餘)의 관아에 열흘 동안 가 있을 계획입니다.[44] 여러분께서 혹시 산당(山堂)으로 옮겨 가시면 제가 책 상자를 메고 따라갈 수 있을 것입니다.

유형보(柳炯甫)가 생각지도 못하게 세상을 떠났으니 매우 가련합니다. 분형(奮兄)[45]이 모르실 듯하여 부질없이 언급해 보았습니다.

《공자가어(孔子家語)》와 소차(疏箚) 1책은 손상 없이 잘 돌려드립니다. 너무나 바빠 이만 줄입니다.

별지

홍공 성민(洪公聖民)이 전장(銓長)에서 영백(嶺伯)으로 쫓겨난 일이 있습니다.[46] 중봉(重峰)의 행장에는 그 이유를 중봉을 예조 정랑으로 의망(擬望)했기 때문이라고 하였고,[47] 판서 권징(權徵)의 시장(諡狀)

녹은은 낮은 관직에 있으면서 유유자적한 삶을 즐기는 것이다.

44 저는……계획입니다 : 당시 송시열의 중형 송시묵(宋時默)이 부여 현감(扶餘縣監)으로 재직하며 모친을 모시고 있었으므로 송시열이 매달 찾아가 보았다. 《宋子大全 附錄 卷2 年譜》

45 분형(奮兄) : 윤선거의 종형(從兄)인 용서(龍西) 윤원거(尹元擧)를 가리킨다. 자가 백분(伯奮)이다.

46 홍공……있습니다 : 홍성민(洪聖民, 1536~1594)은 본관은 남양(南陽), 자는 시가(時可), 호는 졸옹(拙翁)이다. 홍성민이 경상도 관찰사에 제수된 것은 1580년(선조 13)과 1590년 두 차례이다. 여기서 언급한 것은 두 번째 경우인데, 1589년 12월 이조 판서에서 체직되어 대사헌이 되었다가 1590년 5월에 경상도 관찰사에 제수되었다. 《樂全堂集 卷14 輸忠翼謨修紀光國推忠奮義協策平難功臣……》

47 중봉(重峰)의……하였고 : 조헌(趙憲)의 행장에 "중봉 선생이 아직 조정으로 돌아

에는 임금의 총애를 받던 재상 이산해(李山海)를 논박했기 때문이라고 하였는데,[48] 두 설 중에 어느 것이 옳은지 모르겠습니다. 홍공이 두 번 영백이 되었다는데, 두 가지 일로 두 번 쫓겨난 것이었습니까? 상고해 알려 주시기를 삼가 바랍니다.

오기 전에 홍성민이 이조 판서로 있으면서 선생을 성균관 전적에 의망하였다. 상이 '이 사람은 가벼이 쓸 수 없다.'라고 하자 홍성민이 상의 뜻을 오인하여 예조 정랑에 의망하였다. 상이 크게 노하여 홍성민을 경상 감사로 쫓아냈다."라고 한 것을 가리킨다. 《宋子大全 卷207 重峰趙先生行狀》

48 판서……하였는데 : 권징의 시장에 "정언신(鄭彦信)이 대신(大臣)으로 있을 때 고변(告變)이 올라온 것을 듣고 믿지 않으면서 고변한 자를 죽이자는 말을 하였다. 나중에 그런 말을 했다는 것이 밝혀지자 상이 당시 추국(推鞫)에 참여했던 재신(宰臣)들을 불러 물었으나 감히 사실대로 아뢰는 자가 없었다. 대사헌 홍공 성민과 정언 황공 신(黃公愼)이 대신(大臣) 이산해의 모호한 정상을 반박하여 아뢰니, 상이 노하여 홍성민을 경상 감사로, 황신을 고산 현감(高山縣監)으로 쫓아냈다."라고 한 것을 가리킨다. 《白軒集 卷40 兵曹判書贈領議政權公諡狀》

윤길보에게 답함 갑오년(1654, 효종5) 10월

答尹吉甫 甲午十月

형의 종형(從兄)[49]께서 세상을 떠난 일은 의외입니다. 놀라움과 슬픔을 금할 수 없습니다. 처음에 들러서 위로하고자 했으나, 중도에 서재이(徐載邇)가 체포되었다는 소식[50]을 갑자기 듣고 발길을 돌려 그의 모친을 위로하고는 바로 부여(扶餘)에 이르렀습니다. 이 때문에 처음의 계획이 어긋났으니, 매우 애달프게 그리워만 하고 있었습니다. 그러던 중에 특별히 사람을 보내 부치신 편지를 받고는 상중(喪中)의 기거가 편하시다는 것을 알고 기뻤습니다.

황해도 관찰사의 일[51]은 사람으로 하여금 기가 막히게 하였습니다. 어찌 지난번 이변의 징험이 아니겠습니까. 그가 이변으로 인해 감히 아뢰다가 이 지경에 이르렀고, 이어 막대한 조짐의 계제가 만들어졌으니, 이것은 참으로 산뽕나무 활[52] 같은 경우가 아니겠습니까. 매우 통

49 형의 종형(從兄) : 1654년 7월에 세상을 떠난 윤운거(尹雲擧)를 가리킨다.《魯西遺稿 卷18 鴻山縣監贈承政院左承旨尹公墓誌銘》

50 서재이(徐載邇)가 체포되었다는 소식 : 재이는 서필원(徐必遠, 1613~1671)의 자이다. 헌납 서필원은 남천택(南天澤)을 지평에 특별히 제수한다는 명에 대해 논계(論啓)하려다 체포되어 파직되었다.《孝宗實錄 5年 7月 29日》

51 황해도 관찰사의 일 : 1654년 7월에 전국에서 재해가 계속 발생하자 효종이 구언(求言) 교서를 내렸다. 이때 황해도 관찰사 김홍욱(金弘郁)이 억울하게 죽은 소현세자(昭顯世子) 빈인 강빈(姜嬪)의 원통함을 풀어 달라는 내용의 상소를 올렸다가 효종의 진노를 사서 국문(鞫問) 끝에 장살(杖殺)되었다.《孝宗實錄 5年 7月》

52 산뽕나무 활 : 나라를 쇠락하게 하거나 혼란에 빠뜨릴 조짐이라는 의미이다. 주

탄스럽습니다.

물으신 여러 설이 아이의 견해와 무슨 관계가 있겠습니까. 단지 이 기회에 지론(至論)을 얻고자 하여 감히 별지를 통해 책임을 메우는 글을 올렸을 뿐입니다.

3일에 외성(外城)으로 달려갔다가 상여(喪餘)[53] 이전에 강을 건너 시남(市南 유계(兪棨))을 맞이하여 산사에서 며칠간 정담을 나누려고 합니다. 형께서 어떻게 거동할지를 알고 난 뒤에야 일을 점칠 수 있을 것입니다.

큰아드님은 《주자대전(朱子大全)》을 얼마나 보았습니까? 이 일을 들은 뒤로 기갈이 든 것 같은 절박한 상황에서 우리 스승을 얻은 것처럼 기뻤습니다. 나머지는 이만 줄입니다.

선왕(周宣王) 때 "산뽕나무 활과 기(箕)나무로 만든 전통(箙筒)을 가진 이가 주나라를 멸망시킬 것이다.〔檿弧箕服, 實亡周國.〕"라는 동요가 유행하자, 선왕이 듣고 산뽕나무 활과 기나무 전통을 팔러 다니는 부부를 잡도록 하였다. 부부가 도망가는 길에 궁녀가 버린 여자아이를 데리고 포(褒)나라로 달아났는데, 이 아이가 나중에 유왕(幽王)의 총희(寵姬)가 되어 서주(西周)를 몰락하게 한 포사(褒姒)였다고 한다. 《史記 周本紀》

53 상여(喪餘) : 삼년상을 치른 뒤라는 뜻으로, 기제(忌祭)를 이른다.

윤길보에게 보냄

與尹吉甫

일전에 올린 답장은 받아 보셨습니까? 강을 건너는 계획은 어찌해야겠습니까? 형께서 먼저 가셔서 산사 한 곳을 구해 놓고 두 사람을 부르거나, 아니면 여기로 오셔서 나란히 같이 가는 것 중에서 헤아려 하시기 바랍니다.

지난번에 논한 주자(朱子)의 설은 반복해서 보았는데, 끝내 과거에 응시하는 뜻이 많았습니다. 다만 알 수 없는 것은 장사(葬事)를 지내는 전후는 또한 종이 한 장 차이일 뿐이라는 것입니다.

사제(舍弟)가 떠나는 편에 대략 이렇게 적어 추가로 올립니다.

윤길보, 유무중[54]에게 답함 을미년(1655, 효종6) 1월
答尹吉甫兪武仲 乙未正月

일전에 서산(西山)[55]에 올라가 시선을 돌려 멀리 바라보다가 갑자기 아이가 병이 나서 내려왔습니다. 마음을 졸이던 중에 임강(林江)[56]의 수찰과 길형(吉兄 윤선거)의 안부 편지를 받고서 수성(隋城) 영형(令兄)께서 편안히 돌아오셨고 병도 심각하지 않다는 것을 알게 되었습니다.[57] 기쁘고 다행스러움을 어찌 헤아릴 수 있겠습니까.

아이의 병이 이토록 위독하지만, 운명을 어찌할 수 없어 뜸을 뜨는 것을 참고 지켜보고 있습니다. 저처럼 심약한 사람은 그 소리조차 차마 들을 수 없는데, 더구나 차마 지켜보고 있는 심정은 어떻겠습니까. 이곳의 정회를 이루 다 말씀드리기 어렵습니다. 애초에 서산에서부터 형에게 가서 문안하려 했으나, 사람의 일은 어긋나기 쉬운 법입니다. 이후로 몇 번이나 더 차질이 생길지 모르겠습니다. 하지만 중춘(仲春)

54 유무중(兪武仲) : 유계(兪棨, 1607~1664)로, 본관은 기계(杞溪), 자는 무중, 호는 시남(市南)이다. 김장생(金長生)의 문인이다.

55 서산(西山) : 옥천(沃川)과 금산(錦山)의 경계에 있는 서대산(西臺山)을 가리킨다.

56 임강(林江) : 임천(林川)에 살았던 유계를 가리킨다.

57 수성(隋城)……되었습니다 : 수성은 수원(水原)의 옛 이름이다. 수성 영형은 수원에 우거(寓居)하던 윤문거(尹文擧)를 가리킨다. 윤문거는 1651년 봄부터 수원에 우거하다가 1654년 11월경에 중풍에 걸리자 요양을 위해 1655년 1월에 남쪽으로 내려와 석성(石城)의 증산(甑山)에 우거하였다.《石湖遺稿 卷7 年譜》

을 넘기지는 않을 것입니다.

아뢸 말씀은 청주(淸州) 사람들이 송천곡(宋泉谷)[58]을 서원에 향사하면서 저에게 행장을 부탁하였는데, 사양하고 감히 맡지 않은 지가 지금 4년째입니다. 하지만 갈수록 굳이 청하기에 부득이 근래에 탈고하려고 합니다. 그런데 다만 가승(家乘)에 실린 몇십 줄에 불과한 글에는 관직만 기록되어 있고 언론은 개략조차 전혀 보이지 않으니 매우 한탄스럽습니다. 상고해 보니 과거에 급제하신 해가 만력(萬曆) 병자년(1576, 선조9)이고, 대각(臺閣)에 계셨던 것이 계미년(1583)입니다. 그 뒤로 내외직을 역임하는 동안 이 어른이 선악을 분별하는 데서 묵묵히 계시지만은 않았을 것입니다. 이 외에 더 상고할 만한 문헌이 있을까요? 가승에서는 단지 이발(李潑)에게 미움을 받아 외직으로 나가 경성 판관(鏡城判官)이 되었다고 하는데, 계미년 이전의 일이니 이발도 잘못이 심하게 드러나지 않았을 때입니다. 이 부분은 매우 소상히 할 필요가 있습니다. 여러 형께서 가르침을 밝게 주시기 바랍니다.

별지

형께서 일찍이 송로(宋老 송상현)를 위해 조두(俎豆)를 설치하셨는데, 당시에 물어 얻은 사실 중에 원고에 올릴 만한 것이 있습니까? 듣고 싶습니다. 이 어른의 증손인 송문병(宋文炳)이라는 사람이 와서 말하기를, 송로 부인의 조부인 승지 이문건(李文楗)[59]이 청송(聽松) 선생과

58 송천곡(宋泉谷) : 송상현(宋象賢, 1551~1592)으로, 본관은 여산(礪山), 자는 덕구(德求), 호는 천곡이다. 1592년 동래 부사(東萊府使)로서 왜적을 막다 순절하였고, 청주의 신항서원(莘巷書院)에 제향되었다. 《宋子大全 卷202 泉谷宋公諡狀》

교분이 매우 두터웠으며, 선생이 보낸 수찰이 지금 그 집에 있다고 하였습니다. 이 승지(李承旨)라는 분은 본말이 어떠한 분인지 모르겠습니다. 저는 식견이 적어 담장을 마주 선 듯하니 부끄러움을 이길 수 없습니다.

59 이문건(李文楗) : 대본에는 '李文健'으로 되어 있는데, 송상현의 행장과 신도비명 등에 근거하여 '健'을 '楗'으로 바로잡아 번역하였다.

윤길보에게 답함 병신년(1656, 효종7) 1월
答尹吉甫 丙申正月

인자하게 위문해 주시는 편지를 받고 저는 슬픔에 흐르는 눈물을 주체할 수 없었습니다. 시열 등이 죽지 못해 살며 새해를 맞는 심정을 오히려 무슨 말로 표현할 수 있겠습니까. 얕은 흙에 임시로 안장하고 나니 새로운 계획이 아득합니다.[60] 기근과 전쟁이 있었기 때문이 아니라, 단지 저의 죄악이 하늘까지 닿은 까닭에 더욱 재앙을 당한 것이므로 그저 저의 죽음이 더딘 것을 원망할 뿐입니다.

선인(先人)의 행장을 겨우 산질(散秩)의 처지에 있는 저에게 요구하시기에 종이를 바꾸어 적어 올립니다. 어진 자제가 명을 받들고 찾아오는 은혜를 외람되이 입으니, 마치 의심스러운 죄를 씻어 주겠다고 말씀하시는 것 같아 상중에 있는 제가 감히 받들 수 없습니다. 보내 주신 첨지(籤紙)의 내용을 살펴보고 삼가 함께 상의해 보고 아뢰겠습니다만, 기름으로 때를 씻어 내다가 끝내 검게 되어 버릴까 두렵습니다.[61]

60 얕은……아득합니다 : 1655년 3월에 송시열이 모친상을 당하고 그해 8월에 옥천(沃川) 월이동(月伊洞)에 임시로 장사 지냈다. 이미 한 차례 이장했던 부친의 묘소 자리가 좋지 못하다고 생각하여 길지를 얻어 합장할 계획이었기 때문이다. 1656년 3월에 비로소 회덕(懷德) 판교리(板橋里)에 묘소를 정하고 합장하였다. 《宋子大全 附錄 卷2 年譜》

61 기름으로……두렵습니다 : 오히려 더 나빠질까 두렵다는 말이다. 한유(韓愈)의 시에 "만약 기름으로 옷을 빤다면, 적시면 적실수록 때가 더 번지리라.〔如以膏濯衣, 每漬垢逾染.〕"라고 하였다. 《韓昌黎集 卷2 喜侯喜至贈張籍張徹》

증산(甑山 윤문거) 좌하(座下)의 가내(家內) 형적이 앞뒤로 서로 구애된다는 소식을 얼핏 듣고 적잖이 염려하고 있습니다.

별지

반곡(盤谷)[62]의 별지를 받아 보고 매우 두려웠습니다. 이 몇 글자를 비루한 저의 마음속 잣대로 마음대로 재단하는 것은 참으로 감히 그럴 수 없는 점이 있습니다. 만약 한때의 견해에 따라 제목을 만들어서 기록한다면 반드시 적임자가 아니어도 할 수 있을 것입니다. 그대는 차라리 다른 일을 가지고 저를 바로잡아 주십시오. 감히 아드님에게 부탁하여 아뢰니 부디 양찰해 주시기 바랍니다.

임강(林江 유계(兪棨))이 해명할 필요가 없다는 말은 참으로 그러합니다. 하지만 선친께서 성대히 하신 말씀으로 보자면 괜찮지만, 후인이 변별하여 밝히는 도리로 보자면 조금이라도 미진한 점이 있을 경우에는 오히려 유감이 될 것입니다. 훗날에 지금과 같은 군자가 결코 없으리라 어찌 보장하겠습니까.

62 반곡(盤谷) : 윤선거 형제 중 누군가를 지칭하는 듯하나 미상이다.

윤길보에게 보냄 병신년(1656, 효종7) 3월
與尹吉甫 丙申三月

고애자(孤哀子)[63]가 묘소 아래에 있을 때 조석으로 절하고 곡하였습니다. 《퇴계집(退溪集)》을 상고하니, 연제(練祭)를 지낸 뒤에 그렇게 하는 것은 예가 아니라고 하였습니다. 이는 조석곡(朝夕哭)을 궤연(几筵)에서 이미 그만두었음에도 묘소에서 그대로 하는 것을 잘못으로 여긴 것입니다. 하지만 궤연은 조석으로 상식곡(上食哭)이 있으므로 비록 조석곡을 그치더라도 슬픔을 펼 곳이 있고 마음도 의탁할 바가 있습니다. 묘소에서 이것을 그만두는 경우에는 전혀 아무 일도 없게 되어 정말 차마 그럴 수 없는 점이 있습니다. 일찍이 신로(愼老 김집)께 여쭈니, 옛날에 이것에 대한 명확한 기록이 없어 감히 시비(是非)를 제정할 수 없다고 하셨습니다. 고애자는 이전처럼 하면서 그만두지 않고 있으나 마음대로 한다는 혐의가 없을 수 없는 상황입니다. 삼가 바라건대 정의(情義)와 형식을 잘 헤아려 보시고 따라야 할지 말아야 할지를 자세히 알려 주시기 바랍니다.

연제를 지낸 뒤 궤연에 조석으로 절하고 살피는 것은 예문(禮文)에는 없지만, 퇴계는 행할 수 있다고 하였고 세속에서도 행하는 경우가 많습니다. 다만 노선생(老先生 김장생)의 뜻은 '3년 동안 조석으로 항상

63 고애자(孤哀子) : 부친상을 당했을 때 자식이 스스로를 '고자(孤子)'라 부르고, 모친상을 당했을 때는 '애자(哀子)'라고 하며, 부모가 모두 돌아가셨을 경우에는 '고애자'라고 부른다. 《家禮 卷6 喪禮》 송시열이 자신을 가리켜 한 말이다. 198쪽 주60 참조.

모시는 의미가 있으므로 연제를 지내기 전에는 조석곡은 하지만 절하는 예는 없는 것이니, 연제를 지낸 뒤에도 절하는 예는 없을 듯하다. 그래서 《가례(家禮)》에서 언급하지 않은 것이다.'라는 것입니다. 고애자는 퇴계의 설을 따라 행한 것입니다. 하지만 선정(先正)이 확정하지 않은 예법을 억지로 행하는 것도 매우 미안한 일이니, 어찌해야 할지 모르겠습니다. 아울러 헤아려 보고 가르쳐 주시기 바랍니다.

윤길보에게 답함 병신년(1656, 효종7) 6월

答尹吉甫 丙申六月

어제 호상(濠上)[64]에서 우편이 도착하여 받은 편지를 통해 그쪽의 사정을 잘 알았습니다. 우려되는 마음 한이 없습니다. 정민(貞民)이나 고운(孤雲)[65]에다 음택(陰宅)을 잡는 것은 이미 선생께서 평소 바라던 뜻이 아니었으니, 모두 온당치 않을 듯합니다. 그러므로 당시에 감히 권하거나 돕지 않았는데, 훗날 낭패스러운 일이 정말 부득이한 경우에 생긴다면 오히려 핑곗거리가 될 것입니다. 이 일은 마땅히 제현(諸賢)께서 경중을 헤아려 처리하는 데 달려 있습니다.

역명(易名)[66]의 은전(恩典)을 차례로 추진하자는 설은 호상의 의견이 타당한 듯하고, 때맞추어 하자는 의견은 또한 하신 말씀이 매우 타당한 듯합니다. 노선생에 대한 추후(追後)의 은전이 머뭇거리다가 지금에 이른 것은 실로 문인(門人)들의 잘못입니다. 그런데 다시 오늘을 놓친다면 후회막급하게 될까 매우 두렵습니다. 부디 여러 장점을 헤아려 보시고 조속히 의론을 정해 주시는 것이 어떻겠습니까.

64 호상(濠上) : 송준길(宋浚吉)이 살던 호음천(好音川)을 가리킨다. 호음천의 '호(好)' 자가 '호(濠)' 자의 음과 비슷하여 이렇게 지칭한 것이라고 한다. 《宋子大全隨箚 卷3》

65 정민(貞民)이나 고운(孤雲) : 회덕(懷德)의 정민리(貞民里)와 연산(連山) 천호산(天護山)의 고운사(孤雲寺)를 가리킨다. 나중에 김집(金集)의 장지(葬地)가 고운사 북쪽 산기슭으로 결정되었다.

66 역명(易名) : 시호를 내리는 것을 말한다.

석성(石城)의 증산(甑山)[67]으로부터 외손녀가 역질에 걸려 매우 위중하다는 소식을 듣고서 걱정되고 가여운 심정을 가눌 수 없습니다.

67 석성(石城)의 증산(甑山) : 윤문거(尹文擧)가 우거하던 곳이다. 윤문거의 아들 윤단(尹摶)이 송시열의 사위이다. 195쪽 주57 참조.

윤길보에게 답함 병신년(1656, 효종7) 7월

答尹吉甫 丙申七月

보내 주신 편지를 받고 여러 가지 말씀하신 뜻을 잘 알았습니다. 다만 다시 상을 당하셨다는 소식을 듣고서 놀라고 탄식하였습니다.

고애자(孤哀子)는 비석을 세우는 일을 보기 위해 오랫동안 묘소 아래에 거처하고 있습니다. 큰 장마가 끝난 뒤로 삶의 의욕이 시들해졌지만, 어찌겠습니까.

고운(孤雲)[68]에서 다시 변경하려는 논의가 없다면 또한 다행스러운 일입니다. 시기를 물리는 것은 주자가 이미 행했던 전례가 있으니, 비록 정례(正禮)는 아니지만 근거가 없지 않습니다. 신시(申時)에 이르게 되면 일이 크게 불편해집니다. 이처럼 대단치 않은 일을 주인(主人)도 어찌 크게 고집하겠습니까.

별지가 방금 전에 호상(濠上)에서 도착했습니다만, 가지고 온 심부름꾼이 편지를 독촉하기에 미처 자세히 살피지 못하였습니다. 시장(諡狀)[69]을 호형(濠兄 송준길)이 기초(起草)하여 짓는다면 비록 감히 간여하여 논할 것은 없으나, 만일 여쭐 일이 있다면 감히 명대로 하지 않겠습니까.

68 고운(孤雲) : 김집의 장지(葬地) 후보지 가운데 하나인 고운사(孤雲寺)를 가리킨다. 202쪽 주65 참조.

69 시장(諡狀) : 김집의 시장을 가리킨다.

윤길보에게 답함 병신년(1656, 효종7) 7월

答尹吉甫 丙申七月

보내 주신 편지를 받고 근래 기거를 알게 되니 고애자(孤哀子)는 감사하고 또 위로됩니다. 일전에 석성(石城)의 우거(寓居)에 염병(染病)이 다시 만연하다고 들었는데, 제 여식으로 하여금 이곳으로 돌아와 있도록 허락해 주시니, 우려가 깊던 터에 개인적으로 매우 다행스럽습니다.

물으신 절목(節目)은 여러분께서 함께 강구하여 좋은 쪽으로 결정하리라 생각합니다. 저처럼 혼미하고 다 죽어 가는 사람이 어찌 감히 끼어 의논하겠습니까. 기록하신 언행[70]을 문득 보자니 저도 모르게 감동하여 눈물이 떨어졌습니다. 고애자가 일전에 가르침을 받들어 저 역시 이처럼 짓고자 하였으나, 선생께서 언젠가 "상중에 문자를 짓는 일은 하지 않느니만 못하다."라고 하신 가르침이 다시 기억났으므로 감히 어길 수 없었습니다. 그런데 여러분께서 끝내 저를 비루하다 여겨 버리지 않으셨고, 여러 형께서 완성한 글을 통해 헤아려 보니 오히려 저의 구구한 정성도 바칠 수 있다고 또한 생각합니다. 만일 저의 모진 목숨이 부지된다면 한두 해를 기다렸다 짓더라도 늦지 않을 것입니다. 성대한 기록을 저의 누추한 견해로 엿보았으니, 혹시라도 온당치 않은

70 기록하신 언행 : 《송자대전수차》 권4에는 신독재 김집의 언행록(言行錄)이라고 하였는데, 윤선거가 지은 김집의 유사(遺事)를 가리키는 듯하다. 《신독재유고(愼獨齋遺稿)》 부록과 《노서유고(魯西遺稿)》 권14에 수록되어 있다.

부분이 있으면 조만간 만났을 때 아마도 여쭙고 가르침을 받을 수 있을 것입니다. 너무나 황망하여 이만 줄입니다.

윤길보에게 답함 병신년(1656, 효종7) 7월
答尹吉甫 丙申七月

딸아이가 돌아와 은혜로운 편지를 전해 받으니 고애자(孤哀子)는 참으로 매우 감격스럽습니다. 앞 편지에서 여쭌 것을 인가받았으니, 이후로 일을 당해 헤아려 처리해야 할 경우에는 그저 집사의 재량만 믿을 뿐입니다. 다만 말세의 습속에 구설이 많으므로 《상례비요(喪禮備要)》를 끌어다 기준으로 삼는 것보다는 《가례(家禮)》를 증거로 삼아 설명하는 것이 편할 것입니다. 그러면 실제로는 큰 차이가 없고, 사람들의 말도 시끄러워지지 않을 듯합니다. 하지만 조정에서 이미 《국조오례의(國朝五禮儀)》에 의거하도록 했으니, 예장관(禮葬官)은 마땅히 그것을 상고하여 근거로 삼으려 할 듯하고, 상고하여 근거로 삼으려는데 찾지 못하면 거듭 조정에 물어야 할 듯합니다. 본가는 털끝만큼의 일도 감히 간여할 수 없으니, 그러면 일이 적절하게 될 듯합니다.

선생의 유사(遺事)에 대해서는 앞 편지에서 갖추어 여쭈었습니다. 이것은 감히 예(禮)를 범하지 않겠다는 뜻일 뿐입니다. 어찌 할 수 있는데 하지 않는 것이겠습니까. 하지만 일전에 아무 형[71]이 작성한 시장(諡狀)의 초고(草稿)로 인해 저의 의견을 알려 드리고 반복하여 상의해 고쳐 거의 남아 있는 생각이 없을 정도였습니다. 아무 형에게 전적으로 맡긴다는 말은 잘못 전해진 듯합니다.

일전에 보내 주신 성대한 기록에 대해 또한 감히 참람함을 잊고 표기

71 아무 형 : 김집의 시장을 짓고 있던 송준길을 가리킨다.

하여 올림으로써 가르침을 받는 바탕으로 삼습니다. 이는 사문(師門)에 관계된 일인지라 감히 참람한 짓을 혐의쩍게 여기지 않는 것이며, 또한 성덕(盛德)의 아량으로 저의 하찮은 의견을 아울러 수용해 주시리라 믿기 때문입니다. 지금 봉납하니, 다시 회답해 주시기를 간절히 바라며 두려운 마음으로 기다리겠습니다.

탄형(炭兄)이 낭패를 당해 매우 염려스럽습니다.[72] 하지만 벼슬을 그만두고 물러나겠다는 논의만 고집한다면 군신간의 큰 윤리가 폐기될 것입니다. 다만 여애(驪哀)[73]가 한번 벼슬에 나아간 자는 다시 물러나서는 안 된다는 논(論)을 지어내어 사람들로 하여금 처신이 확고하지 못하도록 하니 매우 두려워할 만합니다.

금구(金溝)의 행차가 장차 출발할 것인데,[74] 병이 가볍지 않다고 들었습니다. 인간 세상의 우환이 어찌 이 지경에 이른단 말입니까.

연제(練祭)를 지낸 뒤에 절하고 살피는 예절도 완전히 명확한 근거를 발견하지 못하였으니, 어느 것이 옳고 그른지 모르겠습니다.

72 탄형(炭兄)이……염려스럽습니다 : 탄형은 공주(公州) 탄방(炭坊)에 살던 탄옹(炭翁) 권시(權諰)를 가리킨다. 1656년 1월 진선(進善)에 제수된 이후로 계속 사직을 청하였으나, 6월에 다시 사재감 첨정(司宰監僉正)에 제수되었다. 《承政院日記 孝宗 7年 1月 16日, 6月 23日》

73 여애(驪哀) : 여주(驪州)에 살던 윤휴(尹鑴)를 가리키는 것으로 추정된다. 당시 윤휴는 모친상 중이었다.

74 금구(金溝)의……것인데 : 윤선거의 중형(仲兄) 윤순거(尹舜擧)가 1656년 7월에 금구 현령(金溝縣令)으로 부임하는 것을 가리킨다.

윤길보에게 답함 정유년(1657, 효종8) 1월
答尹吉甫 丁酉正月

보내 주신 은혜로운 편지를 누차 받으니 고애자(孤哀子)는 감격스럽기 그지없습니다. 저 또한 답장을 써서 전달하게 하였는데, 좌하(座下)에게 잘 전해졌는지요? 제가 앓는 병은 심한 통증은 없습니다. 단지 밥이 입에 당기지 않고, 입에 넣어도 삼킬 수 없습니다. 그래서 밥을 먹지 않고 멀리한 지 이미 20일이 되었습니다. 이는 지난겨울 감기에 걸려 땀을 많이 흘린 결과, 몸의 원기가 다 빠져나가 그런 것입니다. 의원과 약물이 효과가 없어 그저 팔짱 끼고 죽을 날만 기다릴 뿐입니다.

《기보통편(紀譜通編)》[75]은 참으로 유가(儒家)의 지극한 보배인데, 다만 뒤늦게 알려 드려 아쉽습니다. 대략 몇 군데 첨지(籤紙)를 붙여 올리니, 다시 큰아드님을 비롯한 여러 사람으로 하여금 검토하게 한 뒤에 보여 주시는 것이 어떻겠습니까.

처를 위해 상복을 입을 때 상장(喪杖)과 담제(禫祭)에 대한 예법이 평소 의심스러웠습니다.[76] 하지만 만약 《가례》에 따라 자식이 모친을 위해 기년복(朞年服)을 입지 않는다면 대처하기에 어려움이 없을 것입

75 기보통편(紀譜通編) : 송시열이 주희(朱熹)의 제자 이방자(李方子)가 지은 《주자연보(朱子年譜)》와 명나라 대선(戴銑)이 지은 《주자실기(朱子實紀)》를 합편(合編)하고, 의심나는 점을 기록한 책이다. 정식 서명은 《문공선생기보통편(文公先生紀譜通編)》이다.

76 처를……의심스러웠습니다 : 《송자대전수차》 권4에는 송시열이 "적자(適子)는 아버지가 계시면 처를 위해 담제를 지내지 않는다."라는 주장에 대해 한 말이라고 하였다.

니다.

작은 종기를 오래 앓고 계시다고 들었는데, 지금은 이미 없어졌으리라 생각됩니다. 나머지는 정신이 혼미하여 이만 줄입니다.

윤길보에게 답함 정유년(1657, 효종8) 4월
答尹吉甫 丁酉四月

지난달 29일에 보내신 편지를 받고 간곡하게 가르쳐 주신 뜻을 알았으니 매우 슬프고도 감사합니다. 이곳의 상례(喪禮)는 날마다 마무리를 향해 가고 있으니, 제가 아무리 어리석고 완고하더라도 어찌 애통한 심정을 견딜 수 있겠습니까. 근래 며칠은 새로운 병증이 갑자기 더해졌습니다. 때때로 정신이 바람처럼 흩어져 육신만 덩그러니 남게 되는데, 그럴 때면 눈을 감고 가만히 앉은 채 한참을 있어야 비로소 진정됩니다. 참으로 명이 다하는 징조인가 봅니다.

《의례(儀禮)》의 소(疏)에 근거하면, 담제(禫祭)와 길제(吉祭)는 모두 상순의 날을 씁니다. 그러므로 9일에 담제를 지내고, 10일 하지(夏至)에 길제를 지내려고 합니다.

보은에서 길을 둘러 연산(連山)의 상차(喪次)로 갑니다. 다만 이러한 기력으로 먼 길을 다녀오면서 낭패나 당하지 않을는지 모르겠습니다. 연산의 애시(哀侍)가 연제의 예제(禮制)에 이견이 없고자 하니, 참으로 좋은 뜻입니다. 저희 집안은 한결같이 《의례경전통해(儀禮經傳通解)》를 준용하는데, 《상례비요(喪禮備要)》에 기록된 것도 이것을 근거로 한 것입니다. 다만 교대(絞帶)는 모친상에는 본래 포(布)를 써야 하니, 《의례경전통해》를 따라 그럴 필요는 없습니다. 부친상에 포를 쓰는 것을 세상에서 따르는 자가 또한 있습니까? 사방에서 사람들이 지켜보려고 오는 상황이니, 더욱 잘 헤아려 보아야 합니다. 어떻게 생각하십니까?

대체로 《가례(家禮)》의 연복(練服)에 관한 설을 분명하게 이해할 수 없으니, 《의례경전통해》를 따라야 할 듯합니다. 선정(先正)이 고심하여 편찬하고 제정한 것을 어찌 쓸모없는 것으로 치부하려고 하겠습니까. 너무 기운이 모자라 이만 줄입니다.

윤길보에게 보냄
與尹吉甫

새 신주(神主)를 멀리서 모시고 돌아와 사당에 모실 때, 기존의 신주에만 주과(酒果)를 배설하고 모실 것을 아룁니까? 만약 그렇게 하면 새 신주가 사당 밖에서 피치 못하게 방황하게 됩니다. 마땅히 먼저 사당에 들여 모시고 주과를 배설한 뒤에 기존의 신주에 고해야 합니까? 이는 근거할 만한 곳이 없는 변례(變禮)이므로 일전에 여러 벗과 상의하여 뒤의 예에 의거하여 시행하였습니다. 하지만 근거 없이 지어냈다는 두려움을 면할 수 없기에 뒤늦게 여쭙니다. 부디 바로잡아 가르쳐 주시는 것이 어떻겠습니까. 조석으로 성묘할 때 여전히 곡하는 것을 면치 못하고 있습니다. 예법에 크게 어긋나는 것은 아닌지 모르겠습니다. 헤아려 가르쳐 주시기를 아울러 바랍니다.

파산(坡山)의 조 교관(趙教官)이 일전에 안숙(晏叔)과 선후로 방문하여 말하기를 "안형(晏兄)이 우복(愚伏)의 '여기(戾氣)'를 언급한 차자(箚子)를 없애려고 도모하였습니다. 간행하지 않고자 하니, 이 일을 매우 고맙게 여깁니다.……" 하였습니다. 이 논의를 어떻게 생각하십니까?[77] 우매하고 혼미하여 변별해 살필 수 없는 형편이니 부디 가르쳐

77 파산(坡山)의……생각하십니까 : 이에 대한 윤선거(尹宣擧)의 답장이 1657년(효종8) 4월 일기에 다음과 같이 실려 있다. "내가 우암에게 답한 편지에서 '안숙이 도리어 우복의 충신(忠臣)이 되려는 것입니까? 대개 송강(松江)의 심적(心迹)이 분명한데도

주시는 것이 어떻겠습니까. 조 교관이 또 말하기를 "자운(紫雲)의 묘지(墓誌)[78]를 구워서 묻는 일은 아무 형의 형제가 아니면 맡을 수 없습니다.……" 하였습니다. 이 말은 정말 그러합니다. 하지만 묘지의 글은 다시 면밀하게 검토하여 더는 유감이 없게 해야 하며, 그런 뒤에야 구워 만드는 것을 도모할 수 있습니다. 이렇게 하는 것이 어찌 선생께서 후인들에게 바라는 바가 아니겠습니까. 여러분께서는 유념하는 것이 어떻겠습니까. 그리고 파주(坡州)에서 옥(玉)으로 만드는 것과 광주(廣州)에서 자기(磁器)로 구워 만드는 것 중에 어느 것이 나을지 아울러 생각해 보시면 매우 다행스럽겠습니다.

기옹(畸翁)은 매번 둘러대거나 구차한 주장을 펼쳤습니다. 내가 안숙과 반복하여 따져 보아도 명백할 뿐만이 아니었습니다. 그런데 지금 듣자니 안숙도 가려서 덮으려는 뜻이 있다고 하니, 매우 괴이하고 한탄스럽습니다.'라고 하였다."《魯西遺稿 卷15 日記 丁酉》 이 기록에 근거하면 우복 정경세(鄭經世)의 유고 중에 송강 정철(鄭澈)을 비판하는 내용의 차자가 있었으며, 정철의 손자인 정양(鄭瀁)이 그 차자를 정경세의 문집에 수록하지 못하게 하려고 했던 것으로 보인다. 《우복집(愚伏集)》은 이 편지가 쓰인 1657년에 초간(初刊)되었으며, 정철을 비판하는 내용의 차자는 실려 있지 않다. 조 교관은 파주에 살던 조봉원(趙逢源)을 가리키는 것으로 보인다. 조봉원의 본관은 함안(咸安), 자는 사달(士達), 호는 파서(坡西)이다. 안숙은 정양의 자로, 안형 역시 정양을 가리킨다. 기옹은 정철의 아들인 기암(畸菴) 정홍명(鄭弘溟)을 가리킨다.

78 자운(紫雲)의 묘지(墓誌) : 송시열이 신독재(愼獨齋) 김집(金集)을 대신하여 지은 이이(李珥)의 묘지를 가리킨다. 자운은 파주의 지명으로, 그곳에 이이의 묘소가 있다.

윤길보에게 답함 정유년(1657, 효종8) 6월

答尹吉甫 丁酉六月

일전에 편지 한 통이 어디서인가 도착하여 열어 보고는 이루 말할 수 없이 위로되었습니다. 다만 초연히 혼자서 몸을 수양하여 남들이 따라서 날아오르지 못하게 하는 뜻을 지녔으니, 무이(武夷)와 아호(鵝湖)의 기상[79]은 아닐 듯합니다. 형은 근래 무슨 책을 읽으시면서 이러한 계획을 실천하고 계시는지요? 우습습니다. 듣자니 형이 또 새로운 명(命)을 받았다고 하던데, 조금 마음이 동요되었으리라 생각됩니다. 하지만 이를 천자(天子)가 명성을 듣지 못한 자[80]와 비교한다면 형의 고통이 첫째 자리를 차지하지 못할 것입니다. 매우 우습습니다.

저는 병고(病苦)에 시달리며 거의 죽을 지경이었는데 수십 일 사이에 남다른 은혜를 네 차례나 입었으니, 답답한 심정을 어찌 견딜 수

79 무이(武夷)와 아호(鵝湖)의 기상 : 무이는 주희가 학문을 닦던 무이산(武夷山)으로 주희를 가리키며, 아호는 신주에 있는 아호사(鵝湖寺)로 육구연(陸九淵)이 한때 머물렀던 곳으로 육구연을 가리킨다. 남송 효종(南宋孝宗) 순희(淳熙) 2년(1175) 5월에 주희와 육구령(陸九齡), 육구연 형제가 여조겸(呂祖謙)의 주선으로 아호사에서 사흘 동안 철학 논쟁을 벌인 일이 있다. 《朱熹年譜長編, 束景南, 華東師範大學出版社, 2001》

80 천자(天子)가……자 : 당나라 때의 은사(隱士) 동소남(董召南)이 주경야독하며 행실이 바른 것으로 이름이 나자, 한유(韓愈)가 〈동생행(董生行)〉을 지어 찬미하였다. 그 내용에 "자사(刺史)가 천거하지 못하니 천자가 그의 명성을 듣지 못하였다. 작록이 그의 집 문에 이르지 않았고, 문밖에는 관리가 날마다 찾아와 전세(田稅)와 경부(更賦)를 징수하면서 돈을 요구하였다."라는 구절이 있다. 《五百家注昌黎文集 卷2 嗟哉董生行》

있겠습니까. 직접 찾아뵙고 밝은 가르침을 받아서 나아가야 할 방향을 잃지 않도록 하지 못하는 것이 한스럽습니다.

양의(涼衣)[81]는 보내 드립니다. 신과 복건(幅巾), 가죽띠 2개는 모두 아직 완성하지 못하였으니, 저쪽에서 완성하기를 기다렸다가 돌려드리는 것이 어떻겠습니까. 하고 싶은 말은 많지만 진(鎭)의 인편이 서서 재촉하므로 일일이 말씀드리지 않겠습니다.

81 양의(涼衣) : 먼지를 막기 위해 조복(朝服) 위에 입는 옷이다. 《宋子大全隨箚 卷4》

윤길보에게 답함 정유년(1657, 효종8) 7월

答尹吉甫 丁酉七月

그리워하던 차에 큰아드님이 방문하고 겸하여 편지도 받으니 매우 기쁜 심정을 이루 형언할 수 없습니다. 농담의 말씀도 깊이 완미하였습니다. 앞 편지에서 아뢰었던 것은 단지 은혜는 융숭한데 병은 깊어 형세가 매우 낭패스럽기 때문에 부득이한 상황에서 내려는 계책[82]이지, 말에 따라 몸이 나가려고 하는 것은 아닙니다. 편지에서 하신 말씀과 큰아드님이 구두로 전한 말도 저의 뜻과 깊이 부합합니다. 하지만 길흉의 점이 장차 어디로 귀결되겠습니까? 혹시라도 계속 가르침을 받을 수 있다면 우매한 저로서는 다행일 것입니다. 간절히 바랍니다.

사직 상소에 대해서는 이미 응답을 받았습니까? 제가 올린 상소에 대해서는 아직 비답을 받지 못하여 밤낮으로 근심하며 마음을 졸이고 있습니다만, 둘 모두 순조롭지 않을 듯합니다.[83] 탄옹(炭翁 권시(權諰))의 주장은 근래 일변하여 사람들로 하여금 모두 공자(孔子)의 진퇴를 배우게 하고자 하는 것이니, 중도(中道)라면 중도입니다. 하지만 어찌 사람마다 모두 배울 수 있겠습니까. 초려(草廬 이유태(李惟泰))의 주장

82 부득이한……계책 : 《송자대전수차》 권4에는 "선생이 부름에 나아갈 수도 없고 감히 은혜를 저버릴 수도 없었기 때문에 마침내 봉사(封事)를 올렸다. 그래서 부득이한 상황이라고 한 것이다."라고 되어 있다.

83 둘……듯합니다 : 상소를 올려 찬선(贊善)을 사직한 것과 봉사(封事)를 올려 극복(克復)과 수양(修攘)의 대책을 논하며 북벌(北伐)을 나라의 의리로 천명하기를 건의한 것을 가리킨다. 《宋子大全隨箚 卷4》

은 이 시기에 퇴도(退陶 이황(李滉))는 더욱이 본받아서는 안 된다는 것인데, 그 뜻은 또 짧은 편지를 통해 다 말씀드릴 수 없습니다. 직접 뵙지 못하니 답답한 심정만 더할 뿐입니다.

윤길보에게 보냄 정유년(1657, 효종8) 7월
與尹吉甫 丁酉七月

그동안 보낸 편지를 차례로 잘 받아 보셨는지요? 병으로 인해 직접 뵐 기약이 없는 상황에서 필묵으로 어찌 사람의 뜻을 다 표현할 수 있겠습니까. 감히 "매미 소리가 점점 맑아진다.〔蟬聲益淸〕"[84]라는 말을 외어 그리워하는 심정을 담아 볼 따름입니다.

저와 짝하는 이가 시사(時事)를 근심하여 나가니,[85] 임금을 향한 그리움은 풀 수 있더라도 병을 앓는 이의 심회는 번민을 견딜 수 없을 것입니다. 여러 군자가 그에게 준 것을 통해 실로 어진 사람의 마음을 볼 수 있으나, 그는 서로 이해해 주지 못한다는 서운함이 생겼을 것입니다. 어떻게 생각하시는지요?

자운(紫雲)의 문자[86]는 재차 교감하여 보내 드렸으니, 바라건대 함께 교정한 뒤에 속히 월천(月川)[87]에게 주어 제때 처리하도록 하는 것

84 매미……맑아진다 : 주희가 여조겸(呂祖謙)에게 답한 편지에 "요 며칠 매미 소리가 점점 맑아지니, 들을 때마다 선생의 고상한 풍모를 떠올리곤 합니다."라는 말이 있다. 《朱子大全 卷33 答呂伯恭》

85 저와……나가니 : 《송자대전수차》 권4에는 송준길이 효종의 부름에 나아간 것을 가리키는 말이라고 하였다. 1657년 8월에 이조 참의에 제수된 송준길이 도성 밖에 이르러 사직 상소를 올리자, 효종이 다시 그에게 찬선을 제수하고 인견(引見)하였다. 《孝宗實錄 8年 8月 12日～19日》

86 자운(紫雲)의 문자 : 송시열이 신독재(愼獨齋) 김집(金集)을 대신하여 지은 이이(李珥)의 묘지(墓誌)를 가리킨다. 자운은 파주(坡州)의 지명으로, 그곳에 이이의 묘소가 있다.

이 어떻겠습니까. 총론(總論) 중에 찬양하는 부분은 신독재(愼獨齋) 노사(老師)께서 언젠가 미진하다는 가르침을 주셨으므로 몇 마디 고쳐 넣었을 뿐입니다. 노사께 여쭐 길이 없으니, 그저 저로 하여금 눈물만 떨구게 합니다. 묘지(墓誌)를 굽는 작업이 너무 급박하니, 다듬어 확정한 곳은 다시 번거롭게 왕래하며 검토할 필요는 없고 인편에 알려 주시기만 하면 됩니다.

87 월천(月川) : 윤선거의 매부인 권준(權儁, 1610~1665)의 호이다. 본관은 안동(安東), 자는 수부(秀夫)이다. 이이의 묘지를 굽는 일을 맡았다.《魯西遺稿 卷20 司導寺正月川權公行狀》

윤길보에게 답함 정유년(1657, 효종8) 8월

答尹吉甫 丁酉八月

장마가 걷히고 이슬이 맑더니 날씨가 스산해져 갑니다. 고요한 가운데 생활은 시절에 따라 신의 가호를 더하고 계시는지요? 형의 의리를 흠모하여 달려가고 싶은 마음이 날로 간절해지니 갈증에 시달리는 듯할 뿐만이 아닙니다. 여러 통의 편지를 우편을 통해 받고 내려 주신 가르침을 하나하나 잘 접수하였습니다. 무엇이 이보다 더 감사하겠습니까.

갑천(甲川)의 물이 서쪽 언덕까지 이어졌으니 차례차례 사람이 없게 되었습니다.[88] 이러한 때에 쓸쓸하고 외로움을 어찌 다 형언할 수 있겠습니까. 마주했을 때에는 이별할 때의 괴로움이 이 정도일 줄은 생각지도 못했습니다. 하지만 우려도 어찌 적겠습니까. 동춘(同春)이 해 준 말은 정말 어진 사람의 마음에서 나온 것입니다. 저도 한마디 말을 해 달라는 요구를 받았으나, 할 말을 모두 형에게 빼앗기고 말아서 말없이 애틋하게 헤어질 뿐이었으니, 한탄스럽습니다.

제가 올린 상소는 입계(入啓)되었는지 모르겠으나, 그저께 다시 의원을 보내 주셨습니다. 남다른 예우도 황공한데, 사직할 때마다 한

88 갑천(甲川)의……되었습니다 : 갑천은 회덕(懷德)을 가로질러 흐르는 하천으로, 송준길이 갑천 가 송촌(宋村)에 살았다. 서쪽 언덕은 탄옹(炭翁) 권시(權諰)가 살던 유성(儒城) 탄방(炭坊) 부근을 가리키는 것으로 추정된다. 1657년 6월에 송준길이 찬선(贊善)에 제수되어 8월에 상경하였으며, 이어서 7월에 권시가 진선(進善)에 제수되어 모두 효종의 부름을 받았으므로 조만간 송시열 주변에 벗이 없게 되었다는 의미이다. 《宋子大全隨箚 卷4》

번씩 보내 주십니다. 하지만 병이 그칠 때가 없으니, 성상께서 혹시 용서하신다 해도 신하로서의 분의(分義)에 어긋난다는 의론이 매우 두렵습니다.

임강(林江)[89]과 초려(草廬)는 하늘이 내린 복이 많다고 할 만합니다. 백강(白江)의 일[90]은 사람으로 하여금 놀라고 슬프게 합니다. 여러 재상 중에 가장 많은 격려를 해 주셨던 분인데, 지금 저의 병이 이러하여 조문하는 의리를 영영 저버렸습니다.

이(李)와 조(趙)의 소본(疏本)을 보여 주셔서 매우 감사합니다. 지금 아울러 돌려보냅니다. 자운(紫雲)의 묘지(墓誌) 초본(草本)은 돌려보내 주시면 매우 다행스럽겠습니다. 아뢰려던 말을 한결같이 잊어버리니, 모두 헤아려 주시기 바랍니다.

89 임강(林江) : 임천(林川)에 살았던 유계(兪棨)를 가리킨다.

90 백강(白江)의 일 : 백강 이경여(李敬輿)가 1657년 8월 8일 한양 명례동(明禮洞)에서 세상을 떠난 것을 이른다.

윤길보에게 답함 정유년(1657, 효종8) 9월

答尹吉甫 丁酉九月

아드님이 멀리서 찾아오고 손수 써서 보내신 편지도 함께 이르니 위안되고 후련한 심정을 형언할 길이 없습니다. 저는 방금 전에 종모(從母)님의 부고를 들었습니다. 모친의 동기(同氣) 중에 생존하신 분이 더는 없기에 애통함이 망극합니다.

제가 외람되이 받은 총명(寵命)은 사양할 길이 없었습니다. 어제 조경(趙絅)의 상소에 대한 비답으로 인하여, 저의 잘못을 자수하고 뉘우치며 면직을 청하는 상소를 올려 윤허해 주시기를 바랐습니다.[91]

명형(明兄 송준길)이 입대(入對)하였는데, 그 논설은 들어 보지 못하였고, 천안(天顏)이 온화하고 순수하셨고 대화를 주고받은 것이 마치 메아리 같았다는 말만 들었습니다. 사랑과 관심을 쏟는 성상의 뜻을 상상할 만합니다.

이형(李兄)이 당한 일도 보통은 아닌 듯합니다. 두 형께서 만약 일어나신다면 다리가 불편한 저도 마땅히 남여(籃輿)를 들고 서쪽으로 갈 것이니, 이 또한 나쁘지 않을 것입니다. 칠산(七山)[92]의 일은 기뻐할

91 조경(趙絅)의……바랐습니다 : 1657년 7월에 조경이 인조(仁祖)의 묘호(廟號)에 '조(祖)' 자를 쓰는 것을 반대하다가 오랫동안 금고(禁錮)에 처해 있던 심대부(沈大孚)의 사면을 청하는 상소를 올렸다. 이 상소에 대한 효종의 비답에 "선제(宣帝)와 무제(武帝) 사이는 비록 할아버지와 손자이지만 실은 원수이다.]"라는 말이 있었는데, 9월에 송시열이 찬선(贊善)을 사직하는 네 번째 상소를 올려 면직을 청하는 동시에 효종이 비답에서 한 말이 부당하다는 것을 언급하였다. 《孝宗實錄 8年 7月 20日, 9月 12日》

만합니다. 초려(草廬)의 기쁨은 몹시 사람으로 하여금 감동과 부러움에 눈물을 떨구게 합니다.

별지를 잠깐 보았는데, 몽매함을 깨우쳐 준 것이 많았습니다. 첫머리의 한 조목은 제 생각으로는 서자(庶子)가 나은 듯합니다.[93] 어떻게 생각하십니까? 파주(坡州) 별업(別業)은 옥천(沃川)의 일과는 본래 다릅니다. 회옹(晦翁)의 지난 일에서 보지 않으셨습니까. 말씀하신 임공(臨邛)[94]은 매우 온당한 듯합니다. 만일 그가 온다면 단지 그대로 말해 주어야겠습니다. 희생(犧牲)의 일은 사액하기 전에 받는 것은 곤란할 듯하니, 우선 도산(陶山)의 사례를 따르는 것이 어떻겠습니까? 포저(浦渚 조익(趙翼))의 사당에 대해서는 방금 초려의 의견을 받고 보니 대체로 말씀하신 뜻과 부합합니다. 애석하게도 괜히 분란만 일으켰습니다. 너무도 슬프고 혼란스러워 다 말씀드리지 못합니다.

92 칠산(七山) : 임천(林川)에 있는 지명으로, 유계(兪棨)가 살던 곳이다. 유계를 가리키는 것으로 보인다. 《宋子大全隨箚 卷4》

93 서자(庶子)가 나은 듯합니다 : 윤선거가 적자(嫡子) 둘과 서자 하나를 둔 어느 집안의 사례를 가지고 "적자인 맏형에게 아들이 없어 방친(旁親)에게 출계(出系)한 적자 동생의 아들과 손자를 시양자(侍養子)와 시양손(侍養孫)으로 삼아 봉사(奉祀)하게 하였는데, 서자 동생의 아들이 자신이 친손(親孫)으로서 봉사하겠다고 송사(訟事)를 제기했다면, 시양손과 그 자손이 계속 봉사하는 것이 옳은가, 아니면 서손(庶孫)이 봉사하는 것이 옳은가?"라는 내용으로 질문하자, 송시열이 대답한 말이다. 《魯西遺稿 卷10 問宋英甫》 서자는 여기서 서자의 아들, 즉 서손을 의미한다.

94 임공(臨邛) : 촉(蜀)에 속한 지명이다. 사마상여(司馬相如)가 생활고에 시달리다 아내인 탁문군(卓文君)과 주점을 차려 술을 팔았던 곳이다. 어떤 의미로 썼는지는 미상이다. 《漢書 司馬相如傳》

별지

명형이 처음 등대(登對)하여 조경의 상소에 대한 비답에 대해 극론한 것이 수천 마디에 이르렀으나 모두 윤허받지 못하였고 "원수처럼 본다."라는 구절 하나만 고치도록 윤허받았다고 합니다.[95] 그리고 저의 질병에 대해 물으시자, 사실대로 대답하였다고 합니다.

대략 듣자니 서(徐)를 비방하는 자가 위아래로 다 있는데, 중초(仲初)가 우두머리가 되었으므로 서를 두둔하는 자들은 애초에 목적이 있어서 그러한 것이라고 여긴다 합니다. 이 설은 좋지 않습니다.

그리고 형이 지은 "퇴도구(退陶求)" 한 구절[96]을 두고 사람들이 발끈하기도 한다고 들었습니다. 제가 분란을 풀어 보고자 탄형(炭兄 권시(權諰))에게 "퇴도(退陶 이황(李滉))가 다시 살아나신다면 형들이 비의(比擬)한 것에 대해 입을 다물고 계시겠습니까."라고 하였는데, 탄형은 전혀 옳다고 여기지 않았습니다. 초려는 언젠가 "벼슬에 나아가는 것이나 나아가지 않는 것이나 의리에 합당하다면, 두 가지가 같지 않은 적이 없다. 누가 감히 다르게 보겠는가. 하지만 아무개 형은 문호(門

95 명형이……합니다 : 송준길이 1657년 8월 24일 주강(晝講)에서 효종이 조경의 상소에 대해 내린 비답에서 했던 말이 의리를 크게 해친다고 하자, 효종이 "비록 할아버지와 손자이지만 실은 원수이다.〔雖云祖孫, 其實仇讎.〕"라는 여덟 글자를 삭제하라고 명하였던 일을 가리킨다.《孝宗實錄 8年 8月 24日》 자세한 내용은 223쪽 주91 참조.

96 퇴도구(退陶求) 한 구절 : 윤선거가 1657년 징소(徵召)를 받고 상경하는 송준길에게 지어 준 시에 "물러나고 나아가는 것은 본디 화정처럼 결단해야 할 것이요, 나아가고 숨는 것은 혹시라도 퇴도를 본받지 말지어다.〔去就固應和靖決, 行藏莫或退陶求.〕"라고 한 것을 가리킨다.《魯西遺稿 卷2 奉送同春安車之行》 당시 윤선거도 시강원 진선에 제수되었으나 병자호란 때 홀로 죽음을 모면했던 일을 자책하는 사직 상소를 올리고 나아가지 않았다.

戶)를 나누지 말라는 설을 주장하니, 다툼의 단초를 야기할까 두렵다.……"라고 하였는데, 이 설이 일리가 있는 듯합니다. 대개 오늘의 대화는 매우 어려운 주제입니다.

별지의 첫머리 조항으로 말하자면, 아무개 형 집안에서 고집하고 있는 것은 단지 '귀종(歸宗)'[97]이라는 두 글자입니다. 하지만 '귀종'이라는 것은 본가에 후손이 끊긴 경우에 하는 말입니다. 예법에 근거하면, 서자가 있는 경우에 어찌 후손이 끊겼다고 말할 수 있겠습니까. 이것은 중요한 단서이니, 형께서는 섣불리 발설하지 마시고 자세히 헤아려 보신 뒤에 가르쳐 주시기 바랍니다.

97 귀종(歸宗) : 양자(養子)로 갔던 사람이 출계(出系)를 파하고 본가로 돌아가는 것, 즉 '파계귀종(罷繼歸宗)'을 의미한다.

윤길보에게 답함 정유년(1657, 효종8) 11월
答尹吉甫 丁酉十一月

관아의 인편이 이르러 보내 주신 편지를 받으니 위로되고 시원한 심정을 형언할 수 없습니다. 다만 그윽한 난초가 스스로 향기를 풍겨 골짜기 밖으로 나왔는데,[98] 자못 사람을 책망하는 뜻이 있습니다. 저들이 입을 다물고 심복(心服)하려고 하지 않을 듯합니다. 우습습니다. 저는 병이 점차 고질이 되어 사람인지 귀신인지를 따질 수 있을 뿐이고, 거취는 언급할 형편이 아닙니다. 짧은 상소를 벌써 올려서 밝으신 성상께서 혹시라도 굽어살펴 주시기를 거듭 청하였습니다.

하문하신 출처의 의리는 미천하고 식견이 좁은 제가 감히 알 수 있는 것이 전혀 아닙니다. 연전에 과천(果川)으로 행차하셨을 때[99] 중문(仲文 김익희(金益熙)) 상서(尙書)가 "장안(長安)이 지척인데도 한수(漢水)를 건너지 않고 있구려."[100]라고 농담하자, 제가 "회옹(晦翁)이 구주

98 그윽한……나왔는데 : 숨어 살던 현자가 세상에 알려져 관직에 등용된 것을 비유한 말이다.

99 연전에……때 : 윤선거가 1655년 10월에 지평에 제수되자 과천까지 가서 사직 상소를 올리고 돌아왔던 일을 가리킨다. 《魯西遺稿 附錄上 年譜》

100 장안(長安)이……있구려 : 동진(東晉)의 대장 환온(桓溫)이 군대를 이끌고 관중(關中)에 들어오자, 전진(前秦) 사람 왕맹(王猛)이 그를 만나러 갔다. 환온이 왕맹에게 "천자의 명을 받들어 역적을 토벌하러 왔는데, 삼진(三秦)의 호걸들이 나를 찾아오지 않는 것은 무슨 까닭인가?"라고 물으니, 왕맹이 "공이 수천 리를 멀다 여기지 않고 적의 지역으로 깊숙이 들어왔지만, 장안이 지척인데도 파수(灞水)를 건너지 않고 있다. 백성들이 공의 마음이 어떤지 알지 못하므로 찾아오지 않는 것이다."라고 대답한 고사를

(衢州)와 신주(信州)에서 군주의 명을 기다렸던[101] 아름다운 화제를 버려두고 하필이면 찬탈했던 역적[102]의 일을 끄집어내십니까. 몹시 아름답지 않습니다."라고 농담으로 답하였습니다. 하지만 지금 생각해 보니 구주와 신주의 일도 이것과 들어맞지는 않습니다. 회옹은 그 당시에 벼슬에서 물러날 것을 기필하지 않았으며, 당시 군주가 사직을 허락하지 않는다면 직임에 나아갈 뜻이 있었습니다. 형에게는 이러한 뜻이 없는 듯하며, 일단 문을 나서면 공연히 형적만 드러내게 되니 움직이지 않는 편이 나을 듯합니다. 그래도 움직이고자 하신다면 마땅히 사성(思誠 권시(權諰))과 명보(明甫 송준길(宋浚吉))처럼 시사(時事)를 담당하되 목숨을 걸어야 합니다. 나가지 않으면 곧 들어가는 법이니, 중간에 나가지도 않고 들어가지도 않는 편리한 곳은 없습니다.

무엇보다 증산(甑山)[103]이 더욱 염려됩니다. 하지만 한 가지 생각을 끊어 버리면 바로 아무 일 없다가도, 한 가지 일이 발생하면 두 형께서는 바로 동요되어 처신이 확고하지 못하시니, 매번 유쾌하지 않습니다. 익(益)이 순(舜)을 경계한 뜻[104]을 본받으시기를 바라면서, 두 형께

원용한 말이다.《晉書 王猛列傳》

101 회옹(晦翁)이……기다렸던 : 주희가 소명(召命)을 받고 도성인 임안(臨安)으로 가는 도중에 구주와 신주에 머물며 사직 상소를 올리고 면직되기를 기다렸다고 한다.《宋子大全隨箚 卷4》

102 찬탈했던 역적 : 동진(東晉) 황제 사마혁(司馬奕)을 폐위하고 간문제(簡文帝)를 옹립한 후 찬탈할 음모를 꾸미다가 실패했던 환온(桓溫)을 가리킨다.《晉書 桓溫列傳》

103 증산(甑山) : 석성(石城)의 증산에 우거하던 윤문거(尹文擧)를 가리킨다.

104 익(益)이……뜻 :《서경》〈대우모(大禹謨)〉에 백익(伯益)이 순에게 "아, 경계하소서. 헤아림이 없을 때 경계하시어 법도를 잃지 마시고 편안함에 놀지 마시고 즐거움에 지나치지 마시며, 어진 자에게 맡기되 두 마음을 품지 마시고 사악한 자를 제거하되

마음을 어지럽히지 마시라는 말을 외어 밝히고, 절개를 변치 마시라는 말로 정성을 바치며, 뜻을 꺾지 마시라는 말을 받들어 아뢰고자 합니다. 어떻게 생각하십니까? 순 같은 대성인(大聖人)에게 어찌 단주(丹朱)[105]가 행했던 일이 있었겠습니까. 후인들도 이것 때문에 순을 과소평가하지 않았습니다.

장령(掌令) 어르신의 일[106]에 대해 명형(明兄 송준길)의 답변은 어떠합니까? 저는 분형(奮兄)[107]의 견해가 매우 명쾌하다고 생각합니다. 이러한 시대에 산 사람이 작위를 받고 죽은 사람이 증직(贈職)을 받는 것은 대체로 영예로운 일은 아니라는 것이 초려(草廬)의 주장입니다. 더구나 장령 어르신과 같은 제일가는 명류(名流)야 더 말해 무엇 하겠습니까. 그러므로 기축년(1649, 효종 즉위년)에 태상(太常)과 사복(司僕)[108]이 증직될 때 제가 한마디 말로 돕지 않았던 것은 의도가 있었습

의심하지 마소서."라고 경계한 말이 나온다.

105 단주(丹朱) : 요(堯)의 장남이다. 불초하여 제위(帝位)를 물려받지 못하였다. 《서경》〈익직(益稷)〉에 우(禹)가 순에게 "단주처럼 오만하지 마소서. 그는 오로지 태만하게 노는 것만 좋아하였으며, 오만하고 포악한 짓만 저질렀습니다."라고 경계한 말이 나온다.

106 장령(掌令) 어르신의 일 : 장령을 지낸 윤전(尹烇, 1575~1637)의 증직(贈職)과 관련된 일을 가리킨다. 윤전은 자가 정숙(靜叔), 호가 후촌(後村)으로 윤선거의 종부(從父)이다. 병자호란 때 이시직(李時稷), 송시영(宋時榮)과 함께 강화성(江華城) 남문을 지키다가 함께 죽기로 약속하였다. 남문이 함락되자 이시직과 송시영은 목을 매어 자결하고 윤전은 적병에게 사로잡혀 살해되었다. 《浦渚集 卷33 弼善尹公墓誌銘》

107 분형(奮兄) : 윤선거의 종형(從兄)인 용서(龍西) 윤원거(尹元擧, 1601~1672)를 가리킨다. 자가 백분(伯奮)이다.

108 태상(太常)과 사복(司僕) : 봉상시 정(奉常寺正)을 지낸 이시직과 사복시 주부(司僕寺主簿)를 지낸 송시영을 가리킨다. 이시직은 본관은 연안(延安), 자는 성유(聖

니다. 추악한 무리가 섬멸되기를 조금 기다렸다가 의논해야 영예로울 수 있었기 때문입니다. 이것은 속인(俗人)들과 논의하기 어려운 일입니다.

《주자어류(朱子語類)》는 보내 드립니다. 《이정전서(二程全書)》는 제가 살펴보고 있는 중입니다. 명형이 가지고 있는 것은 사람을 보내 찾아보게 했더니 담당하는 자가 출타했다고 하므로 나중에 찾아서 보내 드리겠습니다. 이 일은 사문(斯文)과 깊이 관계되니 형께서는 지극히 정밀하게 하여 후학들에게 은혜를 베풀어 주시기 바랍니다. 드릴 말씀은 많지만 이만 줄입니다.

兪), 호는 죽창(竹窓)이다. 송시영은 자가 무선(茂先), 호는 야은(野隱)으로, 송시열의 종형(從兄)이다. 1649년에 송준길의 건의에 따라 이시직은 도승지에, 송시영은 좌승지에 추증되었다. 《桐溪集 卷4 奉常寺正李公墓誌銘》《愼獨齋遺稿 卷9 司僕寺主簿宋公墓誌銘》《孝宗實錄 卽位年 11月 18日》

윤길보에게 보냄 정유년(1657, 효종8) 11월

與尹吉甫 丁酉十一月

떠나려는 계획은 바뀌지 않았습니까? 언제 길을 나서는지요? 누가 〈지검장(指劍章)〉[109] 같은 글을 지어 송별하는 자리에서 제대로 축원해 줄까요? 저는 오늘 다시 글을 올려 직명을 체차해 주기를 청하면서 겸하여 융숭한 은혜에 사례하였습니다. 이제부터 조용히 칩거한 채 허물을 반성하며 지낸다면 무사히 여생을 마칠 수 있을 것입니다.

앞서 말씀하신 거취(去就)의 의리에 대해 비록 묻기를 좋아하시는 훌륭한 마음에 감동하였습니다만, 형이 느끼는 따스함과 제가 느끼는 차가움은 당연히 각자가 스스로 알 것입니다.[110] 어찌 감히 서로 도모해 줄 수 있겠습니까. 다만 초형(草兄)은 형이 경솔하게 나아가는 것을 의아하게 여기고 있고, 저의 짧은 생각으로는 형이 별안간 은거하려는 처음의 뜻을 이루는 것이 끝내 형의 고명한 견해와 어긋나서 모순될까 두렵습니다. 오직 가함도 없고 불가함도 없는[111] 경지에 가까운 사람만

109 지검장(指劍章) : 남송의 학자 병산(屛山) 유자휘(劉子翬)가 왕의 부름을 받고 가는 백수(白水) 유치중(劉致中)을 전송하며 지은 〈초검문송유치중(招劍文送劉致中)〉을 가리키는데, 여기서는 전별시를 비유한 말이다. '指劍章'의 '指'는 '招'의 오자로 추정된다. 《屛山集 卷6》《宋子大全隨箚 卷4》

110 형이……것입니다 : 《전등록(傳燈錄)》 권4 몽산도명조(蒙山道明條)에 "지금 가르침을 받아들여 들어가는 경계가 마치 물을 마시는 사람이 차가운지 따뜻한지를 스스로 알게 되는 것과 같다."라고 하였는데, 본래는 불가에서 깨달음의 경지를 비유하는 말이다. 여기서는 자신의 처지에 대해서는 자기가 가장 잘 안다는 의미로 쓰였다.

이 더불어 그 논의를 펼칠 수 있을 것입니다.

"강도의 수치를 잊지 말자.〔無忘江都〕"[112]라는 네 글자를 보니 저도 몰래 자리에서 일어나게 됩니다. 과연 이 의리를 제대로 밝힐 수 있다면 다른 사람들이 10년 동안 충심을 다해 임금을 개도했던 공력보다 나을 것입니다. 다만 한수(漢水)를 건넌 뒤의 생각이 과연 강호(江湖)에 있을 때와 같을 수 있을지 모르겠습니다. 참으로 우습습니다.

강도의 절의(節義)를 포장(褒奬)하는 은전(恩典)을 내릴 당시, 저는 우리 형[113]의 뜻을 너무나 잘 알고 있었으므로 죽어서 앎이 없다고 여기고 이것을 억지로 가하는 일을 하지 않으려 했던 것입니다. 지금 보내신 편지에서 하신 말씀을 보니 의리상 정말 그러합니다. 참으로 부끄럽습니다.

회경(懷慶)의 일[114]은 어제 밀유(密諭)를 받아 보니 과연 여러 대신

111 가함도……없는 : 공자가 초야에 은둔했던 인물들을 평가한 뒤에 자신의 출처를 자평하여 "나는 이들과 달라서 가한 것도 없고 불가한 것도 없다."라고 하였다. 《論語 微子》

112 강도의……말자 : 윤선거가 앞서 송시열에게 보낸 편지에서 "성상의 비답에서 만약 강도의 일을 언급하신다면, 마땅히 '강도의 수치를 잊지 말자.'라는 네 글자를 올려 성상의 은혜에 보답하고 이어 배사(拜謝)하지 못하는 본심을 드러내는 것이 평소 쌓아 둔 생각이었습니다."라고 하였다. 《魯西遺稿 卷5 答宋英甫》

113 우리 형 : 송시열의 종형인 송시영(宋時榮)을 가리킨다. 229쪽 주108 참조.

114 회경(懷慶)의 일 : 송시열이 1657년 8월에 올린 〈정유봉사(丁酉封事)〉에서 허형(許衡, 1209～1281)이 송나라 한족 출신으로 원나라에서 벼슬한 것은 실신(失身)한 것이므로 문묘(文廟)에서 내쳐야 한다고 건의한 것을 가리킨다. 허형은 원나라 초기의 학자이자 문신으로, 자는 중평(仲平), 호는 노재(魯齋), 시호는 문정(文正)이다. 회경은 허형이 출생하고 살았던 곳의 지명이다.

(大臣)이 반대하였습니다. 형의 선견지명은 앞으로 원귀(元龜)[115]를 빌리지 않아도 될 정도입니다. 하지만 성상의 뜻이 탁연(卓然)하시니 우러러 칭송하는 마음을 가눌 길 없습니다.

신독재(愼獨齋) 노선생(老先生)에 대한 글은 감히 외람되더라도 받들지 않을 수 있겠습니까. 하지만 반드시 행장과 연보가 있어야 합니다. 서찰은 응당 찾아서 올리겠습니다. 지문(誌文)의 부탁을 칠산(七山 유계(兪棨))에 하지 않으면 장차 어디에 할 수 있겠습니까. 조속히 그에게 부탁하신다면 매우 다행스러울 것입니다.

○ 밀유에 대해 드린 말씀은 부디 함구하시고, 도성에 도착해서는 더욱 입 밖에 내지 마시기 바랍니다. 형에게 숨기지 않았으니 이미 성상의 뜻을 저버린 것입니다. 인경(仁卿 윤증(尹拯))에게 따로 편지를 보내지 못하니, 아쉽습니다.

115 원귀(元龜) : 고대에 점칠 때 사용하던 큰 거북이다.

윤길보에게 답함 정유년(1657, 효종8) 11월

答尹吉甫 丁酉十一月

사위[116]를 방금 만나 편안하시다는 소식을 대략 들었고, 이어 탄방(炭坊)의 인편을 통해 보내 주신 편지를 받았습니다. 아울러 여러 장의 별지에다 써 보내 주신 말씀을 읽고서, 처음에는 모호하고 아득하여 요점을 찾을 수 없었습니다. 그러다 다시 저의 편협하고 고루한 견해가 이치가 지극한 형의 가르침과 매번 어긋나는 것을 탄식하였으며, 나아가 우리가 단지 몇 명뿐인 사람인데도 의견과 행동이 이토록 차이가 나는 것을 탄식하였습니다.

명보(明甫 송준길)와 사성(思誠 권시)이 퇴도(退陶 이황)를 끌어댄 것과 존형(尊兄)께서 청송(聽松 성수침(成守琛))을 끌어댄 것[117]은 다른 점은 있으나, 회옹(晦翁)이 사마광(司馬光)과 범진(范鎭)의 출처를 끌어댄 유자징(劉子澄)을 비판한 일과 비슷한 점이 있지 않습니까.[118] 본조 이래로 오늘날과 같은 적은 없었습니다. 형은 또한 두 현인(賢

116 사위 : 송시열의 사위인 윤단(尹摶)을 가리킨다.

117 명보(明甫)와……것 : 《송자대전수차(宋子大全隨箚)》 권4에 의하면, 송준길과 권시는 벼슬에 나아가기는 했으나 시사(時事)를 담당하고자 하지 않았던 이황(李滉)의 출처를 본받고자 하였고, 윤선거는 끝내 은둔했던 성수침을 본받고자 하였다고 한다.

118 회옹(晦翁)이……않습니까 : 주희가 문인 유자징이 사마광과 범진의 출처를 끌어대어 자신의 편의를 위한 방편으로 삼은 일을 비판한 것을 가지고 말한 것이다. 《晦菴集 卷32 答張敬夫》 원문은 문맥이 통하지 않아 《송자대전수차》 권4를 참고하여 번역하였다.

人)[119]이라면 천지가 뒤집힌 시기에 선불리 나아갈 것이라고 여기십니까? 이것은 어리석고 고루한 제가 감히 알 수 있는 것이 아닙니다.

"궐에 이르러……"라고 하신 말씀[120]에 대해서는 더욱 알 수 없는 점이 있습니다. 만약 우리가 단지 충정(衷情)을 아뢸 뿐이라면 멀리서 아뢰거나 가까이서 아뢰거나 무슨 차이가 있습니까. 궐에 이르러서 만일 머무르라는 명을 받는다면 평소의 뜻과는 바로 어긋날 것이니, 은거하려는 처음의 뜻을 반드시 이루고자 한다면 허다한 기력을 소비한 뒤에야 빠져나올 수 있을 것입니다. 어찌하여 좁은 길로 기필코 들어가 이토록 형적(形跡)이 자연스럽지 못한 행동을 하려는 것입니까. 망녕된 저의 생각은 이러한데, 어떻게 생각하십니까? 회답하여 저의 의혹을 없애 주시기를 다시 바랍니다.

다만 다른 한 가지 설이 있습니다. 형은 이미 풍부하게 준비를 갖추고 있고 명보와 사성은 성대한 때를 얻었으니, 지금이 바로 포부를 펼칠 시기입니다. 좌우에서 잡아 주고 이끌어 주면서 나라가 적에게 망하게 된 고난에서 이 세상을 크게 구제한다면, 이것이 바로 광대한 길이요 평탄한 땅입니다. 형께서는 꺼리지 말고 이렇게 하시기를 바랍니다.

119 두 현인(賢人) : 이황과 성수침을 가리킨다.

120 궐에……말씀 : 윤선거가 1657년 6월에 세자시강원 진선(世子侍講院進善)에 제수된 뒤로 여러 차례 사직 상소를 올렸으나 계속 입궐하라는 비답을 받자, 11월 송시열에게 보낸 편지에서 "이번 성상의 비답이 참으로 저의 마음을 감격하게 하였으므로 궐에 달려가 스스로 충심(衷心)을 아뢸 계획을 하게 되었다."라고 하였다. 윤선거의 편지에는 '궐에 달려가〔赴闕〕'로 되어 있으나, 송시열은 '궐에 이르러〔到闕〕'라고 인용하였다. 《魯西遺稿 卷5 與宋英甫》

회경(懷慶)의 유자(儒者)[121]에 대한 저의 생각은 바로 이러한 시기이기 때문에 힘써 배척해야 한다는 것입니다. 만약 지금이 도(道)가 환하고 의(義)가 올바른 세상이라면, 하찮은 일개 오랑캐 귀신일 뿐이니, 입에 올릴 것이 무에 있겠습니까. 광망(狂妄)한 소견을 끝내 돌이킬 수 없으니 한번 웃을 뿐입니다. 나머지는 훗날 여쭙겠습니다.

121 회경(懷慶)의 유자(儒者) : 회경 출신인 원나라 때의 학자 허형(許衡)을 가리킨다. 232쪽 주114 참조.

윤길보에게 답함 정유년(1657, 효종8) 12월

答尹吉甫 丁酉十二月

이씨(李氏) 소년이 방문하면서 아울러 보내 주신 편지를 받았습니다. 말씀이 간곡하여 음미하며 자세히 궁구해 보니 한없이 기쁘고 다행스러웠습니다. 다만 저의 망녕된 주장 때문에 가시려던 계획을 중지하였다고 하니 송구스럽기 그지없습니다. 이 사람은 곧 면목을 바꾼 계조(繼祖)[122]입니다. 제 자신이 이미 책임을 회피하고 태만히 한 죄를 범하고, 다시 현인(賢人)이 나라의 부름에 응하는 길을 막았으니, 이것이 얼마나 큰 죄과입니까. 당장 상소를 올려 스스로 저의 죄를 열거하고 싶지만, 지난번 상소를 올린 지가 오래되지 않았으므로 우선 후일을 기다리고 있습니다.

나머지 운운하신 말씀은 시세(時勢)에 맞추어 사물을 다스리는 훌륭한 뜻을 우러러 엿볼 수 있으니 흠모하고 감탄합니다. 다만 저의 뜻을 깊이 알아주지 못하신 점이 있어 머리를 치켜들고 눈썹을 펴 가면서 자세히 말하여 바로잡고 싶은 마음이 간절하지만, 형의 불신을 해소하는 데에는 도움이 없고 곤란해지기만 하겠기에 감히 하지 못합니다. 하지만 저의 망녕된 주장이야 어찌 말할 것이 있겠습니까. 다만 형이 멀리 공자(孔子)와 주자(朱子)의 말을 끌어대서 저를 공격하기 때문에

122 계조(繼祖) : 남송(南宋) 때 간신 한탁주(韓侂胄)를 도와 주희(朱熹) 등 현유(賢儒)를 위학(僞學)으로 몰아 모해했던 심계조(沈繼祖)를 가리킨다.《宋史 姦臣列傳 韓侂胄》

저도 위 정공(魏鄭公)이 헌릉(獻陵)과 소릉(昭陵)을 가지고 대답했던 일[123]을 끌어대어 말하는 것입니다.

공자와 주자의 말은 제가 이미 보았습니다. 공자는 신하를 잃고 몸을 잃는 것[124] 때문에 이런 말을 하였으니, 오늘날 설령 비밀을 지키지 못하여 변발을 한 황제에게 배척당한다 해도 무슨 안 될 것이 있겠습니까. 설령 저들이 노여워하더라도 우리 조정이 잃는 것은 망녕된 저 하나에 불과하고,[125] 오늘날 제공(諸公)은 몸을 온전히 하고 처자를 보전하는 이익을 잃지 않을 것이니, 무슨 손해가 있겠습니까.

주자는 당시 사람들이 복수하여 치욕을 씻어야 한다고 부질없이 입

123 위……일 : 위 정공은 당 태종(唐太宗)의 명신으로, 정국공(鄭國公)에 봉해진 위징(魏徵)을 가리킨다. 당 태종이 부인인 문덕왕후(文德王后)의 무덤인 소릉을 바라보기 위해 누대를 짓고 위징과 함께 올랐다. 위징이 눈이 어두워 보이지 않는다고 하자, 태종이 손가락으로 가리켜 주었다. 위징이 "이것이 소릉입니까? 신은 폐하께서 헌릉을 바라보시는 줄 알았습니다. 소릉은 이미 보았습니다."라고 하니, 태종이 눈물을 흘리고는 누대를 헐어 버렸다. 《新唐書 魏徵列傳》 헌릉은 태종 어머니의 능이다. 사소한 것에 매여 중요한 것을 소홀히 함을 경계한 말이다.

124 신하를……것 : 《주역》 〈계사전 상(繫辭傳上)〉에 "임금이 비밀을 지키지 않으면 신하를 잃게 되고, 신하가 비밀을 지키지 않으면 몸을 잃게 되며, 중대사에 기밀이 지켜지지 않으면 해를 당하게 된다."라고 한 것을 가리킨다.

125 저들이……불과하고 : 송시열은 1657년 8월 16일 소장을 올려 오랑캐 원나라에서 몸을 망친 허형(許衡)의 위패를 문묘에서 출향해야 한다고 주장하였다. 이에 대해 윤선거가 공자와 주자의 말을 인용하면서 청나라를 자극하는 말을 내놓고 주장해서는 안 된다는 내용의 편지를 보냈다. 송시열은 이 답장에서 윤선거의 견해를 반박하면서 만약 청나라가 분노하더라도 자신만 희생되면 그만이라서 임금이 신하를 잃는 일도 신하들이 목숨을 잃는 일도 일어나지 않을 것이라고 말하고 있다. 《孝宗實錄 8年 8月 16日》 《魯西遺稿 卷5 與宋英甫》 《宋子大全 附錄 卷2 年譜》

으로 끊이지 않고 말하지만 착실하게 행동하는 것은 하나도 없었기 때문에 《주역(周易)》을 잘 아는 사람은 《주역》을 말하지 않는다는 말[126]을 한 것이지, 오늘날 괘상(卦象)과 점사(占辭)에 완전히 어두워 양(陽)을 음(陰)이라고 하는 자들을 위하여 말한 것은 아닌 듯합니다. 두 부자(夫子 공자와 주자)가 만일 후세에 이 말을 빌려 인의(仁義)에 해를 끼치는 자가 있으리라는 것을 알았다면 필시 이런 말을 해서 후세에 남기려고 하지 않았을 것입니다. 이것은 참으로 고명하신 형께 시급하게 질문하고자 하는 것이니, 부디 회답하여 가르쳐 주시는 것이 어떻겠습니까.

형의 편지를 받은 이후로 놀랍고 두렵고 의심스러워 거의 침식이 불안한 지경입니다. 범녕(范甯)이 왕필(王弼)과 하안(何晏)을 꾸짖은 것[127]이 흡사 오늘을 위하여 있었던 일 같습니다. 어떻게 생각하십니까? 저는 요즈음 새로운 병이 더해져서 밥을 끊고 죽으로 살아가니 어찌 오래갈 수 있겠습니까. 다만 성상의 은혜를 갚지 못한 것이 죽어 여한이 될 것입니다.

126 주역(周易)을……말 : 주희가 〈무신봉사(戊申封事)〉에서 "《주역》을 잘 아는 사람은 《주역》을 말하지 않는 법입니다. 정말로 나라를 회복하는 데 뜻을 둔 사람은 칼을 어루만지거나 손뼉을 치지 않습니다."라고 한 것을 가리킨다. 《晦菴集 卷11 戊申封事》

127 범녕(范甯)이……것 : 범녕은 동진(東晉)의 학자이고, 왕필과 하안은 모두 삼국시대 위(魏)나라의 학자이다. 당시에 하안과 왕필의 현학의 영향으로 허탄(虛誕)한 설이 유행하는 바람에 유아(儒雅)한 기풍이 날로 쇠퇴하자, 범녕은 "그 근원은 왕필과 하안에게서 시작되었으니 이 두 사람의 죄는 걸주(桀紂)보다도 크다."라고 비판하였다. 《晉書 范甯列傳》

윤길보, 이태지에게 답함 무술년(1658, 효종9) 1월
答尹吉甫李泰之 戊戌正月

지금 초형(草兄)의 서신을 통해 여러분이 벌써 절에 도착했다는 사실을 알았으니, 저의 마음도 날아가서 벌써 숲속 골짜기 안에 있는 듯합니다. 바로 달려가고 싶지만, 저희 종족에 사소한 용무가 있고 몸도 병석에 있어 종인(宗人)과 진퇴를 의논하는 중입니다. 오늘 밤 저의 증후를 보아 가며 내일 혹은 모레에 진천(鎭川) 지경에서 맞이해 주신다면 아마도 마침내 산속에 이를 수 있을 것입니다.

길형(吉兄)께서 가르침을 주셨으나, 제가 병이 나고 인편도 없어 답장을 올리지 못한 상황에서 또다시 자세한 가르침을 청하게 되니 한탄스럽습니다. 마땅히 할 말을 남겨 두었다가 만날 때를 기다려 말해야 하지만, 만났을 때 사람이 많아 할 말을 다 하지 못할까 두렵고, 또 말할 때 함부로 내뱉다가 무례한 잘못을 범할까 두려우므로 대략 이렇게 먼저 여쭙습니다. 이 또한 조급한 마음에서 나온 것이 아니겠습니까.

옛사람이 군주를 섬기는 방법은 한두 가지가 아닙니다. 자신의 몸으로써 섬기는 경우가 있고, 인재를 추천함으로써 섬기는 경우가 있고, 의견을 개진함으로써 섬기는 경우가 있습니다. 지금 제 몸이 이미 감히 나아갈 수 없는 형편이고 보니, 성상께서는 저에게 의견을 개진하게 하셨습니다. 하지만 제 속을 돌아보면 달리 드릴 만한 말씀이 없었습니다. 망녕된 제 의견은 오늘날 인심이 날로 어두워져 더는 가망이 없으니 인심을 바로잡으려면 가장 모범이 되는 곳부터 시작해야 한다는 것이었습니다. 그래서 감히 망언을 올리고는 이렇게 하면 선비들의 추향(趨向)이 조금 바로잡히고 의리도 조금 밝혀지리라 여겼던 것입니다. 그런데 뜻밖에도 조정에 있는 제공(諸公)은 자신들을 공격한다고 여겨 노여워하고, 형은 남들을 공격한다고 여겨 힐난하였습니다. 사람으로 하여금 살갗에 소름이 돋고 다리가 후들거릴 겨를도 없게 하는 지경인데, 어찌 감히 제 스스로 죄가 없다고 여기고 다시 입을 열어 그 논의를 멋대로 할 수 있겠습니까.

"후인의 칭찬이나 받고자 한다."[128]라는 말씀은 또한 저로 하여금 부끄럽게 합니다. 하지만 주자(朱子)도 "이해(利害)는 조잡한 것임에도 새와 짐승은 알지 못한다."[129]라고 하였으니, 지금 제가 바로 이와 같습니다. 어떻게 눈앞의 이해도 판단하지 못하면서 후세의 비방과 칭찬을 예견할 수 있겠습니까. 또한 후세가 지금만 못할지 어찌 알겠습니까. 이는 한번 크게 웃을 만한 일입니다만, 필부의 마음은 이로 인해 개탄스럽습니다. 저의 말이 비록 망녕되더라도 정도(正道)에 가까운 점에서는 문제가 없습니다. 그런데 뜻밖에도 뭇사람의 분노가 벌 떼처럼 일어나고 상신(相臣)은 기악온(奇渥溫)[130]을 추숭하여 중조(中朝)로

128 후인의……한다 : 윤선거가 송시열에게 보낸 편지에서 "현재의 일이 할 수 있는지 할 수 없는지를 따져 보지도 않고, 단지 좋은 말만 지어내어 일시(一時)의 귀와 눈을 시원하게 하고 후인의 칭찬이나 받고자 한다면, 결코 대인군자가 도(道)로써 세상을 구원하고 좋은 계책으로써 일을 성공시키는 의리가 아닙니다."라고 하였다. 《魯西遺稿 卷5 與宋英甫》

129 이해(利害)는……못한다 : '도심유미(道心惟微)'에 대한 물음에 주희가 "의리는 정미(精微)하여 이해하기 어렵다. 이해는 가장 쉽게 이해할 수 있으니 조잡한 것이다. 하지만 새와 짐승은 이해조차 알지 못한다."라고 하였다. 《朱子語類 卷78》

삼으니, 오늘날의 세도(世道)를 오히려 어떻게 더 말할 수 있겠습니까. 그러므로 비록 저의 망녕됨을 스스로 후회하지만, 또한 한편으로는 제 짐작이 들어맞은 것을 다행스럽게 여기면서 가만히 양주(楊朱)와 묵적(墨翟)을 막자고 주장하는 사람[131]에게 스스로 견주어 봅니다. 의견을 개진함으로써 군주를 섬기는 의리는 빈말만 하다가 화를 당하는 죄과에 빠지는 것도 스스로 깨닫지 못하는 것이겠지요. 어떻게 생각하십니까?

일전에 스스로 저의 죄를 열거하겠다는 말[132]에 대해 말씀드리자면, 형께서 저의 상소로 인해 가려던 계획을 중지했다는 편지를 받고 송구스럽기 그지없어 '참람한 귀신[133]은 제거하지 못한 채 현인(賢人)의 진로만 방해하여 현인을 목마른 사람처럼 갈망하시는 성상의 성심을 저버리게 하였다.'라고 여겼기 때문에 감히 스스로 편치 못하여 나온 말이었습니다.[134] 행장을 이미 챙기셨다는 소식을 듣고는 제 마음이 가라

130 기악온(奇渥溫) : 몽고족인 원나라 황실의 성씨이다. 여기서는 여진족인 청나라를 가리키는 것으로 보인다.

131 양주(楊朱)와……사람 : 《맹자》 〈등문공 하(滕文公下)〉에 "양주와 묵적을 막아야 한다고 말하는 자는 성인의 무리이다."라는 맹자의 말이 나온다.

132 저의……말 : 바로 앞서 윤선거에게 답한 편지에서 "제 자신이 이미 책임을 회피하고 태만히 한 죄를 범하고, 다시 현인이 나라의 부름에 응하는 길을 막았으니, 이것이 얼마나 큰 죄과입니까. 당장 상소를 올려 스스로 저의 죄를 열거하고 싶지만, 지난번 상소를 올린 지가 오래되지 않았으므로 우선 후일을 기다리고 있습니다."라고 한 것을 가리킨다. 《宋子大全 卷37 答尹吉甫(丁酉十二月)》

133 참람한 귀신 : 문묘(文廟)에 배향되어 있던 원나라 때의 학자 허형(許衡)을 가리킨다. 232쪽 주114 참조.

134 감히……말이었습니다 : 대본에는 '不敢自安而示'로 되어 있는데, 두주(頭註)에

않아 더는 마음에 담아 두지 않았습니다. 왕필(王弼)과 하안(何晏)을 논한 것[135]은 이미 망발이었음을 깨달았습니다. 만약 이것을 물러날 단서로 삼고자 하신다면, 저는 마땅히 거적자리에 엎드려 죄를 승복하고 조정의 논의에 따라 내리는 처분을 기다릴 것입니다. 우습습니다.

듣자니 명형(明兄 송준길)은 광주(廣州) 선영에 성묘하겠다고 휴가를 청하고 춘궁(春宮)에 아뢴 뒤에 바로 향리로 내려갔는데, 얼마 되지 않아 성상께서 그 소식을 들으시고 사관(史官)을 보내 뒤쫓아 가 전유(傳諭)하게 하였다고 합니다. 장차 어떻게 될지 알 수 없으니 매우 염려스럽습니다. 전유한 내용에 "달려가 붙잡고 싶다."라는 말이 있다고 합니다. 직접 만나 논의할 날을 간절히 기다립니다.

"'示'는 오자(誤字)인 듯하다."라고 되어 있어 문맥을 살펴 번역하였다.

135 왕필(王弼)과……것 : 바로 앞서 윤선거에게 답한 편지에서 "범녕(范甯)이 왕필과 하안을 꾸짖은 것이 흡사 오늘을 위하여 있었던 일 같습니다."라고 말한 것을 가리킨다.《宋子大全 卷37 答尹吉甫(丁酉十二月)》239쪽 주127 참조.

윤길보에게 답함 무술년(1658, 효종9) 2월

答尹吉甫 戊戌二月

그리워하던 차에 보내 주신 편지를 받고서 형은 이미 남산(南山)으로 돌아가셨고 큰아드님은 역병이 벌써 나았다는 소식을 알게 되니 위로되고 감격스러운 마음을 형언할 수 없습니다. 이번에 나아가고 머물렀던 행적[136]이 형의 고상한 절개와 성상의 성대한 아량을 서로 이루어 줄 것이라 이미 예상하고 있었습니다. 이 일을 듣고 보았던 사람들이 감동하였으니, 소소한 구설은 천백 마리 파리 모기의 앵앵거림일 따름입니다. 저의 소견으로는 단지 아무 일도 없는 가운데 일을 만들어 낸 것이니 번다할 뿐인 듯합니다.

저의 질병은 줄곧 지속되고 있습니다. 별유(別諭)가 내려오자마자 이어서 천조(天曹)에 제수하는 명이 있었습니다.[137] 어제 짧은 상소를 올리고는 이어서 현(縣)을 통해 정장(呈狀)하였습니다. 형이 처한 상황에 비하면 평범한 듯합니다. 우습습니다.

다만 이형 사오(李兄士悟)[138]가 병석에 누운 채 한 해를 넘겨서 거의

136 이번에……행적 : 1657년 6월에 윤선거가 시강원 진선에 제수되었다. 윤선거는 사직이 받아들여지지 않고 소명(召命)만 계속되자 1658년 1월에 대궐 앞에 나아가 숙배는 하지 않고 진정(陳情) 상소만 올리고 돌아왔다. 《魯西遺稿 附錄 卷上 年譜》

137 천조(天曹)에……있었습니다 : 송시열은 1658년 2월에 이조 참의에 제수되었다. 《承政院日記 孝宗 9年 2月 11日》

138 이형 사오(李兄士悟) : 송시열의 매부(妹夫)인 이경(李憬)으로, 자가 사오이다. 찰방(察訪)을 지냈다. 《宋子大全 卷152 祭李察訪文》

별세할 지경이니 비통함을 견딜 수 없습니다. 소본(疏本)을 보내 주셔서 감사하기 그지없습니다. 바로 초형(草兄 이유태)에게 전달하겠습니다. 명형(明兄 송준길)도 사성(思誠)이 승진 제수되었으므로[139] 오래지 않아 승진할 것이라고 다들 말하는데, 아직 소식을 듣지 못했습니다. 할 말은 많지만 일일이 다 쓰지 못합니다.

139 사성(思誠)이 승진 제수되었으므로 : 사성은 권시(權諰)의 자이다. 권시가 시강원 진선의 직임에 있다가 1658년 2월에 동부승지와 시강원 찬선으로 승진 제수되었다. 《承政院日記 孝宗 9年 2月 7日, 13日》

윤길보에게 답함 무술년(1658, 효종9) 2월

答尹吉甫 戊戌二月

어제 아침에 관아의 인편을 통해 편지를 보내 주셨는데, 당시에 매형 사오(士悟)의 병세가 마침 위중한지라 답장을 쓸 겨를이 없었습니다. 그래서 단지 몇 글자만 써서 고을 수령에게 돌려보내며 까닭을 말해 주었던 것입니다. 방금 전에 형의 종자(從子)를 통해 보내 주신 편지를 이어서 받았습니다. 자세하게 해 주신 말씀은 실로 모두 저를 가르쳐 주시는 것이었으니 기쁘고 다행스럽습니다. 일전에 온 심부름꾼 편에 부쳤던 저의 편지는 읽어 보셨으리라 생각합니다. 그런데 제가 했던 망발이 지금껏 두려우니, 다만 넓은 아량으로 너무 꾸짖지 마시기를 바랄 뿐입니다.

성상께서 형이 남긴 상소에 대해 내리신 비답[140]을 통해 성상의 온후함과 관대함을 더욱 엿볼 수 있었습니다. 형의 이번 행차가 아니었다면 사람들이 천지처럼 광대한 성상의 도량을 볼 수 없었을 것입니다. 비로소 앞서 제가 했던 말이 매우 망녕되었음을 알았으니, 장차 어떻게 수습해야 할지 모르겠습니다. 하지만 세 가지는 쉽고 중용은 어려운

140 성상께서……비답 : 윤선거가 1658년 1월에 상경하여 숙배(肅拜)하지 않고 상소만 남기고 향리로 돌아가자, 효종이 오랫동안 비답을 내리지 않다가 수찬 김수흥(金壽興)의 상소로 인해 비답을 내리기를 "변변찮은 나의 정성과 예의를 다하지 못해 끝내 길이 은거하여 돌아보지 않는 지경에 이르렀다. 나의 서운함을 이루 다 말할 수 있겠는가. 그대가 번연히 마음을 돌리기를 나는 날마다 바라니, 그대는 나의 지극한 뜻을 더 헤아려 보라." 하였다. 《魯西遺稿 附錄 卷上 年譜》

법이니,[141] 정자(程子)와 주자(朱子)의 정법(正法)을 쉽게 버려서는 안 된다고 생각합니다. 어떻게 생각하십니까?

《근사록석의(近思錄釋疑)》는 간절한 말씀을 기다리지 않더라도 저는 항상 염두에 두고 있습니다. 근래 사오 형의 병이 위중해져서 밤낮으로 허둥거리느라 하책(下冊)은 아직 손대지 못하였습니다. 매우 한탄스럽습니다. 다만 틈을 내어 교수(校讎)하고자 하니, 마치면 올리겠습니다.

둘째 아드님이 들르는 것을 허락해 주시어 저희 집안의 예의(禮儀)에 장차 광영이 있게 되었습니다. 감사하고 다행스러운 마음이 어찌 끝이 있겠습니까. 사오 형은 어제 다행히도 한마디 말을 내뱉었습니다. 한 가닥 숨이 아직 남아 있지만, 아침저녁 사이의 일일 뿐입니다. 지금 그의 곁에 있으면서 근심하느라 갖추어 적지 못합니다.

141 세……법이니 : 《중용장구》 제9장에 "천하와 나라와 집안을 고르게 다스릴 수도 있으며, 작위와 봉록을 사양할 수도 있으며, 흰 칼날을 밟고 죽을 수도 있지만, 중용의 도는 제대로 할 수 없다."라고 한 데서 온 말로, '세 가지'는 여기서 말한 세 가지 일을 가리킨다.

윤길보에게 답함 무술년(1658, 효종9) 3월
答尹吉甫 戊戌三月

형의 덕을 그리워하는 마음이 항상 절실했는데, 갑자기 관아의 인편을 통해 보내 주신 편지를 받았습니다. 감사한 마음이 간절하여 한량없습니다. 이형(李兄)의 별세[142]에 벗들이 서신을 보내와서 모두들 서로 애통해합니다만, 형의 편지가 더욱 저의 마음을 알아주시니 정말 사람으로 하여금 더욱 눈물을 흘리게 합니다.

그가 병든 뒤로 별세할 때까지, 반함(飯含)하고 입관(入棺)할 때까지 병을 무릅쓰고 몸소 지켜보았습니다. 일이 끝나자 병이 더 심해진 것을 문득 느꼈습니다. 벗들이 모두 제 몸을 헤아리지 않았다고 책망하였는데, 이제 비로소 후회되지만 또한 되돌리기 어려운 일입니다.

명형(明兄 송준길)이 뜻밖에 돌아와서는 바로 이형의 관 앞에 이르렀습니다. 한번 손을 잡고 서로 통곡하고는 이어 사정(事情)으로 인해 조용히 대화를 나눌 기회를 얻지 못했습니다. 탑전(榻前)에서 직접 유지(諭旨)를 받들어 매우 간곡히 전유(傳諭)하였습니다. 또 23일 연석(筵席)에서 하교하신 말씀을 들어 보니, 천신(賤臣)이 감히 감당할 수 있는 것이 더욱 아니었습니다. 황공한 마음에 밤낮으로 두렵습니다. 거취를 형처럼 통쾌하게 한다면 한 번 나아가는 것도 어렵지 않겠지만, 이것이 어찌 사람마다 할 수 있는 일이겠습니까. 도량이 좁은 제 자신

142 이형(李兄)의 별세 : 송시열의 매부인 이경(李憬)이 1658년 2월 25일에 세상을 떠난 것을 가리킨다.

이 우습습니다.

《근사록석의(近思錄釋疑)》는 질병과 초상으로 인해 아직 마치지 못하여 항상 마음에 걸립니다. 희애(希哀)의 산송(山訟)[143]에 관련하여 듣지 못했던 사실을 날마다 듣고 있는데, 실로 듣고 싶지 않습니다. 신형(申兄)의 장사(葬事)는 또한 고칠 만합니다.

143 희애(希哀)의 산송(山訟) : 희애는 자가 희중(希仲)인 윤휴(尹鑴)가 1656년 6월 모친상을 당했으므로 이렇게 부른 것이다. 윤휴가 모친을 송도(松都)에 장사 지내려고 하면서 진사 김의지(金義智)의 묘를 빼앗으려고 하다가 김의지의 증손 김처양(金處陽)과 송사가 벌어졌다. 이때 윤휴가 그 지역에 현감 김의지(金義智)라는 사람의 묘가 따로 있다는 말을 듣고는, 그 묘를 김처양의 증조 김 진사의 묘라고 꾸미기 위해 아름드리 소나무를 베어다 김 진사의 묘에 몰래 세워 놓았다. 송관(訟官)이 조사를 나오자 윤휴가 말하기를 "이 묘는 주인이 없는 고묘(古墓)이다." 하였는데, 김처양이 윤휴의 계략을 알아차리고 그 소나무를 뽑아 버렸다. 《宋子大全隨箚 卷4》

윤길보에게 답함 무술년(1658, 효종9) 4월
答尹吉甫 戊戌四月

형의 덕을 그리워하는 마음이 날로 깊어지던 차에 어제 보내 주신 편지를 받았습니다. 마치 모시고 담소하는 것 같아 위안되고 후련한 마음을 형언할 수 없습니다. 더구나 고공(高公) 사당(祠堂)의 글[144]을 말씀하시니 저도 모르게 굳센 마음이 생겼습니다. 하지만 고명하신 형께 바라는 것은 바로 주자(朱子)와 정자(程子)의 정대한 문로(門路)에 있습니다. 고명하신 형께서 백척간두(百尺竿頭)에서 한 걸음 더 앞으로 나아가시기를 오직 바랄 뿐입니다.

저는 병이 날로 고질이 되어 조금만 움직여도 바로 더칩니다. 근래 며칠 내에 융숭한 유지(諭旨)가 세 차례 내렸습니다. 비록 이미 사직을 청하고 명을 공손히 기다리고 있지만 한결같이 황공할 뿐입니다. 제가 받은 비답의 내용 중에 과연 형의 성명(盛名)을 언급한 것이 있었습니다.[145] 성상께서 만약 학암재(鶴巖齋) 안에서 서로 전송했던 말을 알게 되신다면 제가 연좌되는 일은 필시 없을 것입니다.[146]

144 고공(高公) 사당(祠堂)의 글 : 주희(朱熹)가 지은 〈알고동계사문(謁高東溪祠文)〉을 가리킨다. 고공은 남송 때 직언을 하다 진회(秦檜)에게 미움받아 용주(容州)에 유배되어 죽은 고등(高登)이다. 《晦菴集 卷86》

145 제가……있었습니다 : 1658년 2월에 송시열이 이조 참의에 임명되자 사직 상소를 올렸는데, 그 비답에 "요사이 찬선(贊善) 송준길(宋浚吉)이 사직하고 돌아갔고, 진선(進善) 윤선거(尹宣擧)는 명을 받지도 않고 돌아가 버려, 천하의 선비들을 하나도 구득(求得)한 것이 없다."라고 한 것을 가리킨다. 《宋子大全 附錄 卷3 年譜》

안형(晏兄 정양(鄭瀁))이 보름쯤에 감영(監營)으로부터 형이 계신 곳으로 갔다가 방향을 바꾸어 여기로 오기로 약속했는데, 형 댁에 벌써 도착했는지 모르겠습니다. 만약 나란히 함께 저를 방문해 주신다면 얼마나 다행스럽겠습니까. 계상(溪上)의 학생들은 모두 일 때문에 각자 흩어져 떠났습니다. 만일 며칠 동안 책상을 마주하고 한담(閑談)은 하지 말고 해야 할 말만 한다면 실로 매우 다행스러울 것입니다. 부디 그렇게 도모해 주시기 바랍니다.

146 성상께서……것입니다 : 1657년 6월에 윤선거가 시강원 진선에 제수된 이후 사직이 받아들여지지 않고 소명(召命)만 계속되자, 1658년 1월에 상경하여 궐문에서 진정상소를 올리고 돌아오려고 하였다. 윤선거가 상경하는 길에 송시열을 비롯하여 이유태(李惟泰), 윤원거(尹元擧), 유계(兪棨) 등이 민여로(閔汝老)의 정자에 모여 전송하였다. 그 자리에서 윤선거가 송시열에게 출처(出處)에 대한 자문을 구하자, 송시열은 "자신의 역량과 시세(時勢)의 가부를 헤아려 옳지 않으면 들어앉고 옳으면 나가야 하는데, 이미 나왔으면 그 도(道)를 행할 따름입니다. 이는 정자와 주자의 법문(法門)에 이미 갖추어져 있으니, 어찌 이것을 버려두고 다른 데서 구할 수 있겠습니까."라고 하였다. 《宋子大全 附錄 卷15 李樟錄》《魯西遺稿 附錄 卷上 年譜》 이 편지에서 송시열은 윤선거가 상경하여 상소만 올리고 돌아오는 것에 반대하였기 때문에, 효종이 만약 이 사실을 알게 된다면 윤선거가 상소만 올리고 돌아간 일의 잘못을 따질 때 자신이 연좌되는 일은 없을 것이라고 말한 것이다. 학암재는 민여로의 정자나 서당으로 추정된다.

윤길보에게 답함 무술년(1658, 효종9) 5월 30일

答尹吉甫 戊戌五月三十日

헤어진 뒤로 목이 멘 듯이 그립습니다. 우편 속에서 보내 주신 편지를 받고 근래 평안히 지내신다는 것을 알았으니 위로되고 감사한 마음을 형언할 수 없습니다. 저는 병중에 무료하여 근래 《주자어류(朱子語類)》 한두 판(板)을 읽었는데, 내용이 까다로워 풀리지 않는 곳이 매우 많아서 정신이 쇠락하였음을 절로 한탄하였습니다. 또 책을 덮으면 바로 잊어버리니 그저 수고로울 뿐 보탬이 없다는 것을 알았습니다. 속담에 "죽음은 슬퍼할 것이 못 되고 늙는 것이 슬프다."라고 하였는데, 참으로 빈말이 아닙니다.

고운(孤雲)의 문자[147]는 돌아오는 길에 몇 군데를 조금 고쳐서 자정(子靜)[148] 쪽에 보냈으니, 형이 찾아가서 자세히 교정한 뒤에 알려 주시기 바랍니다. 경솔하게 돌에 새긴 뒤에 다소의 회한이 있을까 두렵습니다. 그렇게 된다면 벗들에게 똑같은 책임이 있습니다. 안숙(晏叔 정양(鄭瀁))의 편지는 삼가 잘 받았습니다. 다만 듣자니 이 형이 근래 중한 죄수를 놓쳐서 조만간 체직되어 떠날 것이라 합니다.

147 고운(孤雲)의 문자 : 김집(金集)의 묘도문(墓道文)을 가리킨다. 김집의 묘가 논산(論山)의 고운에 있었다. 《宋子大全隨箚 卷4》

148 자정(子靜) : 송규연(宋奎淵, 1620~1685)의 자이다. 송준길과 송시열의 문인이다. 《宋子大全 卷201 延安府使宋君墓表》《霽月堂集 卷6 伯氏延安府使府君墓誌》

윤길보에게 답하면서 겸하여 유무중에게 보임 무술년(1658, 효종9) 8월

答尹吉甫兼示兪武仲 戊戌八月

전후의 편지는 차례로 잘 받았습니다. 가르쳐 주신 뜻이 간곡하여 실로 미욱한 생각을 열어 주셨습니다. 근래 여러분의 기거는 어떠하십니까? 저는 성상의 체후가 편치 못하시어 깊고 후미진 곳에 엎드려서 거취를 아직 결정하지 못한 채 답답한 심정으로 날을 보내고 있었습니다. 오늘 아침 처음으로 대정(大政)을 열었는데, 갑자기 인평대군(麟坪大君) 부인의 상이 나서 바로 정지하였으니, 일마다 불행합니다.

섬에 사는 이가 선비를 무함한 일[149]에 대해 삼사(三司)가 시비를 가려 물리칠 것을 논의하는 중이지만 올곧고 눈 밝은 자를 보지 못하겠으니, 이것이 걱정스러울 뿐입니다.

앞서 편지에서 언젠가 최(崔) 아무개의 사적(事迹) 한 통을 지었다고 하셨는데, 바로 오늘을 위한 문건입니다. 지금 요청드리기 위해 경기의 인편을 빌려 달려가 아뢰게 하니, 부디 바로 보내 주시는 것이 어떻겠습니까.

저는 다행히 중씨(仲氏) 노형(老兄)이 주선해 준 덕분에 갑자기 사

149 섬에……일 : 섬에 사는 이는 보길도(甫吉島)에 은거했던 윤선도(尹善道)를 가리킨다. 1657년 9월에 송준길(宋浚吉)이 경연에서 정개청(鄭介淸)을 배향한 서원을 철거하는 일에 대해 논하였는데, 윤선도가 1658년 4월에 상소를 올려 정개청을 변호하면서 김장생과 송준길을 부정적으로 언급하였던 일을 가리킨다.《孝宗實錄 8年 9月 25日, 9年 4月 6日》

람의 아버지와 할아버지가 되었으니, 이제부터 곤궁하고 자식이 없는 처지를 거의 면하게 되었습니다.[150] 여러 형도 저를 위해 기뻐하리라 생각합니다. 자식을 바꾸어 가르치는 것을 여러 형께 간곡히 부탁드립니다.

춘형(春兄 송준길)이 올라왔지만 거주하는 곳이 험하고 멀어 자주 만날 수 없기에 매우 한스럽습니다.

150 저는……되었습니다 : 1658년 8월에 송시열이 재종형(再從兄)의 아들 송기태(宋基泰)를 후사(後嗣)로 삼았으므로 이렇게 말한 것이다. 《宋子大全 附錄 卷3 年譜》

윤길보에게 답함 무술년(1658, 효종9) 11월

答尹吉甫 戊戌十一月

양기(陽氣)가 이미 밝았습니다. 한가한 가운데 건강과 기거가 매우 좋으시리라 생각합니다. 16일에 보내 주신 편지는 매우 늦게 받았으나 간곡한 가르침은 감사하기 이를 데 없습니다. 신중하고 은밀하게 하라는 경계는 참으로 옳은 말씀입니다. 시험 삼아 오늘날의 인심을 보면, 모두들 오랑캐가 되어 다시 어찌할 수가 없는 지경입니다. 먼저 은밀하게 정론(正論)을 부식(扶植)하여 사람들로 하여금 점차 예의를 알게 한 다음에야 아마도 손댈 곳이 있을 것입니다. 그러므로 입궐하여 고하는 자가 은연히 무후(武侯)와 문공(文公)[151]을 위주로 아뢰면 성상께서는 매번 좌우의 사신(史臣)으로 하여금 그 말을 기록하지 말도록 하고 조용히 대화를 나누셨으며, 밖으로 표출되어 조처로 드러난 것은 항상 석실(石室)의 원파(源派)[152]를 위주로 하셨습니다. 그 일이 매우 어렵고 마침내 큰 화를 끼치게 되리라는 것은 진실로 알지만, 이 의리가 진실로 밝아진다면 지금은 당장 성공하지 못하더라도 뒷사람이 이것으로 인해 거의(擧義)하여 반정(反正)할 수 있을 것입니다.

151 무후(武侯)와 문공(文公) : 무후는 촉한(蜀漢)의 승상(丞相) 제갈량(諸葛亮)의 봉호이고, 문공은 주희(朱熹)의 시호이다. 제갈량과 주희가 다 같이 중원(中原)을 회복해야 한다고 항상 주장하였기 때문에 여기서는 청나라에 대한 복수를 뜻한다.

152 석실(石室)의 원파(源派) : 석실은 김상헌(金尙憲)의 호이고, 원파는 원류(源流)와 같은 말로 근원을 의미한다. 즉 척화파인 김상헌 사상의 근저인 존주대의(尊周大義)를 가리킨다. 《宋子大全隨箚 卷4》

구구한 내 마음이 단지 이와 같기 때문에 평소 아무리 서로 친애하던 자라도 모두가 팔짱을 끼고 뒤로 물러서서 혹시라도 여파가 자신에게 미칠까 두려워합니다. 이것은 너무도 당연한 이치여서 괴이할 것도 없습니다. 또한 처음 조정에 들어왔기 때문에 주객(主客)의 형세가 현저하게 다릅니다. 희중(希仲)과 관련한 한 가지 일[153]로 말하더라도, 힘차게 붙들수록 배척하는 자는 더욱 많아서 심지어는 "도당(徒黨)을 믿고 조정의 명을 무시한다."라고 합니다. 그리고 희중을 위하는 자도 선처하지 못하고 심지어는 "이의를 제기하는 자를 왜 쫓아 버리지 않고 쓰는가?"라고 합니다. 이런 따위의 시끄러운 논의는 나랏일을 망칠 뿐이므로 피치 못하게 힘을 다해 주선하는 것입니다. 곁에서 지켜보는 사람의 처지에서 말하자면 대단히 유쾌하지 못하겠지만, 나 자신도 기력을 십분 소비하였습니다.

담비 가죽으로 만든 물건[154]은 다시 경연(經筵)에서 알현하고 매우 강력하게 사양하였더니 성상께서는 옳다고 여기셨으나, 다만 환수하는 것은 사체에 손상된다고 여겼기에 감히 더는 사양하지 못했습니다.

153 희중(希仲)과……일 : 윤휴(尹鑴)를 등용하는 문제로 빚어진 사건을 가리킨다. 송시열은 일찍이 윤휴가 《중용》의 주석을 고쳤다 하여 사문난적(斯文亂賊)으로 배척하였다. 이 때문에 송시열은 1658년에 이조 판서가 되어서도 윤휴를 등용할 뜻이 없었다. 평소 윤휴와 친하던 윤선거는 윤휴를 등용하지 않는 송시열을 책망하였다. 마침내 송시열이 그를 진선(進善)에 의망하자, 여론은 윤휴를 초배(超拜)하는 것이 격례에 맞지 않다고 하였다. 이에 송시열이 윤휴를 체직할 것을 계청하였다가 다시 입대하여 그대로 둘 것을 청하였다. 《宋子大全隨箚 卷4》 희중은 윤휴의 자이다.

154 담비……물건 : 1658년 10월에 효종이 송시열에게 하사한 담비 가죽 모자를 가리킨다. 이해 12월에는 효종이 다시 송시열에게 담비 가죽 옷 1벌을 하사하였다. 《孝宗實錄 9年 10月 16日, 12月 10日》

하지만 감히 몸에 가까이하지는 않습니다. 평상시에 입는 옷을 단지 포의(布衣)처럼 입으니, 보는 사람들이 처음에는 매우 해괴하게 여겼지만 지금은 그렇지 않습니다.

무중(武仲 유계(兪棨))이 자기가 받은 별지(別紙)를 나에게 보여 주었는데, 모두가 지극한 의론이었습니다. 그러나 뇌려풍비(雷厲風飛)[155]라는 말을 극기(克己)하는 공부에 쓴다면 맞겠지만, 일을 시행하거나 조처하는 데에 쓴다면 옳지 않을 듯합니다. 오늘날 희중을 위하는 자의 논의도 딱 이와 같습니다. 하루아침에 조 시랑(曺侍郞)[156]을 먼 외방으로 내쫓고 억눌려 있던 자를 경상(卿相) 자리로 승진시킨다면 어찌 혁혁하게 빛나지 않겠습니까. 하지만 이것은 상황으로 볼 때 어려울 뿐만 아니라, 그렇게 해서 풍파라도 크게 일어난다면 한 가지 일도 조치하기 전에 낭패하여 허둥지둥하게 될 것이니, 또한 도리에 타당한 일이겠습니까. 존형(尊兄)은 평소의 의론과 기상이 이와 같지 않을 터인데, 지금 이런 말씀을 하시는 것은 혹시 격동된 바가 있어서입니까? 다시 가르쳐 주시기 바랍니다.

권생(權甥)[157]이 "길이 좁다."라고 한 말은 참으로 옳습니다. 저는

155 뇌려풍비(雷厲風飛) : 한유(韓愈)의 〈조주자사사상표(潮州刺史謝上表)〉에 "폐하께서 즉위하신 이래 몸소 결단하시어 천지를 돌리고 기관을 열고 닫으니, 우레가 세차게 울리고 바람이 몰아치며 해와 달이 맑게 비추는 듯합니다.〔陛下卽位以來, 躬親聽斷, 旋乾轉坤, 關機闔開, 雷厲風飛, 日月淸照.〕"라고 하였다. 《韓昌黎集 卷39》

156 조 시랑(曺侍郞) : 이조 참의였던 조한영(曺漢英)을 가리킨다. 당시 조한영이 윤휴를 관직에 등용하지 않으려 하였으므로, 윤선거는 조한영을 내쫓고 윤휴를 등용하게 하려는 의도가 있었다고 한다. 《宋子大全隨箚 卷4》

157 권생(權甥) : 송시열의 큰사위인 권유(權惟)를 가리키는 것으로 보인다.

평소 마음가짐이 항상 '삼구실전(三驅失前)'[158]이라는 말을 지극한 이치로 삼습니다. 화락하게 정의(情意)를 베풀며 서로 친하게 지내면서도 공의(公議)를 저버리고 돌아보지 않는 사람을 보면 속으로 매우 미워합니다. 그러므로 뜨락이 쓸쓸하여 다만 새들이나 와서 따를 뿐이니, 실로 우습습니다. 할 말은 많으나 마침 일이 있어 다 말하지 못하고 후일을 기약해야겠습니다.

158 삼구실전(三驅失前) : 정도(正道)를 따라 인심(仁心)을 발현하는 것을 의미한다. 《주역》 〈비괘(比卦) 구오(九五)〉에 "왕이 사냥할 때 세 면으로만 몰아가고, 앞으로 도망쳐 날아가는 새는 잡지 않는다.〔王用三驅, 失前禽.〕"라고 하였다.

윤길보에게 보냄 기해년(1659, 효종10) 2월

與尹吉甫 己亥二月

봄이 따뜻해지고 있습니다. 한가한 가운데 기거는 어떠십니까? 저는 형을 그리워하는 마음이 날로 더욱 지극해집니다. 어제 둘째 아드님이 와서 만나 보고 새해 이전의 안부를 대략이나마 알았으니, 이것은 매우 위안됩니다. 그리고 시남(市南 유계(兪棨))의 편지를 통해 경계하고 가르쳐 주신 뜻을 듣고서 감사한 마음을 이길 수 없었습니다. "행동할 때는 말할 때와 같지 않고, 남의 마음은 나의 마음과 같지 않다."라는 말을 언젠가 책에서 예사로 보아 넘겼는데, 오늘날 이러한 상황을 정말로 겪게 될 줄은 생각지도 못했습니다. 저에게 성내지 않는 사람이 없어 외로이 홀로 선 형국입니다. 단지 시남만이 저를 불쌍히 여겨 수시로 힘써 도와주고 있을 뿐입니다.

존형(尊兄)도 속히 직책을 사양하라는 가르침을 주셨는데, 실로 저의 마음을 먼저 알아주신 것입니다. 마침 홍군징(洪君徵)의 일[159]로 종적이 매우 불안하여 이것을 핑계로 의원을 찾아가려 하니, 시남이 방문하여 간절하게 국사를 가지고 논하면서 간곡히 만류하였습니다. 저도 그의 뜻과 정성에 감동하여 우선 이렇게 지체하고 있는데, "기미를 보고 떠나면서 하루를 기다리지 않는다."[160]라는 말에 비하면 참으로

159 홍군징(洪君徵)의 일 : 당시 병조 정랑, 직강(直講) 등의 벼슬에 있던 홍우원(洪宇遠, 1605~1687)의 자가 군징이다. 어떤 일을 가리키는지 미상이다.

160 기미를……않는다 : 《주역》 〈계사전 하(繫辭傳下)〉에 "군자는 기미를 보고 떠나

부끄러워할 만합니다. 하지만 지금의 이 상황을 볼 때 떠나갈 의리가 없는 것을 근심하지는 않으나 "사흘을 먹지 못한다."[161]라는 지경에 이른다면 또한 부끄러워할 만합니다.

물으신 시호(諡號)와 사액 두 가지 일[162]은 한결같이 조가(朝家)의 사목(事目)을 따라야 합니다. 음악을 쓰는 한 가지 일로 말하자면, 바야흐로 성상께서 감선(減膳)하고 철악(撤樂)하고 계실 뿐만 아니라, 허례와 관련된 모든 것은 다 절차를 줄인 절목(節目)을 시행하고 있습니다. 제 생각으로는 남녀를 불문하고 음악을 써서는 안 되며, 반찬도 검약하는 쪽을 따르는 것이 마땅합니다. 어떻게 생각하십니까?

○ 시남에 대한 성상의 은총이 날로 융숭해져서 추부(樞府)의 사무를 모두 그에게 맡깁니다. 앞으로 제가 비록 옷깃을 여미고 돌아가더라도 도움받을 곳이 없지는 않을 것입니다.

면서 하루가 다하기를 기다리지 않는다."라는 말이 나온다.

161 사흘을 먹지 못한다 : 《주역》 〈명이괘(明夷卦) 초구(初九)〉에 "군자가 어지러운 나라를 떠나감에 사흘 동안 먹지 못하니, 떠나가는 것에 대해 주인이 나무라는 말을 한다."라고 한 데서 온 말이다.

162 시호(諡號)와……일 : 김장생(金長生)과 김집(金集)에게 시호를 내리는 일과 돈암서원(遯巖書院)에 사액하는 일을 가리킨다.

윤길보에게 답함 기해년(1659, 효종10) 3월

答尹吉甫 己亥三月

앞서 편지에서 저를 가르치고 꾸짖어 주시어 비루하게 여기지 않으신 것에 참으로 감사드립니다. 하지만 안숙(晏叔 정양(鄭瀁))의 편지에 비하면 한두 가지도 전혀 언급하지 않으셨으니, 어찌 형이 저를 사랑하는 것이 저 사람만 못해서이겠습니까.

여기 일은 비록 다 형이 말씀하신 대로는 아니지만 꽤나 실제로 그러한 점이 있으니 감히 잘못을 인정하지 않을 수 있겠습니까. 무엇보다 전조(銓曹)의 직임을 속히 벗어나라는 말씀은 참으로 제 마음을 먼저 알아주신 것입니다. 20일 동안 병을 앓는 정상(情狀)을 아뢰어 면직해 주시기를 매우 간절히 청하였으나, 성상께서는 사사로이 병세를 하문하기까지 하셨습니다. 만약 형의 역량을 얻지 못한다면 이후의 일은 더욱 낭패스러울 듯하니 근심이 어찌 끝이 있겠습니까.

바로 이러한 시기에 희중(希仲)의 산송(山訟)[163]에 대한 조사가 바야흐로 시작되었는데, 피차간의 수많은 구설은 이루 다 말할 수 없을 정도여서 사람의 머리를 아프게 합니다. 황정(荒政)은 여러 도에서 장계로 아뢰어 대략 두서가 잡혀 가고 있습니다. 그래서 바로 시남(市南 유계(兪棨))과 함께 사망한 자와 어린아이에게 거두는 포(布)를 없앨 것을 논의하였고, 또 군민(軍民)의 포척(布尺)은 모두 35자〔尺〕를 기

163 희중(希仲)의 산송(山訟) : 희중은 윤휴(尹鑴)의 자이다. 당시 윤휴가 모친의 장지를 개성(開城)에 마련하다가 산송이 일어났다. 249쪽 주143 참조.

준으로 삼을 것을 청하였습니다. 그런데 일이 시행되기도 전에 비방이 먼저 일어나 의지가 꺾여 버리니 어찌해야 한답니까.

춘조(春曹 예조)와 미원(薇垣 사간원)의 관원이 전후로 내려갔으니 일일이 전달하리라 생각합니다. 시호(諡號)를 맞이하는 절목은 별지에 대략 갖추어 두었으니 단지 형이 재량하여 처리하시는 데 달려 있습니다. 마침 상을 당해 많은 말을 할 수 없습니다. 형의 두 아드님에게 병 때문에 편지를 아직 쓰지 못해 매우 아쉽습니다.

윤길보에게 답함 기해년(1659, 효종10) 윤3월

答尹吉甫 己亥閏三月

여러 벗이 찾아와 보내 주신 답장을 받으니 너무나 기쁘고 위안됩니다. 시호를 맞이하는 성대한 의식에 현단복(玄端服)과 장보관(章甫冠) 차림으로 주선하지 못하여 마음에 아쉬움으로 남아 오래될수록 풀리지 않습니다.

며칠 전에 성상께서 연석에서 윤 아무개를 속히 부직(付職)하라고 특별히 하교하셨습니다. 이는 초려(草廬 이유태(李惟泰))가 남긴 상소로 인해 놀랍게도 이런 하교가 있게 된 것입니다. 증산(甑山 윤문거(尹文擧))이 더욱 염려됩니다. 이 형은 본래 낭패할까 염려되어 해를 넘겨 가며 주선하였습니다. 지금은 여론이 그를 두둔한다고 드러내 놓고 비난하니 더욱이 앞장서서 떠맡을 일이 아닙니다. 그러므로 동료들에게 맡길 뿐이니 앞으로의 일도 장차 이와 같이 할 것입니다. 달리 어찌하겠습니까. 성상의 뜻을 한번 살펴보면 형들을 놓아두지 않으실 듯하니 여러 형을 위해 염려하는 바입니다. 할 말은 많지만 금군(禁軍)이 출발을 앞두고 편지를 달라고 하므로 일일이 다 쓰지 못합니다.

윤길보에게 보내면서 겸하여 백분[164]과 여망[165]에게 보임 기해년(1659, 현종 즉위년) 6월 7일

與尹吉甫兼示伯奮汝望 己亥六月七日

하늘이시여, 하늘이시여. 고금 천하에 어찌 오늘 같은 일이 있겠습니까. 대행 대왕께서는 춘추가 한창이셨고 성명(性命)을 손상하는 모든 것을 일절 가까이하지 않으신 채 오직 밤낮으로 치도(治道)에만 전념하셨습니다. 봄과 여름 이후로는 몸을 반성하고 국가를 바로잡는 일에 더욱 힘을 쏟아 일찍이 "내 몸과 국가에 이미 흠잡을 만한 것이 없다면, 간사한 짓을 하고 법을 범하는 자는 비록 대신(大臣)일지라도 주륙한들 어찌 감히 원망할 수 있겠는가."라고 하셨습니다. 그래서 공주(公主)에게 면세해 주던 것을 한결같이 법식을 따르게 하고는 암행 어사로 하여금 공주 집안의 둔장(屯莊 농장(農莊)), 어살(漁箭 어장(漁場)), 염분(鹽盆 염전(鹽田)), 원당(願堂 사찰(寺刹)) 등을 두루 조사하게 하였으며, 한편으로는 공안(貢案)을 개정하여 초본(草本)이 겨우 완성되었는데 갑자기 승하하셨으니, 어찌 천운이 아니겠습니까.

또 일찍이 말씀하시기를 "더불어 내 뜻을 이룰 사람이 없도다. 저 절의(節義)에 죽은 사람이나 전쟁에 죽은 사람의 자손과 형제 들이

164 백분(伯奮) : 윤선거의 종형(從兄)인 용서(龍西) 윤원거(尹元擧, 1601~1672)의 자이다.

165 여망(汝望) : 윤선거의 계형(季兄)인 석호(石湖) 윤문거(尹文擧, 1606~1672)의 자이다.

어찌 나의 팔다리가 되지 않겠으며, 초야(草野)에서 글을 읽어 의리를 아는 사람이 어찌 나의 심복이 되지 않겠는가. 다만 소개하고 주선할 길이 없어 그들과 만나 마음을 모을 수가 없을 뿐이다.” 하였습니다. 그 뜻을 보면 참으로 크다 하겠고 또한 그 요령을 잘 얻었다 하겠으니, 하늘이 성상의 수명을 조금만 늘려 주었다면 중흥의 형세를 십중팔구는 기약할 수 있었을 것입니다. 만일 성상의 뜻이 크고 굳지 않아서 다만 후세의 평범한 임금 같았다면 하늘이 반드시 그토록 시급히 빼앗아 가지는 않았을 것입니다. 다만 한 몸을 가지고 이미 정해진 천명을 이기려고 하니, 어찌 이렇게 되지 않겠습니까. 생각이 여기에 미치면 저도 모르게 창자가 찢어지고 간이 타들어 갑니다.

저는 가장 후한 은혜를 받고 매우 깊은 사랑을 받아서 밤낮으로 눈물을 흘리고 목 놓아 울면서 곧바로 따라 죽고 싶어도 그럴 수 없습니다. 무엇보다도 지극한 슬픔이 마음에 있지만 감히 남에게 말하지도 못하니, 이는 임금을 사랑하는 것을 아버지를 사랑하는 것만큼 할 수 없기 때문입니다. 그러니 만번 주륙당한다 해도 스스로 속죄할 수 없습니다. 요컨대 넋이 다하고 뼈가 녹아 없어진 다음에야 이 슬픔이 그칠 것입니다.

또 슬픔과 괴로움을 당한 이후로 병이 점차 심해지고 불안한 일[166]까지 겹쳤습니다. 이미 세 번이나 상소를 올려 사직을 청했지만, 새로 즉위하신 성상께서 애처로운 말씀으로 만류하셨습니다. 의리상으로는

166 불안한 일 : 경성 판관(鏡城判官) 홍여하(洪汝河)가 상소를 올려 전조(銓曹)가 연소한 음관(蔭官)을 자의(諮議)로 추천한 일을 비판한 것을 가리킨다.《顯宗實錄 卽位年 6月 2日》 당시에 송시열이 이조 판서로 있었다.

떠나지 않을 수 없으나, 마음에 차마 그렇게 하지 못하는 점이 있어 방황하고 번민하며 마치 어리석은 사람처럼 미친 사람처럼 지냅니다. 자신의 심신도 어찌하지 못하는데, 여러 형의 거취야 어찌 감히 참여하여 의논하겠습니까. 하지만 백분과 길보 두 형은 어려움이 없을 것이고, 여망 형은 염려가 없을 수 없을 것입니다. 할 말은 많으나 병을 무릅쓰고 억지로 쓰다 보니 일일이 다 말씀드리지 못합니다.

윤길보에게 답함 기해년(1659, 현종 즉위년) 7월

答尹吉甫 己亥七月

엊그제 보내신 편지를 잘 받았습니다. 봄 무렵에 두 소간(小諫)[167]이 돌아와서 그의 유능함을 말하고 일전에 두 직지(直指)[168]가 와서 그의 오활(迂闊)함을 지적할 때, 형을 접견했던 일을 필시 언급하였을 것입니다. 이어서 남쪽에서 들려오는 말을 들어 보니 대체로 서로 들어맞았습니다. 난쟁이의 신체 한 부분만 가지고도 본디 전체를 살필 수 있는 법이지만, 한 가지 일만 가지고 사람 전체를 판단하는 것도 옳은 것은 아닙니다. 그러므로 수규(首揆)가 진휼하는 일만 가지고 파직하기를 청했던 것이니, 이전의 사목(事目)과는 상관이 없습니다. 옥리(獄吏)에게 체포된 일로 말하자면, 특별히 성상의 뜻에서 나왔으니 또한 형이 미안해할 일은 아닙니다. 의금부의 직책은 저는 끝내 사직해야 마땅하므로 오늘 다시 사직을 청하려고 합니다. 출입과 경중이 오로지 허 판서(許判書)[169]에게 달려 있으니, 어찌하겠습니까.

오늘 근교로 나가려고 하는 것은 저의 일로 인해 해직된 사람이 10여 인이고 고신(告身)을 빼앗긴 사람이 3인이나 되기 때문입니다. 이터니

167 소간(小諫) : 사간원 대사간을 대간(大諫)으로 부르는 것과 상대하여 헌납(獻納)을 칭하는 말로 쓰인다.

168 직지(直指) : 수의직지(繡衣直指)의 준말로, 암행 어사를 가리킨다.

169 허 판서(許判書) : 송시열이 판의금부사로 있을 당시 호조판서 겸 지의금부사였던 허적(許積)을 가리킨다.

어찌 감히 편히 있을 수 있겠습니까. 그런 까닭에 곡반(哭班) 이외에는 간여하지 못하고 한결같이 물러나 움츠려 있었던 것입니다. 형을 찾아가 만나 볼 길이 없어 매우 답답합니다. 이만 줄입니다.

윤길보에게 답함 기해년(1659, 현종 즉위년) 9월

答尹吉甫 己亥九月

거의 죽을 지경이던 차에 둘째 아드님이 방문하고 게다가 은혜로운 편지까지 전해 주었습니다. 여러모로 깨우쳐 주신 말씀은 감사함을 금할 수 없습니다. 다만 말뜻이 완곡하여 이해할 수는 없었습니다. 아마도 본래 분명한 의미인데 제가 우매하여 말씀하시는 대로 깨닫지 못하기 때문일 것입니다. 다만 길을 헤매는 자를 일깨워 주는 방법은 본디 직언해 주는 데 있다고 들었습니다. 부디 나중의 인편에 일일이 가르쳐 주시는 것이 어떻겠습니까. 간절히 바랍니다.

저는 병이 이미 고질이 되어 문을 나가지 못한 지가 한 달이 되었습니다. 이대로 죽을 뿐이니 오히려 무엇을 바라겠습니까. 파산(坡山)의 강당(講堂)과 재실(齋室)은 모두 대성인(大聖人)의 일을 가지고 편액(扁額)을 지었는데, 아래로 인사(人事)를 배워 자신을 위한 학문을 하는 취지는 아닌 듯하며, 재호(齋號)를 그다음에 쓰는 것은 합당한 듯합니다. 어떻게 생각하십니까? 제문(祭文)은 병이 나으면 바로 지을 것이니, 어찌 원유(院儒)가 찾아오기를 기다리겠습니까. 근래에 조금 문을 열어 사람들이 출입하도록 허락해 주었다가 문득 병 하나를 더하였습니다. 비록 사람들이 찾아오더라도 맞이해 들일 수 없을 듯하니, 이러한 뜻을 널리 알려 주시는 것이 어떻겠습니까. 할 말은 많지만 일일이 적지 못합니다.

윤길보에게 답함 기해년(1659, 현종 즉위년)
答尹吉甫 己亥

어제 방문해 주셔서 매우 감사합니다. 다만 응대하던 때 "담장에도 귀가 붙어 있다."라는 경계를 완전히 잃어버려 매우 후회되고 두렵습니다. 부디 형께서는 저의 경계로 인해 더욱 언사(言辭)에 신중해 주시기 바랍니다. 밤사이에 어떤 사람이 편지를 보내와 극도로 주의를 주었으므로 더욱 두려움을 이길 수 없어 바삐 이렇게 알려 드립니다.

○ 화복(禍福)을 위한 도리가 아니라, 마땅히 이렇게 해야 할 뿐입니다. 형의 상소는 절약하여 줄이기를 바란 것이지요.

윤길보에게 보냄 기해년(1659, 현종 즉위년) 9월

與尹吉甫 己亥九月

수행(秀行)[170] 편에 답서를 올리면서 간청한 것이 있었는데, 받아 보셨는지 모르겠습니다. 근래 고요히 지내시는 정황은 어떠신지요? 저는 앓는 병이 날로 고질이 되어 창밖에 죽음이 기다리고 있는 듯합니다. 게다가 성상의 하문이 선왕과 관계된 일인 까닭에 차마 말씀드리지 않을 수 없었습니다. 의관의 일을 함부로 논하다가 여론을 크게 거슬러 군부(君父)의 병을 다급하게 여기지 않는다는 명목의 죄를 가하려 하므로[171] 문을 닫고 공손히 처벌을 기다리면서 두려움 속에 날을 보내고 있습니다. 형은 이 소식을 듣고 분명 "내 말을 듣지 않다가 끝내 어떻게 되었는가."라고 하실 것입니다.

170 수행(秀行) : 누구의 자나 승려의 이름으로 추정되나 미상이다.

171 의관(醫官)의……하므로 : 현종이 1659년 6월에 효종이 승하했을 때의 수의(首醫) 유후성(柳後聖)과 조징규(趙徵奎)를 사형에서 감하여 정배(定配)하도록 명하니, 양사(兩司)에서는 이에 반발하여 그들을 사형에 처해야 한다고 논계하였다. 8월에 이르러 논계가 정지되자, 약방 도제조인 영의정 정태화(鄭太和) 등은 현종의 병을 치료하기 위해 이들의 정배를 늦추고 약을 논의하는 데 참여시키도록 청하였고, 송준길도 그 의견에 찬성하였다. 송시열은 이 논의에 참여하지 않았다가 뒤늦게 상소를 올려 유후성이 약을 논의하는 일에 참여하는 것을 반대하고 사형에 처할 것을 청하였다. 《현종실록》 즉위년 8월 30일 기사에서 송시열의 상소를 두고 사신(史臣)은 "성상의 병이 깊은 이때 여러 대신이 모두 유후성을 머물게 하여 약을 논의하는 일에 참여하도록 청했는데, 송시열 혼자만 의견이 이러하였으니 역시 인정(人情)에 가깝지 않은 사람인가 싶다."라고 평하였다. 《顯宗實錄 卽位年 6月 16日, 8月 27日·28日·30日, 9月 4日》

고기를 먹는 한 가지 일은 무슨 정해진 규정이 있겠습니까. 비록 부모의 상중이라도 병이 났으면 먹습니다. 더구나 주자(朱子)는 거처와 음식을 부모와 다 같게 할 수는 없다고 하였으니, 더욱 마땅히 사정을 감안해야 합니다. 상복(喪服)으로 말하자면, 사성(思誠 권시(權諰))이 형을 억지로 심추(沈樞)처럼 만들려는 것이니,[172] 다사다난하다는 것을 절감합니다. 저는 단지 형을 길보(吉甫)답게 만들고자 할 뿐입니다. 혼례에 대한 한 가지 일은 감히 단정하여 말할 수 없습니다만, 예(禮)를 줄여 말씀하신 대로 한다면 허물이 적을 듯합니다.

172 상복(喪服)으로……것이니 : 서경덕(徐敬德)이 중종과 인종의 국상(國喪) 때 징사(徵士)로서 관원(官員)이나 서인(庶人)과는 다르다는 이유를 들어 자최(齊衰) 삼월복을 입었다. 윤선거가 효종의 국상에 서경덕의 고사를 본받아 생원과 진사가 입는 상복을 입고자 하니, 탄옹(炭翁) 권시(權諰)가 "직명은 사양할 수 있으나, 상복은 사양할 수 없다."라고 하면서 반대하였다. 그러자 윤선거는 유계(兪棨)에게 보낸 편지에서 "탄옹이 나를 심추처럼 만들려고 한다."라고 하면서 권시를 비판하였다. 심추는 영중추부사 심지원(沈之源)을 가리키는 것으로 추정되는데, 병자호란 때 강화가 함락되자 먼저 달아났다는 탄핵을 받아 벼슬길이 막혔다가 다시 기용된 인물이다. 윤선거가 강화에서 혼자 탈출하여 목숨을 부지한 일 때문에 평생 벼슬길에 나아가지 않기로 결심하였으므로 권시가 자신을 심추처럼 만들려고 한다고 비판했던 것이다. 《宋子大全隨箚 卷4》《魯西遺稿 卷6 答兪武仲(八月), 答權思誠》《仁祖實錄 15年 2月 20日》

윤길보에게 답함 기해년(1659, 현종 즉위년)

答尹吉甫 己亥

서원의 제현(諸賢)이 방문하여 전해 준 편지를 받고 기거가 편안하시다는 것을 알았으니 위안되고 기쁘기 그지없습니다. 제현의 명(命)은 스스로를 돌아볼 때 변변치 않을 뿐 아니라 실로 헛된 일인지라 감히 받들 수 없었습니다. 제문(祭文)과 편액의 명칭을 짓는 일도 외람된 짓을 했다는 말이 있을까 두렵습니다만, 제현의 뜻을 다 저버리기 어려웠으므로 주제넘고 경솔하게도 지어 올렸으니 매우 송구스럽습니다.

형이 지난번 보내 주신 장문의 편지를 읽고 가르쳐 주신 뜻을 공경히 명심하였습니다. 다만 있는 것을 없다고 하고 없는 것을 있다고 하신 것이 많았습니다. 이는 알려 준 사람이 잘못 알려 주었기 때문입니다. 의관의 일[173]만 가지고 말하자면, 당초에 성상 앞에서 힘써 간쟁하니 성상께서는 자전(慈殿)을 걱정하셨습니다. 그래서 제가 "죄가 어떠한지를 보아야지 감히 필요하다고 하여 용서할 수는 없습니다."라고 대답하였던 것입니다. 근래에 이 일을 가지고 무중(武仲 유계(兪棨))을 구원하려고 하였으나 할 수 없었던 것이지 우리가 무중의 말을 듣지 않았던 것이 아닙니다. 이 한 가지 일로 보자면, 말씀하신 다른 두세 가지 일도 따라서 알 수 있습니다.

희중(希仲 윤휴(尹鑴))을 수용하라는 말씀은 형의 편지가 아직 남아 있으니, 어찌 속일 수 있겠습니까. 희중이 상복을 벗었는데도 아직

173 의관의 일 : 수의(首醫) 유후성(柳後聖)의 일을 가리킨다. 271쪽 주171 참조.

성상께 알리지 않았다고 저를 책망하셨는데, 이것이 무슨 말씀인지 모르겠습니다. 이러한 것들에 대해 의혹이 없을 수 없습니다. 그 밖에 고쳐야 할 것이 있다면 고치고 없다면 더욱 면려하라는 말씀은 형이 사람을 아끼는 훌륭한 덕이니, 감사한 마음을 어찌 형언할 수 있겠습니까. 병으로 매우 고통스러워 일일이 다 쓰지 못하므로 조만간 다른 편지를 기약하겠습니다.

윤길보에게 답함 기해년(1659, 현종 즉위년)
答尹吉甫 己亥

보내 주신 편지에서 일깨우고 가르쳐 주신 것이 더욱 절실하니, 사람을 아끼는 훌륭한 덕을 더욱 잘 알겠습니다. 서재(書齋)에서 거처하며 도(道)를 완미하고 심신도 편안하시다니 매우 기쁘고 위안됩니다. 다만 일깨워 주신 뜻 가운데 아직도 저의 마음에 석연치 않은 점이 있습니다. 당초 의관에 대한 논의[174]는 대신(大臣)이 갑자기 빈청(賓廳)에서 꺼냈고, 동춘(同春 송준길)이 곧 그들과 뜻을 같이하였는데, 저와 의견을 주고받지 못한 것은 형편이 그러했던 것입니다. 다만 시남(市南)이 논계를 정지했을 때[175]에 제가 말하기를 "부득이 약을 논의하게 한다면 차라리 의관들로 하여금 그와 사사로이 서로 논의하게 하는 것이 낫다. 그의 죄를 씻어 주는 것은 결코 옳지 않다." 하였습니다. 시남은 저의 말을 그르게 여기지 않았으나, 그때 시속의 여론이 산더미처럼 분분하여 시남도 스스로 감당할 수가 없었습니다. 이것은 제가 감히 알 수 있는 것이 아니었습니다.

금오(金吾)의 직책을 운운하신 것[176]에 대해서는 큰 웃음을 더욱 금

174 의관에 대한 논의 : 수의(首醫) 유후성(柳後聖)에 대한 논의를 가리킨다. 271쪽 주171 참조.

175 시남(市南)이……때 : 당시 부제학이었던 유계(兪棨)도 홍문관 관원으로서 양사(兩司)의 관원과 함께 유후성에 대한 논계를 정지하는 데 참여하였다. 《顯宗實錄 卽位年 9月 3日》

176 금오(金吾)의……것 : 윤선거가 앞서 송시열에게 보낸 편지에서 "금오의 직책에

치 못하겠습니다. 당초에 두 의관[177]을 단지 금오에 맡겨 죄를 의논하게 하였는데, 제가 그 일을 기피하여 체직되기를 도모하였다면 참으로 저의 죄입니다. 하지만 그때 대간(臺諫)이 한창 그들을 주륙(誅戮)할 것을 청하고 있었으니, 만일 윤허받았다면 금오의 직책을 맡은 처지에서는 그들을 주륙해야 했을 뿐입니다. 제가 무슨 기피할 일이 있어 체직되기를 도모했겠습니까. 만약 대의(大義)로 말한다면 누구든지 그들을 죽일 수 있기 때문에 설령 직사(職事)와 관계없더라도 과감히 탑전(榻前)에서 간쟁해야 하는 것이요, 그렇게 해서 되지 않으면 그만두는 것입니다. 진항(陳恒)이 자기 임금을 죽였을 때 성인(聖人)이 목욕하고서 그를 토벌할 것을 청한 일[178]이 다만 《논어》에 한 번 보일 뿐이고 그것을 끝없이 말하여 기어코 그 일을 실현하려고 했다는 말은 듣지 못하였습니다.

만약 봉사(封事)를 올리지 않은 것을 허물로 삼는다면 또 허물할 수 없는 점이 있습니다. 봉사는 부득이한 때에 올리는 것입니다. 그래서 정자(程子)는 "천안(天顔)을 지척에서 마주해도 마음을 감동시켜

서 기필코 체직되려는 것은 제 생각에는 어의(御醫)에 대한 논의를 담당하지 않으려는 것입니다. 지금에 이르러 뒷말을 하는 것보다는 당초 성상의 면전에서 청하는 것이 낫지 않았습니까."라고 한 것을 가리킨다. 그 무렵 송시열이 판의금부사를 겸직하였으므로 이렇게 말한 것이다. 《魯西遺稿 卷6 答宋明甫英甫》

177 두 의관 : 효종이 승하할 당시 수의(首醫)였던 유후성(柳後聖)과 조징규(趙徵奎)를 가리킨다. 271쪽 주171 참조.

178 진항(陳恒)이……일 : 제나라 대부 진항이 제나라 간공(簡公)을 시해하자, 공자(孔子)가 목욕을 한 뒤에 노나라 애공(哀公)에게 그를 토벌할 것을 청했던 사실을 가리킨다. 목욕을 한 것은 그 일이 중대했기 때문이다. 《論語 憲問》

돌이키지 못하는데, 더구나 문자로써 기대할 수 있겠는가."라고 하였으니, 도리가 참으로 그런 것입니다. 대체로 남의 마음이 내 마음과 같지 않으니 이것은 괴이할 것도 없지만, 이른바 같지 않다는 것 또한 여러 가지 경우가 있습니다. 이를테면 탄옹(炭翁 권시(權諰))은 일찍이 편지로 저에게 "두 의관을 죽이고자 하는 것은 천리(天理)와 인륜(人倫)이 사라지지 않은 것이다."라고 하였습니다. 이미 천리와 인륜이라고 말했다면 천하의 이치가 장차 바뀔 것이 없는데도 그 이튿날에는 저의 차자(箚子)를 그르다고 책망하였습니다. 오늘날의 일은 진정 수백 수천 마리의 매미 떼가 제멋대로 울어 대는 것과 같으니 어떻게 일치시킬 수 있겠습니까. 제가 일치되지 않는 것이 아니라 사람들이 스스로 일치되지 않고, 또 그 한 사람의 마음도 앞뒤가 서로 일치되지 않으니 어찌하겠습니까.

희중(希仲 윤휴(尹鑴))의 설에 대해서는 더욱 말하기가 어렵습니다. 희중의 도덕은 참으로 저처럼 천박하고 고루한 사람이 헤아릴 바가 아닙니다. 하지만 삼대(三代) 이후의 인물로는 이천(伊川 정이(程頤)) 같은 분이 없는데, 당시에 여공저(呂公著), 사마광(司馬光) 제공(諸公)이 천거하여 국자 교수(國子敎授), 숭정전 설서(崇政殿說書)에 제수하니 이천은 받기도 하고 받지 않기도 하였습니다. 받거나 안 받거나 하는 것은 자신에게 달렸을 뿐이니, 천거하여 벼슬을 준 사람을 그르게 여겼다는 말은 듣지 못하였습니다.

또 들으니, 희중이 일찍이 경륜설(經綸說) 한 통을 저술하여 위로 조정의 대체(大體)로부터 아래로 저 청나라 사신을 접대하는 일에 이르기까지 매우 자세하게 남김없이 논하여 재상들에게 올리기까지 하였다고 합니다. 저는 속으로 '어진 사람의 마음이 잠시도 세상을 잊지 못하는 것이 이와 같구나.'라고 생각하였고, 또 '진선(進善)의 직책이 설서(說書)에 못지않아서 이로 인하여 경연(經筵)에 출입할 수 있으니, 그렇게 되면 도를 충분히 행할 수 있을 것이다.'라고 생각하였습니다.

그런데 지금 형의 편지를 보니, 감히 이천을 대우한 것으로는 희중을 대우할 수 없고-송나라 조정에서는 이천에게 관작을 주었는데, 보내신 편지에서는 희중에게 관작을 주어서는 안 된다고 하셨기에[179] 말씀드리는 것입니다.- 오직 연나라 소왕(昭王)이 곽외(郭隗)를 대우한 것[180]처럼 한 다음에야 마땅하다고 말씀하신 듯합니다. 당초에는 어리석은 저의 식견이 미치지 못한 곳이라 부끄럽고 한스럽기가 그지없었습니다. 하지만 지금 돌이켜 생각해 보아도 여전히 흡족하게 처리할 방법을 찾지 못하겠습니다. 만일 성상께 실제로 아뢰어 청한다면 "모인(某人)이 이미 상복을 벗었으니 사람을 보내 위로하소서."라고 해야 합니까, 아니면 "궁실을 지어 놓고 스승으로 섬기소서."라고 해야 합니까, 아니면 "친림하여 만나 보소서."라고 해야 합니까?-듣자니 희중 무리가 "상께서 가서 만나 보아야 하고 감히 불러서 볼 수는 없다."라고 한다기에 하는 말입니다.-

179 보내신……하셨기에 : 윤선거가 1659년 1월 송시열에게 답한 편지에 "희중을 쓰는 것은 꼭 벼슬로 할 것이 아니고, 단지 그의 말과 계책을 채용한다면 자유롭게 재주를 발휘하여 공사(公私) 간에 도움이 되지 않겠습니까."라고 한 것을 가리킨다. 《魯西遺稿 卷5 答宋英甫(己亥正月)》

180 연나라……것 : 임금이 신하를 스승으로 섬겨서 각별히 대우하는 것을 뜻한다. 전국 시대 연나라 소왕이 즉위하여 곽외에게 어진 인재를 천거하도록 요청하자, 곽외가 "임금께서 현사(賢士)를 초빙하려고 하신다면 먼저 저부터 시작하십시오. 그러면 저보다 어진 사람들이 어찌 천 리 길을 멀다 하겠습니까."라고 하였다. 소왕이 드디어 곽외를 위해 궁실을 짓고 그를 스승으로 섬기니, 이 소문을 듣고 현사들이 모여들어 부국을 이루게 되었다. 《史記 燕召公世家》

이 몇 가지는 모두 저 같은 사람이 주선할 수 있는 일이 아닙니다. 그러나 당초에 형이 만약 이 몇 가지를 가지고 분명히 저를 가르쳐 주셨더라면, 제가 역량은 비록 부족하더라도 그런대로 받들어 행할 수가 있었을 것입니다. 형은 다만 "약(藥)을 하사하고 상사(喪事)에 부의(賻儀)했으니, 성상께서 희중을 대우하신 것이 어떠했는가. 그런데 상복을 벗은 지 이미 오래되었는데도 아직까지 이 사실을 성상께 알리지 않았는가."라고 하셨습니다. 저처럼 어리석은 사람은 남이 말하면 바로 듣고 깨닫는 것도 감히 기대하기 어려운데, 더구나 남이 뜻을 내비치면 바로 알아차리는 것을 기대할 수 있겠습니까. 그때 강관(講官)의 직책에 주의(注擬)한 것은 이 때문이었습니다. 그러나 형이 만일 이내 저에게 "내 뜻은 저러한 것이고 이러한 것이 아니다."라고 가르쳐 주셨다면 오히려 바로 뉘우칠 수가 있었는데, 두 번째 편지에서 "이미 관직을 제수하고 자급(資級)은 주지 말 것을 이내 청하였으니, 희중이 어찌 나오려고 하겠는가."라고 하셨습니다. 그때의 곡절이 비록 이와는 같지 않았지만, 참으로 희중을 대우하는 도리는 아니었기 때문에 저의 잘못으로 받아들였던 것입니다.

세 번째 편지에 이르러서야 비로소 벼슬을 준 것이 잘못되었음을 책망하셨으니, 이것은 실로 제가 어리석어서 남의 뜻을 알아차리지 못한 소치이지만, 형이 남에게 교시(敎示)한 것 역시 분명하게 말해 주고 적절하게 논의한 것은 아니었던 듯합니다. 그러나 저로서는 부끄러움을 감당할 수 없기 때문에 일전에 탑전에서 성상께서 하문하셨지만 감히 대답하지 못하였습니다. 관작으로 그를 묶어 두기를 청하자니 형의 교시가 이와 같았고, 물외(物外)의 선비[181]로 대우하기를 청하자니 세상을 근심하는 희중의 마음을 덮어 버릴 수 없었습니다. 친히 가서 만나 보고 스승으로 섬기기를 청하는 것으로 말하자면, 여공저와 사마광이 이천에 대해서도 임금에게 이렇게까지 청하지는 못했으며, 게다가 평소에 낙건(洛建)의 반졸(叛卒)[182]이라고 꾸짖다가 하루아침에 이와 같이 하는 것은 임금을 섬기는 의리가 아닌 듯하였습니다. 이 때문에 어느 것을 따라야 할지 몰라 속으로만 답답해할 뿐 말을 차마 못 하고 있던 차에 동춘(同春)이 무슨 말을 진달하였는데,[183] 이 또한 사리에 타당한지는 모르겠습니다.

또 지금 세상 사람 가운데 과연 정자(程子)와 주자(朱子)의 법문(法門)을 얻은 사람이 있습니까? 이것은 감히 경솔하게 의논할 수 없는데도 형은 늘 정자와 주자의 법문을 가지고 말씀하시니, 만일 과연 그런 사람이 있다면 이것은 기쁜 일이지 기롱할 일이 아닙니다. 하지만 참으로 그런 사람은 없는데도 보통 사람에게 억지로 그런 이름을 씌워 공격한다면 이것은 송나라 때 한편의 사람이 난쟁이에게 심의(深衣)를 입히고 복건(幅巾)을 씌워 주자를 흉내 내게 해서 업신여기고 조롱했던 일[184]과 무엇이 다르겠습니까. 이것은 희중이 주자가 《중용(中庸)》을

181 물외(物外)의 선비 : 세속을 초월한 은사(隱士)를 뜻한다.

182 낙건(洛建)의 반졸(叛卒) : 낙건은 송나라 때 낙양(洛陽) 출신인 정호(程顥)·정이(程頤)와 복건성(福建省) 출신인 주희(朱熹)를 가리킨다. 반졸은 반역자라는 뜻으로, 정호·정이와 주희의 학설에 반기를 들었던 윤휴를 가리킨다.

183 동춘(同春)이……진달하였는데 : 1659년 7월에 진선(進善) 윤휴가 산송(山訟)의 일로 사직을 청하자, 송시열이 입대하여 "사직을 청한 상소로 인해 체직을 허락하는 것은 사리에 옳지 않습니다."라고 하면서 대신(大臣)에게 물어 처리하기를 청하였다. 이조 판서 송준길(宋浚吉)은 "소송을 하는 당사자가 어찌 공직에 있을 수 있겠습니까."라고 하였고, 윤휴는 체직되었다. 《同春堂集 續集 卷6 年譜》《宋子大全隨箚 卷4》

184 송나라……일 : 송 영종(宋寧宗)이 한창 주희를 신임할 적에 이를 매우 못마땅하

알지 못하였다고 말한 것보다 심합니다. 형이 만일 "지금 세상 사람은 정자와 주자의 글을 외고 익히면서 행동하는 것은 서로 배치된다."라고 말한다면, 그 말이 나오자마자 부끄러워 죽을 지경일 것입니다. 그런데 형의 말이 여기에서 나오지 않고 저기에서 나온 것은 반드시 합당한 이유가 있겠지만, 제가 어리석어서 깨닫지 못하겠습니다. 모든 이러한 전후의 의심나는 점에 대해 하나하나 밝게 가르쳐 주어서 저의 어리석음을 깨우쳐 주신다면 실로 막대한 은혜일 것입니다. 천만번 간절히 바랍니다.

게 여긴 한탁주(韓侂胄)가 배우(俳優)에게 심의를 입히고 복건을 씌워서 팔짱을 끼고 천천히 걷게 하여 주희의 모습을 흉내 내게 해서는 영종이 주희에게 염증을 느끼도록 하였던 고사이다.《宋子大全隨箚 卷4》

윤길보에게 답함 기해년(1659, 현종 즉위년) 11월
答尹吉甫 己亥十一月

어제 답장을 받고 당시에는 매우 감사하였으나 벌써 잊고 있었는데, 지금 다시 편지를 받아 매우 기쁘고 위안됩니다. 당호(堂號)로 말하자면, 우리 동방에서 대를 이어 미덕을 이룬 분으로는 선생 부자(父子)[185] 만 한 분이 없으므로 이것이 조금 더 나은 듯합니다. 고운(孤雲)[186]의 전액(篆額)은 춘형(春兄 송준길(宋浚吉))과 의논하여 여쭈어야 합니다. 어제 이 상사(李上舍) 화씨(和氏)가 와서 만나 보았는데, 자운서원(紫雲書院)의 축사(祝辭)에 관한 일로 매우 불안해하였습니다. 불안한 점은 참으로 있지만, 어찌 큰일이 날 것 같은 지경에 이르겠습니까. 제 생각에는 다만 사실대로 고한 뒤에 원장(院長)에게 사과하고 고치기를 청해야 합니다. 그리고 이 상사가 전하기로는 형이 저의 뜻으로 그 축사를 돌려줄 것을 청했다고 하는데, 당시 응대할 때 제가 정말 그런 청을 했었습니까? 이 상사의 뜻을 살펴보니, 더욱 이것을 불안하게 여겼습니다. 근래 병으로 정신이 혼미하고 건망증이 더욱 심해져 매우 걱정되고 괴롭습니다. 제가 원장을 만나게 되면 이것을 끌어다 저의 죄로 삼을 것이니, 부디 이런 뜻을 여러분에게 알려서 안심시켜 주시기 바랍니다. 어떻게 생각하십니까? 나머지는 일일이 다 적지 못합니다.

185 선생 부자(父子) : 성수침(成守琛)과 성혼(成渾) 부자를 가리킨다. 《宋子大全隨箚 卷4》

186 고운(孤雲) : 김집(金集)의 묘소를 가리킨다. 논산(論山)의 고운에 있었다.

송자대전

제38권

書서

윤길보에게 보냄 경자년(1660, 현종1) 1월 28일

與尹吉甫 庚子正月二十八日

임원(臨院)의 일[1]은 매우 성대한데, 제 이름이 낄 수 있어 참으로 다행입니다. 다만 은둔한 사람의 자취는 다른 사람과 견줄 수 없는 데다, 비방받은 것이 매우 심하므로 바야흐로 상소를 올려 대죄(待罪)하고 있는 상황입니다. 이러한 때에 제현(諸賢)의 아래에 이름을 끼워 넣어 원근에 전파하는 것은 불가하지 않겠습니까. 이런 까닭에 감히 바로 가르침을 받들지 못하는 것이니, 부디 헤아려 보고 다시 가르쳐 주시는 것이 어떻겠습니까. 통문(通文)의 초본(草本)에다 몇 군데 간략하게 표시를 해 두었으니, 참람한 죄를 용서해 주시는 것이 어떻겠습니까. 이름을 열거하는 곳에 송사징(宋士徵), 송국사(宋國士), 송규렴(宋奎濂) 같은 사람은 기록할 만합니다.

아드님을 무슨 일로 내려보내려는 것입니까? 만약 서책을 강론하게 하려는 것이라면 매우 다행스럽지 않겠습니까마는, 비석이나 묘표의 글을 부탁하는 등의 일이라면 서찰만 보내셔도 충분합니다. 우리 두 집안 사이에 어찌 꼭 이러한 인사치레로 아까운 시간을 도로에서 허비하고, 게다가 인마(人馬)를 번거롭게 하는 폐단을 초래할 것이 있겠습니까. 부디 양찰해 주시기 바랍니다. 남백(南伯)과 주고받은 편지가 있다면 어찌 감히 말씀드리지 않겠습니까.

1 임원(臨院)의 일 : 임원은 김구(金絿), 김집(金集) 등을 배향했던 임피서원(臨陂書院)으로 추정되나, 자세한 것은 미상이다.

윤길보에게 답함 경자년(1660, 현종1) 3월

答尹吉甫 庚子三月

질병과 잡무에 매몰되어 있던 차에 보내 주신 서한을 연이어 받으니 기쁘고 위로되는 마음을 헤아릴 수 있겠습니까. 더구나 깨우쳐 주신 말씀이 간곡하여 실로 저의 성심을 감동시켰습니다. 다만 저의 질병이 이러하니 다른 일은 말할 것도 없이 이것만으로도 억지로 하기는 어려운 형편입니다. 어찌하겠습니까.

처음에 저는 '비록 초야에 있더라도 보잘것없는 의견이나마 바치는 것은 해될 것이 없다.'라고 생각했습니다. 그런데 어제 황생 세정(黃生世楨)의 말을 들어 보니 도성이 시끌벅적하다고 하기에 '이미 물러난 마당에 말하는 것은 옳지 않다.'라는 생각이 들었습니다. 일전에 수규(首揆 영의정)가 선대 조정의 일을 진달하다가 저의 이름을 들어서 증거로 삼았으나 전혀 실상이 아니었습니다. 그래서 사직 상소에서 대략 언급하였던 것입니다. 사람들의 말이 이러하니 앞으로는 말도 감히 할 수 없을 것입니다. 어떻게 생각하십니까?

비기(碑記)는 별지로 보내 드렸습니다. 완상(完相)이 별세한 일[2]은 오래될수록 더욱 비통합니다. 어찌 사사로운 정리 때문만이겠습니까. 김 정(金正)[3]의 편지는 잘 받았습니다. 이를 통해 형이 김공(金公)과

2 완상(完相)이 별세한 일 : 완남부원군(完南府院君) 이후원(李厚源, 1598~1660)이 별세한 것을 가리킨다.

3 김 정(金正) : 정(正) 벼슬을 지낸 김씨 성의 인물을 가리키는 것으로 추정된다.

서로 안부를 주고받았다는 것을 알았고, 형이 시비의 소용돌이 속으로 들어가는 것도 꺼리지 않는다는 것을 너무나 잘 알게 되었습니다. 형의 담력은 어찌 그리도 크신지요. 우습습니다. 봄 날씨가 벌써 뜨거워졌습니다. 도(道)를 위해 더욱 자중자애하시기를 바랄 뿐입니다.

윤길보에게 답함 경자년(1660, 현종1) 4월

答尹吉甫 庚子四月

사모하는 마음 날로 간절합니다. 바야흐로 인편으로 여쭙고 바로잡을 것이 있던 차에 큰아드님이 먼 길을 와서 정중한 편지를 전해 주니, 매우 위로되고 후련하여 마치 병이 나은 것 같습니다.

춘형(春兄 송준길(宋浚吉))이 말한 예송(禮訟)이라는 것은 대왕대비(大王大妃)의 복제(服制)에 관한 것입니다. 원상(元相)과 허헌(許憲)[4]이 희중(希仲)의 논설[5]을 매우 강력하게 주장하여 마침내 성상께서 이 일을 천신(賤臣)에게까지 물으셨으니, 얼마나 황공한 일입니까. 제가 시형(市兄 유계(兪棨))에게 답한 편지에서 형도 저 사람의 설이 견고하여 깨뜨릴 수 없다고 인정했다고 말하였는데, 지금 큰아드님을 만나 보니 저의 견해도 깨뜨려지지 않았습니다. 겸하여 수용하고 아울러 관찰하여 어느 한쪽으로 치우침이 없는 형의 훌륭한 마음을 삼가 알겠습니다. 저의 논의를 보내 드리니, 부디 바로잡아서 가르쳐 주시는 것이 어떻겠습니까.

4 원상(元相)과 허헌(許憲) : 원평부원군(原平府院君) 원두표(元斗杓)와 사헌부 장령 허목(許穆)을 가리킨다.

5 희중(希仲)의 논설 : 1659년에 효종이 승하하자 인조의 계비인 자의대비(慈懿大妃) 조씨(趙氏)의 복상 기간이 문제가 되었는데, 윤휴(尹鑴) 등 남인이 '왕위를 계승하면 어머니도 신하가 되어야 한다'는 견해를 바탕으로 참최(斬衰) 삼년복을 주장한 것을 가리킨다. 이에 반해 송시열을 비롯한 서인은 효종이 차자(次子)이므로 기년복(朞年服)을 입어야 한다고 주장하였다.

큰아드님을 혹시 저와 함께 머물러 있도록 해 주신다면 나태한 습관을 깨우쳐 줄 수 있을 것이니, 얼마나 다행이겠습니까. 제 아이는 사사로운 잡무에 얽매여 아직 바로 돌아오지 못하고 있는데, 돌아오면 마땅히 형께 보내어 형을 모시게 하겠습니다.

진잠(鎭岑)의 일은 이미 형의 편지에 따라 퇴지(退之)[6]로 하여금 다시 더 헤아려 보게 하였습니다. 이 일은 매우 걱정되지만 중지할 수 있는 명분이 없기 때문에 그냥 서울과 지방에서 널리 의논하도록 한 것입니다. 그런데 이제 형의 뜻을 알았으니, 형의 뜻을 믿고 말할 수 있겠습니다.

안형(晏兄 정양(鄭瀁))은 산중으로 돌아가 여생을 마칠 계획을 한 것이 분명하니, 그 뜻이 참 좋습니다. 벗들은 다만 그가 일찍 돌아가도록 권면하는 것이 옳습니다. 어떻게 생각하십니까? 이만 줄입니다.

6 퇴지(退之) : 이유태(李惟泰)의 막내아우인 이유겸(李惟謙, 1613~1674)의 자이다. 호는 동가(東嘉)이며, 음직으로 함열 현감(咸悅縣監)을 지냈다.

윤길보에게 답함 경자년(1660, 현종1) 4월

答尹吉甫 庚子四月

병중에 사모하고 우러르는 마음이 더욱 간절하였는데, 지금 증산(甑山)[7] 편에 정중한 가르침을 받으니 훌륭한 덕을 우러르며 감사하는 마음이 그지없습니다. 이 못난 사람은 타고난 성질이 편협하고 급하여 내뱉는 말과 하는 일이 툭하면 이치에 어그러집니다. 이것을 바로잡고 변화시키려고 하지 않는 것은 아니지만, 마음 쓰는 것이 굳세지 못하여 마치 모래를 손으로 퍼 날라서 하수(河水)를 메우는 것과 다름없습니다. 아침에 뉘우치고도 저녁에는 잊어버리곤 하니 항상 깊이 스스로 슬퍼할 뿐입니다. 이번에 저를 이끌어 가르쳐 주신 것이 이토록 지극하니 감히 명심하고 자주 반성하지 않을 수 있겠습니까. 다만 해소할 수 없는 의문점이 있어 감히 질정하지 않을 수 없습니다.

세상의 도의(道義)가 쇠미해져서 사람의 마음이 선량하지 못하니, 저마다 자기의 주장을 다투어 지껄여서 도(道)를 어지럽히고 사람을 그르칩니다. 이것은 실로 인인 군자(仁人君子)가 깊이 근심하고 크게 탄식할 일입니다. 여강(驪江 윤휴)이 자신의 학설을 스스로 내세워 주자의 가르침과 견해를 달리한 것은 우리 유가의 법도와 그 대체가 같다고 할 수 없습니다. 그렇다고 그를 정자(程子)를 간당(姦黨)으로 지목한 자들이나 주자(朱子)를 위학(僞學)으로 몰던 자들[8]과 같은 죄과(罪

7 증산(甑山) : 석성(石城)의 증산에서 우거하던 윤문거(尹文擧)를 가리킨다.

8 정자(程子)를……자들 : 북송 때 정이(程頤)를 간당으로 지목했던 채경(蔡京), 장

科)로 논할 수는 없지만, 한번 잘못 변하면 끝내는 말하기 어려운 지경에 이르지 않을지 어찌 알겠습니까. 더구나 그 무리 중에 어리석고 망녕된 자들은 돌아가며 서로 그의 설을 자랑하기를 "백호(白湖 윤휴)의 견해가 주자보다 높다." 하면서 방자하게 공공연히 떠들어 대어 사람으로 하여금 감히 대들지 못하게 하고 있습니다.

당초에 여강이 이런 견해를 가진 것은 다만 한때 자기 뜻을 통쾌하게 하려는 데 불과하였으니, 그 역시 폐해가 이 지경에 이를 줄은 몰랐을 것입니다. 이 때문에 어리석은 제가 참으로 마음이 아프고 근심스러운 나머지 힘이 모자란 것도 헤아리지 않고 정성을 다해 끝까지 말해서 조금이나마 구제하려고 하였는데, 그때마다 떠들썩한 말이 사방에서 일어나 눈을 흘기고 비방하기를 마치 사사로운 원수를 대하듯 하니 한심스러워 또한 속으로 한번 웃고 만 적도 있었습니다. 형은 이러한 기상이 달거나 쓴 맛을 서로 조화시켜 다 같이 입에 맞는 것처럼 만들 수 있다고 생각하십니까?

지난 을미년(1655, 효종6) 겨울에 춘형(春兄 송준길)이 저에게 편지를 보내어 "내가 여강을 높이지 않았기 때문에 연소배에게 죄를 얻었다.……"라고 말하였습니다. 지금은 상황이 그때와 또 현저하게 다릅니다. 제가 비록 태도를 바꾸고 행실을 더럽혀 저 무리에게 복종하겠다고 빌더라도 저 무리가 어찌 받아 주려고 하겠습니까. 그러므로 다만 성현이 남긴 이 경서(經書)를 품고 내 졸렬한 뜻을 고수하다가 죽기만을 생각할 뿐이요, 이 밖에는 다른 소망이 없습니다.

또 한 가지 할 말이 있습니다. 형은 저 무리와 구차하게 동조하고

돈(章惇) 등과 남송 때 주희를 위학이라고 몰았던 한탁주(韓侂冑)를 가리킨다.

억지로 영합하여 국가를 이롭게 할 수 있으리라고 생각하십니까? 설령 그렇게 할 수 있다 하더라도, 그것으로 국운(國運)을 지탱하는 것은 수천 년에 불과하고 도학(道學)을 해친 죄는 억만년이 지나도 씻기 어려울 것입니다. 아무리 어리석은 사람이라도 어찌 겨우 수천 년의 국운을 지키기 위해 억만년 동안 도학에 죄를 지으려고 하겠습니까. 어리석은 저의 소견은 이와 같은데, 반드시 이를 옳다고 생각하는 것이 아니라 고명하신 형에게 질정을 구하고자 하는 것입니다. 부디 애처롭게 여겨 가르쳐 주시는 것이 어떻겠습니까.

일을 범하는 것은 이루기 어려움과 지키기 어려움이 있기 이전에 이미 처리하기 어려운 단서가 있습니다. 저의 소견으로는 안으로부터의 파열이 하루도 못 되어 바로잡힐 것이니, 굳이 저지하지 않더라도 저절로 할 수 없게 되리라고 생각합니다.

노선생(老先生)의 말솜씨를 닮았다는 말씀은 제가 전혀 생각지 못한 것입니다. 형이 근심하고 염려하는 마음은 자상하고도 깊습니다만, 유약(有若)이 성인(聖人)과 비슷하다는 주장[9]이 아니겠습니까. 이런 말을 다시는 서로 말을 주고받는 사이에 꺼내지 말아서 이 못난 사람이 거듭 사문(斯文)에 죄를 얻지 않도록 해 주시기 바랍니다.

복제(服制)에 대한 의론을 형이 옳다고 인정해 주시니, 크게 잘못되지 않았음을 스스로 다행스럽게 여깁니다. 소소하게 차이 나는 부분은 또한 모두 형이 바로잡아 주신 것을 받아들입니다. 여강의 참최설(斬衰

9 유약(有若)이……주장 : 공자가 별세한 뒤에 제자인 자하(子夏), 자장(子張), 자유(子游)가 유약이 공자와 기상과 언행이 비슷하다는 이유로 공자를 섬기던 예(禮)로 유약을 섬기자고 주장한 일이 있었다. 《孟子 滕文公上》

說)[10]이 다시 천지를 뒤흔드는 모양새여서 사람으로 하여금 넋이 빠지게 하니, 어떻게 말해야 할지 모르겠습니다. 일전에 마침 도성에서 서로 전하는 말을 들으니, 역시 그 무리가 함부로 서로 떠벌리면서 고금(古今)을 종횡무진하고자 한답니다. 이것이 또한 어찌 여강의 본의이겠습니까. 단지 흘러가서 생긴 폐단이 그렇게 만든 것입니다.

아동(丫洞)[11] 일문(一門)이 연이어 무거운 탄핵을 받았으니 얼마나 탄식할 일입니까. 제가 도성에 있을 때 지성으로 그를 훈계하였고, 그도 훈계하는 말을 들을 때 옳게 여겼습니다. 다만 그의 기질과 습성이 경솔하고 부박하여 부딪히는 일마다 참지 못하니 어찌하겠습니까. 하지만 그렇더라도 형의 말씀에 따라 다시 면려해야겠습니다. 가만히 듣자니, 형이 도성에 계시던 날에 여럿이 모인 자리에서 아동이 탄핵받은 것은 마교(馬橋)의 일[12] 때문이라고 말하자, 그 말을 들은 사람들이 지엽적인 일을 너무 부풀린 것이라고 하였다고 합니다. 저는 '형처럼 엄밀한 분도 간혹 언사에 소홀함을 면치 못하는데, 더구나 저처럼 비루한 사람이야 말할 나위가 있겠는가.'라고 여겼습니다. 하지만 당시 형의 말은 범연히 논한 것일 뿐이고, 진상(眞象)이 없는 것이었기 때문에

10 여강의 참최설(斬衰說) : 윤휴가 효종의 상에 자의대비(慈懿大妃) 조씨(趙氏)가 참최 삼년복을 입어야 한다고 주장한 것을 가리킨다.

11 아동(丫洞) : 《송자대전수차(宋子大全隨箚)》 권4에는 김장생(金長生)의 증손 김만기(金萬基)를 가리킨다고 하였다.

12 마교(馬橋)의 일 : 마교는 마교에 살던 이류(李瀏)를 가리킨다. 1659년 1월에 대사간 이홍연(李弘淵)과 정언 김만기가 효종에게 유학(幼學) 이류가 등용하기에 부적합한 인물이라고 아뢰고, 그를 천거한 윤휴를 추고(推考)하도록 청하였다. 《宋子大全隨箚 卷4》《孝宗實錄 10年 1月 6日》

문제 될 것은 없었습니다. 그런데 지금 대방(帶方) 사람[13]이 탄핵을 받은 것이 이간(李諫)[14]에게서 비롯되었기 때문에 마교에 대한 말이 시끄러워지는 것을 다시 감당할 수 없게 되었다고 하니, 이것이 매우 걱정됩니다.

돈암서원(遯巖書院)의 제문(祭文)은 일찍이 보았는데, 대단히 좋았습니다. 만일 형의 뜻에 부족한 곳이 있다면 손질만 더해 주시면 될 텐데, 어찌 꼭 이처럼 다시 사양할 필요가 있습니까. 할 말은 많으나 병으로 피곤하여 다 말씀드리지 못합니다.

13 대방(帶方) 사람 : 남원 윤씨(南原尹氏)인 윤휴를 가리킨다. 대방은 남원의 이칭이다.

14 이간(李諫) : 이류를 배척한 대사간 이홍연을 가리킨다. 293쪽 주12 참조.

윤길보에게 답함 경자년(1660, 현종1) 4월 20일
答尹吉甫 庚子四月二十日

소식이 조금 뜸해져 그리움이 매우 깊어졌습니다. 방금 우편 속에서 보내 주신 편지를 받으니 매우 위로되고 감격스럽습니다. 저는 어제 상소에 대한 비답을 받았으나 체직을 허락받지 못하여 다시 상소를 올리지 않을 수 없으니, 황공하여 몸 둘 곳이 없습니다.

서원(西原 청주(淸州))의 묘소 아래에 조금 일이 있어 단오에 맞추어 마치려고 하고, 겸하여 구주(衢州)와 신주(信州)의 고사[15]에 의거하여 그곳에 이르러 명을 기다리고자 합니다. 내일쯤 출발하려고 하는데, 아드님이 함께 가는 것을 허락해 주었습니다. 그곳에는 분암(墳菴)이 있으니 후질(厚姪)[16] 무리를 불러 함께 앉아 책을 읽는다면 또한 충분히 즐거울 것입니다.

예송(禮訟)이 확대되는 듯하여 우려스럽기 그지없습니다. 하지만 단지 예법을 변통하고 원칙을 변별하면 문제 될 것이 없는데, 반드시 말하기 어려운 곳까지 파고들어 사람으로 하여금 몸에 소름이 돋고 마음을 놀라게 하고자 하니, 그 뜻을 알 수 없습니다. 성명하신 성상께서 위에 계시지 않았다면 이 몸은 이미 형벌의 재앙에 빠진 지 오래일

15 구주(衢州)와 신주(信州)의 고사 : 주희(朱熹)가 소명(召命)을 받고 도성인 임안(臨安)으로 가는 도중에 구주와 신주에 머물며 사직 상소를 올리고 면직되기를 기다렸던 일을 가리킨다. 《宋子大全隨箚 卷4》

16 후질(厚姪) : 송시열의 종질(從姪) 송기후(宋基厚)를 가리킨다.

것입니다. 도성에서 온 사사로운 편지를 받을 때마다 넋이 빠지고 혼이 달아나지 않은 적이 없습니다. 마침 노성(魯城 이산(尼山))의 수령을 대하느라 이만 줄입니다.

윤길보에게 보냄 경자년(1660, 현종1) 4월 29일

與尹吉甫 庚子四月二十九日

날씨가 더워지는 시기에 일상생활은 어떠신지 모르겠습니다. 그리움이 간절합니다. 시사(時事)가 이 지경에 이르렀으니, 죄가 실로 저에게 있습니다. 스스로 부끄러워 죽고만 싶습니다. 평소 눈을 뜨고 사람 볼 줄 모른다는 경계를 지금부터는 함께 유의하는 것이 좋겠습니다. 삼왕(三王)이 제사 지낼 때 하수(河水)에 먼저 제사 지내고 나중에 바다에 제사 지냈습니다.[17] 그 또한 사물의 이치에 밝은 것이 아니겠습니까. 하지만 모두 이미 지난 일인지라 버려두고 다시 언급하지 말며 오히려 자신에게 속한 것에 힘쓰는 것이 또한 옳지 않겠습니까.

저는 날로 노쇠해져 스스로 슬퍼하고 있을 뿐입니다. 큰아드님이 고맙게도 제 곁에 머물러 주어서 게으름을 경계하는 데 무척 도움이 되었는데, 지금 갑자기 이별하니 늙은이의 감회가 심란해지는 것을 형언할 수 없습니다. 끝으로 더욱 자중자애하시어 멀리 있는 저의 성심을 위로해 주시기를 바랍니다.

17 삼왕(三王)이……지냈습니다 : 《예기》 〈학기(學記)〉에 "삼왕이 물에 제사 지낼 때에는 하수에 먼저 지내고 바다에 나중에 지내니, 하나는 근원이고 하나는 말단이기 때문이다. 이것을 근본에 힘쓰는 것이라고 한다."라고 하였다. 예송(禮訟)이 윤휴로부터 시작되어 윤선도(尹善道)에게서 극에 달하였으니, 그 근원인 윤휴부터 먼저 다스려야 한다는 의미로 인용한 것이다. 《宋子大全隨箚 卷4》

윤길보에게 답함 경자년(1660, 현종1) 5월 15일

答尹吉甫 庚子五月十五日

병으로 궁벽한 산골에 칩거하고 있으니 형에게 달려가고 싶은 마음이 날로 더합니다. 어제 우편 속에서 수찰(手札)을 받고는 너무나 기쁘고 후련하였습니다. 저는 성상께서 염려하고 계시다는 것을 알고서 집을 떠나 감히 묘소 아래에 그대로 머물 수 없었습니다. 그래서 바로 돌아왔으나 또한 감히 집까지 이르지 못하고 산속에 자취를 감추었습니다. 객지 생활을 오래 한 까닭에 위장병이 갑자기 심해져 답답하고 괴롭습니다.

탄옹(炭翁 권시)이 물러나고 여강(驪江 윤휴)이 나아가는 것은 감히 알 바가 아니지만, 초려(草廬 이유태)가 더디고 시남(市南 유계)이 외로운 것은 매우 가련합니다. 오늘날 온갖 해괴한 일이 모두 저로 말미암아 일어난 것이라 우러러도 부끄럽고 굽어보아도 부끄러워 실로 죽고만 싶습니다. 형은 이미 멀리 있고 증형(甑兄 윤문거(尹文擧))은 그와 이익을 함께하지 않으니[18] 저 사람의 정상(情狀)을 어떻게 자세히 들을 수 있겠습니까. 하지만 대략 큰아드님의 편지에 실려 있는 것을 형이 들었으리라 생각하니 놀라서 식은땀이 납니다. 그러나 버려두고 다시

18 그와……않으니 : 윤휴(尹鑴)와 소원하다는 말이다. 한유(韓愈)의 〈원훼(原毁)〉에 "일찍이 시험 삼아 사람들에게 '아무개는 훌륭한 선비이고 아무개도 훌륭한 선비이다.'라고 하였더니, 그 말에 호응하는 자들은 반드시 그 사람들의 벗이었고, 그렇지 않으면 그 사람들과 소원하여 이익을 함께하지 않는 자들이었으며, 그렇지 않으면 그들을 두려워하는 자들이었다."라고 하였다. 《五百家注昌黎文集 卷11》

언급하지 않는 것이 좋겠습니다. 오직 차야(次野)라면 화를 면할 것이니[19] 그저 한번 웃을 뿐입니다. 이만 줄입니다.

19 오직……것이니 : 차야는 중종 때의 문신 이자(李耔, 1480～1533)의 자이다. 이자는 조광조(趙光祖) 등 신진 사류에 속했으면서도 남곤(南袞), 김안로(金安老) 등 훈구 세력과도 원만하게 지내어 두 세력의 중간에서 반목과 대립을 해소하고 온건한 정책으로 유도하고자 노력하였다. 이 때문에 기묘사화가 일어나 제공(諸公)이 의금부에 갇혀 영결할 때 "차야는 반드시 화를 면할 것이다."라고 하였다고 한다. 《宋子大全隨箚 卷3》《海東野言 中宗上》 여기서는 윤휴와도 친밀한 관계를 맺고 있는 윤선거를 비유한 말로 보인다.

윤길보에게 답함 경자년(1660, 현종1) 6월

答尹吉甫 庚子六月

무더운 날씨에 형에게 달려가고 싶은 마음이 날로 더합니다. 어제 홀연 진잠(鎭岑)의 우편을 받고 형제가 함께 지내시는 즐거움이 한창이라는 소식에 무척 기뻤습니다. 저는 더위로 인한 병이 가볍지 않다가 그대로 설사로 이어졌는데, 약을 먹어도 오래도록 효과가 없어 어쩔 수 없이 아이를 불러 돌아갈 계획을 하고 있습니다.

초려(草廬)에 대해 운운하신 것[20]으로 말하자면, 이 말씀은 참으로 점잖고 너그러운 의미를 지니고 있습니다. 하지만 음양이 쇠하거나 성하는 시기에 주상의 위세가 조금이라도 경도되어 그쪽 부류로 빠져들지 않게 하려는 계책으로 보면 부득이 그렇게 하지 않을 수 없는 점이 있습니다. 어찌 향리의 체면과 인정 때문에 위로 임금께 잘못된 사실을 아뢸 수 있겠습니까. 저는 이미 한가로운 처지에 있어 초려와는 사체(事體)가 다릅니다. 하지만 깊은 근심과 우려에 간혹 밤새도록 잠을 못 이루는 때도 있으니, 이것이 어찌 자기 한 몸만을 위한 사사로운 계책이겠습니까. 다만 형의 고견이 다시 어떠한지 모르겠습니다. 이만 줄입니다.

20 초려(草廬)에……것 : 1660년 4월에 윤선도(尹善道)가 상소를 올려 복제(服制)를 논하면서 송시열과 송준길을 심하게 비난하니, 여론이 윤선도의 처벌을 요구하였다. 이때 권시(權諰)가 윤선도를 옹호하는 상소를 올렸는데, 이유태(李惟泰)가 권시의 잘못을 극언하였다. 윤선거가 앞서 송시열에게 보낸 편지에서 그러한 이유태의 태도가 너무 박절하다고 언급한 것을 가리킨다.《宋子大全隨箚 卷4》《顯宗實錄 1年 4月 18日》

윤길보에게 답함 경자년(1660, 현종1) 6월

答尹吉甫 庚子六月

보내신 편지에서 자세히 말씀하시면서 정성스럽게 가르쳐 주시니 깨우친 점이 많았습니다. 감사하기 그지없습니다. 초형(草兄)의 일[21]은 참으로 지나친 데가 간혹 있었습니다만, 오늘날의 일을 심각하게 허물해서는 안 될 듯합니다. 숙자(叔子)가 형서(邢恕)를 논한 말이 비록 너그러웠으나,[22] 이처럼 임금의 총애를 받아 임금을 보좌하게 된 때였다면 필시 정도(正道)를 해치고 국가를 잘못되게 한 죄를 엄폐하여 임금에게 잘못 아뢰지는 않았을 듯합니다. 더구나 그가 "의리가 이욕(利慾)을 이기지 못했기 때문이다."[23]라고 한 말은 어찌 형서의 간사한 근본을 명료하게 쳐서 깨뜨린 것이 아니겠습니까. 초형은 오늘날 비륵 말은

21 초형(草兄)의 일 : 이유태(李惟泰)가 윤선도를 옹호한 권시를 극렬하게 비판한 것을 가리키는 것으로 보인다. 300쪽 주20 참조.

22 숙자(叔子)가……너그러웠으나 : 숙자는 북송 때의 학자 정이(程頤)를 가리킨다. 정이의 문인이었던 형서가 그를 배반하고 장돈(章惇) 등과 함께 정이를 모함하여 정이가 부주(涪州)로 귀양을 가게 되었다. 귀양을 가는 길에 문인 사양좌(謝良佐)가 귀양을 가게 된 원인으로 형서와 족질(族姪) 정공손(程公孫)을 지목하자, 정이가 "족질은 지극히 어리석어서 꾸짖을 것조차 없고, 고인(故人)은 정이 두터워서 감히 의심하지 못한다."라고 하였다. 《二程遺書 伊川先生年譜》 고인은 문인이라는 뜻으로, 형서를 가리킨다.

23 의리가……때문이다 : 어느 문인이 정이에게 "형서가 오랫동안 선생님을 모셨으나, 전혀 지식이 없기 때문에 나중에 크게 낭패당한 것입니다."라고 하자, 정이가 "지식이 전혀 없다고 할 수는 없다. 다만 의리가 이욕을 이기지 못해서 이런 지경에 이른 것이다."라고 하였다. 《近思錄 卷7 出處》

많이 했어도 이처럼 엄준한 말은 한마디도 없었습니다. 어떻게 생각하십니까? 그리고 최(崔)의 일은 오늘날의 일과 그 경중(輕重)이나 깊이가 본래 같지 않습니다. 형이 오늘날의 일을 자세히 모르시는 듯합니다. 대개 저는 초형이 탄옹(炭翁 권시)과 여강(驪江 윤휴)을 논하며 같은 부류로 여기니, 이것은 정밀하지 못하다고 생각합니다. 어떻게 생각하십니까? 형에게는 감히 소회(所懷)를 다 말씀드리지 않을 수 없으니, 부디 다른 사람에게 말하지 마시기 바랍니다.

임피(臨陂)의 선비가 방문하여, 형이 춘형(春兄 송준길)에게 보내는 편지를 받았습니다. 춘형은 지금 사산(沙山)[24]에 들어가 있습니다. 병에 시달리느라 기운이 없어 이만 줄입니다.

24 사산(沙山) : 공주(公州)에 있는 산으로, 송준길의 선영(先塋)이 있는 곳이다. 《宋子大全隨箚 卷3》

윤길보에게 답함 경자년(1660, 현종1) 6월

答尹吉甫 庚子六月

인편이 있을 때마다 마음을 써서 안부 편지를 보내 주시니 위로되고 감사한 마음 더욱 간절합니다. 부탁하셨던 문자는 거듭 번거롭게 요청하시게 했는데, 삼가 이미 명을 받들었습니다. 여기에 가족이 단란하게 모인 즐거움은 과연 편지에서 말씀하신 대로입니다. 다만 사가(私家)의 복이 지나친 점을 생각하면 두려운 마음이 없을 수 없습니다. 인가(仁哥)[25]에게 오래도록 유익한 가르침을 받았는데, 지금 갑자기 떠나가니 다시 암담하고 쓸쓸해질 것입니다. 서글픈 마음 견딜 수 없습니다.

변(邊)의 일은 말하고 싶지 않습니다. 다만 남보다 조금 나이가 많은데도 신뢰를 받지 못하고 그로 하여금 낭패에 빠지게 하였으니, 밤낮으로 부끄러운 나머지 땀이 사흘 동안 흐를 뿐만이 아니었습니다.

춘형(春兄)은 새로운 임명[26]에 대해 벌써 사장(辭狀)을 올렸는데 장차 어떻게 결말이 날지 모르겠습니다. 초형(草兄 이유태)은 매우 염려됩니다. 저는 사방에서 적의 공격을 받으면서도 무사함을 보장받은 경우는 보지 못하였습니다.

더위가 심한 가운데 시절에 따라 보중(保重)하시어 우러르는 저의 마음을 위로해 주시기 바랄 뿐입니다.

25 인가(仁哥) : 자가 자인(子仁)인 윤증을 가리킨다.

26 새로운 임명 : 1660년 6월 6일에 송준길이 대사헌에 제수된 것을 가리킨다. 《顯宗實錄 1年 6月 6日》

윤길보에게 답함 경자년(1660, 현종1) 8월
答尹吉甫 庚子八月

자세하게 가르쳐 주시어 감사하기 그지없습니다. 더구나 너그럽고 신중하신 뜻은 소인(小人)의 마음으로는 더욱이 엿볼 수 없는 것이어서 한층 더 흠모하게 되었습니다. 다만 이른바 희중(希仲 윤휴(尹鑴))이라는 사람은 누구입니까? 이것은 감히 알 수가 없습니다. 시남(市南 유계(兪棨))이 관심을 끊고 돌아온다면 그에게는 어찌 편하고 좋은 일이 아니겠습니까마는, 송나라 왕의 곁에서 한 명의 설거주(薛居州)가 또 떠나간다면[27] 어찌 그것이 사소한 일이겠습니까. 아무튼 춘형(春兄)은 끝내 도성으로 올라간 사람이 되었으므로 어느 정도는 지탱해 주기를 바라고 있습니다. 그래서 제가 감히 〈반초은(反招隱)〉[28]을 짓지 않는 것입니다.

그동안 보내 주신 형의 편지는 아까워서 감히 경계하신 대로 없애지 못하였습니다. 하지만 이야기한 내용을 담고 있는 것은 절대로 감히 다른 사람에게 보이지 않겠습니다.

듣자니 형이 여강(驪江 윤휴)을 질책한 편지에서 소탈하다고 한 말을 가지고 여강이 파다하게 말을 퍼뜨려 부정할 수 없는 큰 증거로 삼았

27 송나라……떠나간다면 : 설거주는 전국 시대 송나라의 현신(賢臣)이다. 송나라 사람 대불승(戴不勝)이 송나라 왕을 선하게 만들려고 설거주를 항상 왕의 측근에 있게 한 일이 《맹자》〈등문공 하(滕文公下)〉에 보인다.

28 반초은(反招隱) : 관직에 있는 사람에게 전원으로 돌아갈 것을 권고하는 내용의 시이다. 왕강거(王康琚)의 〈반초은〉이 유명하고, 주희(朱熹)가 지은 것도 전한다.

고, 그 무리들은 형을 끊임없이 칭송하여 참된 대인(大人)으로 여긴다고 합니다. 이것은 참으로 좋은 말입니다만, 저의 처지에서 보자면 매우 괴로울 듯합니다. 형은 어째서 저 사람들을 괴롭게 여기지 않고 도리어 저를 훈계하십니까. 그리고 저들을 진실로 두려워할 것이 없다고 하신다면 의탁하고 계신 산림(山林)도 무슨 두려워할 만한 것이 있겠습니까. 가르쳐 주신 의미를 깊이 깨닫지 못하겠습니다. 할 말은 많지만 너무 바빠 이만 줄입니다.

윤길보에게 답함 경자년(1660, 현종1) 11월

答尹吉甫 庚子十一月

그리움이 세모를 맞아 더욱 간절합니다. 큰아드님이 방문하여 보내신 편지를 전해 주니 저의 마음이 형언할 수 없이 기쁘고 후련합니다. 더구나 별지에서 자세히 하신 말씀이 모두 충후하고 간절한 마음에서 발로된 것이라 더욱 공경과 찬탄을 이길 수 없습니다. 제가 이것을 춘형(春兄 송준길)에게 일러 드린 지 오래입니다. 춘형은 불가하다고 여기지 않은 적도 있었고, 사물과 저 사이에 간극이 있다는 이유로 꾸짖기도 하였습니다. 이것은 공평하게 베푸는 도리가 물건을 저울질한 뒤에 있다는 것을 모르는 것입니다. 지금 보내 주신 편지를 가지고 다시 함께 상의해 보아야겠습니다.

화숙(和叔)의 일[29]에 대한 저의 견해는 지난번 편지와 차이가 없습니다. 이미 옛 근거가 없다면 주나라의 예를 따르는 것이 낫지 않겠습니까.[30]

29 화숙(和叔)의 일 : 박세채(朴世采)가 유아(幼兒)일 때 숙부 박유(朴澔)의 후사가 되어 숙모 조씨(趙氏)에게 양육되었는데, 백형(伯兄) 박세래(朴世來)가 요절하여 도로 생부인 박의(朴漪)의 후사가 되었다. 당시에 박세채가 양모(養母)인 조씨를 위해 어떤 상복을 입어야 할지를 두고 논의가 있었다. 《宋子大全隨箚 卷4》

30 옛……않겠습니까 : 《중용장구》 제28장의 "내가 하나라의 예를 말할 수 있지만, 그 후예인 기(杞)나라에서 그것을 실증하기에 부족하다. 내가 은나라의 예를 배웠고 그 후예인 송나라에 그것이 남아 있지만, 내가 배운 주나라의 예를 지금 세상에서 쓰고 있으니 나는 주나라의 예를 따르겠다."라는 공자의 말에서 온 것이다. 옛 근거를 찾을 수 없다면 지금 세상에서 사용하고 있는 예를 따르는 것이 낫다는 말이다.

저는 요즘 한질(寒疾)을 앓고 있는데, 일정한 때도 없이 나았다가 더칩니다. 이 때문에 책을 읽는 공부에 전혀 두서가 없습니다. 크게 탄식해도 어쩌겠습니까.

선인(先人)의 명(銘)은 아직 붓을 들지 못했습니다. 하지만 지을 수 있게 되면 바로 지을 것입니다. 공역(工役)에 들어갈 시기를 기일에 앞서 알려 주시는 것이 어떻겠습니까. 서재의 이름은 큰아드님에게 말해 주겠습니다. 나머지는 다 쓰지 못합니다.

윤길보에게 답함 경자년(1660, 현종1) 12월

答尹吉甫 庚子十二月

우편 속에서 편지를 받았는데, 가르쳐 주신 뜻이 정성스럽고 간절하니 감사하기 그지없습니다. 다만 공자(孔子)가 앉았던 자리가 따뜻해질 겨를이 없었던 일[31]과 안자(顔子)가 골목에서 안빈낙도의 지조를 지켰던 일[32]은 서로 도리에 어긋나지 않는다는 점에서 문제 될 것이 없습니다. 설령 서로 어긋나더라도 반드시 합치되는 의리가 있으니, 형은 어째서 스스로 돌아보지 않고 그저 남을 책망하십니까.

저는 못나고 병골이어서 이런 엄동설한을 맞아 얼어 죽는 신세를 면치 못할 듯하니, 감히 명년에 큰 그릇에 담긴 떡국 먹기를 바랄 수 있겠습니까. 선인(先人)의 명(銘)은 어찌 감히 잠시라도 잊었겠습니까. 다만 공역에 착수할 수 있는 시기에 이르러 미리 알려 주신다면 앞서의 초안대로 지어 보내 드리겠습니다.

안숙(晏叔 정양(鄭瀁)) 쪽에 보내는 편지는 이미 인편에 부쳤습니다.

31 공자(孔子)가……일 : 공자가 난세를 구하기 위해 쉴 새 없이 바쁘게 돌아다녔던 일을 가리킨다. 후한(後漢) 반고(班固)의 〈답빈희(答賓戲)〉에 "공자가 앉은 자리는 따스해질 틈이 없었고, 묵자(墨子)의 집 굴뚝은 검게 그을릴 틈이 없었다."라고 하였다. 《文選 卷45》

32 안자(顔子)가……일 : 안연(顔淵)이 누추한 골목에서 안빈낙도하며 살았던 일을 가리킨다. 《논어》 〈옹야(雍也)〉에 "어질구나, 안회(顔回)여. 한 그릇의 밥과 한 바가지의 물로 누추한 골목에서 사는 것을 다른 사람들은 견디지 못하는데, 안회는 그 즐거움을 한결같이 변치 않으니, 어질구나, 안회여."라고 하였다.

일전에 교리(校理) 민애(閔哀)[33]가 제천(提川) 골짜기에서 찾아와 안숙의 형편을 다 말해 주었는데, 저도 모르게 눈물을 떨구었습니다. 한 해가 다 가려고 하는 가운데 도(道)를 위해 더욱 보중하시기를 다시금 바랍니다.

33 민애(閔哀) : 민정중(閔鼎重, 1628～1692)을 가리킨다. 본관은 여흥(驪興), 자는 대수(大受), 호는 노봉(老峯)이다. 송시열의 문인이다. 민정중이 1659년 7월에 부친상을 당하여 아직 상중에 있기 때문에 이렇게 칭한 것이다.

윤길보에게 답함 신축년(1661, 현종2) 1월 22일
答尹吉甫 辛丑正月二十二日

황우(黃友)가 와서 형의 편지를 전해 주어 신춘(新春)을 맞아 형의 기거가 더욱 복되시다는 알게 되니, 위로되고 후련한 마음 그지없습니다. 저는 여전히 오래된 병을 앓고 있습니다. 괴로운들 어쩌겠습니까. 이 또한 신중하지 못했던 소치이니 뒤미처 후회하려고 해도 늦었을 따름입니다.

전에 보내왔던 두 장의 편지는 보내 드렸습니다. 그 내용 중에 3대를 제사 지낸다고 한 말은 제 생각에는 아들, 손자, 증손 3세(世)를 말하는 것이 아닌 듯합니다. 《가례(家禮)》에 "성인(成人)으로서 후사(後嗣)가 없이 죽은 자는 형제의 손자 때까지 제사 지낸다."라는 글이 있습니다. 형제와 그 형제의 아들, 그 형제의 손자까지 아울러 3대가 되니, 이것이 가장 근거로 삼을 만한 것입니다. 그래서 일전에 인용하여 말했던 것입니다.

그리고 화숙(和叔)이 양모(養母)에 대한 일[34]은 한공(韓公)이 정씨(鄭氏)에 대한 일[35]과는 차이가 있는 듯합니다. 정씨는 비록 양육의 은혜가 있었으나 '수숙(嫂叔)'이라는 명칭은 고친 적이 없었습니다. 지

34 화숙(和叔)이……일 : 박세채와 어려서부터 그를 길러 준 숙모 조씨(趙氏)에 대한 일을 가리킨다. 306쪽 주29 참조.

35 한공(韓公)이……일 : 당나라 때의 문인 한유(韓愈)가 3세에 고아가 되어 형수 정씨에게 양육되었던 일을 가리킨다.

금 화숙의 경우는 망자의 생시에 이미 '모자(母子)'라는 명칭이 정해졌는데, 사후에 도리어 '숙질(叔姪)'이라는 의리를 따른다면 온당하지 못한 듯합니다. 어떻게 생각하시는지요? 부디 다시 가르침을 주시기 바랍니다.

윤길보에게 답함 신축년(1661, 현종2) 2월 9일
答尹吉甫 辛丑二月九日

늙어 가는 사람의 마음에 날마다 염려가 떠나지 않습니다. 특별히 사람을 보내 내려 주신 문안 편지를 홀연 받았는데, 더하여 별지에 시사(時事)를 알려 주셨습니다. 미천한 제가 감히 들을 수 있는 것이 아니지만 감사한 마음은 실로 이루 다 형언할 수 없습니다.

춘형(春兄 송준길)이 소명(召命)에 달려간 일은 참으로 부득이해서입니다만, 안팎의 책무가 극히 중대하니 "공적으로는 기쁘지만 사적으로는 근심스럽다.〔公喜私憂〕"라는 네 글자가 요약되면서도 뜻을 다 포괄한 말이라 하겠습니다.

석담(石潭)의 일[36]은 사안이 중대하고 예(禮)가 성대한데, 큰아드님을 보내 주선하게 하시니 거의 유감이 없을 것입니다. 얼마나 다행입니까. 옥천(沃川)과 회덕(懷德) 두 곳의 서원에도 장차 호송해 보낼 것입니다.

저는 쇠잔한 목숨을 근근이 연명하고 있는데, 또한 호랑이에게 잡아먹힐 근심[37]이 있습니다. 어찌 저 사람이 우리를 장차 팔을 걷어붙이고

36 석담(石潭)의 일 : 성혼(成渾)을 해주(海州)의 석담서원에 추향(追享)하는 일을 가리킨다. 《宋子大全隨箚 卷4》

37 호랑이에게 잡아먹힐 근심 : 《장자(莊子)》 〈달생(達生)〉에 "노나라의 단표(單豹)라는 사람은 바위굴에 은거하면서 물만 마시고 세속의 이익을 다투지 않았다. 나이 70이 되어도 얼굴이 마치 어린아이와 같았는데, 불행히 굶주린 호랑이를 만나서 잡아먹혔다. 또 장의(張毅)라는 사람은 부잣집과 가난한 집을 두루 찾아다니며 명리(名利)를

수레에서 내려올 자[38]로 여겨서 이것을 지어 비유한 것이 아니겠습니까. 나머지는 별지에 있으니 일일이 더 말씀드리지 않습니다.

별지

춘형과 이별을 앞두고 과연 상의한 것이 없지 않았으나, 대목수가 사람들에게 방법을 가르쳐 줄 수는 있어도 사람들의 솜씨를 정교하게 해 줄 수는 없는 법입니다. 더구나 저처럼 오활하고 서툴며 또한 항상 수준이 낮은 자는 어떻겠습니까. 대개 어리석은 저의 견해는 단지 주자(朱子)의 옛말을 고수하기만 할 뿐이고 이미 고금의 차이가 있다는 것을 알지 못하니, 본디 영(郢) 사람의 편지를 연나라 사람이 견강부회한 것[39]처럼 어긋납니다. 춘형의 뜻과 일일이 부합할는지도 이미 보장

얻기에 급급했는데, 나이 40에 속으로 열병(熱病)이 나서 죽었다. 단표는 내면만을 기르다가 호랑이가 그의 외면을 잡아먹었고, 장의는 외면만을 기르다가 열병이 그 내면을 공격한 것이다."라고 하였다. 자신의 수양에 힘쓰다가 뜻밖의 변고를 당하는 것을 비유한 것이다.

38 팔을……자 : 진(晉)나라의 풍부(馮婦)는 호랑이를 손으로 때려잡는 사람이었는데, 나중에 마음을 고쳐먹고 착실한 선비가 되었다. 어느 날 그가 들판을 지나갈 때 사람들이 호랑이를 산모퉁이에 몰아 놓고 대치하고 있었다. 사람들이 풍부가 지나가는 것을 발견하고 달려가 맞이하니, 풍부가 팔뚝을 걷어붙이고 수레에서 내려와 호랑이를 잡으려고 하였다. 사람들은 모두 기뻐하였으나, 선비들은 그가 옛날 버릇을 버리지 못했다고 비웃었다. 《孟子 盡心下》 여기서는 벼슬에서 물러났던 사람이 다시 벼슬에 나아가는 것을 풍부에 비유한 것이다.

39 영(郢)……것 : 초나라 영 땅에 사는 사람이 연나라 상국(相國)에게 밤에 편지를 쓰는데, 불이 밝지 않자 "촛불을 들라.〔擧燭〕"라고 명령하면서 자기도 모르게 '거촉(擧燭)'이라는 두 글자를 편지 속에 잘못 기입하였다. 그런데 연나라 상국이 그 편지를 받고 '거촉은 밝음을 숭상하는 것이니, 밝음을 숭상하려면 현인을 발탁하여 등용해야

할 수 없는데, 더구나 하나의 공안(公案)을 사이에 두고 세상 사람들과 합치되기를 바라겠습니까. 이것이 집요한 사람이 시행하는 것을 병통으로 여기는 까닭입니다.

위추(僞酋)[40]가 운명하여 중원(中原)에 사건이 발생했습니다. 주자가 말했던, 굴자(屈子)가 수명을 연장하고 인간 세상을 벗어나고자 했던 바람[41]을 조만간 이룰 수 있을 듯합니다. 선왕(先王 효종(孝宗))께서 미처 보지 못하신 것이 애석합니다. 선왕께서 기해년(1659, 효종10) 봄에 이미 이와 같이 말씀하시고 자강(自强)에 힘을 쏟으려 하셨습니다. 하지만 하늘이 이 세상에 복을 내리지 않아 이 일이 일찍 이루어지지 못하였고 성수(聖壽)도 길지 못하였으니, 죽지 못한 외로운 신은 더욱 비통함을 이기지 못하고 피눈물을 닦습니다. 다만 오늘날 우리의 형세는 믿을 만한 것이 하나도 없는 상황에서 적에게 재앙이 생기기를 바라고 있으니, 이미 말단입니다. 더구나 저들이 옹립한 자가 혹시라도 이전보다 나아서 옛것을 경계하여 전철을 고친다면 천하의 불행이 이전보다 심해질 줄 누가 알겠습니까. 그렇다면 주자가 "잃은 것은 단지

한다.'라고 생각하고는 왕에게 건의한 결과 나라가 잘 다스려졌다는 고사에서 온 말이다. 《韓非子 外儲說左上》

40 위추(僞酋) : 청나라 황제를 폄하하여 부른 말로, 여기서는 순치제(順治帝)인 세조(世祖)를 가리킨다. 1661년 1월 7일 세상을 떠났다.

41 주자가……바람 : 오래 살아 청나라의 멸망을 보려는 바람을 가리킨다. 주희(朱熹)가 〈유덕수에게 답함〔答劉德修〕〉에서 "굴원(屈原)은 과거는 미칠 수 없고 미래는 알 수 없었으므로 자신의 수명을 연장하고 인간 세상을 뛰어넘어 신선이 되려는 생각을 가졌었다. 이것은 굴원이 당시 사람들이 함부로 저지르는 행동을 견딜 수 없어 그들이 결국 어떠한 결말을 맞을지 보고자 한 것일 뿐이다."라고 하였다. 《晦菴集 續集 卷4》 굴자는 굴원을 가리킨다.

완안량(完顔亮) 한 사람뿐이다."라고 한 말[42]이 불행히도 지금의 상황과 비슷할 것입니다.

제가 두려운 것은 오늘날 여러 사람의 생각은 천하의 일이 이전과 변화가 없는 것을 큰 다행으로 여길 뿐 기회를 틈타 분발하려는 뜻이 조금도 없다는 점입니다. 이러하니 비록 백 명의 춘형 같은 사람이 있더라도 장차 어찌할 수 있겠습니까. 하지만 형이 말하고자 하는 것이 있다면, 비록 제가 이미 말했더라도 어찌 번거롭게 또 말한다는 혐의가 있겠습니까. 단지 선왕께서 말년에 하고자 한다고 말씀하셨던 것을 들어서 실천하더라도 자강의 방법이 없는 것을 근심하지 않을 것입니다. 하지만 오늘날 뭇사람의 마음을 가만히 살펴보면 전혀 계승하고자 하는 뜻이 없습니다. 비록 선왕께서 친필로 봉서(封書)[43]에 기록하신 내용조차도 감히 성상 앞에서 말씀드리는 사람이 없으며, 비천한 신이 아뢰기라도 하면 눈을 부라리고 호기를 부리면서 물리쳐 쫓아내는 것이 혹시라도 늦을까만을 두려워하니, 그 마음을 잘못 쓴다고 또한 말할 수 있습니다. 그런 까닭에 저는 천장을 우러러 길게 탄식하며 곧바로 하늘에 호소하고자 했으나 할 수 없었습니다. 그런데 혹자는 제가 임금

42 잃은……말 : 1161년 금나라의 군주 완안량이 직접 대군을 거느리고 회수(淮水)를 건너 남송(南宋)을 침략하였는데, 거듭된 패전과 내부의 반란으로 급기야 피살되었다. 이때 주희가 동지추밀원사(同知樞密院事) 황조순(黃祖舜)에게 보낸 편지에서 "지금의 기회를 놓치고 일찍 계획을 세우지 않아 정예하고 강성한 오랑캐의 병사와 군마(軍馬)는 전혀 손실이 없으며, 지금 잃은 것은 완안량 한 사람뿐입니다. 저들이 만일 한 달 사이에 군대를 다시 수습하여 군주를 잃은 수치를 품고 침략해 와서 우리에게 보복한다면 조정의 논의가 다시 무슨 계책을 내어 막을지 모르겠습니다."라고 한 것을 가리킨다.《晦菴集 卷24 與黃樞密書》

43 봉서(封書) : 임금이 종친이나 근신(近臣)에게 사사로이 내리던 편지이다.

에게 성의가 없어 한결같이 물러나 있다고 합니다. 어리석은 저는 매번 스스로 말하기를 "나를 알아주는 것도 나를 질책하는 것도 단지 선왕께서 말년에 지니셨던 뜻 때문일 것이다." 합니다. 형들은 어떻게 생각하실지 모르겠습니다. 이 편지를 절대 남에게 보이지 마시기 바랍니다.

윤길보에게 답함 신축년(1661, 현종2) 4월 7일

答尹吉甫 辛丑四月七日

학동(鶴東)에서 보내신 답장을 진잠(鎭岑) 관아에서 매우 늦게 전달하였습니다만, 정성스러운 가르침을 받으니 위로되고 다행스럽기 그지없었습니다. 그런데 방금 새벽에 5일에 보내신 편지를 또 받고서 더욱 기쁘고 후련하였습니다. 저의 심사(心事)는 말할 것도 없습니다. 그저 손자와 한참을 울고 때로 곡하기만 할 뿐입니다. 어제 아들놈의 수찰(手札)을 받아 보니, 어머니의 명에 쫓겨 이미 이웃집으로 피신하여 당시에 무사할 수 있었다고 합니다. 그래서 제 마음이 잠시 놓였습니다만, 앞으로의 일을 어찌 기약할 수 있겠습니까. 이 때문에 우선 가려던 계획을 늦추었습니다. 하지만 지극한 정에 북받쳐서 끝내 반드시 이루고자 하는 것이지, 단지 부모의 자식에 대한 사랑 때문만은 아닙니다.

지금 보내 주신 편지를 받아 보니 참으로 제 마음을 먼저 알아주셨습니다. 다만 역병을 염려하던 끝에 기혈이 크게 쇠진하였는데, 어제부터는 병이 난 것 같은 느낌이 크게 들었습니다. 그래서 재빨리 서재로부터 이불을 가지고 집으로 돌아와 문을 닫고 깊숙이 누웠더니, 지금은 온갖 잡념이 다 사그라졌습니다.

저도 매번 초형(草兄 이유태)과 상의하여 산사 한 곳을 구해 형을 맞이하려고 하였습니다. 그런데 초형이 근래 많은 근심스러운 일로 괴로워했고, 얼마 뒤에는 저의 집에 슬프고 혼란스러운 일이 있어 미루다가 이 지경에 이르렀습니다. 계획이 착수되지 못한 채 어찌 한결같이 이 지경에 이르렀단 말입니까.

말씀하신 "듣기에 놀라운 떠도는 말"이라는 것은 어떤 일을 가리키는지요? 오늘날 혼란스러운 일이 셀 수 없이 많은데, 만약 일일이 귀로 듣고자 한다면 일의 번다함을 크게 느끼게 될 뿐입니다. 어떻게 생각하십니까?

예전에 물으신 화숙(和叔)의 설[44]에 대해 오래도록 답장을 드리지 못해 송구합니다. 이 일은 거의 서로 견해가 합치되었으나, 고명하신 형께서 아직 의심하는 점이 있는 것은 종손(從孫)이 종조(從祖)에게 양육된 경우에 비록 세 살 이전의 일이라도 오히려 본속(本屬)을 버리고 부자(父子)의 복(服)을 입을 수 없기 때문입니다. 이것은 진실로 그러하니, 이는 한 문공(韓文公)이 시동생으로서 자신의 형수를 어머니라고 지칭할 수 없었던 것과 같은 경우입니다.[45] 예(禮)로써 명칭을 다스리고 명칭으로써 상복(喪服)을 제정하니, 성인(聖人)은 명칭, 말, 행동 이 세 가지에 대해 매우 엄격하게 마음을 다하였습니다. 또한 이것을 통해 화숙이 도로 본속을 따라서는 안 된다는 것을 알 수 있습니다.

화숙이 평소에 '모자(母子)'라는 명칭을 이미 정하였고 도리에 어긋남이 없었던 것은 본래 어머니의 도리가 있었고 자식의 도리가 있었기 때문이니, 종손의 경우에 비할 바가 아닙니다. 이미 명칭을 정했던 까닭에 또 그렇게 말했던 것인데, 유독 상사(喪事)를 행할 때 그 명칭과 말을 바꾸려고 국제(國制)는 근거하기에 부족하다고 여기고 도리어

44 화숙(和叔)의 설 : 당시에 박세채(朴世采)가 양모(養母)인 조씨를 위해 어떤 상복을 입어야 할지를 두고 논란이 있었던 것을 가리킨다. 306쪽 주29 참조.

45 한……경우입니다 : 당나라 때의 문인 한유(韓愈)가 세 살에 고아가 되어 형수에게 양육되었던 일을 가리킨다.

'절반쯤 올리다가 중간에 떨어뜨리는 것〔半上落下〕'[46]에서 찾고자 하니, 저는 이치를 크게 해치지 않고 오히려 근거도 있는 국제를 우선 따르는 것이 도리어 낫다고 생각합니다. 어떻게 생각하십니까? 부디 다시 헤아려 보고 가르쳐 주시기 바랍니다.

염의(袡衣)[47] 제도는 《의례경전통해(儀禮經傳通解)》 상복의 주(註)에서 상고할 수 없는데, 어느 조목에 있는지 모르겠습니다. 하지만 보내 주신 새로 만든 것을 보면, 옛것이나 지금 것에는 다 해당하는 것이 없습니다. 염의가 다른 옷과 구별되는 중요한 특징은 단지 홍색 가선에 있습니다. 옛 제도를 따르고자 한다면 상의(上衣)와 하상(下裳)을 연결하여 홍색으로 가선을 둘러야 하고, 지금의 제도를 따르고자 한다면 옷의 몸통은 홍색 장삼(長衫) 모양처럼 하되 청색 천을 재단하여 사용하고 홍색으로 가선을 둘러야 하는데, 세속의 제도를 순전히 사용하는 것보다는 오히려 낫습니다. 어떻게 생각하십니까? 지금 이 옷의 치마는 양쪽 측면 부근을 연결하지 않았고 또 주름이 있으니, 옛 제도의 상의와 하상의 치마와는 차이가 있습니다. 그리고 옷이 심의(深衣)의 옷과 같다면, 세속의 제도인 홍색 장삼이라는 것과는 같지 않습니다. 고금의 제도를 자세히 연구하여 바른 것에 가까운 하나의 제도를 만들어 일가(一家)에 사용하려는 것이니 부디 잘 헤아려 가르쳐 주시기 바랍니다. 관자(冠子)는 오지 않았습니다. 부디 나중 인편에 부쳐 주시는 것이 어떻겠습니까.

46 절반쯤……것 : 박세채가 숙모인 조씨와 모자 관계로 있다가 생부의 후사로 돌아간 뒤에 조씨의 상에 조카로서 처신하는 것을 비유한 말이다.

47 염의(袡衣) : 여자가 혼례에 입는 붉은 가선을 두른 옷이다.

별지

저의 아이가 남들에게 보내는 편지의 격식은 어떻게 해야 합니까?[48] 정자(程子)와 주자(朱子)는 '백모(伯母)'나 '숙모(叔母)'라고 써야 한다고 단정하였는데, 감히 어길 수 없을 듯합니다. 그러므로 민효(閔孝) 유중(維重)[49] 씨 같은 이는 저의 아이를 위로하는 편지에서 이러한 격례(格例)를 순전하게 적용하였습니다. 운봉(雲峯)[50]의 논의도 그러합니다. 혹자는 '생친(生親)' 혹은 '사친(私親)'이라고 칭하고 '소(疏)'를 '장(狀)'이라고 고치고 '애전(哀前)'을 '복전(服前)'이라고 고친다면 온당할 듯하다고 합니다. 이것은 비록 세속의 안목에는 흡족하지만 정자와 주자의 격식과는 어긋나니, 어찌 편의대로 할 수 있겠습니까. 제공(諸公)은 단지 기선(基善)[51]을 조문하는 편지에 넣어 '첨애(僉哀)'라고 칭하였는데, 이는 윤리에 매우 어긋난 것입니다. 저의 아이가 답하는 편지도 마땅히 정자와 주자의 의례(儀禮)를 따라야 하겠지만, 그 아이가 감히 독단할 수 없고 저도 감히 제멋대로 가르쳐 줄 수 없습니다. 부디 일정한 설을 제시해 주시는 것이 어떻겠습니까. 출입할 때의 복

48 저의……합니까 : 아이는 송시열의 아들 송기태(宋基泰)를 가리킨다. 송기태는 송시열의 종형(從兄) 송시형(宋時瑩)의 둘째 아들로 송시열의 후사(後嗣)가 되었다. 1661년 3월 25일에 송기태의 본생모(本生母) 파평 윤씨(坡平尹氏)가 별세하자 조문의 편지에 답장을 쓸 때 어떤 격식을 써야 할지 물은 것이다. 《恩津宋氏族譜 卷14》

49 민효(閔孝) 유중(維重) : 민유중(閔維重, 1630~1687)을 가리킨다. 본관은 여흥(驪興), 자는 지숙(持叔), 호는 둔촌(屯村)이다. 민정중(閔鼎重)의 동생이고, 숙종의 비 인현왕후(仁顯王后)의 아버지이다. 민유중이 1659년 7월에 부친상을 당하여 상중에 있었기 때문에 '민효'라고 한 것이다.

50 운봉(雲峯) : 원나라 때의 학자 호병문(胡炳文, 1250~1333)의 호이다.

51 기선(基善) : 송시형의 장남 송기선(宋基善)을 가리킨다.

(服)은 베로 만든 망건(網巾)을 쓰고 평량자(平涼子)를 착용하고 납혜(納鞋)에 짚을 쓰지 않는다면, 오히려 예법에 크게 어긋나지는 않겠지요? 심신(心神)이 슬픔으로 혼란스럽고 또 바빠서 말에 조리가 없습니다.

윤길보에게 답함 신축년(1661, 현종2) 6월

答尹吉甫 辛丑六月

답장해 주셔서 매우 감사합니다. 사문(斯文)의 성대한 예식[52]에 끝내 일을 주관하지 못했으니, 한스러운들 어쩌겠습니까. 갓을 쓰는 것에 대한 말씀은 책임이 집안의 자제들에게 달려 있습니다. 하지만 저 같은 사람은 머리가 목 위에 붙어 있는 것만도 이미 다행인데 남을 위해 손쓰는 것을 어찌 감히 바라겠습니까.

말씀하신 초형(草兄 이유태)이 운운했다는 설이 어떠한 것인지 알 수 없으나, 제가 종전부터 견지하고 있는 설은 더하거나 줄인 것이 없습니다. 초형이 전한 것이 만약 본색(本色)을 고친 것이 아니라면 어찌 오늘에서야 비로소 놀라겠습니까. 다만 오늘날의 상황은 아름답고 좋다고 말할 수 없습니다. 그 까닭을 궁구해 보아도 누구의 책임인지 알 수 없습니다. “구원하지도 못하고 따른다.”[53]라는 성인(聖人)의 가르침이 밝으니, 이것은 존형(尊兄)을 위해 지나치게 염려하지 않을 수 없는 점입니다.

제 아이가 뭿자리를 잡으려고 하는데 어려울 뿐만이 아닙니다. 그가

52 사문(斯文)의 성대한 예식 : 1661년 4월에 김집(金集)을 효종의 묘정(廟廷)에 배향할 것이 결정되었고, 그해 6월에 연산(連山)의 본가에서 신주(神主)를 옮겨 와 묘정에 배향하였다. 《承政院日記 顯宗 2年 4月 24日, 6月 10日》 예식은 본가에서 신주를 내오는 예식을 가리키는 것으로 보인다.

53 구원하지도 못하고 따른다 : 《주역》 〈간괘(艮卦) 육이(六二)〉에 “장딴지에 멈추니, 구원하지 못하고 따른다. 그리하여 마음이 불쾌하다.”라고 하였다.

광석(廣石)[54]이 좋다는 말을 듣고 자못 마음이 쏠려서 갔으나 끝내 어떠할지 모르겠습니다. 저 아이가 매우 고단하고 저도 늙어 정신이 혼미한 상황에서 네 상사(喪事)[55]의 장례를 끝내 어떻게 치러야 할지 몰라 밤낮으로 근심하고 있습니다. 이만 줄입니다.

54 광석(廣石) : 노성(魯城)과 은진(恩津)의 접경에 있는 광석평(廣石坪)을 가리킨다.

55 네 상사(喪事) : 송시열의 종형(從兄) 송시형(宋時瑩)의 집안에 연달아 상사가 난 것을 가리킨다. 송시형의 처 파평 윤씨(坡平尹氏)가 1661년 3월에, 송시형의 아들 송기선(宋基善)이 5월에, 송기선의 처 전의 이씨(全義李氏)가 4월에 세상을 떠났는데, 송시형의 묘 이장까지 포함하여 말한 것으로 보인다. 《恩津宋氏族譜 卷14》

윤길보에게 답함 신축년(1661, 현종2) 7월
答尹吉甫 辛丑七月

특별히 사람을 보내 전해 주신 편지는 참으로 감사합니다. 광석(廣石)에서 증산(甑山)에 보내는 편지를 대략 갖추어 보냈습니다. 이곳에 초형(草兄)이 방문하여 일이 없지 않았으나, 저의 병이 날로 심해져 오랫동안 쓰러져 누워 있었기에 그 시간이 참으로 아까웠습니다.

"구원하지도 못하고 따른다."[56]라는 말은 당시에 우연히 그런 생각이 들어서 함부로 말씀드렸는데, 참람한 말을 했다고 걱정하던 중이었습니다. 지금 깨우쳐 주시는 말씀을 들으니 매우 다행스럽고 감사합니다. 다만 '제현(諸賢)'이라고 말씀하신 것은 누구를 가리키는지 모르겠습니다만, 또한 마음속으로 상상이 갑니다. 이른바 '제현'이라는 사람들은 질박하고 위태로워 본래 존형(尊兄)께서 따르기에는 부족한 자들입니다. 하지만 그 나머지 사람은 출중하고 기묘하여 놀라울 만하고 좋아할 만한 자들이니, 분명히 형의 고명(高明)함으로 인해 그들에게 빠져들 것이므로 제가 망녕되이 지나치게 염려했던 것입니다.

지금 초형이 전해 준 존형의 뜻을 알고 보니, 존형이 이미 다른 사람보다 앞서서 머리를 돌리고 발길을 돌렸습니다. 기쁘고 다행스럽게 여기던 나머지 두려움이 더욱 깊어졌습니다. 저는 그 사람[57]을 깊이 흠모하고 심복했을 뿐만이 아니었습니다. 그에게 미혹되고 빠져들어

56 구원하지도 못하고 따른다 : 322쪽 주53 참조.

57 그 사람 : 윤휴(尹鑴)를 가리킨다. 《宋子大全隨箚 卷4》

헤어 나오지 못하다가 수십 년이 흐른 뒤에야 비로소 가증스러움을 깨닫고 마침내 반성할 줄 알게 되었습니다. 지금 존형은 하루아침에 능히 이와 같으시니, 마음이 공정하고 식견이 높지 않다면 어떻게 이럴 수 있겠습니까. 실로 탄복을 금할 수 없습니다. 할 말은 많지만 남겨두고 조만간 직접 뵐 날을 기다립니다. 인경(仁卿 윤증(尹拯))은 시봉(侍奉)하는 중입니까? 돌아가는 인편이 너무 바빠 따로 편지를 쓸 수 없습니다. 이만 줄입니다.

윤길보에게 보냄 임인년(1662, 현종3) 2월

與尹吉甫 壬寅二月

봄이 점차 무르익어 갑니다. 이 시절에 기거(起居)가 무한한 복을 받아 평안하시니 흠모하는 마음이 날로 더합니다. 저는 그럭저럭 지내면서 큰아드님과 날마다 주자(朱子)의 편지를 읽는데 "나보다 나은 벗과 친하게 지내고 나를 깨우쳐 주는 벗에게 도움을 받는다."[58]라는 말을 지금 제가 몸소 겪게 될 줄은 생각지도 못했습니다. 이미 스스로 축하하면서 받은 은혜도 깊다는 것을 깨닫습니다.

둘째 아드님은 한결같이 회복하여 건강해졌습니까? 송 상사(宋上舍)는 아직 문하에 의지해 있는지요? 두 사람이 보낸 편지를 모두 받았으나, 마침 자부(子婦)의 연사(練事 소상(小祥))를 치르느라 피곤하고 어지러워 미처 답장을 못 했습니다. 나머지는 더욱 자중자애하시기를 바랍니다. 이만 줄입니다.

58 나보다……받는다 : 주희가 여조겸(呂祖謙)에게 보낸 편지에 "올해 들어 모든 잡념이 다 사라지고 오직 나보다 나은 벗을 사귀는 즐거움과 나를 깨우쳐 주는 벗에게 도움을 받는 즐거움이 무궁합니다."라고 하였다. 《晦菴集 卷25 與呂伯恭書》

윤길보에게 답함 임인년(1662, 현종3) 2월

答尹吉甫 壬寅二月

어제 아침에 편지를 올렸는데 얼마 되지 않아 보내신 편지를 받으니 그리워하고 흠모하던 제 마음에 매우 위로되었습니다. 저는 큰아드님과 오랫동안 같이 지내면서 게으름을 깨우쳐 주는 도움을 크게 받았습니다. 그런데 지금 갑자기 헤어지니, 의문이 생겨도 질정할 곳이 없고 병통이 있어도 치료하기 어렵게 되었을 뿐 아니라 늙은이의 감회가 쓸쓸해져 실로 견딜 수 없을 지경입니다.

종형(從兄)의 질병은 하루아침에 치료할 수 있는 것이 아니어서 걱정 속에 날을 보내고 있습니다. 큰아드님과는 서책 이외에도 대화를 나누지 않은 것이 없습니다. 변(邊)의 일은 또한 아드님이 형을 아침저녁으로 모실 때 마땅히 다 아뢸 것입니다. 저는 스스로 삿됨이 없다고 여기지만, 외인이 보기에 어떨지 모르겠습니다.

다만 황생(黃生)[59]을 위한 설은 단지 "감히 의심하지 못한다.〔不敢疑〕"[60]라는 세 글자만 썼어야 마땅합니다. 그렇지 않다면 우계(牛溪 성혼(成渾))가 말씀하신 "어찌 사람마다 나와 의견이 같게 할 수 있겠는

59 황생(黃生) : 《송자대전수차》 권4에는 황세정(黃世楨, 1622~1705)을 가리킨다고 하였다. 본관은 회덕(懷德), 자는 주경(周卿), 호는 제곡(霽谷)으로, 송준길과 송시열의 문인이다.

60 감히 의심하지 못한다 : 정이(程頤)가 형서(邢恕)와 장돈(章惇) 등의 모함을 받고 부주(涪州)로 귀양 가는 길에 사양좌(謝良佐)와 나눈 대화에 나오는 말이다. 301쪽 주22 참조.

가."라는 한 구절을 쓰는 것이 좋았을 것입니다. 하지만 그를 구제하려고 허다한 말을 써서 많이 새던 것을 조금만 새는 정도로 봉합하여 피차간에 전혀 흡족하지 않은 상황을 초래했으니, 이는 실로 마음에 부끄럽고 후회스러운 점입니다.

이 외의 것은 어찌 다 일일이 말씀드릴 수 있겠습니까. 다만 큰아드님이 아뢰는 것을 들으시고 용서할 만한 것은 가려서 용서하고 가르침을 줄 만한 것은 하나하나 회답해 주시기를 간절히 바랍니다. 따스한 봄날에 더욱 자중자애하시기 바랍니다.

윤길보에게 답함 임인년(1662, 현종3) 5월 26일

答尹吉甫 壬寅五月二十六日

앞서 편지 두 통을 받았으나 도무지 인편을 구할 수 없어 지금껏 답장이 늦어졌으니, 부끄럽고 송구한 마음 더욱 깊어집니다. 지금 장마가 지고 날이 더운데 기거가 신령의 도움으로 편안하신지요? 큰아드님은 벌써 돌아와 모시고 있으며 봉도(蓬島)[61]의 진경을 모두 섭렵하였답니까?[62]

다만 세상의 일[63]을 듣고 통곡을 금할 수 없습니다. 하늘을 원망하지 않으려 해도 어떻게 원망하지 않을 수 있겠습니까. 돌이켜 생각하니 천도(天道)는 신명하여 보응(報應)이 어긋나지 않았습니다. 등애(鄧艾),[64] 종회(鍾會),[65] 조모(曹髦),[66] 조황(曹璜)[67]이 당했던 재앙을 오래

61 봉도(蓬島) : 석성(石城)의 봉호(蓬湖)를 가리키는 것으로 보인다. 지형이 섬처럼 생겨 이렇게 불렀으며, 석호(石湖)라고도 하였다. 《宋子大全隨箚 卷4》

62 큰아드님은……섭렵하였답니까 : 봉도는 금강산의 별칭이다. 윤선거의 큰아들 윤증(尹拯)은 1662년 3월에 영월 군수(寧越郡守)로 재직하는 중부 윤순거(尹舜擧)를 방문하여 함께 금강산을 유람하였다. 《明齋先生年譜 卷1》

63 세상의 일 : 남명(南明)의 마지막 황제인 소종(昭宗) 주유랑(朱由榔)이 1662년 1월에 면전(緬甸), 즉 현재의 미얀마에서 사로잡혀 청나라 장수 오삼계(吳三桂)에게 인계되었다가 6월에 곤명(昆明)에서 교살되었다. 《송자대전》 부록 권4 〈연보(年譜)〉에는 "금년 5월 23일에 충청 감사를 통해 영력황제(永曆皇帝)가 패망하여 청의(靑衣)를 입는 굴욕을 당했다는 소식을 들었다. 천하의 일이 이제는 다시 가망이 없어졌으니 목이 메도록 통곡하고픈 마음을 견디지 못하겠다."라는 송시열의 소기(小記)가 있다.

64 등애(鄧艾) : 삼국 시대 위(魏)나라 장수이다. 위나라가 촉나라를 정벌할 때 군사를 이끌고 음평(陰平)으로부터 산길을 통해 성도(成都)에 입성하니, 촉주(蜀主) 유선(劉禪)이 항복하였다. 나중에 종회의 무고로 피살되었다. 《三國志 魏書 鄧艾傳》

지 않아 입을 듯합니다. 다만 굴원(屈原)에게 수명을 연장하고 인간 세상을 벗어나는 술수가 없어 세상이 어떤 결말을 맞는지 볼 수 없었던 것처럼 될까 두려울 뿐입니다.[68]

저에게 여름이면 으레 나타나는 병증이 올해는 너무 심해서 살고 싶은 생각이 별로 없습니다. 하지만 고운(孤雲)[69]에 석물을 세울 때가 보고자 하니, 부디 미리 날짜를 알려 주시는 것이 어떻겠습니까. 앞서 편지에서 말씀하신 것을 춘형(春兄 송준길)과 의논하였더니 "만약 서원 아래까지 운반하려거든 도주(道主 관찰사)에게 청하는 것이 마땅하다. 다만 해당 장소에 쌓아 둘 뿐이라면 임천(林川) 한 곳만도 충분하다. 홍산(鴻山)도 남아도는데, 더구나 도주에게 청할 것이 있겠는가."라고 하였습니다. 그의 말이 그럴듯합니다. 부디 헤아려 보고 다시 가르쳐 주시기 바랍니다.

65 종회(鍾會) : 삼국 시대 위나라 장수이다. 진서 장군(鎭西將軍)이 되어 등애와 함께 촉한을 공격하여 멸망시키고, 반란을 꾀한다고 등애를 모함하여 죽인 후에 홀로 대군을 이끌고 모반을 꾀하다가 반란군에게 피살되었다. 《三國志 魏書 鍾會傳》

66 조모(曹髦) : 삼국 시대 위나라의 4대 황제로 문제(文帝) 조비(曹丕)의 손자이다. 260년에 권력을 농단하던 사마소(司馬昭)를 치려다가 도리어 시해되었다. 《三國志 魏書 高貴鄕公髦》

67 조황(曹璜) : 삼국 시대 위나라 원제(元帝) 조환(曹奐)의 본명이다. 조조(曹操)의 손자로, 조모가 시해되자 사마소에 의해 황제로 추대되었다. 265년에 사마염(司馬炎)이 위나라 정권을 찬탈하여 서진(西晉)을 건국하고, 원제를 폐위하여 진류왕(陳留王)에 봉하였다. 《三國志 魏書 陳留王奐》

68 굴원(屈原)에게……뿐입니다 : 주희(朱熹)가 유덕수(劉德修)에게 답한 편지에서 말한 내용을 원용한 것이다. 314쪽 주41 참조.

69 고운(孤雲) : 논산(論山)의 고운에 있는 김집(金集)의 묘소를 가리킨다.

윤길보에게 보냄 임인년(1662, 현종3) 10월

與尹吉甫 壬寅十月

모였다 흩어진 뒤로 마음이 더욱 괴로우리라 생각됩니다. 비가 내린 뒤에 날이 음산한데, 조용히 지내시는 기거는 신의 가호로 평안하신지요? 저는 어제부터 강촌에 우거하고 있습니다.[70] 먹을 것이 떨어지면 다시 고향의 일족에게 돌아갈 뿐입니다. 하지만 무슨 까닭에 스스로 꾸려 나가지 못하고 이렇게 방황하는 삶을 살면서 머리가 세도록 끝내지 못한단 말입니까. 한번 웃어넘길 뿐입니다.

초형(草兄 이유태)이 거취를 망설이는 것이 우려스럽습니다. 이 형이 나아가면 무중(武仲 유계(兪棨))과 중초(仲初 조복양(趙復陽))가 외롭지 않아 오히려 한둘은 구제할 수 있겠으나, 다만 묘당(廟堂)이 전혀 서로 믿지 않으니, 선생이 수수방관하다 돌아오는 꼴이 될까 도리어 두렵습니다.[71] 이런 까닭에 감히 서로 면려하지 않는 것입니다. 고명하신 형의 의견은 어떠한지 모르겠습니다.

우리가 서로 배를 타고 왕래할 수 있으니, 섬계(剡溪)의 고사(故事)[72]를 따라 하기에 딱 좋습니다만, 이렇게 병들어 쇠약한지라 흥미가

70 저는……있습니다 : 송시열은 1662년 10월 초에 여산(礪山)의 황산(黃山)으로 옮겨 우거하였다. 지금의 논산시 강경읍 황산리로 추정된다.

71 선생이……두렵습니다 : 주희가 스승인 호헌(胡憲)이 비서성 정자(秘書省正字)로 소명(召命)에 응해 떠날 때 전송하며 지어 준 시에 "원숭이가 울고 학이 원망하는 것은 무슨 일 때문인가? 그저 선생이 수수방관하다 돌아올까 염려스럽네.〔猿悲鶴怨因何事? 只恐先生袖手歸.〕"라고 하였다. 《晦菴集 卷2 送籍溪胡丈赴館供職二首》

없을 뿐입니다. 이만 줄입니다.

72 섬계(剡溪)의 고사(故事) : 진(晉)나라 왕휘지(王徽之)가 폭설이 내린 밤에 술을 마시며 좌사(左思)의 〈초은(招隱)〉 시를 읊다가 갑자기 섬계에 있는 친구 대규(戴逵)가 생각나서 밤새 배를 저어 그의 집을 찾아갔던 일을 말한다. 《世說新語 任誕》

윤길보에게 답함 임인년(1662, 현종3) 10월 22일

答尹吉甫 壬寅十月二十二日

강촌의 생활이 무료하여 너무도 흥취가 없던 차에 큰아드님의 방문을 받고 또 보내신 편지를 받으니 기쁘고 위로되는 마음을 형언할 수 없습니다. 우리들은 다 노년의 처지인지라 앞으로 어떤 일이 있을지 알기 어려운 점이 있습니다. 두 분의 연보[73]는 지금 이때 교감하여 정하지 않으면 마침내 무궁한 여한으로 남을까 두려웠으므로 저는 볼 때마다 항상 마음에 걸렸습니다. 지금 말씀하신 것을 보니 참으로 제 마음에 부합합니다. 매우 기쁘고 송구스럽습니다. 이에 초형(草兄 이유태)에게 편지를 써서 알려 주고 홍산(鴻山)의 우편을 통해 전달해 보내면서 아울러 그를 면려했습니다.

다만 저는 약속한 기일에 맞춰 글을 써 줘야 하는 일이 있습니다. 아직도 몇 사람이 이것 때문에 저를 찾아와 지키고 있으려고 합니다. 내달 5일쯤 일을 끝마치고 손님들을 보낼 계획입니다. 그 뒤에 마땅히 말씀하신 약속을 여쭙고 봉행하겠습니다. 선인(先人)의 명문(銘文)은 직접 만나서 상의하겠습니다.

73 두 분의 연보 : 이이(李珥)와 성혼(成渾)의 연보를 가리킨다.

윤길보에게 보냄 임인년(1662, 현종3) 11월

與尹吉甫 壬寅十一月

눈이 내린 가운데 원안(袁安)처럼 누워만 있으나,[74] 섬계(剡溪)의 흥취[75]가 없지 않습니다. 형은 기거가 어떠하신지 모르겠습니다. 저는 하던 일을 끝내지 못했으면서 교정하는 일도 매우 차질을 빚고 있습니다. 이전에 허락하셨던 일은 부디 저버리지 않으시겠지요. 삼가 이렇게 따로 사람을 보내 여쭙니다.

어제 조 안사(趙按使)[76]의 편지를 보았는데 12일에 여기로 와서 잔다고 하니, 형도 참석해 주시기를 고대합니다. 이 서원의 일은 어디에 비할 데 없이 틀어져 버렸습니다. 일찍이 재목을 운반하는 일에 상당한 심력을 꽤나 소비하였으나 끝내 허사가 되었습니다. 만약 조 안사 쪽에 이구동성으로 도움을 청한다면 혹시라도 조력을 얻을 수 있을 것입니다. 이러한 까닭에 더욱 형이 지체하지 말고 오시기를 바라는 것입니다.

대곡(大谷)의 문자[77]는 대략 작성하여 요청에 부응해 보냈습니다.

74 눈이……있으나 : 후한(後漢)의 명상(名相) 원안이 벼슬하기 전에 낙양(洛陽)에 살았다. 어느 날 낙양에 큰 눈이 내려서 낙양 영(洛陽令)이 민가를 순행하였는데, 원안의 집만 유독 눈을 치우지 않았다. 낙양 영이 궁금하게 여겨 집에 들어가 보니, 원안이 방에 드러누워서 일어나지 않았다고 한다. 《後漢書 袁安列傳》

75 섬계(剡溪)의 흥취 : 눈이 오자 배를 타고 윤선거를 방문하고 싶은 흥취가 생겼다는 말이다. 332쪽 주72 참조.

76 조 안사(趙按使) : 전라도 관찰사 조귀석(趙龜錫)을 가리키는 것으로 보인다.

재촉하는 까닭에 미처 알려 드리지 못했습니다. 하지만 지금도 아직 늦지 않았으니, 부디 큰아드님과 함께 다듬어 주시는 것이 어떻겠습니까. 전에 말씀드렸던 《명신언행록(名臣言行錄)》 등은 다시 빌려 볼 수 있겠습니까? 이만 줄입니다.

77 대곡(大谷)의 문자 : 대곡 성운(成運)의 묘갈명을 가리킨다.

윤길보에게 보냄 임인년(1662, 현종3) 11월

與尹吉甫 壬寅十一月

벌써 비홍(飛鴻 홍산(鴻山))에서 돌아오셨습니까? 작별한 뒤로 무료함을 견딜 수 없습니다. 눈이 내린 뒤에 매우 추운데 체후는 편안하신지요? 안숙(晏叔 정양(鄭瀁))의 편지를 자세히 곱씹어 보니, 결국 반드시 재앙이 있을 것이라 우려하였으므로 단락마다 밝혀내어 한 편의 글을 완성하여 후생을 깨우쳐 주려는 것일 뿐이었습니다. 제 생각으로는 정자(程子)와 주자(朱子)의 말씀도 오히려 쓸모없는 것이 되고 마는데, 더구나 그 밖의 말이 무슨 의미 있는 것이 될 수 있겠습니까. 오늘날의 논의가 틀어진 것이 이와 같으니, 매우 우습습니다. 마침 영광(靈光)의 선비 편에 이 편지를 써서 부칩니다. 이만 줄입니다.

윤길보에게 보냄 임인년(1662, 현종3) 12월 7일

與尹吉甫 壬寅十二月七日

날마다 전형(典型)[78]을 기다리는데, 조섭하시는 근황은 지금 어떠신지 모르겠습니다. 우러러 그리는 마음을 이루 말할 수 없습니다. 어제 전라도 관찰사의 편지를 이와 같이 받았습니다. 집사(執事)와 시남(市南 유계(兪棨))께서 두 극단을 절충하여 중도(中道)를 쓰시기를 바랄 뿐입니다. 저는 이 일에 대해 본래 전적으로 긍정하지도 부정하지도 않으며, 또한 따르거나 따르지 않거나 모두 대단한 일은 아니라고 생각합니다.

사정(士正)[79]의 편지도 올렸는데, 오히려 하나의 설로 갖추어 두시겠습니까? 전후의 편지는 모두 돌려주시는 것이 어떻겠습니까? 정륜(正倫)[80]이 한창 《소학(小學)》 제4편을 공부하고 있는데, 책이 없어 다른 사람과 하나를 같이 보고 있습니다. 그쪽에 소장하고 있는 것을 빌려주시는 것이 어떻겠습니까? 이만 줄입니다.

○ 무중(武仲 유계)이 자급(資級)이 오른 것도 우려할 만한 일입니다.

78 전형(典型) : 전범(典範)을 지닌 사람을 지칭하는 말로, 여기서는 윤선거를 가리킨다.

79 사정(士正) : 김장생(金長生)의 아들 김규(金槼, 1605~1697)의 자로 추정된다.

80 정륜(正倫) : 송시열 집안의 자제(子弟)인 것으로 보이나 누구인지 미상이다.

윤길보에게 보냄 계묘년(1663, 현종4)

與尹吉甫 癸卯

전라도 관찰사가 훈련도감에서 인행(印行)한 율곡(栗谷)의 《소학(小學)》[81]을 가져다 완산(完山)에서 번간(飜刊)하고자 합니다. 그런데 지난날 공주(公州)에서 간행한 본에 노선생(老先生 김장생(金長生))께서 논설하신 몇 가지 설이 실려 있으니, 그것을 함께 간행하지 않아서는 안 됩니다. 하지만 여기에 그 책이 없으니 부디 찾아서 보내 주시는 것이 어떻겠습니까. 만약 전부를 빌릴 수 없다면 단지 그중에 몇 판만 뽑아서 보내 주셔도 됩니다. 언해도 있다고 들었으니, 그것도 잠시 빌렸으면 합니다.

81 율곡(栗谷)의 소학(小學) : 이이(李珥)가 중국의 《소학집성(小學集成)》, 《소학집해(小學集解)》, 《소학정오(小學正誤)》, 《소학증주(小學增註)》, 《소학집설(小學集說)》의 주석을 종합하여 편찬한 《소학제가집주(小學諸家集註)》를 가리킨다.

윤길보에게 답함 계묘년(1663, 현종4) 4월

答尹吉甫 癸卯四月

보내 주신 답장을 받아 읽고 체후가 편안하시다는 것을 알게 되니 위로되고 경하하는 마음 그지없습니다. 저는 임금을 저버리고 범한 죄가 이미 중하니 남들의 비판을 어떻게 벗어날 수 있겠습니까. 다만 한쪽의 연소배가 완전하게 죄로 여기는 정도에는 이르지 않은 까닭에 서로 대립하는 형세를 면치 못하고 있습니다. 제가 이 둘 사이에 끼인 모양새가 한결같이 풍랑이 모래톱을 쓸고 있는 형세와 같은지라 또한 매우 괴롭습니다. 이 일이 결말이 나면, 이 벗이 수고롭게 저를 찾아온 뜻에 조만간 마땅히 부응할 것입니다. 초형(草兄 이유태)이 어찌 흠결이 없는 사람이 되고자 여기로 오려고 하지 않겠습니까. 전라도 관찰사의 별지(別紙)는 마땅히 말씀대로 하겠습니다.

윤길보에게 보냄 계묘년(1663, 현종4) 4월

與尹吉甫 癸卯四月

포구(浦口)에는 벌써 다녀오셨습니까? 말을 타고 오갔던 여행 뒤에 체후는 어떠하십니까? 제가 봉도(蓬島)의 모임을 가만히 기다리고 있었는데, 홍 학사(洪學士)가 여강(驪江)과 해남(海南)의 주장을 계승하여 대문자(大文字)를 올렸다는 소식을 갑자기 들었습니다.[82] 그 종통(宗統)과 적통(嫡統)에 관한 설이 매우 엄준하였으므로 바야흐로 이렇게 문을 닫고 석고대죄한 채 조정의 처분을 듣고 있습니다. 강호(江湖)의 빼어난 경치가 필시 임금을 비하한 자[83]가 더럽히는 것을 허락하지 않을 것입니다. 다만 형께서는 곤의(衮衣)[84]의 당(黨)을 표방하는 것에

82 홍……들었습니다 : 홍 학사는 수찬(修撰) 홍우원(洪宇遠)을, 여강은 여주(驪州)에 살던 윤휴(尹鑴)를, 해남은 해남에 살던 윤선도(尹善道)를 가리킨다. 홍우원이 1663년 4월 19일에 상소를 올려 송시열의 예설(禮說)을 비판하다가 유배된 윤선도를 옹호하면서, 윤선도의 종통과 적통에 대한 설은 바꿀 수 없는 명확한 것이고 송시열의 예설은 잘못된 것이라고 주장하였다. 《顯宗實錄 4年 4月 19日》

83 임금을 비하한 자 : 1659년에 효종이 승하하자 송시열을 비롯한 서인(西人)은 효종이 인조의 서자(庶子)이므로 인조의 계비인 자의대비(慈懿大妃) 조씨(趙氏)가 기년복을 입어야 한다고 주장하였다. 이에 반해 윤휴, 허목(許穆), 윤선도 등 남인은 효종이 종통을 계승하여 적통이 되었으므로 삼년복을 입어야 한다고 주장하였다. 당시에 남인들이 송시열이 종통과 적통을 둘로 나누어 임금을 비하했다고 비난하였으므로 송시열이 스스로를 이렇게 지칭한 것이다.

84 곤의(衮衣) : 윤휴를 가리킨다. 중종 때 남곤(南袞)이 초립(草笠)을 쓰고 스스로 '남 서방(南書房)'이라 칭하면서 고관대작의 집을 드나들며 기묘사화를 모의하였다. 윤휴도 스스로를 '윤 생원(尹生員)'이라 칭하며 어두운 밤에 돌아다니는 자취가 남곤과

서 아직 벗어나지 못하셨는지요? 고매한 견해를 들어 보고 싶습니다. 나머지는 제 아이가 직접 말씀드릴 것입니다.

○ 잠시 '해초어(楷草語)'를 지어 한바탕 웃음거리로 드려 봅니다. 한번 웃으시고 없애는 것이 어떻겠습니까.

비슷하였으므로 당시 사람들이 윤휴를 남곤에 비유하여 "포의(布衣)가 변하여 곤의가 되었다."라고 말했다고 한다. 《宋子大全隨箚 卷4》

윤길보에게 보냄 계묘년(1663, 현종4) 8월 24일

與尹吉甫 癸卯八月二十四日

서원[85]의 일이 매우 걱정스러워 부득이 제생(諸生)을 넌지시 깨우쳐 주었고 귀현(貴縣)의 수령[86]을 장의(掌議)로 삼았으니 응당 두서가 잡히지 않겠습니까. 하지만 형께서 힘을 다해 주신 뒤에야 일이 성사될 수 있을 것입니다. 무엇보다 경솔하게 처리해서는 안 되는 일은 문정공(文正公 조광조(趙光祖))과 문순공(文純公 이황(李滉))을 함께 향사하는 논의입니다. 만일 신독재(愼獨齋) 어른 생시에 이미 정한 일이라 그만둘 수 없다고 한다면, 지금 옛 사당을 헐고 새 사당을 건립할 날이 머지않은 시점이니, 마땅히 명백하고 공공연히 언급하여 그 제도를 펼쳐 다섯 신위를 봉안할 수 있게 해야 합니다. 상량문을 도성 안의 인사(人事)에게 얻는 일도 결코 머뭇거리며 모호하게 처리해서는 안 되는데 봉안하는 날에 이르러 비로소 이 일을 발언하였습니다. 그렇다면 상량문은 누구에게 부탁해야 합당하겠습니까? 정상(貞相)[87]과 시남

85 서원 : 황산서원(黃山書院)을 가리킨다. 1626년(인조4)에 창건되고 1663년에 중건되었으며, 1665년 '죽림서원(竹林書院)'으로 사액되었다. 처음에는 이이(李珥)와 성혼(成渾)을 제향하였고, 김장생 사후에 김장생을 배향하였다가 1663년에 조광조와 이황을 추향(追享)하였으며, 훗날 송시열까지 배향하였다. 현재 충청남도 논산시 강경읍 황산리에 있다.

86 귀현(貴縣)의 수령 : 송준길의 아들 송광식(宋光栻)을 가리킨다. 당시에 이산 현감(尼山縣監)으로 있었다.

87 정상(貞相) : 황화방(皇華坊) 정릉동(貞陵洞)에 살던 이경석(李景奭)을 가리키는

(市南 유계(兪棨)) 중에 누구에게 얻어야 합니까? 만약 정상에게 청한다면 청하는 편지에다 마땅히 곡절을 갖추어 써야 하니, 큰아드님에게 편지를 짓게 하는 것이 어떻겠습니까? 저는 죄를 지은 몸이라 제생의 말석에도 낄 수 없는 처지이지만, 잠자코 보기만 할 수 없어 문득 이렇게 여쭈니 헤아려 가르쳐 주시기 바랍니다. 제가 미처 생각하지 못한 것도 헤아려 알려 주시기 바랍니다. 대체로 분열이 심각하니 근심의 단서가 깊습니다.

것으로 보인다.

윤길보에게 답함 계묘년(1663, 현종4) 9월
答尹吉甫 癸卯九月

어제 관아의 인편을 통해 대략 간단한 편지로 서원의 일[88]을 알려 드렸는데, 혹시 받아 보셨습니까? 서원의 일은 그 사체(事體)가 참으로 중대한데도 주관하는 사람이 없어 일마다 문제가 발생하니 한탄스럽습니다. 다만 사우(祠宇)가 벌써 서까래를 얹었으므로 오래지 않아 완성될 것입니다. 만약 추워지기 전에 많은 선비를 모아 봉안한다면 일을 제대로 마칠 수 있을 것입니다. 부디 읍재(邑宰)와 상의하여 상량문을 청하는 것이 어떻겠습니까.

남생(南生)이 형이 가지고 있는 선기옥형(璇璣玉衡)을 보러 갔습니다. 부디 물이 격동되는 법을 아울러 가르쳐 주시는 것이 어떻겠습니까. 여기에 있는 것과 서로 고증해 보아 단점은 버리고 장점은 취하려는 것일 뿐입니다.

두 통의 편지에 대해서는 지금 다시 바쁜 일 때문에 여쭙지 못합니다. 조금 기다렸다가 며칠 뒤에 여쭙겠습니다. 증산(甑山)에 사는 사위[89]의 병증이 매우 염려됩니다. 과연 중씨(仲氏 윤순거(尹舜擧))의 말씀처럼 결코 죽을병이 아니라면 도리어 몹시 다행스럽기 그지없겠습니다. 이만 줄입니다.

88 서원의 일 : 황산서원(黃山書院)의 일을 가리킨다. 342쪽 주85 참조.

89 증산(甑山)에 사는 사위 : 송시열의 사위 윤단(尹摶)을 가리킨다. 윤선거의 계형(季兄)인 윤문거(尹文擧)의 아들이다. 석성(石城)의 증산에 살았다.

윤길보에게 답함 계묘년(1663, 현종4) 9월

答尹吉甫 癸卯九月

앞서 보내신 편지에 대해 오랫동안 답장하지 못해 항상 마음에 송구하였는데, 방금 다시 또 편지를 받으니 더욱 부끄럽습니다. 서원의 일은 유사(有司) 오두환(吳斗煥)이 매우 부지런히 감독하고 있습니다. 사우(祠宇)는 완공된 지 벌써 오래되었으나 단청만 미처 칠하지 못했고, 강당도 며칠 뒤에는 거의 마칠 것입니다. 저는 신주(神主)를 협실(夾室)에 이안(移安)한 채로 해를 넘기는 것은 매우 미안하다고 생각합니다. 상황을 보아 겨울이 되기 전에 환안(還安)하는 것이 어떨지 모르겠습니다. 이것은 조용히 상의하여 결정할 수 있는 일입니다. 상량문은 이산(尼山)의 편지에서 벌써 시남(市南 유계(兪棨))과 중초(仲初 조복양(趙復陽))가 짓는 것으로 결정되었다고 하였습니다. 형에게 여쭈어 정한 것이라 생각됩니다.

박생(朴生)에 대해 말씀드리자면, 저는 그가 대단히 실수한 점은 없으나 단지 역량과 분수를 헤아려 보지 않고 갑자기 서원의 일을 정리하려고 하였고, 또 일 때문에 관원에게 죄를 얻어 잠시 비방이 일어나 이 지경에 이르렀다고 생각합니다. 마음속으로 매우 가련하게 여겼으므로, 그로 하여금 상황의 변화에 따라 교체되어 떠나게 하려던 것입니다. 듣자니 그가 단자(單子)를 올린 뒤로 대략 여러 사람의 뜻을 살펴보면, 그를 애석하게 여기는 기색이 전혀 없다고 합니다. 체직되지 않기를 어떻게 바랄 수 있겠습니까. 가련하고 가련합니다.

물으신 의심스러운 예(禮) 두 조항은 별지에다 여쭙니다. 만사(挽

詞)는 내일 심부름꾼을 통해 보내겠습니다.

별지

보내신 말씀에서 "조부가 죽은 뒤에 부친이 죽은 자는 1년이 지난 경우라면 복(服)을 입지 않고 심상(心喪)만 치른다."라고 하셨습니다. 《의례문해(疑禮問解)》에서 노선생(老先生)께서는 소상(小祥) 뒤에 심상 3년만을 치르는 것이 꼭 맞는지 모르겠다고 하셨으니,[90] 그 뜻을 알 수 있습니다. 《통전(通典)》에 실려 있는 하승천(何承天)의 설에 "마땅히 소상을 기다렸다가 비로소 연복(練服)을 입는다."라고 하였으니,[91] 이 설이 행할 만하고 막힘이 없습니다. 심상만 치른다면 대상(大祥)과 담제(禫祭)는 장차 어찌한단 말입니까. 그래서 제 의견은 매번 하승천의 설을 옳다고 여기는 것입니다.

보내신 말씀에서 "조부와 부친이 혼례를 주관한다."라고 하셨는데, 이는 사람에 따라 다른 듯합니다. 저희 집의 경우에 손자의 혼례를 주관한 사람은 융질(隆姪)[92]이었고, 손자에게 초례(醮禮)를 행하는 일과

90 의례문해(疑禮問解)에서……하셨으니 : 《의례문해》 권2 〈상례(喪禮)〉에 나온다. 《의례문해》는 김장생(金長生)이 문인 및 붕우와 예(禮)에 대하여 문답한 것을 481개 항목으로 정리한 예서(禮書)이다. 그의 아들 김집(金集)이 교정하고 편집하여 1646년(인조24)에 간행하였으며, 《사계전서(沙溪全書)》에도 실려 있다.

91 하승천(何承天)의……하였으니 : 《의례문해》에서 《의례경전통해(儀禮經傳通解)》의 글을 인용하였는데, 그 글에 《통전》에 실려 있는 하승천의 설이 보인다. 하승천은 중국 남북조 시대 송나라의 학자이다.

92 융질(隆姪) : 송시열의 종질(從姪)인 송기륭(宋基隆)을 가리킨다.

신부를 만나 보는 일과 신부에게 예를 차리는 일 등은 모두 그 부친이 주관했습니다. 조부는 단지 자신의 방에 머물면서 아들이 신부를 데리고 알현하면 만나 보았을 뿐입니다. 비록 상복을 입고 있더라도 행하기 어려운 뜻은 없을 듯합니다. 만약 융질의 집이라면, 그가 종자(宗子)이니 기륭(基隆)의 아들이 손자의 혼례를 치를 때 기륭이 주관하지 않고 아들이 주관한다면 어찌 일마다 애로가 있지 않겠습니까. 저의 견해는 이러한데, 부디 다시 가르쳐 주시기를 간절히 바랍니다.

윤길보에게 보냄 갑진년(1664, 현종5) 윤6월[93]

與尹吉甫 甲辰閏月

요즘 하는 일은 단지 일을 줄이고 섭생하며 미처 읽지 못했던 책 몇 건을 한가롭게 읽을 뿐입니다. 지난번에 근력을 헤아리지 않고 장마를 무릅쓴 채 한번 움직였다가 이런 중병을 초래하였습니다. 후회해도 돌이킬 수 없습니다. 지금 간절한 가르침을 받고 감히 명심하지 않을 수 있겠습니까. 초형(草兄 이유태)이 혹시라도 형의 방문을 받아 날마다 서하(西河)의 경계[94]를 듣게 된다면 도리(道理)가 이길 가망이 있을 것입니다.

송담서원(松潭書院)[95]의 축문(祝文)은 헤아려 처리해 주셔서 매우 감사합니다. 다만 저쪽의 의론이 어떠한지 알 수 없을 뿐입니다. 성

93 윤6월 : 1664년에는 윤월이 6월이다.

94 서하(西河)의 경계 : 서하는 노년에 서하에 은거하던 자하(子夏)를 가리킨다. 자하가 아들을 잃고 너무 상심하여 실명하고 나서 하늘을 원망하였다. 그러자 자하를 위로하러 갔던 증자(曾子)가 자하의 세 가지 잘못을 지적하였는데, 첫째 자하의 언행으로 인해 서하의 백성들이 공자(孔子)의 성명(聖明)함을 의심하게 된 점, 둘째 자하가 부모상을 당했을 때 남들이 듣고 모범으로 삼을 만한 행위를 하지 못한 점, 셋째 자식이 죽었다고 실명하기까지 한 점이었다.《禮記 檀弓上》 이유태가 1664년 4월에 장남 이옹(李顒)의 상을 당해 실의에 빠져 있었으므로 자하의 고사를 가지고 일깨워 주어야 한다고 언급한 것으로 보인다.

95 송담서원(松潭書院) : 강원도 강릉(江陵)에 있는, 이이(李珥)를 제향하는 서원이다. 1624년(인조2)에 석천서원(石川書院)이라는 이름으로 건립되고, 1659년(효종10)에 송담서원으로 사액을 받았다.

선생(成先生)이 돌아가신 뒤의 일[96]에 대한 논의는 자탁(子琢) 성주(城主)[97]가 일찍이 울분을 금치 못하였습니다. 하지만 제 의견으로는 이 노선생(老先生)의 일은 이미 경전에 근거가 없으니, 후생의 의심을 자아내는 것도 괴이할 것이 없습니다. 다만 택당(澤堂 이식(李植))은 가충(賈充)의 일[98]을 끌어다 비판하기까지 하였으니, 현자를 위해 허물을 숨겨 주는 의리는 아닌 듯합니다. 지금 묘갈명의 초본(草本)은 후배가 선정(先正)을 존숭하는 도리상 어찌 그렇지 않을 수 있겠습니까만, 감히 근거하여 정도(正道)로 삼을 수는 없습니다.

연보를 교감하는 일은 알려 주신 말씀을 듣고 매우 위로됩니다. 남겨 두었다가 그 사람을 기다리자고 하셨는데 또한 가르침대로 하겠습니다. 할 말은 많지만 병이 심하여 겨우 편지를 쓰므로 이만 줄입니다.

96 성……일 : 대곡(大谷) 성운(成運)이 자식이 없어 처남의 아들인 김가기(金可幾)를 형의 딸과 결혼시켜 자신의 신후(身後)에 제사를 받들게 한 일을 가리킨다. 《宋子大全 卷172 大谷成先生墓碣銘》《宋子大全隨箚 卷4》

97 자탁(子琢) 성주(城主) : 성운의 후사를 맡은 김가기의 손자인 김상(金鋿, 1607～?)으로, 자가 자탁이다. 당시 해주 목사로 있어서 이렇게 지칭한 듯하다.

98 가충(賈充)의 일 : 가충은 중국 서진(西晉) 때의 권신(權臣)이다. 그에게 아들이 없어 외손인 한밀(韓謐)을 후사로 삼았으니, 바로 가밀(賈謐)이다.

윤길보에게 보냄 갑진년(1664, 현종5) 8월

與尹吉甫 甲辰八月

동춘당(同春堂)에 초려(草廬)를 만나러 가서[99] 나흘 동안 정담(情談)을 나누다가 오늘 비로소 작별하고 호상(湖上)으로 향하였습니다. 길이 증산(甑山)을 거쳐 가는데도 형과 만나 얘기를 나누지 못하니 참으로 사수(泗水)를 지나면서도 부자(夫子)를 뵙지 못했다는 탄식이 나올 뿐입니다.[100] 장차 비홍(飛鴻 홍산(鴻山))에서 제가 우거하는 곳을 방문하려고 하신다는 소식을 들었습니다. 어떤 일이 이보다 다행스럽겠습니까만, 너무 쉽게 저의 바람이 이루어졌다는 것이 두려울 뿐입니다.

언젠가 소설(小說)[101]을 보니, 규암(圭菴) 종조(從祖)께서 을사년(1545, 명종 즉위년)에 빈청(賓廳)에서 이 영상(李領相) 종조에게 "원길(原吉)의 의견은 내가 취하지 않네."라고 하셨습니다.[102] 이 고사가

99 동춘당(同春堂)에……가서 : 1664년 7월 중순에 송준길(宋浚吉)이 장남 송광식(宋光栻)의 상을 당하자 송시열이 동춘당에 조문을 갔고, 돌아오던 길에 이유태(李惟泰)를 방문했던 것으로 보인다. 《宋子大全 附錄 卷5 年譜》

100 사수(泗水)를……뿐입니다 : 평소 존모했던 인물을 가까이 두고도 만나 보지 못한 아쉬움을 표현한 말이다. 사수는 수수(洙水)와 함께 공자(孔子)가 강학했던 중국 산동성(山東省) 사수현(泗水縣)을 흐르는 하천이다.

101 소설(小說) : 세간에 떠도는 잡설을 기록한 야사(野史)를 가리킨다.

102 규암(圭菴)……하셨습니다 : 1545년 7월에 여러 신하가 빈청에 모여서 윤원로(尹元老)를 먼저 죽이고 나중에 위에 보고하려는 논의를 하고 있었다. 먼저 재상들이 정승의 앞에 가서 그 일의 가부에 대해 자신의 의견을 피력하였는데, 우윤(右尹) 이준경(李浚慶)은 "지금은 전일과 다르고 대왕대비께서 위에 계시니, 어찌 여쭙지 않고 마음대

어떤 책에 나옵니까? 상고한 곳이 있습니다만 출처를 잊었습니다. 부디 인편을 통해 편지로 알려 주시길 간절히 바랍니다. 이만 줄입니다.

로 그의 동기(同氣)를 죽일 수 있겠습니까."라며 반대하였다. 그가 문을 나갈 때 송인수(宋麟壽)가 화가 나서 그를 불러 "원길의 의견을 나는 취하지 않네."라고 하였다고 한다. 《大東野乘 梧陰雜說》《宋子大全 卷61 與閔持叔(丙午)》 윤원로는 중종의 계비 문정왕후(文定王后)의 오빠이자 윤원형(尹元衡)의 형이다. 이준경(1499~1572)은 자가 원길, 호가 동고(東皐)로, 벼슬이 영의정에 이르렀다. 송인수(1499~1547)는 자가 미수(眉叟), 호는 규암으로, 1545년 을사사화가 일어나자 좌윤(左尹)으로 있다가 파직당하여 청주(清州)에 은거하던 중 사사(賜死)되었다. 이준경은 송시열 조모의 숙부이고, 송인수는 증조의 동생이므로 두 사람을 모두 '종조'라고 호칭한 것이다.

윤길보에게 답함 갑진년(1664, 현종5) 11월

答尹吉甫 甲辰十一月

근래에 마음을 안정할 수 없었는데, 전후로 위로해 주시는 은혜를 입으니 감사하기 그지없습니다. 두 현인(賢人)의 연보[103]는 놀란 마음이 안정되지 않아 아직 생각해 보지 못했습니다. 하지만 당초 저의 견해도 고집하는 것은 없었습니다. 다만 춘형(春兄 송준길)과 초형(草兄 이유태)의 의견을 기다렸다가 다시 가르쳐 주시는 것이 어떻겠습니까. 간행하는 작업을 일단 천천히 하자는 말씀은 지금 보내 주신 초본(草本)을 보니 마땅히 그래야겠습니다. 하지만 일을 맡은 사람이 혹시 주도면밀하다면 오류를 면할 수 있을 것입니다. 형이 일찍이 송담서원(松潭書院)을 방문하셨을 때 어찌 또한 마땅한 사람이 있었겠습니까. 시사(時事)를 헤아릴 수 없는 것이 이와 같습니다. 제 의견은 차라리 한 광주리의 호궤(犒饋)가 낫다는 것입니다.[104] 어떻게 생각하십니까? 만일 저의 의견이 너무 부당하지 않다고 하신다면, 강릉(江陵)[105]이 돌아갈 때

103 두 현인(賢人)의 연보 : 이이(李珥)와 성혼(成渾)의 연보를 가리킨다. 당시에 송시열과 윤선거가 《양선생연보(兩先生年譜)》의 간행을 준비하고 있었고, 이듬해인 1665년에 간성 군수(杆城郡守) 정양(鄭瀁)의 주도로 강릉 송담서원에서 간행되었다.

104 제……것입니다 : 한유(韓愈)의 〈천사(薦士)〉 시에 "죽어 가는 이를 구제하는 데는 온갖 진미를 갖추느니, 한 광주리의 호궤가 낫다오.〔救死具八珍, 不如一簞犒.〕"라고 한 구절을 원용한 말이다. 《양선생연보》를 완벽하게 교정한 뒤에 천천히 간행하자는 윤선거의 의견에 대해 송시열은 진척 상황에 맞추어 단계적으로 간행에 착수하자는 의견을 표명한 것으로 보인다. 《五百家注昌黎文集 卷2》《宋子大全隨箚 卷4》

이 본(本)을 주고 세계(世系)와 부록(附錄)은 다듬는 대로 부쳐 주는 것이 좋을 듯합니다. 어떻게 생각하실지 모르겠습니다. 다만 춘형의 정정(訂定)을 거치지 못한 것이 유감입니다. 이 모든 것을 다시 더 헤아려 보시는 것이 어떻겠습니까.

송담서원에 나란히 배향하자는 논의를 강릉이 저로 하여금 주장하게 하려고 하지만, 이것을 어찌 감히 하겠습니까. 단지 옛날 석담서원(石潭書院)에 대한 대답[106]처럼 할 뿐입니다. 하지만 석담에는 형양(衡陽)의 고사[107]가 있고, 황산(黃山)에서 지난해 있었던 거사(擧事)도 무녀(婺女)의 향사(享祀)를 본받은 것입니다.[108] 그러므로 마침내 저로부

105 강릉(江陵) : 강릉 부사(江陵府使) 이동명(李東溟, 1624~1692)을 가리키는 것으로 보인다.

106 석담서원(石潭書院)에 대한 대답 : 주희(朱熹), 조광조(趙光祖), 이황(李滉)을 향사하던 해주(海州)의 석담서원에 이이를 추향(追享)하려고 할 때 석담서원의 원유(院儒)들이 성혼에게 그 일을 주관해 주기를 부탁하였으나, 성혼이 완곡히 거절했던 일을 가리킨다. 성혼이 1589년(선조22)에 송익필(宋翼弼)에게 보낸 편지에 "석담의 문인(門人)들이 학문에 힘써 자립하여 수십 년을 기다려 도가 밝아지고 덕이 확립된 뒤에 도리를 깊이 생각하고 동문들을 크게 모아서 단연코 추존하여 이 성대한 일을 거행하는 것이 옳을 것입니다. 그리고 혹 후세에 양자운(揚子雲)같이 훌륭한 사람이 나와서 거행하지 못했던 이 예를 거행하는 것도 좋을 것입니다. 오늘날 비루한 제가 독단적으로 행한다면 남들에게 충분한 신임을 받지 못할까 염려스럽기도 하고 너무 갑작스러워 잘못될까도 두렵습니다."라고 하였다. 《牛溪集 續集 卷3 與宋雲長》

107 형양(衡陽)의 고사 : 당나라 때 이관(李寬)이 형양의 석고산(石鼓山) 위에 세운 석고서원과 관련된 고사로 추정되나 자세한 것은 미상이다. 《宋子大全隨箚 卷4》

108 황산(黃山)에서……것입니다 : 이이와 성혼을 향사하던 황산서원(黃山書院)에 1663년 조광조와 이황을 추향하였는데, 이는 주돈이(周敦頤)와 정호(程顥)·정이(程頤)의 유적이 없던 무주(婺州)에 사당을 세워 향사했던 고사를 본받은 것이라는 말이다. 무녀는 무주를 가리킨다. 《宋子大全隨箚 卷4》

터 선례가 만들어졌다는 혐의를 면하였던 것입니다. 오늘날의 논의도 근거할 수 있는 이전 자취를 찾는다면 좋을 것입니다. 언젠가 여관에서 《광여고(廣輿攷)》[109]를 보았는데, 세상에 있는 서원의 사적(事蹟)을 자세히 수록해 놓았습니다. 형이 만약 이 책을 가지고 있다면 모쪼록 함께 두루 살펴보는 것이 어떻겠습니까.

○ 앞의 편지에서 말씀하신 "한꺼번에 상을 당하였을 경우 평소에 입는 상복"에 대해서는 저의 의견도 차이가 없습니다. 다만 고례(古禮)에 명확한 글이 없는 것이 곤란할 뿐입니다.

109 광여고(廣輿攷) : 중국의 지리지인 《광여기(廣輿記)》를 가리킨다. 명나라 때 육응양(陸應陽)이 지은 것을 청나라 때 채방병(蔡方炳)이 산삭하고 증보하여 《증정광여기(增訂廣輿記)》를 지었다.

윤길보에게 답함 갑진년(1664, 현종5) 12월

答尹吉甫 甲辰十二月

큰아드님이 소매에 담아 온 편지에서 광채가 납니다. 파산(坡山)[110]의 연보 초본(草本)을 함께 교정하면서 그 사이에 허물 잡힐 곳이 있음을 피하지 못했을 것이니, 옳게 헤아리지 못한 죄를 용서해 주시리라 생각합니다. 대개 이 일은 쉽게 여겨서는 안 됩니다. 석담(石潭)[111]의 연보는 이미 신독재(愼獨齋) 어른의 교감을 거친 뒤에 다시 두세 차례 교정을 보았습니다. 어제 강릉(江陵)[112]을 만나 잠시 몇 군데 살펴보니 아직도 고칠 만한 곳이 있었으므로 손 가는 대로 지우거나 고치는 일을 면치 못하였습니다. "한 가지 설을 터득하여 평생 고치지 않는다."[113]라는 말을 참으로 경계할 만합니다.

초형(草兄 이유태)과 산사에서 만날 약속이 있다는 소식을 들으니 제 마음도 거기로 달려갑니다. 다만 그가 애통해하는 소리가 사람을 슬프게 할 것입니다.[114] 이만 줄입니다.

110 파산(坡山) : 성혼(成渾)을 가리킨다. 성혼이 살았던 파주(坡州)의 이칭이다.

111 석담(石潭) : 이이(李珥)를 가리킨다. 이이가 해주(海州) 석담에 살았다.

112 강릉(江陵) : 강릉 부사 이동명(李東溟)을 가리키는 듯하다.

113 한……않는다 : 주희가 황간(黃榦)에게 답한 편지에 "한 가지 설을 겨우 터득하여 평생 고치지 않는 사람은 상등의 지혜를 지닌 사람이 아니라면 하등의 우매한 자이다."라고 하였다. 《晦菴集 續集 卷1 答黃直卿》

114 그가……것입니다 : 이유태가 1664년 4월에 장남 이옹(李顒)의 상을 당했으므로 한 말이다.

윤길보에게 답함 을사년(1665, 현종6) 4월
答尹吉甫 乙巳四月

편지를 전하는 승려가 형이 보내신 편지를 전달해 주니 기쁘고 감사하기 그지없습니다. 여기는 비석을 새기는 일이 벌써 끝났습니다. 본래 동쪽으로 속리산을 가려고 하였는데, 홀연 성상께서 온천에 행행(行幸)하신다는 소식을 갑자기 들었습니다. 비록 감히 행궁(行宮)에 문안을 올릴 수는 없으나, 멀리 떠나게 되면 상도에 어긋날 듯하므로 어제 신원(新院)에 왔습니다. 그믐 무렵에는 갑사(岬寺)로 조금 옮겨 갈 것인데, 더위를 피할 계책일 뿐입니다.

오늘의 일은 보통 때의 행행과는 차이가 있습니다. 잠시 달려가 안부를 분명하게 여쭙는 것이 실로 신하의 상정(常情)이나 저 같은 천한 신하는 죄과가 산처럼 쌓였으니 어찌 감히 스스로 다른 사람과 같이 행동하겠습니까. 어제 이미 정회(情懷)를 아뢰어 면직을 청하고 이어서 처벌을 청하였습니다. 춘형(春兄 송준길)은 편지를 보내와 "만일 소명(召命)이 내리면 굳게 앉아만 있을 수 없다."라고 하는데, 이 의리가 어떤지 모르겠습니다. 내 몸도 돌보지 못하는 형편이니 다른 사람의 출처를 생각해 볼 겨를이 없습니다. 큰아드님에게 응당 답장을 해야 하는데, 왔던 승려가 돌아가야 한다고 재촉하기에 미처 따로 편지를 쓰지 못합니다. 이만 줄입니다.

윤길보에게 답함 을사년(1665, 현종6) 5월 30일

答尹吉甫 乙巳五月三十日

오늘 지나가던 나그네가 보내신 편지를 전달해 주니 위로되고 감사하기 그지없습니다. 저는 장마를 무릅썼던 여로에 기력이 손상되어 마치 10년쯤 늙어 버린 듯합니다. 바야흐로 이렇게 누워서 앓고 있고, 늙은 누이도 수시로 곽란 증세가 있어 매우 우려됩니다.

자장(子章)[115] 노형(老兄)이 갑자기 고인이 되었습니다. 사계(沙溪) 집안이 이후로 더욱 쓸쓸해질 것이니 애통함이 배나 더 깊습니다. 제가 보내 드린 옷이 수의로 사용되니, 은혜를 입은 것이 지극합니다. 선왕은 백성에게 가산을 감히 마음대로 할 수 없다는 것을 보여 주었지만,[116] 범 충선(范忠宣)은 오히려 보리가 실린 배를 주었던 고사가 있습니다.[117] 더구나 벗끼리 재물을 융통해 주는 도리로 볼 때 다시 무엇을 의심하겠습니까. 지금 말씀을 듣고 부끄러움을 견딜 수 없습니다.

115 자장(子章) : 김익렬(金益烈, 1602~1665)의 자이다. 본관은 광산(光山)으로, 김장생의 손자이다. 《芝湖集 卷9 伯舅南原府使金公行狀》

116 선왕은……주었지만 : 《예기(禮記)》 〈방기(坊記)〉에 "부모님이 생존해 계시면, 남에게 선물하거나 바칠 때 수레와 말은 포함하지 말아야 한다. 이것은 백성에게 가산을 감히 마음대로 할 수 없다는 것을 보여 주는 것이다."라고 하였다.

117 범……있습니다 : 범 충선은 송나라 때의 문인 범순인(范純仁)이다. 범순인이 부친 범중엄(范仲淹)의 명을 받고 고소(姑蘇)에서 보리를 배에 싣고 돌아오다가, 장례를 치를 비용이 없어 곤경에 처한 범중엄의 친구 석연년(石延年)을 만나 보리가 실린 배를 부조(扶助)로 주고 돌아왔는데, 범중엄이 그 자초지종을 듣고 매우 흡족해했다는 고사이다. 《冷齋夜話 卷10》

저는 여름이면 으레 병을 앓는데, 올해는 너무 심합니다. 더위가 물러가야 감히 움직일 수 있는 형편입니다. 서로 만나기 쉽지 않으니 아쉽고 한탄스러움을 절감합니다. 말씀하신 몇 건의 일은 참으로 기쁘고 위로됩니다. 다만 산을 마주하여 이런 세상사를 말한다면 동파공(東坡公)이 주는 큰 술잔의 벌주를 받지 않겠습니까.[118] 우습습니다. 이만 줄입니다.

118 산을……않겠습니까 : 소식(蘇軾)이 손각(孫覺)에게 지어 준 시에 "아, 나와 자네는 오랫동안 무리를 떠났기에, 아무 일도 듣지 않아 귀와 맘이 다 식었으니, 만일 청산을 대하여 세상일을 말하거든, 마땅히 큰 술잔으로 그대에게 벌주를 먹이리라.〔嗟予與子久離群, 耳冷心灰百不聞. 若對青山談世事, 當須擧白便浮君.〕"라고 하였다.《東坡全集 卷4 贈莘老七絶》

윤길보에게 답함 을사년(1665, 현종6) 6월

答尹吉甫 乙巳六月

관아의 인편을 통해 보내신 편지를 받고 말씀하신 뜻을 잘 알았습니다. 다만 소본(疏本)과 서문(序文)[119]에 대해서는 일찍이 편지로 알려 드렸습니다. 소본은 부단히 찾아보고 있습니다. 지금 다시 가르쳐 주시니 송구함을 금할 수 없습니다. 이것은 필시 연소배가 빌려 간 뒤에 피차가 다 잊고 있었기 때문입니다. 그래서 가까운 이부터 탐문하는 중입니다만, 가까운 이가 알지 못해 끝내 찾을 수 없다면 사우(士友)들 사이에 전해지는 것을 가지고 다시 교감하여 새겨야 할 형편입니다. 하지만 이러한 일은 끝에 가서야 있을 듯하니 급급해할 필요는 없습니다. 서문도 그러합니다. 부디 이런 사정을 안형(晏兄 정양(鄭瀁))에게 알려 주시는 것이 어떻겠습니까. 서문은 마땅히 며칠 안에 심부름꾼을 통해 보내 드리겠습니다. 가장 난처한 점은 별지에 아뢰니, 헤아려서 처리하는 데 달렸을 뿐입니다.

저는 지난 기해년(1659, 현종 즉위년) 겨울부터 어찌 어육(魚肉)이 되는 것을 면하기를 바랐겠습니까만, 다행히 성상께서 포용하고 비호해 주셨습니다. 오늘날에 이르러 성은이 융숭해질수록 더욱 위태로워지니, 지난날의 상소를 어찌 그만둘 수 있었겠습니까. 장 승지(張承

119 소본(疏本)과 서문(序文) : 1651년(효종2) 송시열이 태학생(太學生)을 위해 지어 올리려고 했던 〈양현을 변무하려던 소〔擬兩賢辨誣疏〕〉와 《양선생연보(兩先生年譜)》의 서문을 가리킨다. 《宋子大全隨箚 卷4》

旨)[120]가 그 일을 행궁(行宮)에서 분명히 말하였는데, 다시 그 말[121]이 가장 친밀한 동종(同宗)에게서 나온 것이라고 하였다가, 다시 청풍(淸風) 귀인(貴人)[122]에게 들었다고 하였습니다. 이는 또한 안숙(晏叔 정양)과 지숙(持叔 민유중(閔維重))이 전한 말과는 다릅니다. 형이 저를 걱정해 주시는 마음은 비록 깊으나 가르쳐 주신 말씀은 이해하기 어렵습니다. "높고 낮은 곳을 드나들고, 정적(情迹)을 뛰어넘는다."라는 말은 종일토록 음미해 보았으나 결국 봉행하지는 못했습니다. 부디 고인(古人)이 먼저 터득했던 것을 가지고 친절하게 가르쳐 주시는 것이 어떻겠습니까.

○ 장 승지가 행궁에서 말하기를, 춘형(春兄 송준길)이 정모(鄭某)와 이모(李某)[123]가 다툰 일이 있었다는 말을 듣고 간관(諫官)이 되었을 때 파직을 청하는 글을 지었다가 송강(松江 정철(鄭澈))의 묘소를 개장(改葬)하려고 한다는 소식을 들었던 까닭에 차마 올리지 못했다고 하였습니다. 장 승지는 보통 사람이 아니고 또 이미 춘형에게 말했다면 안숙이 그대로 머물러 있을 수 없는 것이 명백합니다. 제가 이것을

120 장 승지(張承旨) : 1665년 5월 무렵 우부승지였던 장선징(張善瀓)을 가리킨다.

121 그 말 : 송시열이 원자(元子)를 탐탁하게 여기지 않는다는 소문을 가리킨다. 1661년 원자가 탄생했을 때 송시열이 거취가 불안해서 입궐하여 경하하지 않았는데, 윤휴(尹鑴)와 허목(許穆) 등이 세자를 서둘러 책봉하기를 청하는 상소를 올리면서 송시열이 원자를 좋아하지 않는다는 소문을 퍼뜨리려고 하였다.《宋子大全 附錄 卷5 年譜》《宋子大全隨箚 卷4》

122 청풍(淸風) 귀인(貴人) : 현종의 비인 명성왕후(明聖王后)의 부친 청풍부원군(淸風府院君) 김우명(金佑明)을 가리킨다.《宋子大全隨箚 卷4》

123 정모(鄭某)와 이모(李某) : 정모는 정양을 가리키고 이모는 누구인지 미상이다.《宋子大全隨箚 卷4》

알려 주려고 하지만 말이 장 승지로부터 나왔으니, 재야에 있는 사람으로서 그와 관계되는 것이 매우 불편하므로 감히 그러지 못하고 있습니다. 하지만 알면서 말하지 못하니 마음이 매우 편치 못합니다. 어떻게 하면 좋을지 모르겠습니다. 지난날 안숙을 장령(掌令)에 의망(擬望)한 일이 사건을 촉발한 단서인 듯합니다. 안숙이 만일 머물러 있지 못하게 되면 간행하는 일을 누구에게 부탁해야 할지 모르겠습니다.[124] 안숙이 장 승지의 뜻이 이러하다는 것을 모르고 있지만, 일찍이 그와 깊은 대화를 나누었다는 소식은 들었습니다. 그의 고단한 상황이 가련합니다. 이 편지는 바로 태워 버리십시오.

124 안숙이……모르겠습니다 : 당시 간성 군수(杆城郡守) 정양이 송시열의 부탁을 받고 이이(李珥)와 성혼(成渾)의 연보인 《양선생연보(兩先生年譜)》의 간행을 준비하고 있었다.

윤길보에게 답함 을사년(1665, 현종6) 6월
答尹吉甫 乙巳六月

연이어 가르침을 받으니 감사한 마음이 참으로 깊습니다. 변무소(辨誣疏)[125]를 잠시 보니 잘못된 곳이 매우 많기에 대략 수정하였습니다. 하지만 다시 교열하지 못하였으니 먼지를 쓸어 낸 것과 같다고 생각됩니다.[126] 부디 큰아드님과 함께 취사할 것을 헤아려 검증하신 뒤에 간성 군수(杆城郡守 정양(鄭瀁))에게 보내시는 것이 어떻겠습니까.

서문(序文)[127]은 병중에 지쳐서 생각이 일지 않기에 초솔하게 초고(草稿)를 작성해 두었는데, 병이 낫기를 기다렸다가 고쳐 쓰려던 것이었습니다. 그런데 잠시 뒤에 여러분이 기다려 마지않는다는 생각이 들었으니, 이는 참으로 두렵고 편치 못한 일이었습니다. 그래서 단지 이전의 초고를 보내 드리니, 부디 통렬하게 수정하여 사람들의 안목을 조금이나마 만족시키도록 해 주시기 바랍니다. 만약 본바탕이 좋지 못해 손질도 할 수 없는 정도라면 조만간 제가 고쳐 쓰기를 천천히 기다리는 것이 좋겠습니다.

125 변무소(辨誣疏) : 1651년(효종2) 송시열이 태학생(太學生)을 위해 지어 올리려고 했던 〈양현을 변무하려던 소〔擬兩賢辨誣疏〕〉를 가리킨다.

126 먼지를……생각됩니다 : 교정을 거친 책이나 글에 여전히 오류가 남아 있는 것을 뜻한다. 북송의 장서가인 송수(宋綬)가 "책을 교정하는 일은 먼지를 쓸어 내는 것과 같아서 한 곳에서 쓸어 내면 다른 곳에서 생긴다. 그러므로 한 책을 서너 번 교정해도 여전히 오탈이 있다."라고 한 데서 온 말이다. 《夢溪筆談 卷25》

127 서문(序文) : 《양선생연보(兩先生年譜)》의 서문을 가리킨다.

여러 달 동안 병으로 칩거하고 있는 데다 겸하여 덥고 습한 날씨 때문에 정신이 아득하니 글을 지을 만한 시절이 전혀 아닙니다. 문자에 대해 운운하신 말씀은 어리석고 막힌 저의 식견으로는 아직도 이해하지 못하겠습니다. 신하가 이러한 무도(無道)한 말[128]을 받았으니, 스스로 아뢰어 죄를 청하고 임금의 처분을 기다릴 수 있을 뿐입니다. 임금께서 정상을 살펴 주시느냐 살펴 주시지 않느냐는 논할 바가 아닙니다. 더구나 종국에 결말이 어떨지에 대해 말할 것이 있겠습니까. 비록 이 말이 여항(閭巷)의 험담에서 나왔다 하더라도 오히려 두려워하면서 몸을 움츠리기에 여념이 없어야 하는데, 지금 그것을 노래하고 화답하는 사람이 장(張)과 김(金) 두 국구(國舅)[129]라면, 잠자코 있으면서 저는 죄가 없다고 혼자 말하기만 해서야 되겠습니까. 하지만 성상께서 만일 저를 기용하지 않으신다면 저 또한 마땅히 입을 닫은 채 넘길 것입니다. 그런데 지금 저를 부르기를 그만두지 않으시니, 이는 죄를 범한 신하를 더욱 두렵고 위태롭게 하여 몸 둘 곳이 없게 만드는 것입니다.

중대하고 심원한 일을 가지고 아뢰라는 말씀은 더욱 제가 감히 알 수 없는 점이 있습니다. 설령 성상께서 원대한 일에 뜻이 없으시다 할지라도 신하 된 처지에서 어찌 감히 "우리 임금은 할 수 없다."라고 드러내 놓고 말하겠습니까. 이것은 비단 저의 역량이 미치지 못할 뿐만

128 무도(無道)한 말 : 송시열이 원자(元子)를 좋아하지 않는다는 말인 듯하다. 360쪽 주121 참조.

129 장(張)과……국구(國舅) : 효종의 비 인선왕후(仁宣王后)의 큰오빠이자 현종의 외숙인 장선징(張善瀓)과 현종의 비인 명성왕후(明聖王后)의 부친 김우명(金佑明)을 가리킨다.

아니라, 또한 도리가 그렇지 않은 듯합니다.

존형(尊兄)은 여러 해 전에 유역(柳逆) 때의 일[130]을 한번 생각해 보십시오. 중씨(仲氏)[131]에게는 매우 하찮은 일이었는데도 존형은 근심하고 허둥대며 분주하게 다니면서 여력이 남지 않을 정도로 노력하였습니다. 오늘날 못난 제가 당한 일과 그 당시의 일이 어찌 크게 서로 다르지 않겠습니까.

듣자니 성상께서 제가 올린 상소[132]를 가지고 대신(大臣)에게 하문하셨는데, 홍상(洪相 홍명하(洪命夏)) 같은 이는 또한 감히 분명하게 답하지 못하고 머뭇거리기만 하다가 나갔다고 합니다. 그들의 기염(氣焰)이 어떠합니까. 존형이 이러한 말씀을 하는 것은 병이 없는 사람이 병을 앓는 사람의 고통을 모르는 것과 꼭 같습니다. 비록 고통을 심하게 호소해도 어찌 불쌍히 여겨지겠습니까. 그리고 안숙(晏叔 정양(鄭瀁))과 지숙(持叔 민유중(閔維重))의 말을 가지고 보자면, 그 말의 근원은 여기의 연소배에게서 나온 듯합니다. 하지만 춘형(春兄)은 장 원구

130 유역(柳逆) 때의 일 : 1646년(인조24)에 이산(尼山) 사람 유탁(柳濯)이 권대용(權大用), 안익신(安益信) 등과 공모하여 역모를 일으킨 일을 가리킨다. 이 역모는 윤선거의 계형(季兄) 윤문거(尹文擧)와 윤형각(尹衡覺), 김충립(金忠立), 이석룡(李碩龍) 등이 고변하였는데, 고변의 공과(功過)를 논하는 과정에서 논란이 있었다.《仁祖實錄 24年 3月 28日, 8月 9日, 9月 14日》

131 중씨(仲氏) : 윤문거의 둘째 형은 윤상거(尹商擧)이다. 유탁의 반란에 관여된 인물은 계형 윤문거이므로 송시열이 '계씨'를 잘못 지칭한 것으로 추정된다.

132 제가 올린 상소 : 송시열이 원자를 탐탁하게 여기지 않아 원자가 탄생했을 때 입궐하여 경하하지 않은 것이라는 소문이 떠돈다는 말을 듣고, 이를 변론하기 위해 1665년 5월에 올린 상소를 가리킨다.《宋子大全 卷11 自溫泉赴朝中路退歸仍辨冤誣疏(乙巳五月)》

(張元舅 장선징)에게서 "김 국구(金國舅 김우명)는 다른 사람에게서 그 말이 나왔다고 하였다."라는 말을 들었답니다. 상황이 이러하니 그 말이 오히려 사라질 수 있겠습니까. 형이 저를 깊이 염려해 주시는 마음을 감사히 여기면서 자초지종을 다 말씀드렸으니, 부디 보신 뒤에 바로 태워 버리시기 바랍니다. 고명하신 형을 이 일에 연루시킬까 두렵습니다. 이만 줄입니다.

윤길보에게 답함 을사년(1665, 현종6) 7월

答尹吉甫 乙巳七月

형의 덕을 그리워하는 마음이 한창 깊어지던 차에 홀연 이산(尼山) 관아의 우편으로 형이 3일에 부친 편지가 도착하였습니다. 가르쳐 주신 말씀을 다 읽고 보니, 모두 경계가 되는 말이었습니다. 감히 명심하지 않겠습니까. 하지만 구구한 제가 형을 위해 걱정하는 점은 항상 강해(江海)와 함께 흘러간다는 것[133]에 있습니다. 그런데 지금 하한(河漢)을 가지고 비유하십니까. 매우 우습습니다. 다만 말씀하신 '대도(大道)'라는 것은 알 길이 없으니, 형께서 끝내 가르쳐 주시기 바랍니다.

저는 고정(高井)의 묘표(墓表)[134] 때문에 고운(孤雲)[135]에 와 있은 지 벌써 나흘째입니다. 11일에는 익산(益山) 관아에서 기제사가 있어[136] 내일 그곳으로 달려갈 것입니다. 머지않아 이곳이나 돈암서원(遯巖書院)으로 돌아와 머무르려고 합니다. 마땅히 초형(草兄 이유태)이 가는 대로 따를 것인데, 그때 형이 한번 방문하신다면 얼마나 다행스럽겠습니까만, 감히 바라지는 않습니다. 이만 줄입니다.

133 강해(江海)와……것 : '강해'의 강(江)은 여강(驪江)이니 윤휴(尹鑴)를 가리키고, 해(海)는 해남(海南)이니 윤선도(尹善道)를 가리킨다. 윤선거가 윤휴와 윤선도의 의견에 동조한다는 의미이다.

134 고정(高井)의 묘표(墓表) : 논산군(論山郡) 연산면(連山面) 고정산(高井山)에 있는 김장생(金長生)의 묘표를 가리킨다.

135 고운(孤雲) : 김집(金集)의 묘소가 있는 논산의 고운을 가리킨다.

136 익산(益山)……있어 : 당시에 송시열의 중형 송시묵(宋時默)이 익산 군수였다.

윤길보에게 보냄 을사년(1665, 현종6) 8월

與尹吉甫 乙巳八月

막 안숙(晏叔 정양(鄭瀁))의 편지에 답하고서 초형(草兄 이유태(李惟泰))과 함께 동학사(東鶴寺)에 들어와 거처하고 있습니다. 방금 송담서원(松潭書院)에서 인편이 이르렀는데, 신임 방백(方伯)이 부임해 왔으므로 연보의 판본을 고치려 한다고 하였습니다. 아울러 고명하신 형에게 여쭈니, 형은 장차 어떻게 회답해 보내시겠습니까?

제가 안숙에게 답한 편지에서 "만약 고칠 수 있다면 어찌 진선진미하지 않겠습니까. 다만 형이 이제 막 파산(坡山)[137]의 연보를 간행한 시점에서 다시 이것을 이어서 간행한다면 공무에 방해가 될 듯하고, 또 송담서원에서 간행한 것이 비록 정밀하지 못하지만 저들이 이미 심력을 다한 터에 작은 흠이 있다는 이유로 전체를 폐기하는 것도 편치 못한 점이 있습니다. 연보의 내용 중에 더욱 고치지 않을 수 없는 것만 고치는 것이 낫습니다. 몇 글자를 고쳐야 하는 경우에도 해당 글자만 고치는 것이 온당할 듯합니다.……"라고 하였습니다.

지금 송담서원 원유(院儒)의 말이 저러하니, 저는 안숙에게 알려 중지시키고 앞서 제가 안숙에게 했던 말을 송담서원의 원유에게 알려서 그들로 하여금 안숙이 가지고 있는 교수본(校讎本)을 가져다 처리하게 하고자 하는 마음이 간절한데, 어떨지 모르겠습니다. 이것이 비록 사문(斯文)의 일이지만 너무 지루하고 번복(飜覆)이 많았으므로 단지

137 파산(坡山) : 파주(坡州)에 살던 성혼(成渾)을 가리킨다.

일을 간소하게 줄이고자 합니다.

○ 형이 만약 저의 뜻이 사리에 어긋나지 않는다고 여기신다면 부록과 서문(序文)을 장차 누구에게 맡겨야 할지도 헤아려 가르쳐 주시기 바랍니다.

윤길보에게 보냄 을사년(1665, 현종6) 9월

與尹吉甫 乙巳九月

보내신 편지 두 통을 함께 받으니 위로되고 경하하는 마음이 그지없습니다. 여러 사람의 편지를 아울러 받아 보니, 시남(市南)의 사우(祠宇)[138]에 대한 염려가 과연 편지에서 말씀하신 바와 같았습니다. 믿는 것은 수령(受令)[139]뿐입니다.

이곳의 일은 제가 병으로 혼미하여 힘을 다해 교수(校讎)하여 보내지 못하고 있는 터라 매우 마음이 답답합니다. 겸하여 또 집안에 제사가 있어 20일 무렵에는 피치 못하게 흩어져 돌아가야 합니다.

별지는 잘 헤아려 보고 명확하게 가르쳐 주시기 바랍니다. 늙어 기력이 쇠한 뒤에는 일이 분분하게 생기는 것을 더욱 싫어하는 법이지만, 이것은 다른 일에 비할 수 없는 일이어서 감히 이렇게 질정을 구하니, 양해해 주시리라 생각합니다. 이만 줄입니다.

별지

일전에 안숙(晏叔 정양(鄭瀁))과 왕복한 편지를 통해 "신 광주(申廣州)의 상소[140]를 우선 두 현인(賢人)의 연보 뒤에 실어 간행하지 말고

138 시남(市南)의 사우(祠宇) : 함경도에서 시남 유계(兪棨)를 향사(享祀)하려는 논의가 있었는데, 당시 북평사(北評事)였던 이단하(李端夏)가 그 일을 주관하였다. 《宋子大全隨箚 卷4》

139 수령(受令) : 함경도 관찰사로 있던 민정중(閔鼎重)을 가리킨다. 자가 대수(大受)이다.

여러 논의가 귀일되기를 기다리는 것이 마땅할 듯합니다."라고 말하였고, 또 "사계(沙溪) 노선생께서 신 광주에게 보낸 편지[141]를 천천히 보내 드리겠습니다."라고 하였습니다. 지금 그 편지를 안숙에게 보내려고 하면서 한 통을 형에게도 보내 드립니다. 부디 보고 돌려주시기 바랍니다.

제 의견으로는 신 광주가 우계(牛溪 성혼(成渾))의 문하에서 사승(師承) 관계의 천심(淺深)과 시말(始末)이 어떠한지 알 수 없으나, 이미 장문의 글을 지어 우계에게 율곡을 비방하였다면, 그는 율곡에게 있어 서로 잘 모르는 사람이라고 할 수 있을 것입니다. 지금 이미 '우율연보(牛栗年譜)'라고 한 마당에 율곡을 비방한 사람을 그 아래에 붙여 드러낸다면 편치 않을 듯합니다. 율곡이 편치 않게 여긴다는 것이 아니라, 율곡을 존숭하는 후생의 마음에 미안함이 없을 수 없다는 것입니다.

게다가 신 광주 상소의 대의는 송강(松江 정철(鄭澈))과 우계를 나누

140 신 광주(申廣州)의 상소 : 광주 목사 신응구(申應榘)가 1608년(선조41) 스승인 성혼의 억울함을 밝히기 위해 올린 상소를 가리킨다. 이 상소에서 신응구는 성혼이 정철(鄭澈)과 함께 최영경(崔永慶)을 역적으로 얽어 죽였다는 세간의 주장을 반박하면서 최영경을 죽인 책임을 정철에게 돌렸다. 《晩退軒遺稿 卷1 爲亡師牛溪先生辨誣疏》

141 사계(沙溪)……편지 : 기축옥사(己丑獄事) 때 옥사를 가혹하게 처리한 정철에 대한 동인(東人)의 비난이 거세지고 그 비난이 성혼에게까지 미치자, 성혼의 아들 성문준(成文濬)과 문인 신응구가 정인홍(鄭仁弘)에게 의지하여 동인의 원한을 모두 정철에게 돌리려고 하였다. 이 소식을 들은 김장생(金長生)이 성문준에게 편지를 보내어 그 행위를 꾸짖는 한편, 신응구에게도 "공이 성중심(成仲深)을 잘 인도하지 못하여 기어코 송강(松江)과의 교분을 끊도록 하고, 그런 뒤에 우계 선생을 아무런 잘못이 없는 위치에 두고자 하니, 사람들이 모두 비웃고 있습니다. 이는 도대체 무슨 마음이란 말입니까. 공 또한 책임이 없지 않습니다."라고 꾸짖는 편지를 보냈다. 《沙溪全書 卷4 答申子方》《宋子大全隨箚 卷4》《宋子大全 附錄 卷5 年譜》 중심(仲深)은 성문준의 자이다.

어 구별하는 데에 있는데, 언젠가 존형께서 산삭(刪削)한 본을 보니 그 한 조목을 완전히 산거(刪去)하여 그 본의가 아닌 듯하였습니다. 죽은 이가 앎이 있다면 어찌 그 마음이 흡족할 수 있겠습니까. 단지 안숙에게 혐의스러워[142] 주요한 내용을 잘라 내 없앴다면, 신씨(申氏) 자손의 뜻으로 볼 때 그들 역시 편하게 여기겠습니까.

형이 만약 이 상소가 끝내 간행되지 않아서는 안 된다고 하신다면, 조용히 상의하여 두 연보를 합치지 말고 각자 책을 만들어서 《우계연보》 뒤에다 신 광주의 상소를 온전히 싣고 안숙이 간행에 간여하지 말도록 하는 것이 낫습니다. 그렇게 하면 공의(公議)나 사정(私情)에 모두 유감이 없을 것입니다. 어떻게 생각하실지 모르겠습니다.

연전에 제가 이러한 사태를 조금 우려했으므로 두 연보를 각기 간행하자는 뜻으로 감히 여쭈었는데, 형은 불가하다고 하셨습니다. 이는 제가 그 당시에 사정을 다 말씀드려 바로잡지 못한 잘못이니, 지금에야 스스로 허물하고 있습니다. 부디 아울러 헤아려 주시는 것이 어떻겠습니까. 다만 말세의 풍속이 거짓을 좋아하여 침소봉대하는 것이 많을까 우려됩니다. 또 생각건대 제가 오늘날 해야 할 도리는 단지 입을 닫고 혀를 묶어 두어야 하는 것이지만, 이 일에 처음부터 간여하였고 또 사문(師門)의 서론(緖論)과 관계되므로 이렇게 자세히 말씀드립니다. 형이 이 일을 잘 처리하여 흔적이 남지 않도록 해 주시기를 바랄 뿐입니다. 간절히 빌어 마지않습니다.

142 안숙에게 혐의스러워 : 정양이 정철의 손자이기 때문에 한 말이다.

윤길보에게 답함 을사년(1665, 현종6) 11월 5일

答尹吉甫 乙巳十一月五日

일찍이 편지 한 통을 올려 제 뜻을 전하려고 하였는데, 유지(諭旨)를 가져왔던 사람이 작별 인사도 없이 지레 떠나 버려 부쳐 올리지 못했기에 지금껏 아쉬워하고 있었습니다. 이번에 이인(利仁)의 우편을 통해 보내신 편지를 받고 여러모로 깨우쳐 주신 바를 잘 알았습니다. 위로되고 다행스럽기 그지없습니다. 앞서 한 달 동안 속리산의 북쪽에서 우거하다가 어제 비로소 서쪽으로 돌아왔습니다. 10일 무렵 다시 제사 때문에 잠시 익산(益山) 관아에 갈 것입니다.

문열공(文烈公 조헌(趙憲))의 유고(遺稿)는 이번에 고증해 보여 주신 것을 받아 대략 한번 보았는데, 덕이 있는 분의 마음 씀씀이를 깊이 알 수 있었습니다. 아직 한두 가지 의심스러운 것이 있으므로 다시 첨지를 붙여 여쭈니, 부디 취사하신 뒤에 초형(草兄 이유태)에게 전해 보여 주고 그로 하여금 춘형(春兄 송준길)에게 전달하게 하는 것이 어떻겠습니까. 제가 오늘 병이 났고, 또 실봉(實封)[143]을 바야흐로 갖추어 올리려고 하니, 필시 이 일에 미칠 겨를이 없겠기에 이와 같이 합니다.

《항의신편(抗義新編)》을 합편(合編)하자는 논의[144]는 매우 온당합

143 실봉(實封) : 봉사(封事)와 같은 말로, 임금에게 밀봉해 올리는 글이다. 당시에 재이(災異)가 거듭 발생하자 현종이 송시열을 부르면서 재이를 그치게 할 방도를 갖추어 올리게 하였다. 《宋子大全 附錄 卷5 年譜》

144 항의신편(抗義新編)을 합편(合編)하자는 논의 : 《항의신편》과 조헌의 문집을 합편하자는 논의이다. 《항의신편》은 안방준이 스승인 조헌의 봉사와 언행을 모아 편찬하

니다. 그렇다면 마땅히 '항의'라는 이름은 없애고 '중봉집(重峰集)'이라고 하는 것이 옳습니다. 또 《항의신편》의 권수(卷首)에 금산(錦山)에서 적을 격파하는 것을 그린 한 부분 중에 차마 눈으로 볼 수 없는 것[145]이 있습니다. 우산(牛山 안방준(安邦俊))이 무슨 까닭에 이것을 만들었는지 모르겠습니다. 저는 단지 군진을 벌이고 있는 모양만 남겨두고 차마 눈으로 볼 수 없는 것은 없애고자 합니다. 고견은 어떠신지 모르겠습니다.

간성(杆城)[146]으로부터 인편이 아직 오지 않았습니다. 속리산 북쪽에 우거하고 있을 때 춘형의 회답을 얻어 이미 인편으로 간성에게 알려주었습니다. 춘형의 회답은 저의 의견과 크게 다르지 않았습니다. 그의 의견은 "노선생께서 신 광주(申廣州)를 책망하신 것[147]이 비록 깊었다 해도 교유 관계를 끊지 않았으니, 신 광주가 회개한 사실이 있었으리라 생각된다."라는 것이었습니다. 이 말이 일리가 있는 듯하니, 간성이 이에 대해 반드시 대처하는 바가 있을 것입니다.

솜씨가 서툰 제 글을 비루하다 여기지 않고 '일자사(一字師)'[148]가

고, 권수에 조헌의 행적을 그린 그림을 수록한 책이다.

145 차마……없는 것 : 금산 전투에서 왜적이 조헌을 해치는 장면을 묘사한 그림으로 추정된다.

146 간성(杆城) : 간성 군수(杆城郡守) 정양(鄭瀁)을 가리킨다.

147 노선생께서……것 : 노선생은 김장생을, 신 광주는 광주 목사(廣州牧使) 신응구(申應榘)를 가리킨다. 370쪽 주140 참조.

148 일자사(一字師) : 승려 제기(齊己)의 〈조매(早梅)〉 시에 "앞마을 깊은 눈 속에, 어젯밤 몇 가지 매화 피었네.〔前村深雪裏, 昨夜數枝開.〕"라고 하였는데, 정곡(鄭谷)이 '數'를 '一'로 고치고 '일자사'라는 칭호를 얻은 고사가 있다. 이후로 시문 가운데 한두 글자를 고쳐 주는 사람을 '일자사'라고 불렀다. 《詩人玉屑 一字師》

되어 주시니 매우 감사합니다. 중첩된 글자는 이미 말씀하신 대로 고쳐서 손자 아이에게 보여 주었습니다. 한질(寒疾)이 매우 고통스러워 대신 쓰게 하는 관계로 이만 줄입니다.

윤길보에게 보냄 을사년(1665, 현종6) 11월

與尹吉甫 乙巳十一月

간성(杆城) 사람을 13일에 여기서 만났습니다. 월상(月相)의 편지[149]를 산삭(刪削)하여 줄인 것을 보여 주기에 다시 수십 글자를 대략 산삭하여 보냈습니다. 그중에 백사(白沙)를 두고 "선생의 도(道)를 환히 꿰뚫어 보았다."라고 표현한 것[150]은 참람하게 허여한 듯하므로 특별히 말거(抹去)하였습니다. 어떻게 생각하실지 모르겠습니다.

149 월상(月相)의 편지 : 이정귀(李廷龜)가 이이(李珥)의 비명(碑銘)과 관련하여 김장생과 주고받은 편지를 가리킨다. 월상은 호가 월사(月沙)인 이정귀를 가리킨다. 《宋子大全隨箚 卷4》

150 백사(白沙)를……것 : 이정귀가 김장생에게 보낸 편지에서 백사 이항복(李恒福)이 지은 이이의 비명을 언급하며 "백사가 선생의 학문을 환히 꿰뚫어 보고 그 오묘한 곳을 홀로 알았다고 생각했다."라고 말한 것을 가리킨다. 《月沙集 卷35 書牘上》

윤길보에게 답함 병오년(1666, 현종7) 1월

答尹吉甫 丙午正月

일찍이 은혜로운 편지를 보내 주시고 겸하여 물어 주시기까지 하셨습니다. 저를 비루하게 여기지 않으신 것에 깊이 감사하면서, 아울러 어리석고 꽉 막혀 고명하신 형에게 보답하지 못하는 제 자신을 또한 부끄럽게 여깁니다. 다만 저에게 어리석은 견해가 있습니다. 조(趙)는 미천한 자입니다. 앞서의 잘못을 뉘우쳐 고치지 못하면서 오히려 법을 받들어 지키려는 자가 어찌 존형께서 돈암서원(遯巖書院)에서 한잔 술로 권면하는 것에 감동하겠습니까. 기왕의 시비곡직은 모두 서로 놓아두고 인장(印章)을 품는 소신(小信)에 굽힐 수 있다면, 어찌 선현의 유풍이 아니겠으며 대가의 법도가 아니겠습니까.

근래 듣자니 바깥의 논의가 몹시 흉흉하여 장차 종통(宗統)을 어지럽히고 인심을 동요시켰다는 것으로 소장(疏章)을 올려 논죄하려고 한답니다. 저는 머리를 싸매고 기다리면서 입을 닫은 채 날을 보내고 있습니다. 형의 성의에 감사한 나머지 다시 이렇게 많은 말을 하였으니 매우 황공합니다. 지금 가형(家兄)의 명으로 잠시 호상(湖上)으로 분부를 들으러 갑니다. 돌아오는 길에 강을 거슬러 올라 잠시 형이 사는 마을을 방문하고자 합니다만, 죄인인 처지가 두려울 뿐입니다. 이만 줄입니다.

윤길보에게 답함 병오년(1666, 현종7) 2월 19일

答尹吉甫 丙午二月十九日

병중에 그리움이 배나 깊어 가던 차에 홀연 족하(足下)께서 심부름꾼을 시켜 보내신 편지를 받았습니다. 무척 기운 나게 하고 위로되어 말로 표현할 수 없을 정도입니다. 눈보라가 하늘을 뒤덮고 연일 날씨가 매우 춥습니다. 문을 닫고 깊숙이 앉았어도 매섭게 불어 대고 좌우로 때려 대는데, 언제쯤이나 저의 목숨을 없애어 기후(氣候)를 조금이라도 안정시킬지 모르겠습니다. 어제 증형(甑兄 윤문거(尹文擧))에게 편지 한 통을 보내 농담의 말을 올렸는데 한바탕 웃음을 터뜨렸으리라 생각됩니다. 우산(牛山)의 문자[151]는 한창 병중이라 미처 펼쳐 읽어 보지 못하였습니다. 나은 뒤에야 가르침대로 할 수 있을 것입니다.

말씀하신 수법(守法)과 범법(犯法)은 아직 이해하지 못했으니 어리석고 막힌 제가 부끄럽습니다. 이미 범법이라고 했으면 어찌 다시 중도(中道)를 얻는 것을 논할 것이 있겠습니까. 장주(莊周)는 "악을 행해도 형벌에 가깝게 하지 않는다."라고 하였는데,[152] 이를 두고 주 부자(朱夫

151 우산(牛山)의 문자 : 윤선거가 지은 안방준(安邦俊)의 묘지명을 가리킨다. 우산은 안방준의 호이다.

152 장주(莊周)는……하였는데 : 《장자(莊子)》 〈양생주(養生主)〉에 "선을 행해도 명예에 가깝게 하지 않고, 악을 행해도 형벌에 가깝게 하지 않는다. 중도를 따르는 것을 상도(常道)로 삼는다면 몸을 보호할 수 있고, 생명을 보전할 수 있으며, 부모를 봉양할 수 있고, 천수를 누릴 수 있다."라는 말이 나온다. 선이나 악의 어느 한쪽으로 치우치지 않고 중도를 견지하는 것을 말한다.

子)는 정도(正道)에서 벗어난 말이 이치를 해친다고 분명하게 밝혔습니다.[153] 지금 편지에서 말씀하신 뜻이 근거가 있다는 것은 진실로 알겠습니다만, 어리석은 사람 앞에서는 꿈 이야기를 해서는 안 된다는 것[154]을 또한 군자는 마땅히 알아야 할 것입니다.

초형(草兄 이유태)이 청탁을 과감하게 끊어 냈으니 참으로 공경하고 탄복할 만합니다. 하지만 공명가(公明賈)가 공숙(公叔)을 칭찬한 말[155]도 헤아려 볼 만합니다. 남궁(南宮)[156]의 말을 호백(湖伯)[157]이 스스로 무정하다고 하였으니, 형이 하필 뒤늦게 따질 것이 있겠습니까. 호백이 족두리를 매우 간절히 빌리고자 하니 속히 부응해 줄 수 있습니까?

153 주 부자(朱夫子)는……밝혔습니다 : 주희가 〈양생주설(養生主說)〉을 지어 장주(莊周)의 주장을 비판한 것을 가리킨다. 《晦菴集 卷76》

154 어리석은……것 : 어리석은 사람에게 꿈 이야기를 하면 그 말을 사실로 오해한다는 뜻이다. 당나라 용삭(龍朔) 연간에 서역 승(西域僧) 승가(僧伽)가 장강(長江)과 회수(淮水) 사이를 유람할 때, 어떤 사람이 "그대의 성이 무엇이오?〔姓何?〕"라고 묻자 "하성이오.〔姓何.〕"라고 대답하였다. 다시 "어느 나라 사람이오?〔何國人?〕"라고 묻자 "하국인이오.〔何國人.〕"라고 대답하였다. 이는 승가가 언어의 유희로 농담한 것이었는데, 사후에 이옹(李邕)이 승가의 비문을 지으면서 그 말뜻을 잘못 이해하여 "대사는 성이 하(何)이고 하국(何國) 사람이다."라고 썼다. 후대에 이 일을 두고 "어리석은 사람에게 꿈 이야기를 해 주는 격이다.〔癡人說夢〕"라고 하였다. 《冷齋夜話 卷9》

155 공명가(公明賈)가……말 : 공자(孔子)가 공명가에게 공숙문자(公叔文子)의 인품을 묻자, 공명가가 "말할 때가 되어야 말하기 때문에 사람들이 그의 말을 싫어하지 않고, 즐거워야 웃기 때문에 사람들이 그의 웃음을 싫어하지 않고, 의(義)에 맞아야 취하기 때문에 사람들이 그가 취하는 것을 싫어하지 않습니다."라고 칭찬하니, 공자가 "그런가? 어찌 그럴 수 있겠는가."라고 하였다. 《論語 憲問》

156 남궁(南宮) : 남별궁동(南別宮洞)에 살던 김만기(金萬基)를 가리키는 것으로 보인다. 김장생의 증손이자 송시열의 문인이다.

157 호백(湖伯) : 당시 전라도 관찰사였던 민유중(閔維重)을 가리킨다.

시남(市南 유계(兪棨))의 대상(大祥)이 벌써 임박하여 사람으로 하여금 슬프게 합니다. 일전에 맏상제[158]가 찾아와 만났을 때 제가 "상복을 벗기를 기다렸다가 막냇동생의 혼사[159]를 속히 마치게나."라고 말해 주었습니다. 노형(老兄)의 뜻도 그러한지 모르겠습니다. 《가례(家禮)》에서 인용한 사마 태위(司馬太尉)의 말[160]은 참으로 후학이 명심해야 할 것입니다.

오늘날의 흉흉한 일은 저들이 걱정할 만한 것이 아닌데, 한쪽의 젊은 이들이 조용히 기다리지 못하고 오히려 바람을 불어 불을 끄려는 행동을 하니, 이것이 우려됩니다. 하지만 어른들이 진정시키려 해도 전혀 효과가 있을 리 없으니, 그냥 내버려두느니만 못합니다. 세도(世道)를 이 지경으로 만든 것이 어찌 흑수(黑水)[161]의 잘못이 아니겠습니까. 배운 것이 한번 어긋나 그 폐해가 이 지경에 이르렀으니 두렵고도 경계할 만합니다. 할 말은 많지만 병으로 대신 쓰게 하므로 이만 줄입니다.

158 맏상제 : 유계의 큰아들 유명윤(兪命胤)을 가리킨다.

159 막냇동생의 혼사 : 유명윤의 막냇동생 유명흥(兪命興)과 윤문거(尹文擧) 딸의 혼사를 가리킨다.

160 가례(家禮)에서……말 : 《가례》 〈혼례(昏禮) 의혼(議昏)〉의 주(註)에 있는 사마광(司馬光)의 조부 증태위(贈太尉) 사마현(司馬炫)의 말을 가리킨다. 사마광은 너무 어린 나이에 혼사를 결정하여 발생하는 폐해를 비판하면서 "나의 선조 태위공(太尉公)께서는 일찍이 '우리 집안의 남녀 자손은 반드시 장성한 뒤에야 혼인을 의논하였고, 혼인을 의논하는 서신을 주고받으면 수개월 안에 반드시 혼인을 치렀다. 그러므로 종신토록 이러한 후회가 없었다.'라고 하셨으니, 이는 바로 자손들이 마땅히 법으로 삼아야 할 바이다."라고 하였다.

161 흑수(黑水) : 윤휴(尹鑴)를 가리킨다. 윤휴가 살던 여강(驪江)의 '여(驪)' 자가 검다는 뜻이므로 윤휴를 폄훼하여 불렀다.

윤길보에게 답함
答尹吉甫

여러 장의 편지를 써서 가르침을 내려 주시니 너무나 감사합니다. 저는 아무 일 없이 묵묵히 앉아 지내다가 갑자기 시종(侍從)이 와서 전한 별유(別諭)를 받고 황공하여 감히 편안히 있을 수 없는 상황입니다.

《소학중편(小學重編)》[162]을 찾아 보여 주셔서 매우 기쁩니다. 《주문지결(朱門旨訣)》[163]의 재발(再跋)은 마땅히 곡절을 달리 바꾸어야 할 듯합니다만, 지금은 겨를이 없으니 훗날을 기다려야 합니다. 다만 '중편(重編)' 운운한 것은 의미가 분명하지 않아 마치 정미년(1187)에 편찬한 것을 주 부자(朱夫子)가 개편(改編)한 것처럼 보일 소지가 있습니다.[164] 채 각헌(蔡覺軒)이 지은 《근사속록(近思續錄)》[165]의 사례에

162 소학중편(小學重編) : 이이(李珥)와 성혼(成渾)의 문인인 한교(韓嶠)가 주희(朱熹)의 글과 말을 뽑아 〈입교(立教)〉, 〈명륜(明倫)〉, 〈경신(敬身)〉으로 나누어 편찬한 책이다. '소학속편(小學續編)'이라고도 한다. 미국 버클리대학교 도서관 아사미문고에 《소학주설중편(小學朱說重編)》이라는 이름으로 필사본 1책이 유일하게 전하고 있다. 《沙溪全書 卷5 小學續編序》

163 주문지결(朱門旨訣) : 성혼이 주희의 편지에서 학문하는 방법을 논한 글을 뽑아 편찬한 책이다. 처음에 '위학지방(爲學之方)'이라고 이름을 붙였는데 나중에 '주문지결'로 바꾸었다. 송시열이 발문(跋文)과 재발문(再跋文)을 지었다. 《牛溪集 牛溪先生年譜》《宋子大全 卷146 朱門旨訣跋, 再跋》

164 중편(重編)……있습니다 : 《소학》은 주희의 문인 유자징(劉子澄)이 1187년에 편찬하고 주희가 산정(刪定)한 책이다. 한교가 지은 《소학중편》이라는 책 이름이 주희가 개편한 책처럼 오해할 소지가 있다는 말이다.

의거하여 '중(重)' 자를 '속(續)' 자로 고치는 것이 어떻겠습니까? 부디 헤아려 가르쳐 주시기 바랍니다.

저의 손자들이 여기 모여 사는 것은 실로 당초에 정한 계획이었습니다. 황호(黃湖)가 형이 사는 마을과 가깝고 또 안숙(晏叔 정양(鄭瀁))의 작은 장원(莊園)이 있는 데다가, 사정(士正)[166]도 왕래하며 일을 주선하여 의지할 수 있기 때문입니다. 복원(濮園)[167]에서 제사를 받드는 데 쓰던 것을 떼어 내어 외손의 가업을 풍족하게 해 주었습니다. 저는 빈천한 것이 그들의 본분이 아니라고 여겼으므로 하늘에서 떨어지는 것을 앉아서 누리는 것을 바라지 않았습니다. 그래서 이렇게 주저했던 것입니다. 하지만 손자들의 본업은 저것을 버리면 당연히 달리 갈 곳이 없으니, 형편상 왕래하면서 수습하여 조만간 도성에 돌아가서 생활할 바탕으로 삼도록 해야 합니다. 그리고 이곳에는 경영할 땅이 전혀 없으니, 다만 청천창(淸川倉)의 환곡(還穀)을 얻어 쓰고 회덕(懷德) 고을에서 거둔 것은 주안(周岸)으로 보낸다면 일이 간소하고 편리할 것입니다. 다만 그 아이들의 지향을 살펴보면, 시골에 사는 것을 마치 갇혀 지내는 것처럼 여깁니다. 끝내 여기에 오래 머물지 않을 것이니, 또한

165 채……근사속록(近思續錄) : 각헌은 남송의 유학자 채모(蔡模, 1188~1246)의 호이다. 《근사속록》은 채모가 《근사록》의 체례를 모방하여 편차한 주희의 어록(語錄)이다.

166 사정(士正) : 김장생(金長生)의 아들 김규(金槼, 1605~1697)의 자로 추정된다.

167 복원(濮園) : 본래 송 영종(宋英宗)의 사친(私親)인 복안의왕(濮安懿王)의 원묘(園墓)를 가리키는데, 여기서는 선조(宣祖)의 사친인 덕흥대원군(德興大院君)의 묘소를 지칭한 것이다. 송시열의 며느리가 덕흥대원군의 5대손이므로 송시열의 손자들은 덕흥대원군의 외손이 된다.

그들이 좋아하는 대로 내버려둘 것입니다. 예전에 형이 여러 조카에게 "시골에 살며 향전(鄕戰)이나 벌이느니, 도성에 들어가 사대부의 당론에 참여하는 것이 낫다."라고 훈계했던 말을 기억합니다. 당시에는 옳지 않다고 여겼는데, 지금은 그 말이 나를 속이지 않았다는 것을 경험합니다. 할 말은 많지만 어찌 열에 하나라도 말씀드릴 수 있겠습니까. 모든 것을 묵묵히 이해해 주시기 바랍니다. 이만 줄입니다.

송자대전

제39권

書서

권사성[1] 시 에게 보냄 병자년(1636, 인조14) 7월 11일

與權思誠 諰○丙子七月十一日

계절이 바뀜에 따라 덕이 높은 고명(高明)을 그리는 마음이 갈수록 깊어집니다. 이퇴지(李退之 이유겸(李惟謙))가 온 덕분에 혜음(惠音)을 멀리서 받들고 또한 전하는 말씀을 잘 알아들었는데 마치 귀를 끌어당겨 얼굴을 맞대고 친절히 가르쳐 주시는 듯하였으니, 감사한 마음을 어떻게 형언하겠습니까.

편지를 주신 뒤로 학문하는 체후가 더욱 좋아지셨는지요? 저는 매일 보살핌을 받고 있으면서도 예전 그대로 보잘것없을 따름입니다.

보내 주신 편지에서 출처(出處)를 옛사람은 굶주림과 배부름으로 비유하였다[2]고 하셨는데, 진실로 출처는 옆 사람이 막을 수 있는 것이 아닙니다. 그러나 정자(程子)의 문하에서 이루어진 법으로 말하건대, 사도(仕道)와 녹사(祿仕)[3] 두 가지 중 둘 다 해당하는 곳이 없으면 산림

1 권사성(權思誠) : 권시(權諰, 1604～1672)로, 본관은 안동(安東), 자는 사성, 호는 탄옹(炭翁)이다. 박지계(朴知誡)의 문인이다. 남인으로서 예송 논쟁 때 윤선도(尹善道)를 옹호하였다. 아들 권유(權惟)가 송시열의 딸과 혼인하였으며, 사후에 송시열이 묘표를 지었다.

2 출처(出處)를……비유하였다 : 《논어》 〈향당(鄕黨)〉에 "때에 맞는 것이 아니면 먹지 않는다."라고 한 대목에 대해 《대학혹문(大學或問)》에서 "음식은 주리거나 배부른 것을 절도로 삼는다."라고 하였다.

3 사도(仕道)와 녹사(祿仕) : 사도는 도를 행하기 위해 하는 벼슬을 이르고, 녹사는 녹봉을 받기 위해 하는 벼슬을 이른다. 주희가 《맹자집주(孟子集註)》에서 "벼슬을 하는 것은 본디 도를 행하기 위해서이나, 또한 집이 가난하고 부모가 늙었거나 혹은 도가

일 뿐이니, 오형(吾兄)은 틀림없이 이 중 하나에 해당할 것입니다.

저는 모친을 봉양하는 데 급박하여 섣불리 한번 벼슬에 나가서 옛날 걸음걸이를 잊는 일이 많았으니,[4] 주 선생(朱先生)이 "자신의 역량을 먼저 헤아려 본 뒤에 임명을 받아들여야 한다."라고 한 것은 참으로 진심에서 우러나온 정성스러운 말씀입니다. 이것을 경계하고 두려워하여 다시 벼슬에 천거되고 싶지 않습니다.

그러나 한 가지 드릴 말씀이 있습니다. 듣건대 형이 여장을 꾸리고 양식을 싸서 장차 관국(觀國) 행차[5]를 한다고 합니다. 저의 어리석은 생각으로는 벼슬살이와 과거(科擧)의 도는 다르지 않으니, 그 행차를 통하여 뜻을 이룬다면 혹 하나의 의리인 듯합니다. 어떻게 생각하실지 모르겠습니다. 벗들이 벼슬자리를 가지고 서로 부르는 것에 대하여 예로부터 분명한 경계가 있었습니다. 그런데 또 운운하셨으니, 혹 사사로운 뜻에 매여 그렇게 말씀하신 점이 없겠습니까. 오직 고명께서 헤아리는 데 달렸을 뿐입니다.

때와 맞지 않아서 단지 녹봉을 받기 위해 벼슬하는 경우가 있다."라고 하였다.

4 옛날……많았으니 : 송시열이 벼슬에 나가서 평소 닦아 온 자신의 지조를 잊는 경우가 많았다는 말이다. 연나라 수릉(壽陵) 땅의 여자(餘子)가 조(趙)나라 서울 한단(邯鄲)에 가서 걸음걸이를 배우려다가 제대로 배우지도 못한 채 본래의 자기 걸음걸이마저 잊어버리고 엉금엉금 기어 올 수밖에 없었다는 '한단학보(邯鄲學步)'의 이야기가 《장자(莊子)》 〈추수(秋水)〉에 실려 있다.

5 관국(觀國) 행차 : 1636년 6월 11일에 최명길(崔鳴吉)이 학생 권시를 조정에 천거하자 인조가 가납하고 대군사부에 제수하였으므로 벼슬에 나아갈 것으로 생각하고 언급한 말인데, 권시는 나아가지 않았다. 관국은 벼슬하며 나라의 정치에 참여하는 것을 말한다. 《주역》 〈관괘(觀卦) 육사(六四)〉에서 "나라의 휘황한 빛을 봄이니, 왕에게 나아가 손님 노릇을 하며 벼슬하는 것이 이롭다.〔觀國之光, 利用賓于王.〕"라고 하였다.

권사성에게 보냄 정축년(1637, 인조15) 3월 29일

與權思誠 丁丑三月二十九日

망극한 일을 겪은 시절이라 인심이 예전 같지 못합니다. 삼가 생각건대 존형(尊兄)의 댁내는 탈 없이 잘 지내십니까? 난리 뒤에 느끼는 이별의 회포는 더욱 견딜 수 없습니다. 저는 임금께서 모욕을 당하는 날에 구차하게 한결같이 살아 있어 천지간에 부끄럽고 분한데 죽는 것도 쉽지 않으니 어쩌면 좋단 말입니까.

가제(家弟)의 혼사[6]에 대하여 말하자면, 난리로 인하여 이루지 못하였습니다. 만약 함창(咸昌) 어른께서 끝내 경시하지 않고 후일의 기약을 보여 주신다면 감히 명을 따르지 않겠습니까.

집안의 운수가 불행하여 종형(從兄)이 강화도에서 목숨을 바쳤고[7] 지난달 무렵에는 온 집안이 전염병에 걸렸다가 근일에 비로소 전염병의 기세가 수그러들었으나 소식이 끊긴 것처럼 서로 문병하지 못하고 있으니 한스럽기 그지없습니다. 부디 마음으로 이해해 주시기를 바랄 뿐입니다.

6 가제(家弟)의 혼사 : 송시열의 막냇동생 송시걸(宋時杰)이 권적(權訹)의 딸에게 장가드는 일을 가리킨다. 권적은 곧 권시의 백씨(伯氏)이다.

7 종형(從兄)이……바쳤고 : 송시열의 종형 송시영(宋時榮)이 1636년 병자호란이 일어나자 왕명을 따라 강화도의 분사(分司)에 들어갔다가 이듬해 1월 22일에 강화성이 포위되고 남문이 함락되자 자결한 것을 말한다.

권사성에게 답함 정축년(1637, 인조15) 12월
答權思誠 丁丑十二月

한양에서 서로 헤어지고 벌써 2년이 되었습니다. 우러러 달려가는 마음에 어찌 그리움을 견딜 수 있겠습니까. 한 해가 다할 즈음에 혜서(惠書)를 멀리서 받드니 위안되고 감격하는 마음 가누기 어렵습니다.

저는 죄가 많고 복이 적어 열네 살 외아들이 홍역으로 세상을 떠났습니다. 슬프고 쓰라린 심정은 다만 불타는 것과 같을 뿐만이 아닙니다. 틀림없이 끝없는 재앙이 있어서 이 지경에 이른 것인데 혼미하여 스스로 반성하지 못하였으니 애통한 마음 더욱 절실합니다.

편지에서 "관례와 혼례에 주인이 된다."라고 한 것에 대하여 저는 '지자(支子)가 종자(宗子)와 함께 살고 있을 때 종자에게 사정이 있으면 스스로 주인이 되어 사당에 고하는 것이지, 사실(私室)에 허위(虛位)를 설치하는 것은 아닌 듯하다.'라고 생각합니다. 고례(古禮)에서 관례를 치르는 자리는 모두 사당 가운데 있었고 《가례(家禮)》 사당장(祠堂章) 축문식(祝文式)에는 "종자가 아니면 '효(孝)'라고 하지 않는다."라는 문장이 있습니다. 이에 근거하여 종자에게 사정이 있을 때 지자는 반드시 사당에서 일을 행해야 함을 알 수 있습니다. 그렇지 않다면 고조를 계승한 종자에게 사정이 있을 때 어찌 고조의 신위를 사실에 설치하고 반드시 차종자(次宗子)에게 명하지 않겠습니까. 사당이 비록 서로 거리가 멀더라도 반드시 나아가 행해야 예에 맞을 듯한데 어떨지 모르겠습니다.

흑리(黑履)는 심의장(深衣章)에서 "구(絇 신코 장식)와 억(繶 둥근 장식 끈)과 준(純 신의 가선 장식)과 기(綦 신 끈)를 흰색으로 한다."라고 한 것이 이것입니다. 선사(先師)께서 일찍이 "오늘날의 당혜(唐鞋 중국 신)와 서로 비슷하다."라고 말씀하셨고 저도 그렇게 생각하는데, 어떻게 생각하십니까? 저는 이러한 이야기에 대하여는 원래 거칠고 서툴며 더구나 지극히 애통한 상황이라 마음이 아득한데, 어찌 예전에 들은 것을 찾아 예의(禮意)를 잃지 않을 수 있겠습니까. 부디 인편을 통해 답장을 주시어 분석하고 가르쳐 주시기를 간절히 바랍니다.

존당(尊堂)의 백씨(伯氏) 어른께서는 편안하십니까? 사형(舍兄)은 현재 보은(報恩)에 있고, 막냇동생은 함창(咸昌)에서 아직 돌아오지 않았습니다. 이만 줄입니다.

권사성에게 보냄 무인년(1638, 인조16) 5월 26일

與權思誠 戊寅五月二十六日

가뭄과 더위가 이처럼 혹심합니다. 삼가 생각건대 학문하는 체후는 어떠하십니까? 눈앞에 닥친 무더위는 진실로 말할 것이 못 되나 앞으로의 목숨은 위기에서 어떻게 벗어나야 할지 모르겠습니다. 형처럼 사무를 통달한 분은 틀림없이 조치한 바가 있을 것이나 저처럼 용렬한 자는 어떻게 해 볼 도리가 없습니다.

저는 부모님을 받들며 그럭저럭 지낼 뿐입니다. 수제(秀弟)[8]가 문하에 나아갔으니, 힘써 가르침을 내려 주시어 남을 이루어 주는[9] 인(仁)을 마치시기를 바랍니다. 어떻게 생각하십니까?

지난번 편지에서 "술주정……〔酒狂云云〕"이라고 한 것은 진실로 "방금 내가 한 말은 농담이다."[10]라고 한 것과 같습니다. 그러나 이 아우(송

8 수제(秀弟) : 수보(秀甫)의 아우라는 뜻으로, 수보는 송시열의 막냇동생인 송시걸(宋時杰)의 자이다.

9 남을 이루어 주는 : 자신을 완성하고 그것을 바탕으로 미루어 나아가서 주변 사람과 사물을 완성한다는 뜻이다. 《중용장구》 제25장에 "성(誠)은 자신을 이룰 뿐만 아니라 남을 이루어 주니, 자신을 이룸은 인(仁)이요 남을 이루어 줌은 지(知)이다. 이는 성의 덕(德)이니, 내외를 합한 도이다. 그러므로 때에 따라 적절하게 조치한 것이다."라고 하였다.

10 방금……농담이다 : 자유(子游)가 무성(武城)의 수령이 되어 예악(禮樂)을 가르치는 것을 공자가 보고 웃으면서 닭 잡는 데 소 잡는 칼을 쓴다고 말했다가, 자유가 정색으로 반문하자, 공자가 "얘들아, 언(偃)의 말이 옳다. 내가 방금 한 말은 농담이었다."라고 말한 내용이 《논어》 〈양화(陽貨)〉에 보인다.

시결)의 말을 들어 보면 그런 일이 전혀 없다고 할 수 없으니, 고명(高明)께 바라는 바가 아닌 듯합니다. 그러나 형처럼 성대한 덕을 지닌 분은 틀림없이 곤욕을 치르신 일은 없을 것입니다. 이 아우는 혈기가 아직 정해지지 않았으니, 통렬하게 억제하여 심성을 잃는 데 이르지 않게 하여 주시기를 바랍니다. 지극히 빌고 또 빕니다. 그리고 이 아우는 비록 사서(四書)를 읽었으나 아직 의미를 알지 못하니, 주자(朱子)의 글 약간 편을 읽게 하여 문리(文理)를 확장하게 한 뒤에 다시 예전의 공부를 하게 하고자 하는데, 어떨지 모르겠습니다. 또한 잘 헤아려 가르쳐 주시기를 바랍니다. 이만 줄입니다.

권사성에게 답함 기묘년(1639, 인조17) 7월 13일
答權思誠 己卯七月十三日

늦봄에 작별했는데 서늘한 바람이 벌써 붑니다. 매미 소리를 들으며 바람을 쐬니 마음과 정신이 속세를 떠난 듯합니다. 어제 비로소 4월 12일과 6월의 16일에 보내신 편지를 보았습니다. 갓 시집온 제수씨가 편지를 받아서 깊이 간직해 놓았다가 지금까지 잊고 있었던 것입니다. 편지를 아끼며 음미한 나머지 감사하고 후련한 마음을 어찌 말로 다 할 수 있겠습니까. 편지를 보내신 후로도 기거가 편안하셨습니까?

저는 반년 동안 병으로 칩거하느라 퇴보하여 남은 것이 없어 황공하고 부끄러우니 장차 붕우를 볼 수 없을 것입니다. 전일의 훌륭한 가르침은 명보(明甫 송준길(宋浚吉)) 형이 전하여 보여 주어 실로 감지덕지하였는데 사례할 길이 없습니다. 그러나 저는 아들을 잃고부터 심신이 혼미해져 아침에 말하고 저녁에 잊어버리는 등 이전의 일을 전혀 기억하지 못하는데 형의 편지에서도 깊이 말씀하지 않으시니, 그것이 무슨 말인지 모르겠습니다. 부디 자세히 제시해 주신다면 감히 다 바로잡지 않을 수 있겠습니까.

말씀하신 혼사는 종형도 다른 뜻이 없으니, 또한 말씀하신 대로 시행하리라 생각됩니다. 별지의 미발(未發)에 관한 설은 함부로 논하여 가르침을 구하니 아끼지 말고 비평해 주실 것을 간절히 바랍니다. 그렇게 해 주신다면 더없이 다행이겠습니다.

어린 아우는 교만하고 게으른 습성을 스스로 제거하지 못하였고 그 형은 〈소민(小旻)〉의 지극한 정으로 서로 권면하지 못하였으니,[11] 그가 진보하지 못하는 것은 당연합니다. 아우를 사랑하지 않은 죄를 피할 곳이 어디 있겠습니까. 간절히 바라건대, 그가 문하에 나아간 것을 인하여 그를 통렬하게 꾸짖으시어 황공하고 부끄러운 마음으로 발분하여 진보하는 바가 있게 해 주십시오. 그리해 주신다면 온 집안이 은덕에 감사함을 어찌 다 말할 수 있겠습니까. 다시는 진(秦)나라 사람의 아우[12]로 보지 말아 주십시오.

작약은 봄에 채취하였으나 남은 것이 없으니 늦가을이 되기를 기다려 마련하여 올릴 생각입니다. 하고 싶은 말은 많지만 일일이 쓰지 못합니다.

별지

'재동(纔動)'에 대하여 《성리군서(性理群書)》에서는 '방동(方動)'이라 하였고, 주서(朱書)와 《근사록(近思錄)》의 주(註)에서는 '초동(初動)'이라 하였습니다. 그러나 이 시[13]에서 이미 복괘(復卦)를 논하였으니 바로 이미 움직인 상(象)입니다. '재(纔)' 자에서 아직 그 들어맞지 않음을 보지 못하였습니다. 하나의 양(陽)이 비록 움직이기는 하였으나 만

11 소민(小旻)의……못하였으니 : 《시경》 〈소민지십(小旻之什)〉에 〈소완(小宛)〉이 있는데, 형제간에 서로 권면하는 내용이다.

12 진(秦)나라 사람의 아우 : 먼 타국 사람의 아우라는 말이다. 《맹자》 〈고자 상(告子上)〉에 인용된 고자의 말이다.

13 이 시 : 소옹(邵雍)의 〈동지음(冬至吟)〉을 가리킨다. 그 시에 "일양이 처음 움직이는 곳이요, 만물이 아직 생겨나지 않은 때라네.〔一陽初動處, 萬物未生時.〕"라고 했는데, 대개 '초(初)' 자가 다른 판본에는 '재(纔)' 자나 '방(方)' 자로 되어 있다. 권시는 '재' 자를 '방' 자로 바꾸고자 하였던 것이다.

물은 아직 생겨나지 않았으므로 '미발(未發)'이라고 말할 수는 있으나 '이발(已發)'이라고 말해서는 안 됩니다. 형이 반드시 '방(方)' 자로 바꾸어 보려고 한 것은 '없는 데에서 바야흐로 있게 되었다〔自無而方有〕'고 여긴 것입니다. 그러나 주자의 설을 공경히 고찰해 보면 바로 '바야흐로 없다가 이미 있게 되었다〔方無而已有〕'는 뜻입니다. 그러므로 "만약 무(無) 속에 만상(萬象)이 갖추어져 있음을 안다면, 그대가 복희씨(伏羲氏)를 친견했음을 인정하리라."[14]라고 하였고, 또 "지각(知覺)이 비록 이미 동하였으나 그것을 미동(未動)이라 해도 무방하다."라고 하였고, 또 "하나의 물건이나 일을 보고 마음속으로 기뻐하지도 않고 노여워하지도 않았는데 어찌하여 그것을 '이발'이라 하는가."라고 하였으니, 모두 이것을 두고 말한 것입니다. 이것을 가지고 가만히 음미하면 '재(纔)' 자를 놓을 수 있을 뿐만 아니라 비록 '이(已)' 자를 놓은 뜻으로 보더라도 괜찮습니다. 그러나 정자(程子)가 "이미 지각이 있으면 도리어 이는 이발이고, 복괘의 아래 한 획은 곧 동(動)이니 어찌 그것을 정(靜)이라 할 수 있겠는가."라고 한 말과는 차이가 있습니다. 그러므로 주자가 또 "이것은 이천(伊川)의 설이 너무 지나친 듯하다."라고 하였고, 또 "임택지(林擇之 임용중(林用中))는 '사려가 아직 싹트지 않은 것은 곤괘(坤卦)의 일이니 복괘에 해당시키면 안 된다.'라고 했는데, 택지가 의심한 것이 비록 지나치기는 하지만 그가 살핀 것은 또한 치밀하였다."라고

14 만약……인정하리라 : 주희의 〈논계몽(論啓蒙)〉 시에 "홀연히 한밤중에 우렛소리 한번 울리니, 일만의 호와 일천의 문이 차례로 열리네. 만약 무 속에 만상이 갖추어져 있음을 안다면, 그대가 복희씨를 친견했음을 인정하리라.〔忽然夜半一聲雷, 萬戶千門次第開. 若識無中含有象, 許君親見伏羲來.〕"라고 하였다. 《性理群書句解 卷4》

하였으니, 주자의 뜻은 참으로 '미발'에 '이동(已動)'을 함축하여 말한 것입니다. 그러나 반드시 이미 동하기를 기다린 뒤에야 미발이 됨을 말한 것은 아닙니다. 비록 이것이 이미 동한 것일지라도 진실로 미발이 됨에 해로울 것이 없습니다. 이는 동(動)과 정(靜)이 서로 포함하고 음(陰)과 양(陽)이 서로 간직하는 이치입니다. 대체로 아직 듣거나 본 것은 없으나 다만 듣거나 볼 수 있는 것이 있는 것은 곤괘에 양이 없을 수 없는 형상입니다. 그리고 이미 듣거나 보았으나 아직 기뻐하거나 노여워하지 않은 것은 양이 깊은 샘 속에서 나타났으나 매서운 추위가 들판을 덮고 있는 형상이며, 이미 듣거나 보아 기쁨과 노여움이 이미 드러난 것은 하늘의 도(道)가 변화함에 각기 성명(性命)을 바르게 하는 형상입니다.[15] 이와 같이 나누는 것이 명확할 듯한데, 어떨지 모르겠습니다. 다시 바라건대 비평하고 정정하여 가르쳐 주십시오. 간절히 바랍니다.

'경(敬)' 자에 대한 설은 참으로 보내온 글의 내용과 같습니다. 형의 고명함으로 또 여기에 종사할 수 있으니 날마다 충만하고 빛나서 다함이 없으리라 생각됩니다. 우러러 흠모합니다. 다만 각자 먼 지역에 있어 직접 가르침을 받지 못하는 것이 크게 한스러울 뿐입니다.

15 하늘의……형상입니다 : 《주역》 〈건괘(乾卦) 단(彖)〉의 "하늘의 도가 변화함에 각각 성명을 바르게 하여 큰 화기를 보전하게 해 준다."라는 말에서 인용한 것이다.

권사성에게 보냄 기묘년(1639, 인조17) 9월 22일

與權思誠 己卯九月二十二日

삼가 여쭙건대 늦가을에 학문하는 체후는 어떠하십니까? 항상 그리워하고 있습니다. 저는 집안의 운세가 불행하여 자서(姊壻)가 세상을 떠났으니 애통하여 견딜 수가 없습니다.

저는 이달 12일에 용담 현령(龍潭縣令)에 제수되었습니다. 전에 이미 북행(北行)에 가지 않았고 지금은 벼슬에 나아갈 도리가 없는데, 사람들이 모두 성상의 은혜에 사은하지 않을 수 없고 사은숙배한 뒤에 병으로 정사(呈辭)하는 것이 마땅하다고 하며, 혹자는 이와 같이 할 필요가 없다고 합니다. 어떻게 해야 좋을지 모르겠습니다. 부디 가르침을 주십시오.

지난번 편지에서 보여 주신 두 가지 설은 질문을 받들어 가르침을 구하기를 간절히 바랐으나 곧 부음을 전달하는 사람을 마주하여 슬픔으로 정신이 어지러워 결행하지 못하였으니 후일의 인편을 기다리겠습니다. 저의 형편에 대하여 부디 속히 알려 주시는 것이 어떻습니까.

○ 과부가 된 누이를 가서 보지 않아서는 안 되는데 누이 집이 장단(長湍)에 있고, 이미 사은하지 않았는데 도성을 지나가는 것은 합당하지 않은 듯합니다. 차라리 사은숙배하고 그대로 누이 집에 가서 병으로 정사하는 것이 합당하겠습니까, 그렇지 않으면 지금 우선 가지 말고 몇 달 뒤를 기다리는 것이 마땅하겠습니까? 모두 부디 헤아려 가르쳐 주시기를 간절히 바랍니다.

권사성에게 답함 기묘년(1639, 인조17) 10월 4일

答權思誠 己卯十月四日

일찍이 사제(舍弟)에게 편지를 보내면서 해직된 과정을 대략 여쭈었으나 감히 깊이 말씀드리지 못하고 만에 하나라도 다시 벼슬길에 나가기를 기다리고 있는데, 다시 고명(高明)께 폐를 끼쳐 생행사귀(生行死歸)[16]의 계책을 세우지 않을 수 없습니다. 제 편지는 형께 전달되지 않았고 일이 또 마무리되었는데 형의 편지가 갑자기 이르니 실로 마음에 근심스러운 점이 있습니다.

처음 제수되었을 때 어떤 사람이 와서 향배(向背)에 관한 설을 말했는데 또한 형이 말씀하신 것과 같았습니다. 그리고 또 말하기를 "형편상 견제받고 있어서 바랄 수 없다." 하였습니다. 저는 곧 개연히 발분하여 저도 모르게 심장과 간담이 타들어 가는 듯하였습니다. 그래서 서둘러 편지를 써서 함께 토론하던 시임 재상에게 묻기를 "그것이 과연 그러하겠습니까. 무릇 혈기가 있는 사람이면 밝으신 군주를 위해 죽지

16 생행사귀(生行死歸) : 살아서 벼슬에 나아갔다가 죽어서야 고향으로 돌아와 묻힌다는 뜻이다. 후한 환제(後漢桓帝) 때 위환(魏桓)은 환제가 여러 번 부르자 고향 사람들이 갈 것을 권유하였다. 위환이 말하기를 "녹봉을 구하고 등용되기를 구하는 것은 자신의 뜻을 행하려고 해서이다. 지금 천 명이나 되는 후궁을 줄일 수 있겠으며, 만 필이나 되는 마구간의 말을 줄일 수 있겠으며, 좌우의 권신들과 호강(豪强)한 자들을 제거할 수 있겠는가?" 하니, 모두 불가능하다고 대답하였다. 위환이 마침내 탄식하기를 "가령 내가 살아서 갔다가 죽어서 돌아온다면 여러분에게 무슨 유익함이 있겠는가." 하고는 마침내 몸을 숨기고 나아가지 않았다. 《後漢書 周黃徐姜申屠列傳》

않는 이가 없는데, 하물며 외람되이 성은을 입고 마침 이런 때를 만난 저와 같은 자이겠습니까." 하였습니다.

이로부터 흉중에 두 사람이 있게 되었으니 한 사람은 주 부자(朱夫子)이고 다른 한 사람은 채서산(蔡西山)으로, 서로 버티면서 결단하지 못한 지 오래고[17] 시임 재상이 끝내 답장을 주지 않아 마침내 천산(天山)의 상(象)[18]이 되었습니다. 그러나 오직 의리를 다하고 충성을 바치고자 하는 정성은 여전히 단주(丹朱)처럼 분명합니다. 붕우 간에 서로 아끼는 자 가운데 어떤 이는 벼슬에 나아갈 것을 권하고 어떤 이는 그만둘 것을 권하였으나 이 의리를 들어 담소를 나눈 자는 오직 오형(吾兄) 한 사람뿐입니다.

처음에는 또한 제가 생각했던 것이 망녕되다고 스스로 의심하였는데, 형의 밝은 가르침을 받들고는 보잘것없는 저의 본성에도 여전히 떳떳한 본성이 없어지지 않았음을 믿게 되었습니다. 그러나 '지위(地位)'라는 두 글자에 대하여 처음에는 또한 미처 사려를 다하지 못하였습니다. 듣건대 이치에 닿는 사람이 있으면 이치에 닿는 말이 있다고 하는데, 말이 우연히 나왔더라도 이치에 맞으면 말한 이가 꼴 베고 나무하는 사람일지라도 충성을 바치는 도리에 무슨 해가 되겠습니까. 이 때문에 참람함을 스스로 헤아리지 못하고 망녕되이 의심하는 마음

17 흉중에……오래고 : 출처(出處)에 대해 오랫동안 고민하였다는 뜻이다. 여기서 '주 부자'는 벼슬에 나아가려는 마음을 비유한 것이고 '채서산'은 은거하려는 마음을 비유한 것이다. 서산은 북송 채원정(蔡元定)의 호이다.

18 천산(天山)의 상(象) : 위에 하늘이 있고 아래에 산이 있는 상으로 《주역》의 둔괘(遯卦)를 가리킨다. 양(陽)은 쇠해 가고 음(陰)이 자라나므로 군자는 물러나 피해야 하고 소인은 점점 진출하며 입지를 굳히는 뜻이 있다.

이 있었는데, 지금 고론(高論)을 들으니 수준이 어찌 30리 차이만 날 뿐이겠습니까. 우러러 흠모합니다.

어버이를 위한다는 논의에 대해서는 삼가 이해할 수 없는 점이 있습니다. 세상 사람 중에 의리를 잊고 이익을 추구하려는 자는 반드시 부형(父兄)을 핑계로 대고, 부형 중에는 참으로 혹 그것을 강요하는 자가 있습니다. 그러나 명령을 따라서 모두 불의(不義)에 들어가는 것보다는 의견을 개진하여 모두 의리로 나오는 것이 낫지 않겠습니까. 지금 어리석은 제게 털끝만큼이라도 다시 벼슬에 나갈 의사가 있다면 그것은 임금을 위해서이지 모친을 위해서가 아닙니다. 희중(希仲 윤휴(尹鑴))의 말은 말을 전달하는 사람이 잘못 전한 데서 나온 듯합니다.

장가들이는 것에 대한 논의는 참으로 시어(鰣魚)에 뼈가 많음[19]을 애석하게 여겼습니다. 우리가 그것을 권한 것은 그다지 남의 아름다움을 이루어 주는 일이 아닌 듯하였습니다. 그러므로 망녕되이 논한 바가 있었으니 저쪽을 위해서만은 아니었습니다.

이전의 편지에서 말씀드린 '미발(未發)' 설에 대해서는 제가 인용한 주자(朱子)의 설을 참고해 보면 분명히 이해하실 수 있을 듯한데 지금 다시 말씀하셨으니 자못 망연자실합니다. 《혹문(或問)》에서는 본디 지극히 정(靜)한 가운데 아직 지각(知覺)함은 없고 다만 지각할 수 있는 주체가 있는 것을 순곤(純坤)[20]에 짝하였습니다. 그러나 사려(思慮)함은 없고 다만 지각함이 있는 것은 본디 복괘(復卦)에 짝할 수

19 시어(鰣魚)에 뼈가 많음 : 시어는 준칫과에 속하는 청어이다. 맛은 매우 좋으나 가시가 많은 것이 결점이라는 뜻에서, 사람에게 결점이 있음을 비유한다.

20 순곤(純坤) : 상하 괘가 모두 곤으로 이루어진 괘를 가리킨다.

있으며 똑같이 '미발'의 경계가 됩니다. 하필 아직 지각함이 없는 것만을 미발로 여기겠습니까. 인심에는 동(動)과 정(靜)이라는 두 작용이 있고 천도(天道)에는 음(陰)과 양(陽)이라는 두 실마리가 있을 뿐입니다. 지각함이 있는 것과 지각함이 없는 것을 따질 것 없이 아직 사려함에 관계되지 않았으면 똑같이 '정(靜)'이라고 하고, 또한 양이 생긴 것과 양이 아직 생기지 않은 것을 따질 것 없이 봄과 여름에 관계되지 않으면 똑같이 '음(陰)'이라고 합니다. 형은 진실로 양이 이미 생긴 것이라 하여 겨울을 양이라고 하시겠습니까? 이를 가지고 말한다면, 《혹문》 및 이전의 편지에서 인용한 주자의 설은 서로 증명할 수는 있어도 서로 방해가 되지 않을 것입니다. 어떨지 모르겠습니다. 다시 김태숙(金泰叔 김극형(金克亨))에게 물어보시고 가르쳐 주십시오.

그리고 천하를 위하여 강상(綱常)을 부지한다는 설에 대하여는 보내온 편지의 내용이 평정(平正)하고 적절합니다. 그러나 형은 매양 도(道)가 부합하면 따르고 부합하지 않으면 떠나는 것을 출처(出處)의 상도로 삼았는데, 이는 참으로 그렇습니다. 이른바 도는 인륜과 일상생활에서 벗어나지 않는데 삼강(三綱)과 오상(五常)이 그중에 가장 큽니다. 만약 과연 이것을 빼놓는다면 이른바 도라는 것은 과연 어떤 도리란 말입니까. 벼슬에 나가면 반드시 이것을 부지해야 하고 그렇게 한 뒤에야 '도가 부합한다'고 말할 수 있을 듯하며, 또한 이것은 모두 나의 분수 안의 일이니 '위천하(爲天下 천하를 위하여)'라는 글자는 온당치 않다고 생각합니다.

아, 천하의 모든 일이 어느 것인들 나의 분수 안의 일이 아니겠습니까. 효(孝)라는 것은 본디 나의 직분이고 충(忠)이라는 것은 임금을 위해서 발하는 것입니다. 이것은 또한 직분 중에서 각각 위하는 바가 있는 것입니다. 만약 형의 설과 같다면, 장자(張子 장재(張載))가 "천지를 위하여 마음을 세우고, 백성을 위하여 도를 세우며, 옛 성인을 위하여 끊어진 학문을 잇고, 만세를 위하여 태평 시대를 연다."라고 한 것은 모두 온당치 못한 것이란 말입니까. 그러나 이것은 모두 경전에 근거한 바 없이 경솔하게 입에서 나오는 대로 말한 것입니다. 부디 갑자기 논의를 중지하지 말고 회답하여 가르쳐 주십시오. 간절히 바랍니다.

희중(希仲)은 자주 왕래합니까? 만약 이 벗을 보게 되면 이 편지를 그에게 보여 주고 제가 있는 곳으로 돌려보내는 것이 좋을 것이니, 번잡하게 외부인의 눈에 전하게 하고 싶지 않습니다. 편지 끝에서 거듭 경계하신 말씀은 감히 가슴에 새기지 않겠습니까. 마땅히 벽 위에 적어 놓아 상채(上蔡)의 앵무새 교훈[21]에 견주겠습니다.

21 상채(上蔡)의 앵무새 교훈 : 명리(名利)를 추구하며 말만 잘하는 것을 경계한 것이다. 상채 사씨(上蔡謝氏), 즉 사양좌(謝良佐)가 말하기를 "명리의 관문을 통과하여야 바야흐로 조금 쉴 수 있는 곳이니, 지금 사대부들은 어찌 굳이 말할 것이 있겠는가. 말만 잘하는 것이 참으로 앵무새와 같다." 하였고, 주희가 말하기를 "상채의 이 말씀은 매우 두려워할 만하니, 모름지기 이곳에 다리를 세워 정한 뒤에야 박문약례(博文約禮)의 공부가 시행될 곳이 있게 된다." 하였다. 《心經附註 卷4 孟子鷄鳴而起章》

권사성에게 보냄 기묘년(1639, 인조17) 10월 13일

與權思誠 己卯十月十三日

진퇴(進退)는 대사(大事)이기에 반걸음이라도 반드시 상의하고자 하였으나 멀어서 할 수 없었습니다. 하지만 전에 이미 깨우침을 받았고 이어서 돈독한 가르침을 받들었으니, 감격스러운 마음을 금할 수 없습니다. 일찍이 별지(別紙)를 명보(明甫 송준길(宋浚吉))에게 전달해 달라고 부탁하였는데, 이미 받아 보셨습니까?

사람이 이 세상에 태어나면 맡을 책임이 없지 않습니다. 참으로 털끝만큼이라도 군부(君父)에게 보탬이 된다면 어찌 감히 스스로 고결하게 굴며 과감하게 세상을 잊을 수 있겠습니까. 미나리를 먹도록 권한 자가 스스로 헤아리지 못한 것입니다.[22] 당초에 울분에 차 충성을 바치고자 하는 마음을 이기지 못하여 다른 것은 돌아볼 수도 없었는데, 실로 머리를 내민 쥐처럼 형세를 관망하려는 뜻이 있었고 곧이어 다소간의 곡절이 있었으므로 마침내 수초(遂初)의 사부(辭賦)[23]를 이었습니다. 비록 그렇다고 하더라도 어찌 감히 왕을 버리겠습니까. 제 마음은 갈수

22 미나리를……것입니다 : 변변찮은 충성을 바친 것은 자신의 분수를 헤아리지 못한 것이라는 뜻이다. 옛날 시골 사람이 미나리 맛이 천하에 제일이라고 여긴 나머지 높은 사람에게 바치려 하였다는 고사에서 유래한 것이다. 《列子 楊朱》

23 수초(遂初)의 사부(辭賦) : 번잡한 인간 세상을 떠나 전원으로 돌아와 숨어 살겠다는 뜻의 노래를 말한다. 진(晉)나라 손작(孫綽)이 10여 년 동안 산수를 유람한 뒤에 산림에 은거하려고 마음먹은 처음의 뜻을 마침내 이루게 되었다는 내용으로 〈수초부(遂初賦)〉를 지은 고사에서 유래한 것이다. 《晉書 孫綽列傳》

록 충성스러워집니다. 당초에 감히 깊은 말을 하지 못한 것은 참으로 기대하는 바가 있어서였으며 명보에게 그 단서를 은밀히 말하였는데, 명보가 사람의 뜻을 잘 알지 못하여 답변과 질문이 모순되어 받아들이지 않게 될 줄은 생각지도 못했습니다.

또한 세속의 이야기를 들어 비유하였는데, 높은 것은 너무 높고 낮은 것은 너무 낮았으니, 오늘날 사람들과 말하기에는 참으로 어려운 점이 있습니다. "자신의 의지대로 하지 못한다."라고 말한 것에 이르러서, 이는 노친에게 돌아가기를 바란 것입니다. 군자는 그것을 원한다고 말하지 않고 굳이 변명하는 것을 미워합니다. 제가 비록 지극히 비루한 사람이나 차마 이런 대접을 받겠습니까. 노친의 뜻에는 결코 그렇지 않은 점이 있고, 명보의 말은 저를 변호하면서도 그 실제를 알지 못한 데 지나지 않은 것입니다. 오직 형의 고견이 제 마음에 부합하니 실로 다행스럽고 감격스럽습니다. 다만 희중(希仲 윤휴)의 견해가 어떠한지는 모르겠습니다.

장가들이는 것에 관한 말은 지금 돌이켜 생각해 보니, 형은 변씨(邊氏)의 일이라고 하였으나 제가 논한 바는 다른 한 가지 일입니다. 그 당시에 바야흐로 사람들과 함께 사우(士友) 사이에 장가드는 것이 마땅하지 않음을 논의하고 있었으므로, 이로 말미암아 영서연설(郢書燕說)의 오류[24]가 있게 되었으니 우습고 한스럽습니다.

24 영서연설(郢書燕說)의 오류 : 원래의 뜻을 잘못 이해하여 와전(訛傳)하는 것을 가리킨다. 옛날 중국의 영(郢) 지방 사람으로 연나라 상국(相國)에게 편지를 쓴 자가 있었는데, 등불이 어둡자 옆 사람에게 촛불을 들라고 말하고는 자기도 모르게 편지에 '촛불을 들라'고 써 버렸다. 그런데 연나라 재상이 그 편지를 받아 보고는 기뻐하며 "촛불을 들라는 것은 현자를 천거하여 쓰라는 말일 것이다."라고 하고는 곧 임금에게

지난번에 작약을 찾으셨는데, 바빠서 넉넉히 캐지 못하여 한 뿌리만 올립니다. 만약 용도에 맞는다면 나중에 이어서 올리겠습니다. 이만 줄입니다.

○ 듣건대 경기도에 있는 전장(田莊)으로 행차하신다고 하던데, 언제 다시 돌아오십니까? 벌써 덕음(德音)이 오래 끊길까 괴롭습니다. 이전의 편지에서 여쭌 것에 대하여 가르침을 내려 주시기를 바랍니다. 사제(舍弟)가 문하에 나아갔으니 분명한 가르침을 베풀어 주시기를 바랍니다. 그는 형의 말씀을 감히 범범하게 듣지 못할 것입니다.

아뢰어 그대로 실천하니, 연나라가 크게 다스려졌다. 나라가 잘 다스려진 것은 좋았으나 원래 편지에서 뜻한 바는 아니었던 것이다.《韓非子 外儲說左上》

권사성에게 보냄 경진년(1640, 인조18) 윤1월[25] 10일

與權思誠 庚辰閏月十日

해가 바뀌고 달이 바뀌니 덕을 그리워하는 마음 더욱 깊습니다. 봄날씨가 찬데 심신이 편안하신지 삼가 여쭙니다. 하례드리는 마음 끝이 없습니다. 다만 듣건대 대공복(大功服)의 상을 당하셨다 하니, 놀랍기 그지없습니다. 저는 병으로 칩거하는 것은 예전과 같은데 게으른 병통이 새로 생겼습니다. 늘 형의 강건하고 독실함을 생각할 때마다 얼굴에서 땀이 흐르고 목이 붉어집니다.

방금 희중(希仲)의 편지를 보니, 일찍이 '미발(未發)'의 뜻을 논의하였는데 형이 보여 준 것으로 인하였다고 하였습니다. 만약 그때의 편지를 전송(轉送)해 주신다면 저의 몽매함을 깨우칠 수 있을 것이니, 얼마나 다행이겠습니까. 이전 편지의 제 논의는 한결같이 주 부자(朱夫子)의 설을 따랐습니다. 지금 여러 벗의 뜻이 이와 같이 서로 어긋나나 의리는 무궁하니, 어찌 하나의 글에 근거하여 결정할 수 있겠습니까.

일찍이 사랑하는 자식을 잃은 슬픔을 말씀하셨는데, 이것은 제가 실컷 겪은 것으로 듣고 싶지 않았습니다. 다만 제가 외아들을 잃어버려 길이 희망이 없는 것에 비하면 어찌 하늘과 땅처럼 다를 뿐이겠습니까.

마침 돌아오는 길에 올라 있어 황망하여 일일이 쓰지 못합니다.

25 윤1월 : 1640년에는 1월이 윤월이다.

권사성에게 답함 경진년(1640, 인조18) 6월 1일

答權思誠 庚辰六月一日

시열은 아룁니다. 집안이 화를 당해 고모와 종형(從兄)이 서로 이어서 세상을 떠나니 슬픔에 가슴이 찢어지는 듯하여 견딜 수가 없습니다. 일찍이 듣건대 형은 거듭 상을 당하고 형수는 또 염병(染病)을 겪었다 하니 몹시 놀랍고 염려스럽습니다. 그러나 죽은 이를 곡한 나머지 아내의 병이 또 심해져 근심 속에 골몰하느라 조문할 겨를이 없었으니 부끄럽고 한탄스러운 마음이 항상 간절합니다.

지금 제 아우가 문하에서 돌아오는 편에 형의 편지를 받았는데 황홀하기가 마치 직접 말씀을 듣는 것 같았으니 어떤 위안이 이만하겠습니까. 근래 병으로 궁벽한 산속에 칩거하고 있습니다. 곁에 사우(師友)의 유익한 가르침이 없어 한 번 말을 내고 한 번 발을 드는 것이 모두 인욕(人慾)에서 나오며, 이윽고 그것을 뉘우치더라도 한칼에 끊어 내지 못하니 슬픈 마음 절실합니다.

책을 읽는 공부를 감히 전폐하지는 않았으나 병의 증세가 줄어들지 않았습니다. 모르겠습니다만, 문자의 유익함이 붕우에 미치지 못하는 것입니까, 아니면 마음을 오로지 치지(致知)하는 데 기울이지 못하여 전혀 힘을 얻지 못한 것입니까? 또한 혹 오래도록 게을리하지 않고 해마다 공을 들인다면 점차 젖어들고 조금씩 진보할 가망이 있겠습니까? 고명(高明)께서 분명하게 가르쳐 주시기를 간절히 바랍니다.

희중(希仲)은 일찍이 심의(深衣)에 관한 그의 새로운 설을 보니 뜻이 주 부자(朱夫子)에게 만족하지 못하는 듯하였습니다. 만약 매번 이와 같다면 자공(子貢) 이하는 더 이상 입을 열어 말할 곳이 없을 것입니다. 그의 이기설(理氣說)은 틀림없이 뛰어난 조예가 은연중에 드러나 이전 사람이 미처 이르지 못한 곳을 환히 엿보았을 것이니, 부디 돌려 보이시어 흐리멍덩한 오류를 깨 주십시오. 어떻게 생각하십니까?

또 규계(規戒)를 받아 큰 은혜를 입었습니다. 이는 실로 황재(黃宰)의 일인데 당초에 감히 힘써 저지하지 못하였습니다. 만약 "나는 알지 못한다."라고 한다면 귀를 막고 종을 훔치는 것보다 심한 점이 있으므로 매번 이를 받아들여 죄로 삼았습니다. 지금 보내온 편지를 받드니 더욱더 두렵습니다.

어린아이들은 모두 여러 부형이 애를 태우는 탓에 사절하지 못하고 있습니다. 근래에 피차 서로 모해하는 것이 이미 3분의 1은 줄어든 것 같으며, 비방하는 소리가 높기는 하지만 자못 일을 덜었습니다.

대저 희중의 설은 모두 덕이 성대한 말이니, 하나하나 명심하여 감히 잊지 않을 것입니다. 형도 힘써 가르침을 내려 제가 방향을 잃지 않게 해 주신다면 스스로 마땅히 황공하여 분발함이 마치 바늘로 몸을 찌를 때와 같아 감히 허물 고치기를 꺼리지 않을 것입니다. 이만 줄입니다.

권사성에게 답함 경진년(1640, 인조18) 7월 20일
答權思誠 庚辰七月二十日

일찍이 희중(希仲)의 문자 중에서 형이 문단마다 비평하여 바로잡은 것을 보았는데, 의론의 공정함과 사람을 깊이 사랑하는 마음을 엿볼 수 있어 우러러 감탄하는 마음을 금치 못하였습니다. 다만 한스러운 것은 책을 가지고 형에게 나아가서 나머지 얘기를 직접 물어보지 못하는 것입니다.

어제 멀리 보내온 편지를 받았는데, 회포를 다 드러내 말씀해 주셨으니 또 생각을 남김없이 토로하는 훌륭한 뜻을 볼 수 있었습니다. 저는 아내의 병이 한결같이 고질이 되어 죽게 생겨 마음이 매우 어수선합니다. 오늘날 외물이 이미 형의 기쁨이 되지 못하였는데 어찌 형의 근심거리가 되겠습니까. 다만 이 말이 거만한 듯하여 전혀 성현의 가법(家法)이 아니니 우스울 뿐입니다.

희중의 설에 대하여는 저의 견해를 대강 기록하여 형에게 부치려 하였는데, 미처 다 기록하기도 전에 명보(明甫)가 재빠르게 가져갔으므로 매우 한스럽게 여깁니다. 만일 이것을 보거든 바로잡아 가르쳐 주시기 바랍니다. 도리(道理)는 천하의 공정한 것이니 어찌 자세하게 강론하여 설명하기 싫어하겠습니까. 희중에게 보여서 뉘우치고 반성하게 하는 것은 참으로 기쁘나, 다만 그 가운데 오히려 억지로 하게 할 수 없는 것이 있을까 두렵습니다.

이곳에서는 서적을 구하기가 매우 어렵기 때문에 형에게 부탁하여 영광(靈光)에서 《의절(儀節)》을 인쇄해 올까 하는데, 만일 될 수만 있다면 종이를 보내겠으니 회답하여 주시면 좋겠습니다.

○ 주자(朱子)의 문자 가운데 '선약(善弱)'이라는 글자가 있는데 무슨 뜻인지 모르겠습니다.

권사성에게 보냄 경진년(1640, 인조18) 9월 10일

與權思誠 庚辰九月十日

날씨가 벌써 스산해져 큰 과일이 먹히지 않게 되었으니,[26] 아침저녁으로 덕을 그리워하는 것이 배고프고 목마른 정도만이 아닙니다. 삼가 덕을 증진하고 학업을 닦아 날로 새로워지는 공부를 하고 계실 것을 생각하며 우러러 흠모합니다. 저는 병고에 시달리며 턱을 괴고 움츠려 앉은 지가 지금 반년이 되었습니다. 더구나 여러 형과도 서로 멀어 문답하는 말석에 참석하지 못하고 어두운 길을 더듬고 있으니 저는 그것으로 얻은 것이 있는지 모르겠습니다.

삼가 형이 저의 막냇동생과 함께 편지를 주고받는 뜻을 받들었습니다. 이 아우는 공손한 도리에 어두워 상의하지도 않고 경솔하게 함부로 범하였으니 허물은 있으나 또한 그 형의 뜻을 모른다고 할 수 없습니다. 형은 다행히 비루하게 여기지 않으시고 그다지 배척하지 않으며 안색을 부드럽게 하셨으니 감사하는 마음을 가눌 수 없습니다.

저는 늘 마음속으로 '사성과 나는 막역한 사이라고 말할 수 있다.'라고 하였습니다. 그러나 이 일은 말하지 못할 점이 있으니 그것을 말하면 형이 혹 거절하려 하시지 않더라도 저 역시 감히 사양하지 못합니다. 그러므로 처음에 감히 경솔하게 말하지 못했을 뿐입니다.

다만 보건대 고명(高明)께서는 "양쪽 집안이 빈한하다."라는 말씀을

26 큰……되었으니 : 음력 9월이 되었다는 말이다. 《주역》 〈박괘(剝卦) 상구(上九)〉에 보이는 말로, 박괘는 9월을 뜻한다.

하셨는데, 이는 일찍이 형에게 기대했던 바가 아닙니다. 이것은 주부자(朱夫子)가 조 승상(趙丞相)에게 마음 쓴 이유입니다.[27] 다만 양쪽 집안이 각각 그 배필을 고르되 만약 서로 현격히 차이가 나지 않는다면 형은 거친 밥을 먹고 물을 마시며 선대의 훈계를 더럽히지 말라는 뜻으로 가르치고, 저는 가시나무 비녀와 베치마 차림으로 항아리를 들고 출입했던 고사[28]로 경계한다면 또한 되지 않겠습니까.

희중을 자주 만나십니까? 일찍이 제가 망녕된 견해로 감히 〈혹난(或難)〉[29]을 논하며 고명의 의론을 따랐는데, 어떨지 모르겠습니다. 만일 혹시라도 참람하다고 허물하지 않고 비루하다고 버리지 않으며 시종 어리석음을 깨우쳐 주신다면 용렬한 사람에게 다행일 것입니다.

초봄에 편지 한 통을 써서 형에게 이 벗에게 전해 줄 것을 청하였는데, 일찍이 그의 편지를 보니 아직 보지 못하였다고 하였습니다. 혹시 전하지 않으신 것은 아닙니까? 이만 줄입니다.

27 이것은……이유입니다 : 주희가 조여우(趙汝愚)에게 혼사를 정하는 일에 대해 만약 생각을 바꾸지 않으면 천하의 선비가 장차 오랑캐의 도로써 문하를 의심하고 그 고을에 들어가지 않을 것이라고 한 것을 가리킨다. 《晦菴集 卷27 與趙帥書》 참고로 수나라 때의 학자 왕통(王通)은 "혼인에 재물을 논하는 것은 오랑캐의 도이다. 군자는 그러한 마을에는 들어가지 않는다. 옛날 남자와 여자라는 족속은 각각 덕에 따라 배필을 정하였고 재물을 예로 삼지 않았다."라고 하였다. 《小學集註 卷5 嘉言》

28 가시나무……고사 : 부인의 검소한 복장을 뜻한다. 한나라 때 은사(隱士)인 양홍(梁鴻)의 아내 맹광(孟光)이 가시나무 비녀에 베치마만 입었던 고사를 언급한 것이다. 《後漢書 逸民列傳 梁鴻》

29 혹난(或難) : 윤휴(尹鑴)가 저술한 글의 편명이다.

권사성에게 보냄 신사년(1641, 인조19) 8월 13일

與權思誠 辛巳八月十三日

〈석서(碩鼠)〉 시를 읊고부터[30] 줄곧 소식이 끊겼으니, 이 마음이 어찌 고개 위의 구름과 함께 날아가지 않은 적이 있겠습니까. 지금 깊어가는 가을에 댁내의 안부가 두루 평안하시고 학문하는 체후가 평온하실 줄로 압니다.

저는 가난과 병과 게으름이 모두 예전 상태 그대로이니 한밤중에 천장을 바라보며 그저 혼자 탄식할 뿐입니다. 아직 어린 여식을 가르치지 못했는데 외람되게도 혼사를 허락하여 주셨습니다. 예의상 제때 혼인 날짜를 청해야 했는데 지금껏 시일을 끌며 지체하였으니 죄를 받아 마땅합니다.

다만 생각건대 제 여식은 나이가 매우 어리고 영윤(令胤 권유(權惟))은 비록 무럭무럭 자라 조숙하나 옛사람이 혼사를 상의하던 나이[31]에 비하면 3분의 2에도 미치지 못하고, 복서(卜筮)에 물어보니 또한 내년이 길하다고 하므로 저는 내년으로 늦추고자 합니다. 그러나 형이 만약 속히 혼사를 이루고자 하신다면 또한 형의 명을 따를 것이니 모름지기 잘 헤아려서 가르쳐 주십시오. 어찌 생각하십니까?

30 석서(碩鼠) 시를 읊고부터 : 권시가 다른 곳으로 이사 간 것을 뜻한다. 《시경》 〈위풍(魏風) 석서〉에 "떠나서 장차 너를 버리고, 저 낙토로 가리라.〔逝將去汝, 適彼樂土.〕"라는 구절이 있으므로 편명을 언급한 것이다.

31 옛사람이……나이 : 《주례(周禮)》 〈지관사도(地官司徒) 매씨(媒氏)〉에 남자는 30세가 되기 전에 장가가고 여자는 20세가 되기 전에 시집가게 한다고 하였다.

김태숙(金泰叔)[32]을 근래에 만나게 되어 나머지 논의를 정답게 들었으니 매우 다행스럽습니다. "인의예지(仁義禮智)는 용(用)이다."라고 논한 설은 식견이 높고 뛰어나며 문장이 넓고 커서 흠잡을 데 없으니, 저의 정신이 희미함을 스스로 탄식하였습니다. 편지 두 장을 올리니 밝게 분석해 주십시오. 만일 득실에 대해 말할 만한 것이 있으면 일일이 의견을 표시해 주시는 것이 매우 좋겠습니다.

저의 설을 적은 종이 한 장이 그에게 있는데 즉시 찾아 올려 바로잡기를 구하겠습니다. 김 문장(金文丈 김집(金集))의 편지를 보내 드립니다. 할 말은 많지만 멀리 보내는 편지에 많은 말을 하고 싶지 않습니다.

32 김태숙(金泰叔) : 김극형(金克亨, 1605~1663)으로, 태숙은 그의 자이다. 윤휴와 친분이 깊었다.

권사성에게 답함 신사년(1641, 인조19) 9월 25일
答權思誠 辛巳九月二十五日

보내온 글은 삼가 잘 알았습니다. 또 명형(明兄 송준길)의 편지를 통해 거마(車馬)가 곧바로 탄장(炭莊)에 도착하신 것을 알고는 만나서 가르침을 받고자 하였습니다. 그러나 산비탈을 개간하여 보리를 파종하느라 일이 아주 많으니, 아직 몸에 감긴 것을 풀지 못하였습니다.[33] 목을 빼고 치달리는 마음이 밤낮으로 간절한데, 언제 다시 고개를 넘으시겠습니까?

혼사는 복설(卜說)에 묻고 형편을 참작해 보니 가을이 되면 해야 합니다만 또한 감히 형의 명을 따르지 않을 수 없습니다. 내년에도 존수(尊嫂)께서는 오히려 심상(心喪) 중에 계실 것이니, 예(禮)에 의거하여 친영(親迎)한 뒤에 바로 현구고(見舅姑)의 예[34]를 행하면 심상을 행함에 혹 온당치 못한 점이 있겠습니까? 또한 이미 심상이라고 하였으니 이미 탈상을 한 사람입니다. 아마도 불가하지 않을 듯합니다. 그러나 친영의 예를 하고 싶지 않다면 또한 함께 논할 수 있는 것이 아닙니다. 모름지기 명형과 상의하고 정정하여 가르쳐 주시는 것이

33 몸에……못하였습니다 : "몸에 감긴 것"은 여기서는 농사일을 가리킨다. 《근사록(近思錄)》 권2 〈위학(爲學)〉에 "내가 배우는 자들로 하여금 먼저 예(禮)를 배우게 하는 것은 단지 예를 배우면 곧 세속의 습관에 속박됨을 제거할 수 있기 때문이다. 비유하면 뻗어 나가는 식물이 감긴 것을 풀어 주면 곧 위로 뻗어 올라가는 것과 같다."라는 장재(張載)의 말이 보인다.

34 현구고(見舅姑)의 예 : 며느리가 시아버지와 시어머니를 처음 뵙는 예이다.

어떻겠습니까?

보내온 글에서 보여 주신 경계하고 두려워하는 뜻에 저도 모르게 두려웠으니, 이것이 어찌 고명(高明)께서 크게 힘을 들인 뒤에 그것이 쉽지 않음을 알고서 말씀하신 것이 아니겠습니까. 저 같은 사람이라면 애당초 이 일이 어떠한지를 알지 못하였을 것입니다. 천리(天理)가 날로 어두워지고 인욕(人慾)이 날로 치성하니 매일의 과업이 항상 저것에 있고 이것에 있지 않습니다. 어쩌면 좋겠습니까.

성명(性命)의 설은 크게 개발(開發)해 주셨으니 감탄하고 감탄합니다. 태숙(泰叔 김극형(金克亨))에게 돌려 보여 주고 다시 논한 바를 들어 보고서 바치도록 하겠습니다.

형의 우거(寓居)는 속리산 동쪽 끝에서 몇 리 거리에 있으며, 혹시 기일을 정해 모여 다정한 말씀을 들을 방법이 있겠습니까? 할 말은 많지만 멀리 보내는 편지에 많은 말을 하고 싶지 않습니다.

권사성에게 답함 임오년(1642, 인조20) 6월 18일
答權思誠 壬午六月十八日

오랫동안 만나지 못하여 사모하는 마음 더욱 간절한데 멀리서 보내신 편지를 받아 보고 근황이 편안하신 것을 알게 되어 매우 위안되고 감사합니다. 빈궁하고 주리는 것은 원래 유생의 본분이기는 하나 올봄에는 거의 죽을 지경이었고 또 변변치 못한 음식이나마 제대로 봉양하지 못해서 혹 거를 때도 있었으니, 불효의 죄가 무엇이 이보다 더 크겠습니까. 왕연(王延)의 일[35]로 말씀하신 데 대해서는 더욱 부끄럽고 슬프기 그지없습니다.

김태숙(金泰叔 김극형(金克亨))은 동쪽으로 간 뒤에 안부를 여쭙고 있습니까? 그의 성설(性說)은 어리석은 자가 어찌 감히 득실을 대략이나마 엿볼 수 있겠습니까. 오직 참으로 알고 힘써 행하여 이 이치가 우뚝하게 앞에 보이는 자라야 알 수 있을 것입니다. 다만 태숙의 설이 대개 "성(性)은 이(理)일 뿐이요 소이연(所以然)일 뿐이요 일(一)일 뿐이다. 그러므로 인의예지(仁義禮智)는 곧 성(性)의 용(用)이요 성의 체(體)는 아니다."라고 하였는데, 그의 설이 정미한 것도 같고 인증(引證)한 것이 매우 해박하기는 합니다. 그러나 주 부자(朱夫子)가 당시에

35 왕연(王延)의 일 : 왕연은 진(晉)나라 때의 효자이다. 9세 때 모친상을 당하여 3년 동안 슬픔을 다했고, 그후 계모(繼母)를 섬기면서도 효성이 매우 극진했다. 집이 매우 가난하여 품팔이로 모친을 모셨는데, 여름철이면 모친의 침석(枕席)에 부채질을 해서 시원하게 하고, 겨울철이면 모친의 이불 속에 자신이 먼저 들어가 자신의 체온으로 이불을 따뜻하게 해 드렸다. 《晉書 王延列傳》

성을 논하면서 명쾌하게 설파한 것과는 다른 점이 있습니다. 그러므로 제가 일찍이 그에게 묻기를 "주자가 말하기를 '성(性)은 태극(太極)의 혼연한 체(體)로서 그 가운데에 온갖 이치를 포함하여 갖추고 있는데 그중에 가장 큰 강리(綱理)가 네 가지 있으니 이것이 바로 인의예지이다.' 하였습니다." 하고, 또 말하기를 "만일 혼연전체(渾然全體)라고만 말한다면 눈 없는 저울이나 금 없는 자와 같을까 염려되므로 이를 분별하여 넷으로 나누었으니 사단(四端)의 설이 여기에서 성립된 것입니다. 비록 고요히 움직이지 않으나 그 가운데 스스로 조리가 있고 짜임새가 있어서, 두루뭉술하여 도무지 아무것도 없는 그런 것이 아닙니다." 하였습니다. 또 말하기를 "성의 본체는 곧 인의예지의 실상입니다. 만일 불씨(佛氏)와 노씨(老氏)의 말과 같다면 먼저 하나의 텅 빈 성이 있은 뒤에 바야흐로 이 네 가지가 생겨나는 것입니다.-태숙의 설이 이와 같다.- 그렇지 않으면 또한 성은 하나의 텅 빈 물건으로 그 이면(裏面)에 네 가지를 포괄한다고 말할 것입니다.-만일 주자의 '그 가운데 온갖 이치를 포함하여 갖추고 있다.'라는 말을 잘못 보면 곧 이렇게 되니, 마땅히 '성은 다만 인의예지의 실상이다.'라는 한 구절을 보아야 한다.-" 하고, 또 말하기를 "지금 사람들은 겨우 '네 가지가 성의 체가 된다.'라는 말만을 보고는 곧 실지로 이 네 덩이의 물건이 그 속에 울퉁불퉁하게 들어 있는 줄 의심합니다. 그러나 모름지기 성의 체는 이 네 가지를 떠나지 않지만, 이 네 가지가 또 형상(形象)과 방위(方位)가 있어 손으로 집거나 만질 수 있는 것도 아니며, 다만 혼연한 한 이치 가운데 그런 의사(意思)와 정상(情狀)이 마치 한계가 지어진 듯한 것을 느낄 수 있을 뿐이요 실지로 어떤 장벽으로 차단하여 분별하는 곳이 있는 것은 아닙니다.……" 하였습니다. 이 몇 마디에 과연 형이 말한 "성은 체이고 인의(仁義)는 용이 된다."라는 것과 같은 뜻이 있습니까?

또 태숙이 늘 말하기를 "성은 태극(太極)인데 태극은 하나이지 넷이 아니다." 하는데, 제가 또 주자의 〈태극도(太極圖)〉 제1권(第一圈)의 빈 곳에 원형이정(元亨利貞) 사덕(四德)을 열서(列書)한 것을 인용하여 증거를 대고 또 말하기를 "주자의 말이 이와 같고 그림이 또한 이와 같습니다. 그러나 보는 자에 따라 나름대로 천심(淺深)과 동이(同異)가 있습니다. 형이 만일 주자의 설을 집어내어〔拈出〕 '이것은 성을 가리켜 체라고 하는 곳이고 이것은 인의를 가리켜 용이라고 하는 곳이다.' 라고 하여 조목조목 설명해 주신다면 저의 의혹이 풀리겠습니다." 하였습니다. 그런데 태숙은 극단적으로 '염출(拈出)' 두 자를 학자의 큰 병폐로 삼았습니다. 이 편지에 대해서는 아직 회답하지 못하였습니다. 대체로 그동안 왕복한 편지는 이 정도에 불과하니, 사성(思誠) 형이 시험 삼아 한 말씀 내리시어 분명하게 분석하여 가르쳐 주기를 빌어 마지않습니다. 최초에 회답한 편지 두 통은 명보(明甫 송준길)에게 있으니, 만일 비루하게 여기지 않으신다면 아울러 가져다 보고 바로잡아 가르쳐 주시는 것이 어떠하겠습니까.

곤괘(坤卦)와 복괘(復卦)가 모두 양(陽)이 발현하기 이전에 속한다는 것은 주자가 여러 번 말하였고 〈논성답고 뒤에 기록한 글〔記論性答稿後〕〉[36]에서도 스스로 '논정(論定)한 뒤'라고 말하였는데 그 설 역시 그러하였습니다. 다만 《중용혹문(中庸或問)》에는 이와 같지 않으니, 의당 《중용》을 옳게 여겨야 한다는 것은 태숙의 말이 맞는 듯한데,

36 논성답고……글 : 《회암집》 권75 서(序)에 나오는 글이다. '논성답고'란 바로 주희(朱熹)가 성리설(性理說)에 대해 여러 사람에게 회답해 준 초고를 가리킨다.

어떨지 모르겠습니다.

한창 굶주리다가 보리가 익으면 옛사람은 술에 취하는 것을 상서롭다고 여겼습니다. 지금은 형을 위해 축원하는 것이 도리어 이와 같지 못하니 엄히 경계하기를 바랍니다. 주제넘은 말을 한다고 여기지 않는 것이 어떻겠습니까. 부디 도를 위하여 몸을 보중하십시오. 이만 줄입니다.

권사성에게 답함 임오년(1642, 인조20) 9월 21일
答權思誠 壬午九月二十一日

편지를 보고 옛 별장에 도착하신 것을 알고서 매우 기쁘고 위안되었는데, 다시 며칠 동안 머무르실지 모르겠습니다. 만약 그믐께까지 머문다면 달려가 소회를 풀 생각입니다.

미발설(未發說)은 주자(朱子)가 갑진년(1184)에 〈논성답고 뒤에 기록한 글〔記論性答稿後〕〉을 지으면서 "이 편은 논정(論定)한 뒤에 나왔다."라고 하였고 그 설이 《중용혹문》과 같지 않은데, 《혹문》을 지은 때가 어느 해인지 모르겠습니다. 그러나 《중용장구(中庸章句)》의 서문으로 살펴보면 갑진년 이후에 지었을 것입니다. 그렇다면 《혹문》이 또한 최후의 정론입니다. 이 때문에 태숙(泰叔)의 설을 옳다고 의심했는데, 성설(性說)이 이미 주자의 말과 구구절절 어긋나니 다시 허다한 갈등을 야기할 필요가 없을 듯합니다.

혼사는 이미 저희를 비루하게 여기지 않으시니 형의 명령만 따를 뿐입니다. 길일을 일찍이 점쟁이에게 물어보니 "설을 쇤 뒤가 길하다."라고 했는데, 근일에 다시 물어보니 "설을 쇠기 전이 평안하고 길하며 설을 쇤 뒤에는 길하지 않고, 내년 연말이 크게 길하다."라고 하여 어지럽게 일치하지 않아 어느 것을 따라야 할지 알 수가 없습니다. 서법(筮法)이 이미 없어진 상황에서 술사(術士)의 말만을 따르니 이렇게 일치하지 않는 것입니다. 대체로 납길(納吉)의 일은 본래 신랑집의 일이니, 형이 만약 설을 쇠기 전이나 후로 명하신다면 날짜를 택하여 올릴 생각입니다. 제 여식은 병인년(1626)생입니다. 형 쪽에서 길일을 택해도 무방하고 말 머리에서 납폐(納幣)하는 것은 과연 너무 간략한 듯하니 택일하여 먼저 행하는 것이 좋을 듯합니다.

저희 집안에서 혼례를 주관하는 사람은 예(禮)에 의거하여 역시 당질(堂姪) 기륭(基隆)으로 하겠습니다. 그러나 형의 집안에서 백씨(伯氏)께서 주관하신다면 저희 집안에서도 마땅히 그렇게 하겠습니다. 이것 역시 다시 밝은 가르침을 기다릴 뿐입니다. 대체로 내달 중에 마땅히 심부름꾼을 보내 진퇴의 명을 기다리겠습니다. 이만 줄입니다.

별지

다시 한 가지 일이 있으니 감히 형에게 숨길 수 없습니다. 혼인을 허락받은 뒤부터 영윤(令胤)을 아끼는 마음은 형의 천성(天性)[37]과 크게 다르지 않습니다. 안질(眼疾)이 있다는 소식을 듣고부터 서둘러 장가들었다가 더욱 심해질까 더욱 염려하였는데, 더구나 눈을 감고 있는 것이 효과가 있다는 말을 듣고는 몸조리에 전념하여 만에 하나 쾌유하기를 더욱 바랐습니다. 이것이 제가 설 쇠기를 기다렸다가 혼례를 하고자 하는 뜻인데 설을 쇤 뒤는 길하지 않다는 말이 마음에 걸리니 참으로 안타깝습니다. 그리고 제 아내의 병이 아침저녁 사이에도 어떻게 될지 모르는 상황이나 이것은 지체할 수 없는 것입니다. 바라건대 잘 헤아려 가르쳐 주십시오. 제가 형의 명령만을 따르려 하는 것은 본디 여가(女家)의 정례(正禮)이기 때문인데 나라의 풍속에 이미 이것을 폐지하였습니다. 그러나 또한 완전히 폐지하고 싶지 않아 오히려 신랑집의 결정을 따르며 대략 옛 뜻을 보존하고 싶었으므로 이렇게 하는 것입니다.

37 천성(天性) : 부자(父子) 사이의 도리를 뜻한다.

권사성에게 답함 임오년(1642, 인조20)

答權思誠 壬午

보내온 서찰을 멀리서 받았는데 종이 가득 말씀하신 내용이 모두 성의(誠意)가 드러났으니 감탄을 금치 못하겠습니다. 다만 '사양〔辭〕'이라는 한 글자를 아직도 내려놓지 않으셨으니 여전히 한 꺼풀이 가로막고 있는 것입니다. 종전에 저의 뜻을 다 말씀드렸던 듯한데 아직도 허락받지 못하고 있으니 참으로 서로 다 알기가 어렵습니다. 처음부터 지금까지 지켜 오던 한 가지 설이 꺾이지 않았는데 이렇게까지 어지럽게 되었습니다. 이는 필시 우리 두 사람의 운명이 기구한 탓일 것입니다. 때때로 혼자 웃음이 납니다.

다만 귀윤(貴胤)에게는 우려할 만한 단서가 없으니, 형이 단지 "벗의 말이 옳기는 하나 실로 아직 우리 아이의 증세가 위중하지 않음을 눈으로 보지 못하였다. 의리로 헤아려 볼 때 사양할 만한 도리가 없는 듯하다."라고 하신다면 벗의 마음이 또한 저절로 얼음 녹듯 환히 풀릴 것입니다. 더구나 저의 뜻은 비록 귀댁의 아이가 두 눈이 머는 지경에 이르더라도 오히려 다른 뜻이 없을 것입니다.

오직 바라건대 세 번 사양하는 예(禮)를 행하지 마시고 속히 허락해 주시면 참 좋겠습니다. 이만 줄입니다.

권사성에게 답함 임오년(1642, 인조20) 11월 16일

答權思誠 壬午十一月十六日

그리워하던 중에 삼가 혜서(惠書)를 받들고 형이 가까이 오셨다는 것을 알고는 저도 모르게 혼비백산하였습니다. 다만 몸이 공채(公債)[38]에 매여 있어 만나서 회포를 풀지 못하니 또한 정말 한탄스럽습니다.

말씀하신 혼사는 지난가을에 실로 이미 말씀드렸습니다. 영윤(令胤)이 비록 이미 눈이 멀었으나 정자(程子)의 교훈[39]을 감히 경솔하게 깨뜨릴 수는 없을 듯합니다. 더구나 차후에 또한 눈이 밝아질 조짐이 있을 것입니다. 대저 의리는 천하의 공적인 것인데 사람들은 붕우 사이에도 남과 나를 구분하는 뜻을 두므로 속내를 다 펼치지 못합니다. 이것이 지금 세상의 큰 폐해이나 형과 저에게 어찌 또한 이런 일이 있겠습니까. 다만 저의 의견과 고집이 이와 같으니, 형이 상대방과 자신을 공평하게 보고 의리를 헤아려서 그만둘 만하여 그만두시면 저도 마음에 편안할 것입니다. 그러나 제 뜻에는 끝내 차마 사양할 수 없는 점이 있습니다.

38 공채(公債) : 백성들이 나라에 진 빚을 말하는데, 대개 환곡을 갚지 못한 경우를 말한다.

39 정자(程子)의 교훈 : 정이(程頤)가 두 눈이 먼 여인에게 장가든 것을 하기 어려운 일을 한 것이라고 말한 것을 가리킨다. 주공숙(周恭叔)이 어릴 적에 어머니 쪽 일가의 여인과 혼사를 의논하였는데 과거에 급제한 뒤에 그 여인이 두 눈이 멀었다. 그러나 주공숙은 마침내 그 여인에게 장가들었다. 이에 대하여 정이가 "나는 서른 이전에는 이렇게 하지 못했다."라고 하였다. 《二程外書 卷12》

태숙(泰叔 김극형(金克亨))의 의론은 반복하여 생각해 보아도 끝내 불가의 맛이 있고, 또 오봉(五峯)의 '선(善)으로 성(性)을 말할 수 없다.'라는 뜻[40]이 있으니, 그에게 이상한 것을 좋아하고 기이한 것을 숭상하는 병통이 있지 않나 매우 의심스럽습니다. 지금 이 형을 돌아보겠다는 말씀을 받들었는데, 이 형을 구원하는 것은 실로 작은 일이 아니니 참으로 다행스럽습니다. 마침 번거로운 일로 어수선하여 일일이 말씀드리지 못합니다.

40 오봉(五峯)의……뜻 : 오봉은 송나라 성리학자 호굉(胡宏)의 호이다. 그는 "성은 선으로써 말해서는 안 된다. 선을 말하자마자 곧 악과 상대된다."라고 하였다. 《四書蒙引 卷14 告子章句上》

권사성에게 답함 임오년(1642, 인조20) 윤11월[41] 6일

答權思誠 壬午閏月六日

처음에는 형이 이미 동쪽으로 가셨으리라 여겼는데, 갑자기 심부름꾼이 가지고 온 편지를 받으니 맑은 의표(儀表)를 대하는 것 같습니다. 이 일은 전에 진달하여 더 이상 남은 뜻이 없다고 여겼는데 다시 편지를 보내셨으니 일을 처리하기 어려운 것이 이와 같습니다. 일이 이 지경에 이르렀으니 제가 다시 할 말이 있을지 모르겠습니다. 대저 저에게는 한 가지 의리가 있고 형에게는 두 가지 도리가 있는데, 제가 시종 지킨 것이 하나의 의리이고 형이 의리를 헤아려 사양하거나 사양하지 않는 것이 두 가지 도리입니다. 의리상 편안하다면 사양하든 사양하지 않든 형과 제가 모두 편안할 것입니다. 제가 형에게 간절히 바라는 것은 이와 같을 뿐입니다. 장차 다시 무슨 말을 하겠습니까.

근일에는 논의가 이루 다 말할 수 없을 정도로 많은데, 제가 매번 스스로 말하기를 "차라리 지금 세상 사람들에게 죄를 지을지언정 정자(程子)의 문하에 죄를 면하면 충분하다." 하였습니다. 다만 명보(明甫 송준길)가 바꾸기 어렵다는 말을 자못 계속하므로 저도 그것을 고집하는 것이 의리에 어긋나지 않음을 더욱 믿게 되었습니다.

다만 한 가지 드릴 말씀이 있으니, 형에게 아뢰지 않을 수 없습니다. 성인(聖人)께서는 "부모는 자식이 병들까만을 근심한다."라고 말씀하셨습니다. 지금 서둘러 혼례를 올리면 병에 해롭고 늦추면 병에 이롭습

41 윤11월 : 1642년에는 11월이 윤월이다.

니다. 이것은 불을 보듯 분명하고 뻔한 이치인데 형이 반드시 속히 이루고자 하시니, 이는 붕우가 의심하는 바이고 저도 감히 이유를 알지 못하겠습니다.

비록 다른 사람과 의논하더라도 저는 오히려 마땅히 충고를 드릴 텐데, 더구나 장차 저와 한집안 사람이 될 것이니 사정(私情)에 절박한 것이 또 어찌 적겠습니까. 어떤 사람이 말하기를 "사성이 만약 송시열의 집안과 혼인하지 못하면 장차 사대부와 혼인을 맺지 못할 것이므로 이렇게 서두르려는 것이다.……" 하기에 저와 형의 아우가 논박하기를 "이것은 우리 사성을 대우하는 것이 전혀 아니다. 만약 조금이라도 이와 같은 마음이 있다면 어떻게 사성일 수 있겠는가.……" 하였습니다.

그가 의심한 것이 매우 사실과 다르기는 하지만, 형이 지극히 밝은 이치를 버려두고 붕우의 깊은 계책을 받아들이지 않는 것은 또한 아주 부득이한 설이 있어서입니까? 이렇게 시비가 어수선한 때를 당하여 실로 의리의 귀착점을 아득히 알지 못하고 단지 고집하는 것이 확고하므로 전에 이미 말씀드렸고, 지나치게 근심하시기에 뒤에 또 말씀드렸습니다. 저의 속내는 이에 이르러 남김없이 다 말씀드렸습니다. 형께서 의리를 헤아리고 형편을 살펴 한마디 말씀을 수제(秀弟 송시걸(宋時杰))에게 부쳐서 보내 주시는 것이 어떻겠습니까?

고개 위에 내린 눈에 정강이가 묻힐 정도입니다. 오직 여행길에 몸조심하시기를 바랍니다. 이만 줄입니다.

권사성에게 답함 임오년(1642, 인조20) 윤11월 7일
答權思誠 壬午閏月七日

백씨(伯氏) 어른의 편지 한 통과 형의 편지 네 장이 일시에 모두 이르렀는데, 몇 줄도 읽기 전에 저도 모르게 깜짝 놀라 어찌할 바를 몰랐습니다. 제가 무슨 실언을 하였기에 형에게 죄를 얻어 갑자기 이 지경에 이르렀는지 모르겠습니다. 황공하고 위축되어 즉시 가시나무 매를 지고 댁으로 찾아가고 싶었으나 또한 저를 위하여 형에게 해명할 사람이 없는 듯하니, 그렇다면 갑자기 나아가 죄려(罪戾)를 거듭 저촉할 수 없으므로 벌떡 일어나려다 그만두었습니다.

형이 8월에 보낸 편지를 받아 보고 실로 정직과 성신으로 말해 줌에 감동하였고, 정자(程子)의 교훈이 십분 명백하니 비록 영윤(令胤)의 두 눈이 모두 멀더라도 오히려 감히 등지지 않을 것입니다. 더구나 이보다 덜한 경우이겠습니까. 그러므로 저는 스스로 더욱 독실하게 다짐하여 무릇 와서 말하는 자가 있으면 모두 답하기를 "그대가 시험 삼아 정자의 말을 타파한다면 나는 바로 고개를 돌릴 것이다." 하였습니다. 다만 사람들이 말하기를 "형은 이것을 고집할 필요 없으니, 의리는 무궁하다." 합니다. 저 또한 감히 "절대로 그럴 리가 없다."라고 말할 수 없고, 또 감히 "나의 소견이 반드시 남보다 뛰어나다."라고 말할 수도 없습니다. 그러므로 이전 편지에서 의리를 헤아려 사양하거나 사양하지 않는다는 말을 했던 것입니다. 형은 이 때문에 사양하고 싶어 한다고 의심하는 것이 아니겠습니까. 만약 과연 이 때문에 의심한다면 이것은 제가 혐의를 피하지 않고 망녕되이 어리석은 속내를 다 말씀드린 죄입니다.

백번 절하고 사죄한 뒤에도 오히려 뉘우칠 줄 모르고 감계(鑑戒)를 다시 바칩니다. 삼가 사기(辭氣)를 엿보건대 자못 못마땅하고 사나운 뜻이 있는데, 어찌하여 이와 같이 하십니까. 사욕을 극복하고 함양하는 공부가 지극하지 못하여 그런 것이 아니겠습니까. 명보(明甫)와 태숙(泰叔) 두 벗의 편지는 전문(全文)이 어떠한지 모르겠습니다. 다만 "우선 병이 낫기를 기다려야지 병이 심해질까 두렵다."라고 했다면, 형은 마땅히 스스로 병세가 어떠한지를 헤아리고 "근심할 정도에 이르지 않았으니 속히 혼인해도 해로울 것이 없다."라고 답하거나 "과연 충고한 바와 같으니 마땅히 조용히 처리하겠다."라고 하셔야 하니, 그랬다면 어찌 화순(和順)하고 조용하지 않겠으며 어떤 붕우인들 즐거이 일러 주지 않겠습니까. 지금은 도리어 그렇게 하지 않고 붕우가 깊은 계책을 고하였는데 형이 갑자기 사양하기를 "아이의 병이 혼인하지 못할 정도에 이르지 않았는데 붕우가 이와 같이 하므로 사양한다." 하시니, 어찌하여 천 리 밖에서 사람을 막는 것이 아니겠습니까.

명도(明道 정호(程顥))가 왕개보(王介甫 왕안석(王安石))에게 말하기를 "의리는 천하의 공적인 것이다." 하였는데, 이 말을 믿는다면 저의 처지에서는 비록 혐의를 피할 수 있더라도 그것을 말한 자는 큰 죄에 이르지 않습니다. 명보와 태숙의 말은 더러 우려를 지나치게 한 점이 있으나 이것이 혹시라도 하나의 방도인 줄을 어찌 알겠습니까. 삼가 생각건대 형은 틀림없이 의리를 편안하게 여긴 것이 아니라 붕우와 저의 망언에 곧장 격발하여 사양한 것입니다. 이와 같다면 제가 죄를 얻을 뿐만 아니라 형도 온편(穩便)하지 못할 것입니다.

백씨 어른의 편지는 감히 명을 따르지 못하겠기에 감히 도로 돌려드립니다. 부디 마음을 가라앉히고 남의 의견을 포용하여 교교(皎皎)한 행동을 하시지 말기를 원하니, 이것이 친구의 바람입니다. 오늘날 우리가 의당 어떻게든 지켜야 하는 것이 어찌 '의리'라는 두 글자가 아니겠습니까. 형은 도리어 "여러 사람의 말에서 합당함을 보지 못하였으나 구차하게 따른다.……"라고 하셨습니다. 설령 붕우가 형에게 불을 밟고 물에 들어가라고 권하더라도 또한 장차 구차하게 따르시겠습니까. 천부당만부당합니다. 망녕되이 말한 죄를 다시 용서하시고 천천히 의리의 귀결점을 살피시어 다시 이전의 약속을 이룬다면 지극히 아름다울 것입니다.

번거로워 다 쓰지 못합니다.

권사성에게 보냄 임오년(1642, 인조20) 12월 2일

與權思誠 壬午十二月二日

요즘 날씨가 추운데 학문하는 체후가 어떠하십니까? 앙모하는 마음 매우 간절합니다. 저는 예전처럼 그럭저럭 지내고 있습니다.

《가례(家禮)》에서 어머니의 형제를 위하여 소공(小功)을 입는다고 하였는데, 그 아래에 "시집간 여자는 친정 부모를 위하여 모두 한 등급을 낮추어 입는다."라고 했으니 이것은 소공을 시마(緦麻)로 낮추는 것이 명백합니다. 그러나 〈상복(喪服)〉의 소(疏)에 "외친(外親)에게는 비록 다른 사람에게 시집갔더라도 낮추어 입지 않는다."라고 하였으니 또한 낮추어 입으면 안 될 것 같습니다. 장차 어느 설을 따라야 하겠습니까?

또 처상(妻喪)을 당한 자가 예방(禮方)에 몽매하여 이미 11개월째의 연제(練祭)와 13개월째의 상제(祥祭) 절차를 놓치고 그 기일(期日)에 곧바로 연제를 행하고 그 아들은 마침내 담복(禫服)을 입었습니다. 이윽고 그것이 예가 아니라는 것을 깨닫고 추후에 대상(大祥)을 행하고자 하는데, 이 뜻은 어떠합니까?

〈증자문(曾子問)〉에 "임금과 부모의 상을 한꺼번에 당하면 임금의 복을 마친 다음 달에 연제를 행하고 그다음 달에 상제를 행한다."라고 하였으니, 마땅히 이에 의거하여 행해야 합니까? 만약 그렇다면 상복을 되돌려 입고 상제 때에 이르러 벗는 것입니까? 바라건대 형이 통렬하게 분석하고 판단하여 가르쳐 주시는 것이 어떠합니까. 이만 줄입니다.

권사성에게 보냄 임오년(1642, 인조20) 12월 10일

與權思誠 壬午十二月十日

며칠 전에 답장을 올렸는데 받아 보셨습니까? 저의 생각을 남김없이 다 털어놓았으니, 바라건대 전의 말씀을 고집하지 않으신다면 지극히 좋겠습니다.

오늘 따로 아뢸 것이 있습니다. 처음 선인(先人 송갑조(宋甲祚))의 장례를 치를 때 불초자들이 어려서 아직 일을 겪어 보지 못하고 묏자리도 좋지 않아 신도(神道)가 편안한지 아닌지 감히 헤아리지 못하여 실로 눈앞에서 오환(五患)의 경계[42]를 범하였습니다. 그러므로 이장할 계획을 한 지 여러 해가 되었습니다. 또 생각건대 이 일은 지극히 중대하여 아주 부득이한 사정이 있지 않으면 감히 경솔하게 의논할 수 없었습니다. 그러므로 또 여러 해 동안 진퇴양난의 처지에 놓였습니다.

주자(朱子)의 설과 그가 행한 바를 본 뒤에야 백세(百世)가 지나도 의혹이 없을 수 있다는 뜻으로 감히 결심하고 일을 진행하였는데, 형이 멀리 있어 한스럽게도 미처 찾아뵙고 여쭙지 못하였습니다. 이미 이달 5일에 묘를 열었으니 오는 2월에 장례를 치를 것입니다. 삼가 생각건대 선친의 덕을 선양하는 것은 실로 자식이 그만둘 수 없고, 남모르는

42 오환(五患)의 경계 : 묘지를 쓸 때 꺼리는 다섯 가지 경우에 대한 경계이다. 《상변통고(常變通攷)》 권15 〈상례(喪禮) 치장(治葬)〉에 인용된 정이(程頤)의 〈장설(葬說)〉에 "오환은 삼가지 않으면 안 된다. 모름지기 뒷날 도로가 되지 않아야 하고, 성곽이 되지 않아야 하고, 도랑이나 못이 되지 않아야 하고, 권세가들에게 빼앗기지 않아야 하며, 밭갈이의 쟁기가 미치는 곳이 되어서는 안 된다."라고 하였다.

행적이나 덕을 드러내 밝히는 것은 역시 군자가 마음에 보존한 바입니다. 그러므로 감히 만사(挽詞)를 우러러 부탁하니, 만약 허락받는다면 그 어떤 감격이 이만하겠습니까. 간절한 마음을 이기지 못하겠습니다.

별지

선친(송갑조)은 만력[43] 갑술년(1574, 선조7)에 태어나 숭정 무진년(1628, 인조6)에 돌아가셨습니다. 아들이 다섯 명인데 장남은 일찍 죽었고 딸이 두 명입니다. 선친은 평생토록 가난하여도 평안히 지내며 정도를 지켰으며, 매양 구렁 속에 자신의 시신이 뒹굴게 될 것을 잊지 않는 뜻[44]을 지녀 권세나 부귀로 어지럽히거나 흔들 수 없는 점이 있었습니다. 항상 불초자들에게 경계하기를 "과거 공부가 비록 어버이를 기쁘게 하는 일이기는 하지만, 어찌 참된 유자(儒者)의 일을 하여 어버이를 크게 기쁘게 하는 것과 같겠느냐." 하셨습니다. 정묘년(1627)의 변란 이후부터 매번 "아침에 올바른 도리를 들으면 저녁에 죽어도 좋다."라고 하셨습니다. 불초자들은 선친의 뛰어난 공적을 가슴에 새기지 못하여 이룬 것이 없는 지경에 이르렀으니 슬픔과 애통함을 이루 다 말할 수 있겠습니까.

선친은 만력 정사년(1617, 광해군9)에 사마시에 합격하였는데 이때 폐모(廢母)의 논의가 한창 일어났습니다. 장원 급제한 이영구(李榮久)

43 만력 : 융경 연간에는 갑술년이 없다. 《청음집(淸陰集)》 권31 〈사옹원 봉사 송군 묘갈명(司饔院奉事宋君墓碣銘)〉에 근거하여 바로잡아 번역하였다.

44 구렁……뜻 : 자신의 신념을 지키다가 죽더라도 한스럽게 여기지 않는 것을 말한다. 《맹자》 〈등문공 하(滕文公下)〉에 "지사(志士)는 자신의 시신이 구렁에 버려질 것을 잊지 아니하고, 용사(勇士)는 자신의 머리를 잃을 것을 잊지 않는다."라고 하였다.

등이 동방(同榜)의 사람들을 거느리고 상소하고, 또 대비전에 사은(謝恩)하지 않겠다는 뜻을 진달하였으며, 사람들로 하여금 성균관의 문을 지키게 하여 흔들거나 피하지 못하게 하니, 이의(異議)가 있는 자가 모두 담장을 넘어 달아났습니다. 선친이 홀로 소리 높여 말하기를 "오늘날의 거조에 무슨 명분과 의리가 있는가." 하자, 그 무리가 성을 내며 말하기를 "이런 말을 하는 자가 누구인지 이름을 물어보고 오너라." 하였습니다. 선친이 노복에게 "종이와 붓을 가지고 오너라."라고 하고 즉시 성명을 써서 주니, 그 무리가 말하기를 "그가 감히 이렇게 하였느냐." 하고, 도리어 상소문 가운데 선친의 성명을 썼습니다. 이에 선친이 홀로 사은 단자(謝恩單子)를 가지고 서궁(西宮)에 가서 사은하였습니다. 대비의 가문은 옛날부터 선친의 가문과 통가(通家)의 교분이 있었는데, 계해년(1623) 반정(反正) 때 대비께서 자신의 형제 집안을 통하여 전유하기를 "당시에 송 아무개의 일을 매우 의롭게 여겼으나 부인이 정사에 참여해서는 안 되므로 그로 하여금 아직도 하급 관료에 머물게 하였으니 매우 한탄스럽고 애석하다.……" 하셨습니다.

갑술년(1634) 5월에 이조(吏曹)가 정백형(鄭百亨), 홍헌(洪憲), 김덕승(金德承) 등의 사직 상소로 인하여 회계(回啓)하기를 "신들이 이영구 등의 상소를 가져다 보니, 서궁에 사은하지 않은 상황을 스스로 진달하고, 말단에서는 또 난적의 무리를 주벌하고 간사한 논의의 근본을 영원히 끊어 버리겠다고 말하였습니다. 연명(聯名)한 자가 76명인데 반정 이후에 화요직(華要職)에 출입하였으니, 그들의 심적(心迹)이 그렇지 않았음을 분명히 알 수 있는 자가 그 가운데 많이 들어 있습니다. 가장 두드러진 자로 말하자면, 생원 송 아무개 같은 이는 당시에 개연히 발분하여 홀로 경운궁(慶運宮)에 숙배하니 듣는 자들이 모두 칭찬하고 감탄하였습니다. 그러므로 반정 초기에 그의 절개를 특별히 포상하였는데 지금 그의 이름도 연명한 가운데 들어 있으니, 다른 사람이 무함받은 것은 이를 미루어 알 수 있습니다.……" 하였습니다.

이것이 선친의 언행의 대략입니다. 불초자들은 장차 오래되면 사라져 전하지 못할까 두려워 오형(吾兄) 같은 이의 찬양에 의지하고자 위와 같이 기록하였습니다.

권사성에게 답함 계미년(1643, 인조21) 2월 11일

答權思誠 癸未二月十一日

어제 보낸 편지는 받아 보셨습니까? 처음에는 형이 이미 다른 뜻이 없을 것으로 생각했는데, 갑자기 보내 주신 편지를 받아 보고는 도모한 것과 크게 어긋나 밤새도록 잠을 이루지 못하였습니다. 이 일을 다시 제기하고자 하면 전에 한두 번도 아니고 여러 차례 말하였으니 지루할 듯합니다. 마침내 말을 하지 않고자 하면 삼키지도 못하고 토하지도 못하는 것처럼 답답한 점이 있습니다. 부디 곰곰이 생각해 보고 가르쳐 주시기를 바라는데, 어떻게 생각하십니까?

엊그제 태숙(泰叔 김극형(金克亨))이 광주(廣州)에서 저를 찾아와 말하기를 "일찍이 형을 만나 보았는데 자못 술에 취해 있었으며 결코 몰랐던 성질은 아니나 이 벗은 힘쓰는 곳이 없는 것 같다." 하였습니다. 무슨 까닭에 그리하십니까. 전날에 누차 경계하였으나 정성이 형을 움직이기에 부족했음을 매번 스스로 한스럽게 여겼으니 어찌 태숙으로서도 이와 같을 뿐이었겠습니까. 주제넘고 경솔하게 이것을 언급하였으니 황공하고 황공합니다. 나머지는 어수선하여 이만 줄입니다.

권사성에게 답함
答權思誠

보내온 편지에서 언급하신 혹인(或人)의 논의는 단지 태숙(泰叔)의 논의에 근본을 두고 지엽적인 것을 보탠 것입니다. 만약 동물에게 인의(仁義)의 마음이 없다고 한다면, 주자(朱子)가 "벌과 개미, 범과 이리……"라고 한 것[45]은 도대체 무슨 뜻입니까. 제가 남의 말뜻을 다 이해하지 못하고 함부로 비방한 것이 아니겠습니까. 부디 지적하여 가르쳐 주십시오.

45 주자(朱子)가……것 : 《주자어류(朱子語類)》에 "기(氣)는 서로 비슷하다. 예를 들면 추위와 더위를 알며, 굶주림과 배부름을 알며, 삶을 좋아하고 죽음을 싫어하며, 이익에 달려가고 해를 피하는 것은 사람과 동물이 모두 같다. 그러나 이(理)는 같지 않다. 예를 들면 벌과 개미에게 군신(君臣)의 의리가 있는 것은 단지 그 의(義)에 있어서만 한 방면의 밝음이 있는 것이며, 범과 이리에게 부자(父子)의 친함이 있는 것은 단지 그 인(仁)에 있어서만 한 방면의 밝음이 있는 것이니, 다른 것은 더 이상 미루어 나가지 못한다."라는 내용이 보인다. 《朱子語類 卷4 性理1 人物之性氣質之性》

권사성에게 보냄 계미년(1643, 인조21) 9월 17일

與權思誠 癸未九月十七日

가을이 깊어 바람이 강합니다. 멀리서 상상하건대 학문하는 체후가 시절 따라 맑고 건승하실 줄로 압니다. 목을 길게 빼고 정신만 치달리니 서글픈 심정을 가누지 못합니다.

저의 병 상태는 전과 같고 나태함은 날로 심해지고 있습니다. 일상생활을 하는 사이에 한없는 분노와 욕심이 가슴속에 걸려 있음을 깨닫습니다. 매우 미워하더라도 없앨 방법이 없으니 어찌하겠습니까.

7월 보름쯤에 수찰(垂札)을 받아 보았는데 여전히 혼인을 사양한다는 말이었으니, 매우 놀라기는 했으나 아직도 남은 소망이 없지 않습니다. 지난달 탄곡(炭谷)에서 백씨(伯氏) 어른을 뵈었는데, 형이 뜻을 크게 정하고 이미 백씨 어른께 다른 좋은 사람을 찾아볼 것을 요청했다고 들었습니다. 저는 놀라서 몸 둘 바를 모르겠습니다. 그러나 또한 영윤(令胤)의 질병에 이미 근심할 것이 없을 것으로 생각되니, 이와 같다면 이미 저와 함께 말로 정하고[46] 또 일찍이 납길(納吉)을 하였는데 어찌 다른 사람을 찾겠습니까.

처음 병으로 고통을 겪던 날에 논의가 분분하였으나 저는 매번 정문(程門)의 고사[47]를 인용하며 조금도 동요하지 않았으니, 저는 진실로

46 말로 정하고 : 《가례》 권3 〈혼례(昏禮)〉의 납채(納采)에 대한 주석에 "채택(采擇)을 받아들이는 예이니, 지금 세속에서 이른바 '말로 정한다.'라는 것이다."라고 하였다.

47 정문(程門)의 고사 : 423쪽 주39 참조.

지금이나 예전이나 차이가 없습니다. 처음에 형이 망설이며 결정하지 못한 것도 단지 붕우의 말 때문이었을 뿐입니다. 지금은 다른 논의가 어디에서 일어났으며 형은 또한 무슨 말로 사양하시겠습니까. 그러므로 감히 심부름꾼을 보내 청하니, 부디 납길 등 여러 의식을 다시 명하여 반드시 이번 겨울에 혼례를 하는 것이 어떻겠습니까? 이와 같은데도 여전히 이전의 주장을 고집하면 실로 의리에 어긋납니다. 의리에 어긋나는 것을 형이 도리어 편안하게 여긴다면 참으로 천명(天命)이니 어찌할 수 없을 것이며 저도 유감이 없을 것입니다. 부디 잘 헤아려 가르쳐 주십시오. 마음이 다하고 말이 궁해져서 어떻게 해야 할지 모르겠습니다. 삼가 너그러이 살펴 주십시오.

권사성에게 답함 계미년(1643, 인조21) 10월 20일

答權思誠 癸未十月二十日

저를 찾아 주셔서 이미 감격하였는데 다시 이렇게 심부름꾼을 보내 안부를 물어 주시니 위안되고 감사한 마음이 모두 간절합니다. 더구나 백척간두에서 한 발자국을 나아가 세간의 천장부(賤丈夫)의 규모를 벗어 버리고 곧바로 가장 좋은 논의를 취하셨습니다. 이것은 실로 전부터 비루하고 용렬한 제가 오형(吾兄)에게 바라던 것인데 지금 마침내 보게 되었으니, 얼마나 다행입니까.

길일은 이미 12월 29일로 정하고 바야흐로 심부름꾼을 시켜 알리려고 하였으니, 감히 귀편(貴便)에 의지하여 납길의 의식을 올립니다. 지금부터 두 달 넘게 남았으니 주선하는 일은 그리 급할 것이 없습니다. 다만 이곳에 전염병의 기운이 더욱 치성하여 아무 일이 없으리라 장담하기 어려우니, 이 점이 염려됩니다. 드릴 말씀은 많지만 이만 줄입니다.

권사성에게 답함 계미년(1643, 인조21) 12월 4일

答權思誠 癸未十二月四日

어제 인편이 돌아와서 삼가 네 장의 편지에 담긴 가르침을 잘 알았고, 또 명보(明甫) 형이 얻은 두 통의 편지를 받았습니다. 매우 위안되고 기쁩니다.

당초에 만약 이른바 '서종(庶從)'이 선장(先丈)의 본친(本親)[48]이라는 것을 알았다면 원래 많은 논의가 없었을 것입니다. 지금 감히 위징(魏徵)이 말한 헌릉(獻陵)의 대답[49]을 받들어 외웁니다.

형이 만약 원복(原服)이 대공(大功)임을 의심한다면 또한 드릴 말씀이 있습니다. 형이 만약 소후(所後 양가(養家))의 대공을 만난다면 원복이 가볍다는 이유로 장사 지내기 전에 혼례를 행할 수 있겠습니까. 이것을 할 수 없다면 저것을 할 수 있는 것에 의심할 여지가 없습니다. 이에 감히 전에 정한 날짜를 올립니다. 저 일자(日者)의 설은 단지

48 선장(先丈)의 본친(本親) : 선장은 권시의 아버지 권득기(權得己)를 가리킨다. 권득기의 생부(生父)는 권극례(權克禮)이고 양부(養父)는 권극관(權克寬)이다.

49 위징(魏徵)이……대답 : 이미 알고 있다는 뜻이다. 헌릉은 당 태종(唐太宗)의 아버지인 고조(高祖)의 능호이다. 당 태종이 당나라의 명신 위징과 함께 높은 누각에 올라가 소릉(昭陵)을 바라보며 보이느냐고 묻자 위징은 눈이 어두워 보이지 않는다고 하였다. 태종이 손으로 가리키자 위징은 "거기는 소릉이 아닙니까. 신은 폐하께서 헌릉을 바라보시는 줄 알았습니다. 소릉은 벌써 보았습니다."라고 하였다. 소릉은 당 태종의 비 문덕황후(文德皇后)의 능호이다. 곧 위징은 태종의 진의를 알면서도 자신의 의도를 구현하기 위해 일부러 딴청을 피운 것이다. 그날로 태종은 조망대를 헐어 버렸다고 한다. 《新唐書 魏徵列傳》

한 권의 방술서(方術書)를 근거로 삼으면 족하니, 어찌 지나치게 구애될 필요가 있겠습니까.

말씀하신 환교(環珓)[50]는 제가 잘 모릅니다. 지금은 다만 예(禮)의 정신을 깊이 궁구하여, 예에 할 수 있으면 하고 할 수 없으면 하지 말아야 할 뿐입니다. 만약 환교로 점을 친다면 3300의 문장[51]이 도리어 두 개의 환교에 제어되는 꼴이니, 그것이 옳겠습니까. 그러나 옛날의 성인은 자신의 뜻을 결정한 뒤에 오히려 원귀(元龜)에게 명하였으니, 예에 입각해 결단하고도 신령에게 질정하는 것 역시 신중히 하는 도리입니다.

신부의 어머니를 뵐 때는 폐백을 씁니다. 비록 시마복(緦麻服)과 소공복(小功服)을 살피는 것[52]과 흡사하지만 고례(古禮)로 헤아려 볼 때 처음 상견하면서 폐백을 올리는 것은 대인과 소인이 모두 그러하였습니다. 지금 폐백을 쓰는 것은 혹 무방할 듯하고 또한 고례를 회복하는 조짐인 듯합니다. 드릴 말씀은 많지만 이만 줄입니다.

50 환교(環珓) : 옛날에 점을 칠 때 사용하던 기구이다. 옥이나 대나무로 조개껍데기처럼 양쪽 조각이 떨어졌다 붙었다 할 수 있게 만들어 이를 가지고 땅바닥에 던져서 그 모양을 보고 길흉을 점쳤다.

51 3300의 문장 : 예에 관한 모든 문장을 뜻한다. 《예기》 〈예기(禮器)〉에 "경례가 300가지이고 곡례가 3000가지인데 그 이치는 하나이다."라고 하였다.

52 시마복(緦麻服)과……것 : 사소한 일이나 살피는 것이 됨을 비유한 말이다. 맹자가 일의 선후를 알아야 한다는 것을 강조하면서 "삼년상은 잘 이행하지 못하고 시마(緦麻)·소공(小功)의 복이나 살핀다."라고 한 데서 온 말이다. 《孟子 盡心章下》 삼년상은 무거운 복이고 시마는 3개월복, 소공은 5개월복으로 가벼운 복이다.

권사성에게 보냄 갑신년(1644, 인조22) 2월 19일

與權思誠 甲申二月十九日

방금 둘째 아드님과 작별하고 이별의 회포로 매우 슬픈데, 갑자기 보내주신 서한을 받으니 갑절로 위안됩니다. 둘째 아드님이 댁으로 돌아갈 때 날씨가 매우 나빴는데 병에 걸리는 근심을 면하였는지요? 그에게 말을 빨리 몰지 말고 임시로 점사(店舍)에서 쉬라고 타일렀습니다. 그가 비록 그렇게 하겠다고 대답했으나 또한 돌아가 부모님 뵙는 데 급급하여 타이른 대로 하지 못할까 걱정하였는데, 그렇게 했는지 모르겠습니다. 어떤 수재(秀才)이기에 저로 하여금 이렇게까지 걱정하게 하는지 도리어 우습습니다.

큰 눈이 들판을 덮어 나물 뿌리도 씹지 못하고 있습니다. 보내 주신 편지에 술과 고기가 없는 것을 탄식하는 말씀이 있었는데, 어찌하여 맹자를 배우지 않고 도리어 풍환(馮驩)의 행위[53]를 본받습니까. 빈산을 다니는 나무꾼, 목동만이 사는 마을과는 너무 어울리지 않으니, 우습습니다.

행장(行藏)에는 비록 정해진 계책이 있지만 임금을 사랑하는 마음은 하늘에서 얻은 것이어서 끝내 사라지게 할 수 없는 점이 있습니다.

53 풍환(馮驩)의 행위 : 제나라 유세가 풍환이 맹상군(孟嘗君)의 식객이 되었을 때, 밥상에 고기반찬이 없자 장검의 칼자루를 두드리면서 "장검이여 돌아가자, 밥상에 고기가 없으니.〔長鋏歸來乎, 食無魚.〕"라고 노래했던 것을 가리킨다. 《戰國策 齊策4》《史記 孟嘗君列傳》

은명(恩命)이 있을 때마다 저의 가슴에는 더욱 붉은 충정이 넘치는데, 형의 가르침을 받고는 더욱 근심이 늘었습니다. 산법(算法)은 희중(希仲)이 빌려 가고 돌려주지 않고 있으니 추후에 찾아서 올릴 계획입니다. 둘째 아드님은 3월에 날씨가 따뜻해지면 보내 주시기를 지극히 우러러 바랍니다.

《이정서(二程書)》는 둘째 아드님이 댁으로 돌아가는 편에 부쳐 보내는 것이 어떻겠습니까? 나머지는 이만 줄입니다.

권사성에게 답함 갑신년(1664, 인조22) 4월 그믐

答權思誠 甲申四月晦日

어제 보내 주신 편지를 보고 둘째 아드님이 안전하게 갔으며 형의 체후가 진중하심을 알았으니 위안되고 기쁩니다.

일찍이 듣건대 선친(송갑조(宋甲祚))의 묏자리가 그렇게까지 좋지는 않으나 형의 뜻이 한결같이 풍수를 믿기 어렵다고 여긴다 하던데, 이것은 참으로 그러합니다. 그러나 선현도 일찍이 이와 같았던 적은 없었습니다. 매양 주자(朱子)가 손경보(孫敬甫)에게 답한 편지를 가지고 한번 의논하고자 하였으나 그렇게 하지 못하였는데, 지금 백씨(伯氏) 어른의 장사(葬事)를 반드시 이렇게 하고자 하시니 너무 고집을 피우시는 듯합니다. 어찌 적력(寂歷)과 한천(寒泉)에 각각 장지를 달리한 것[54]을 살펴보지 않으십니까. 오늘날 채서산(蔡西山 채원정(蔡元定))은 비록 얻을 수 없지만, 오늘날 취사(取捨)를 결정하는 데에 또한 어찌 주자가 있지 않겠습니까. 주자가 아닌 사람으로서 채서산이 아닌 사람을 따른다면 얻는 바가 비록 적력과 한천이 아니더라도 오히려 쓸 만할 것입니다. 어찌 "그대의 견해가 믿기 어려우니 나 편한 대로 하겠다."라고 할 수 있겠습니까. 집안의 형제가 비록 선친의 묏자리를 지나가더라

54 적력(寂歷)과……것 : 부모를 각기 다른 곳에 장사 지낸 것을 뜻한다. 적력은 주희(朱熹)의 아버지 주송(朱松)의 무덤이 있는 적력산을 뜻한다. 한천은 어머니 축부인(祝夫人)의 묘소가 있는 곳이다. 주희는 어머니를 복건성 건양현(建陽縣) 마복(馬伏) 천호(天湖) 북쪽에 장사하고 그 곁에 한천정사(寒泉精舍)를 지었다. 《晦菴集 卷97》

도 육안으로 어찌 품평할 수 있겠습니까.

윤(尹)의 아들이 기문을 짓는데 윤과 소통했던 편지를 올릴 계획입니다.

○ 존수(尊嫂)께서 성내며 말하였다는 말씀은 저로 하여금 배를 그러안고 웃게 하였습니다. 주 선생(朱先生)은 동래(東萊 여조겸(呂祖謙))를 벗에게 마음을 다하지 않는 사람이라 하였는데, 오형(吾兄)은 매우 훌륭하다고 이를 만합니다.

권사성에게 답함 무자년(1648, 인조26) 10월 1일

答權思誠 戊子十月一日

사모하는 마음이 한창 깊던 차에 멀리서 혜서(惠書)를 받고 한가로이 지내시는 기거를 알았으니 기쁘고 위안되는 마음을 이루 다 말할 수가 없습니다.

편협하고 조급한 병통은 제가 더 심한데, 치료할 약이 없어 스스로 슬퍼하는 마음이 매우 절실합니다. 어찌 현명하고도 건강하신 고명(高明)께 이런 일이 있겠습니까. 아니면 현명하고도 건강하므로 조금이라도 작은 조짐이 있으면 틀림없이 알고서 힘써 제거하고자 하여 이처럼 경계하고 두려워하는 것입니까? 그러나 또한 이는 태양(太陽)[55]의 여증(餘症)입니다. 바라건대 서로 구제할 수 있는 약을 보여 주신다면 거의 종신토록 복용하겠습니다.

손자 아이에 대하여 그 아버지가 어렵게 여겨 망설이는 것은 역시 자식을 사랑하는 마음에서 나왔지만, 제가 억지로 청하는 것은 실로 너그럽지 못해서이니 또한 웃음이 나옵니다. 제 딸의 증세는 태기가 아니라면 염려스럽습니다. 만약 돌아와 만나 볼 수 있도록 허락하신다면 인마(人馬)를 보낼 것이니, 바라건대 인편을 통해 가르쳐 주십시오.

55 태양(太陽) : 기질이 지나치게 강한 것을 가리킨다.

권사성에게 답함 무자년(1648, 인조26) 11월 21일
答權思誠 戊子十一月二十一日

인편을 통해 멀리서 보내 주신 서한을 받으니 마치 담소를 나누는 것과 같았습니다. 더구나 자세히 이르신 뜻이 모두 간절한 마음에서 나온 것이라 여러 차례 읽고 더욱 감격하였습니다. 이어서 듣건대 조정의 부름을 받았다고 하던데, 거취에 관한 계책은 사전에 미리 세워 두어 곤란하지 않으실 것입니다. 퇴계(退溪) 선생이 지은 두 마리 새에 대한 시[56]를 함부로 외워 한바탕 웃음거리를 드립니다. 개 꼬리로 이어[57] 너무 참람하며 맑은 조정에 누가 될 뿐만이 아니니 더욱 송구스럽고 송구스럽습니다.

근래 노모께서는 조금 건강하십니다만, 환곡을 바치는 일이 한창 급하여 갖추어 실어다가 겨우 절반을 바쳤으나 달팽이 침[58]이나마 이미

56 퇴계(退溪)……시 : 이황이 풍기(豊基) 객관에 있을 적에 조목(趙穆)이 시를 보내어 이황의 출사를 비웃었는데, 마침 조목도 공릉 참봉(恭陵參奉)에 임명되었다는 말을 듣고 이황이 다음과 같이 시를 지어 조목을 희롱하였다. "어떤 새가 숲을 떠나 그물에 걸렸더니, 숲속의 다른 새가 깔깔대며 웃는구나. 그러나 어찌 알리, 그물 가진 어떤 이가 제 둥우리 덮쳐도 어찌할 수 없을 것을.〔有鳥辭林被網羅, 林中一鳥笑呵呵. 那知更有持羅者, 就掩渠巢不奈何?〕" 《退溪集 卷4 豐基館答趙上舍士敬》

57 개 꼬리로 이어 : 못난 자신이 외람되게 벼슬을 받았다는 겸손의 표현이다. 진(晉)나라 때 조왕 륜(趙王倫)의 당여(黨與)가 모두 경상(卿相)에 제수되어 그의 노복들까지도 모두 작위를 받게 되었다. 이에 관(冠)에 장식하는 초미(貂尾)가 부족해서 개 꼬리로 장식하였는데, 사람들이 이를 구미속초(狗尾續貂)라고 비난한 데서 온 말이다. 《晉書 趙王倫列傳》

고갈되어 어쩔 수 없이 두 여종을 헐값에 팔았습니다. 빚을 갚고 남은 것으로 전답과 집을 구하여 은거할 계책으로 삼고자 하니, 이 또한 아무 일이 없어야 가능합니다.

편협하고 조급한 병증에 대한 약은 명보(明甫 송준길)의 서재에 들어가 나누어 먹어야겠습니다. 처방 약을 내려 주신 데 대하여 감사한 마음을 어떻게 헤아릴 수 있겠습니까. 이것은 기백(岐伯)과 편작(扁鵲)[59] 이래로 평담(平淡)한 좋은 약제이나 종전에는 오석(烏石)과 영원(靈源)[60]에서 함부로 구하였으니 그 미혹함만을 드러냈을 뿐입니다.

탄방(炭坊)의 가르침은 감히 받들지 않겠습니까. 무엇보다 파장(坡丈)은 평생 그 순후(醇厚)함을 사모하여 문병(門屛)에 의지한 듯이 남은 향기를 쐬었으니 그것이 편협하고 조급한 병증에 약이 됨은 형이 내려 준 말씀보다 못하지 않을 것입니다. 그러나 이것은 딸아이가 돌아온 뒤의 일이니 세모에 만약 돌아오도록 허락해 주신다면 다시 함께 상의하겠습니다. 그러나 가장 좋은 방법은 형이 반드시 철수하여 돌아오고 제가 가까운 곳을 얻어 집을 짓고 서로 의지하는 것이니, 이것이

58 달팽이 침 : 달팽이가 지나가며 흘린 침을 말하는데, 곧 작은 양을 말한다.

59 기백(岐伯)과 편작(扁鵲) : 고대의 명의(名醫)들이다. 《한서(漢書)》 〈예문지(藝文志)〉에 "태고 때에는 기백과 유부(兪拊)가 있었고, 중세에는 편작과 진화(秦和)가 있었다."라고 하였다.

60 오석(烏石)과 영원(靈源) : 신선이 거처하는 곳을 뜻한다. 주희(朱熹)가 공중지(鞏仲至)에게 보낸 편지에서 "새로 지은 시를 보내 주시니, 저를 비루하게 여기지 않는 줄을 더욱 잘 알겠습니다. 시를 읽어 보노라면 곧 오석과 영원이 나에게서 멀지 않음을 느끼니, 이러한 무더위를 당하여 상쾌하기가 마치 북극에 날아올라 청풍으로 몸을 씻는 듯합니다."라고 하였다. 《晦菴集 卷64 答鞏仲至》

곧 온당할 것입니다. 바라건대 생각해 보지 않으시겠습니까?

옛날 한장(韓丈)께서 옥천(沃川)을 다스릴 적에 앞장서 창주서원(滄洲書院)을 개수하시어 저도 찬동하여 도와드렸는데, 그때 형이 규계(規戒)한 바가 있었습니다. 오늘날 이로 인하여 향리에 분쟁이 더욱 심하니, 형은 "기미를 안 것이 귀신같다."라고 이를 만합니다. 탄복해 마지않으며 스스로 부끄럽습니다.

권사성에게 보냄 경인년(1650, 효종1) 5월 25일

與權思誠 庚寅五月二十五日

둘째 아드님이 찾아와 주어 형의 체후를 자세히 물어볼 수 있어서 그리워하는 마음이 매우 위안되었습니다. 요즘 일상생활이 더욱 좋으시나, 이전의 편지에 평안함을 잃었다는 말씀이 있었는데 이는 말질(末疾)[61]이 마침 그러했던 것으로 차도가 있은 지 오래되었으리라 생각합니다. 저는 섭리(攝理)에 어두워 중춘(仲春)에 앓던 병이 지금까지 낫지 않고 있습니다. 지금 앓고 있는 병은 유부(兪拊)와 편작(扁鵲)이 아니면 치료할 수 없으니, 조만간에 죽을 것으로 생각합니다.

지난번 편지에서 하문하신 것에 대하여는 오랫동안 고하고자 하였으나 붓으로 쓰는 것이 번거로워 이미 둘째 아드님께 말해 주었으니, 뵙고서 아뢸 것이라 생각합니다.

경계하고 가르쳐 주신 말씀은 실로 대군자(大君子)가 사람을 덕으로 사랑하는 일이니 말로 표현할 수 없을 만큼 감격스러워 가슴에 새겼습니다. 재산의 유무를 따질 것 없이 경계하고 삼가는 마음을 감히 늦출 수 없습니다. 단지 병세가 이와 같아 살날이 얼마 남지 않았으니, 몸을 닦고 병을 다스려 오형(吾兄)의 남은 가르침을 끝까지 받들지 못할 듯합니다. 다만 바라건대 제가 땅속에 들어가기 전까지 부지런히 채찍질하기를 잊지 마십시오. 그렇게 해 주신다면 한 가닥 숨이 남아 있는 때까지 공경히 가슴에 새기겠습니다.

61 말질(末疾) : 사지가 저리고 마비되는 증상을 말한다.

형도 더욱 대업(大業)에 힘써서 친구로 하여금 함께 영광스럽게 해 주십시오. 둘째 아드님은 오래도록 상종할 수 있었는데 갑자기 돌아가겠다고 하니 병든 이의 마음이 더욱 서글프나 마음대로 할 수가 없습니다. 드릴 말씀은 많으나 새벽에 일어나 바삐 쓰느라 이만 줄입니다.

권사성에게 답함 기해년(1659, 현종 즉위년) 8월 12일
答權思誠 己亥八月十二日

보내온 편지에서 자상하게 말씀해 주셨으니, 저를 비루하게 여기지 않는 것에 깊이 감사드립니다. 다만 동이(同異)의 설에 대해 형이 제 말을 희롱이라고 한 것은 진짜 희롱 같습니다. 저는 같게 하려고 하나 형은 달리하고, 형은 달리하려 하나 저는 같게 하였습니다. 그러나 형이 저로 하여금 형과 같게 하지 못하는 것 역시 제가 형으로 하여금 저와 같게 하지 못하는 것과 같으니 버려두고 다시 말하지 않겠습니다.

오직 이 좌의정 대감이 사직한 것[62]은 처음에는 늘그막에 분주한 나머지 매일 반열에 나가다 보면 병날 것이 틀림없기 때문에 그랬으리라고 생각하였습니다. 김간(金諫)[63]으로 인하여 사직한다는 것은 일찍이 생각지도 못했고, 더구나 제가 좌의정 대감 때문에 사직했다고 하는 것은 더욱 뜻밖의 말입니다. 저의 문정(門庭)은 거의 새그물을 칠 정도로 전혀 남과 접촉하지 않으니 당연히 바깥 의론을 듣지 못합니다. 김간은 만나지 못한 지가 이미 오래이니 그 허실은 알 수 없지만, 오직 자기의 일은 자기가 아는 것입니다. 저는 병이 점점 고질이 되어 곡반(哭班)과 정청(庭請)에도 모두 나가지 못하였고 다만 의금부의 일로

62 좌의정……것 : 좌의정 심지원(沈之源)이 영릉 총호사(寧陵摠護使)가 되었다가 산릉(山陵) 일로 사직하였다. 심지원은 권시의 매서(妹壻)이다. 《宋子大全隨箚 卷4》

63 김간(金諫) : 당시 간관(諫官)이었던 김익렴(金益廉)을 가리키는 듯하나 자세하지 않다. 《宋子大全隨箚 卷4》

원망하여 부르짖는 소리가 물 끓듯 한 것이 애처롭기는 하였지만 아무런 방도가 없어 부득이 돌아갈 계책을 내었습니다. 다행히 성상께서 저를 불쌍히 여겨 살펴 주셨으므로 마음 편하게 조용히 쉬고 있습니다. 그런데 이것이 좌의정 대감과 무슨 관계가 있겠습니까.

또 편지에서 말씀하신 "김간이 공적인 회의 석상에서 떠들어 댔다."라는 것도 이치로 따져 보면 역시 사리에 맞지 않는 것 같습니다. 아무리 매우 서로 미워하는 사이일지라도 상대가 관작이 높으면 다른 사람과 말할 때 반드시 그 언사를 공손히 하는 것은 이미 사체가 그러합니다. 더구나 김간은 서울에서 생장하여 시골 사람과는 같지 않은데 어찌 이런 전례에 어두워서 감히 그렇게 하였겠습니까. 그 사람은 본래 비방을 달고 사는 사람이라 말투가 그러한 것이 아니겠습니까. 이것은 좌의정 대감이 의당 천천히 따져 볼 일입니다. 또 설령 김간에게 이런 일이 있었다 하더라도 좌의정 대감이 스스로 진정시켜야지, 경망한 말 한마디에 동요하여 성상의 마음을 괴롭혀서는 안 될 것입니다.

형께서는 제게 보내신 편지를 도로 보내라 하셨는데, 제가 다른 사람에게 보이려 할 것 같습니까? 절대 그렇지 않습니다. 또 유(惟 권유(權惟))로 하여금 궁리(窮理), 격물(格物)의 자료로 삼게 하고자 하는데 저에게도 자식이 있으며 제 아이만 유독 궁리, 격물을 할 수 없겠습니까. 이 때문에 감히 명령을 따를 수가 없으니 죄송합니다. 이만 씁니다.

별지

형이 논한 개가(改嫁)에 대한 설은 자세히 보았습니다. 남편이 죽으면 개가하지 않는 것은 바로 영원불변의 도의이니, 성인이 어찌 이것으로 가르침을 삼지 않았겠습니까. 그러나 다만 예(禮)로 가르쳐서 백성들이 날로 착한 데로 나가게 할 뿐이었지, 반드시 오늘날처럼 형법을 준엄하게 하여 조금의 여지도 없이 다스리지는 않았습니다.

지난날 홍천경(洪千璟)의 누이가 애매한 일로 끝내 형륙(刑戮)을 당하였다고 합니다. 그리고 남명(南冥)은 어사(御史)가 옥사(獄事)를 엄하게 다스리지 않았다고 주장하다가 퇴계(退溪)와 의견이 서로 엇갈리기까지 하였습니다.[64] 지금은 또 누(累)가 자손과 형제에게까지 미치는데, 형은 삼대(三代) 시대에 과연 이런 처사가 있었으리라고 생각하십니까. 교화를 우선으로 삼지 않고 형법만 믿는다면 이는 상앙(商鞅)의 정책[65]일 뿐이니, 비록 감히 악한 짓을 하지는 못하더라도 악한 짓을 할 마음이 없어지지 않습니다. 그러므로 오늘날 가정에서 간통하는 더러운 변고가 대개는 차마 말할 수 없는 데서 나오기 때문에 도리어 별 탈 없는 사람에게 공개적으로 시집보내는 것만 못하니, 이 법이 과연 풍속을 좋게 만들 수 있겠습니까.

듣건대 고려 말기에 윤기(倫紀)가 멸절되어 제 남편을 죽이고 다른 사람에게 시집가는 여인이 있었으므로 어쩔 수 없이 이 법을 만들었다고 합니다. 이것은 한때의 폐단을 바로잡았을 뿐입니다. 이것이 이른바 오훼(烏喙)나 독사(毒蛇) 같은 극약을 먹여서 당장 신속한 효과를

64 남명(南冥)은……하였습니다 : 남명은 조식(曺植)의 호이다. 일찍이 하종악(河宗萼)이라는 사람 집에 음부(淫婦)에 관한 옥사가 있었는데, 조식이 이 사건이 잘 처리되지 않았다고 주장하다가 이황(李滉)의 제자 이정(李楨)의 집을 훼손하기까지 하여 이황과 조식의 사이가 서로 좋지 않았던 일이 있었다. 《宋子大全隨箚 卷4》

65 상앙(商鞅)의 정책 : 상앙은 전국 시대의 정치가이다. 진 효공(秦孝公)을 섬겨 정승이 되자 법령을 고치고 부강정책을 써서 치적(治積)은 있었으나 그가 정한 법이 너무 준엄하고 까다로워서 사람들에게 원망을 샀다.

구하는 것이니, 순평한 약제를 먹여 원기를 보충하는 것이 아닙니다. 이것이 과연 성인의 도리이겠습니까. 만일 형의 말씀과 같다면 주공(周公)이 예를 제작할 때 어찌하여 가모(嫁母 개가한 어머니)와 계부(繼父)의 복(服)을 마련했겠습니까. 주공이 어찌 사람을 예로 가르치지 않았으며 또 어찌 개가하지 않는 것이 예인 줄을 몰랐겠습니까.

훌륭하도다, 주자의 말씀이여. 어떤 이가 묻기를 "정자(程子)가 생질녀를 재가시킨 일과 '과부는 재가할 수 없다.'[66]라고 한 말이 상반되는 것은 무슨 까닭입니까?" 하니, 주자가 말하기를 "대체는 그렇지만 사람의 능력으로 다 하지 못하는 것이 있다." 하였습니다. 그렇다면 지금의 법이 도리어 한 성인〔一聖 주공〕과 두 현인〔二賢 정자와 주자〕보다 나은 것이 있단 말입니까. 또 충신이 두 임금을 섬기지 않는 것과 열녀가 두 남편을 섬기지 않는 것은 동일한 의리인데, 우리나라는 무슨 까닭으로 두 임금에 대한 법은 세우지 않고 두 남편에 대한 법률만 엄하게 합니까. 의리가 만일 서로 다르지 않아서 동일한 법률을 쓴다면 권양촌(權陽村 권근(權近)) 이하가 모두 중형을 받았을 것인데, 지금 그의 자손들에게 누가 미쳤습니까. 저는 그러므로 "예의를 밝혀 가르쳐서 백성으로 하여금 자신도 모르게 날로 진보하게 하는 것은 성인의 정치이고, 준엄한 형법으로 몰아쳐도 백성이 따르지 않는 것은 후세의 정치이다."라고 말하는데, 어떻게 생각하십니까?

66 과부는……없다 : 어떤 사람이 정이(程頤)에게 묻기를 "아주 빈궁해서 의탁할 곳 없는 과부의 경우는 재가를 해도 괜찮겠습니까?" 하니, 정이가 "후세에 혹 춥고 주려서 죽는 여자가 있을까 봐 재가하는 것이 괜찮다는 말이 있으나, 굶어 죽는 것은 작은 일이고 정조를 잃는 것은 큰일이니 재가해서는 안 된다."라고 답하였다. 《小學 嘉言》

권사성에게 보냄

與權思誠

답장은 받아 보셨습니까? 말한 것이 이치에 합당하지 않다면 다시 가르침을 내려 주십시오. 다만 생각건대 사람들은 틀림없이 "좌의정의 사직은 필시 이 사내 때문일 것이므로 이 사내 역시 감히 편안하지 못하여 물러가기를 구할 것이다."라고 말할 것입니다. 이와 같다면 지극히 황공합니다. 저는 실로 귀먹고 눈멀어서 세상과의 관계를 끊고 길이 자리에 누워 있으니, 논의가 산더미 같더라도 누구에게서 그것을 듣겠습니까.

베갯머리에 쪽지 몇 개가 있는데, 형에게 답한 편지로 인하여 한 달에 겨우 그 절반을 썼으니 이곳의 일을 알 만하실 것입니다. 형이 들은 바가 있으면 부디 자세히 보여 주십시오. 듣건대 맹인에게 길을 가리켜 주는 자는 반드시 명복(冥福)을 받는다고 하니, 형에게 바람이 없을 수 없습니다. 이만 씁니다.

권사성에게 답함
答權思誠

가르침을 주시니, 남을 위해 충심으로 도모해 주신 정성에 매우 감사드립니다. 다만 듣건대 이치상 마땅히 해야 할 것을 할 뿐이라고 하였으니, 만약 먼저 득실을 염려한다면 아마도 뜻을 꺾는 미혹됨이 있을 것입니다. 우리는 규암(圭菴 송인수(宋麟壽))의 혈족이고 여러 형은 규암의 인척이므로[67] 단사(單辭) 가운데에 성명을 나열해 썼습니다. 해가 질 무렵에 정본(淨本)을 가지고 여러 관서에 가서 요청할 것입니다. 옛말에 "오직 대인(大人)만이 대인을 볼 수 있다."라고 하였으니, 오직 형과 저만이 대인을 알아보지 못하는 어려움을 근심하지 않을 것입니다.

"하방(下方)" 운운하셨는데, 어찌하여 자공(子貢)이 "한마디 말로 지혜롭게 되기도 하고 지혜롭지 못하게 되기도 한다."라고 한 가르침을 생각하지 않으십니까.

67 여러……인척이므로 : 규암 송인수의 배위(配位) 권씨(權氏)는 목사(牧使) 권박(權博)의 딸인데, 권박이 곧 권시의 고조이므로 한 말이다.

권사성에게 답함
答權思誠

연이어 편지를 보고 위안되고 감사하였습니다. 저는 죽을병에 걸렸는데 형이 아랫사람과 똑같이 하고자 하시니, 어찌 성실하게 하는 군자의 도리이겠습니까. 의리가 같은데 형은 다르다 하고, 병이 다른데 형은 같다 하니, 공손룡(公孫龍)[68]을 배우고자 하는 것이 아니겠습니까. 우습습니다.

이전 편지에 대한 답장은 이번에 온 인편을 통해 바로 돌려보냅니다. 이곳 사람이 담장 틈에 꽂아 놓았다고 합니다. 이번에 함께 올립니다. 이만 씁니다.

68 공손룡(公孫龍) : 전국 시대 조(趙)나라 사람으로, 이른바 견백이동론(堅白異同論), 즉 단단하면서 흰 돌은 하나인 것 같으나 단단한 돌의 성질과 흰 돌의 빛깔로 인해 각각 다른 돌이라고 하여 부분적 속성과 전체 개념을 혼동하는 궤변을 일삼았다고 한다.

송자대전

제40권

書서

이태지[1] 유태 에게 보냄 기묘년(1639, 인조17) 10월 25일

與李泰之 惟泰○己卯十月二十五日

지난번에 존백씨(尊伯氏)[2]께서 방문해 주시어 후의에 감사하고 있습니다. 그때 짤막한 편지를 보냈는데 받아 보셨습니까? 지금 눈보라가 거세게 부는데 두메산골에서 얼어 터지는 것을 모면하였는지 모르겠습니다. 저는 병든 몸이 가을이 되어 조금 회복되었는데, 이렇게 추운 날씨를 만나 심신(心神)이 위축되어 감히 문자를 펼쳐 보지 못하고 있으니 형세상 산사에 가려 합니다.

올해 흉년이 지난해와 다름없어 한 해를 마치는 것은 진실로 바랄 수도 없고, 빚이 산더미처럼 쌓여 징수하는 자가 계속 오는지라 이 때문에 괴롭지 않을 수 없습니다. 생각건대 형은 이를 모면하였습니까?

또 생각건대 형의 덕량(德量)은 저 같은 천장부(賤丈夫)가 진실로 감히 그 한계를 엿볼 수 없습니다. 그러나 교제하는 사이에 털끝만큼이라도 그냥 지나쳐 버린다면 오랜 뒤에는 반드시 후회할 일이 있을 것입니다. 형의 명석함으로 이를 반드시 정밀하게 고려해야 합니다. 그러나 옛사람이 잠경(箴警)을 그만두지 않은 것[3]은 까닭이 있었습니다. 그래

1 이태지(李泰之) : 이유태(李惟泰, 1607~1684)로, 본관은 경주(慶州), 자는 태지, 호는 초려(草廬)이다. 김장생의 문인으로 송시열, 송준길, 윤선거와 교유하였다.

2 존백씨(尊伯氏) : 상대방의 형, 즉 이유태의 큰형 이유택(李惟澤)을 가리킨다.

3 옛사람이……것 : 위 무공(衛武公)이 주 여왕(周厲王)을 풍자하고 또 스스로 경계하기 위하여 억잠(抑箴)을 짓고 사람을 시켜 날마다 곁에서 이것을 외우게 하여 스스로 경계하였던 일을 가리킨다.

서 운운했던 것입니다.

고운(孤雲)[4]의 모임은 뒤로 미루다가 지금에 이르렀으니 한스럽습니다. 설을 쇠기 전에 만나기를 어찌 기약할 수 있겠습니까. 그저 진중하시기를 바랍니다.

4 고운(孤雲) : 고운사(孤雲寺)를 가리키는 듯하다. 고운사는 충청남도 논산시 벌곡면 양산리에 있던 사찰이다.

이태지에게 보냄

與李泰之

연이어 편지를 보냈는데 보셨습니까? 성상께서 별유(別諭)를 함께 내리셨는데 장차 어떻게 대답하시겠습니까? 문자는 모름지기 매우 자세히 살펴 조금이라도 불분명하거나 난삽한 것이 없도록 해야 합니다. 어떻게 생각하십니까?

지수(祗受)의 예[5]는 먼저 탁자를 대청 위 남쪽을 향한 곳에 놓고, 사관(史官)이 들어오려 하면 나가서 공경히 맞이하고, 사관이 들어와 탁자에 유서(諭書)를 안치하고 그 곁에 서면 주인은 대청 아래에서 사배(四拜)를 하고 탁자 앞으로 나아가 꿇어앉으며, 읽기를 마치면 또 대청에서 내려가 사배하고, 사관이 돌아가면 문을 나가 사배를 합니다. 이 사관은 새로 급제한 조시원(趙時瑗)입니다.

별유에 대한 대답은 간략하게나마 엮어 올려서 헤아려 취하시기를 기다리려고 하였으나 매우 바빠서 하지 못하였으니, 한탄스럽습니다. 이만 씁니다.

5 지수(祗受)의 예 : 지수는 임금의 하사를 받는 것으로, 여기서는 사관이 가지고 온 임금의 별유를 받는 예절을 말한다.

이태지에게 보냄 을유년(1645, 인조23) 11월 28일
與李泰之 乙酉至月二十八日

요즘 어버이를 모시는 기쁨이 아름답고 복되십니까? 일찍이 중씨(仲氏 이유부(李惟孚))를 도재(道齋)에서 모시고 방문하시겠다는 약속을 받고는 즉시 나아가 오시기를 기다렸습니다. 그런데 갑자기 사헌부 지평으로 전지(傳旨)를 받아 허둥지둥 내려왔고, 전지를 받은 지 겨우 3일 만에 또 상소로 인하여 부임하라는 명을 받들었습니다. 이곳의 난처함을 어찌 다 말할 수 있겠습니까.

완남(完南)[6]이 명보(明甫 송준길(宋浚吉))에게 편지를 보내 저를 위로할 수 있으면 족하다고 했으니, 위로할 수 있는 자는 명보이고 근심이 없는 자는 태지이며 가련한 자는 이 사람입니다.

성주(城主)가 6일에 관직을 버리고 돌아가므로 창주서원(滄洲書院)의 여러 노인이 장차 3일에 낙성식과 전별례를 겸하여 진행하려 하면서 선향(仙鄕) 및 회덕(懷德)의 여러 벗을 불러들여 존객(尊客)에게 술을 대접하려 합니다. 이 뜻이 매우 근실하나 직접 간청하기 어려워 저를 중개로 삼았으니, 부디 왕림하실 것을 허락하시고 겸하여 성주 어른을 전별하는 것이 편할 듯합니다. 부디 뭇사람의 뜻을 저버리지 마시고, 아울러 또한 잃어버린 방향을 대면하여 가르쳐 주십시오. 그리해 주신다면 지극히 다행스럽고 다행스러울 것입니다.

6 완남(完南) : 완남부원군(完南府院君) 이후원(李厚源)을 가리키는 듯하다. 《宋子大全隨箚 卷4》

이태지에게 보냄
與李泰之

생각건대 함장(函丈)께 가서 거취를 자세히 강론하셨을 것입니다. 어제 중명(仲明 김익후(金益煦))이 와서 말하기를 형은 가려는 뜻을 이미 결정하였다고 했으니, 저의 뜻과 서로 어긋나며 형의 분의(分義)는 본시 얕아 저와도 차이가 있습니다. 오늘날 나가는 것은 틀림없이 장차 하려는 일이 있어서이니 지극히 공정한 정성으로 거친 주먹을 휘두르고 크게 발길질한다면[7] 어찌 좋지 않겠습니까. 그러나 그저 분의가 어떠한가만 볼 뿐이라면 굳이 갈 필요가 없을 듯합니다. 부디 다시 생각해 보십시오. 도착하는 대로 정장(呈狀)하고 돌아온다면 명분이 없지 않을 듯한데, 어떠합니까?

저는 며칠 안으로 우거하는 현(縣)을 통해 면직해 줄 것을 호소할 것입니다. 비록 여러 벗의 책망이 매우 준절하더라도 평소 정한 바를 갑자기 바꾸기는 어렵습니다. 만약 길을 바꾼다면 방문해 주시기를 간절히 바랍니다. 이만 줄입니다.

7 지극히……발길질한다면 : 이단을 배척하고 유학을 진흥하려고 힘쓰는 것을 뜻한다. 주희(朱熹)가 진량(陳亮)에게 준 편지에 "공자가 어찌 지극히 공정하고 정성스럽지 않았으며, 맹자가 어찌 거친 주먹을 휘두르고 크게 발길질하지 않았겠는가."라고 한 데서 나온 말이다. 《晦菴集 卷28 答陳同夫書》

이태지에게 보냄

與李泰之

방문해 주기를 고대하고 있는데 그 사람을 보지 못하니 서운한 마음을 견딜 수 없습니다. 내일 오시겠다는 약속을 받들었으나 내일의 예(禮)는 또한 일찍 행해야 하니, 부디 새벽에 와서 가르쳐 주시어 예를 행하는 일을 이루게 해 주시기를 간절히 바랍니다. 다시 후생(後生) 한 사람을 보내어 면전에서 여쭙게 하였는데, 형이 오지 않으면 예도 이루지 못하여 무척 낭패할 것입니다. 또 형이 굳게 고집하는 데에는 틀림없이 어떤 뜻이 있을 텐데 이 사람이 헤아릴 수 없으니, 성문(聖門)의 명쾌한 기상이 아닌 듯합니다. 매우 우습고도 우습습니다.

이태지에게 답함 병술년(1646, 인조24) 11월 22일

答李泰之 丙戌至月二十二日

이전의 글에 미처 답장을 올리지 못하여 한탄하고 있던 차에 갑자기 또 심부름꾼을 시켜서 보낸 서한을 받으니 매우 감사하면서도 마음이 놓입니다. 저는 일찍이 돌아와 모친을 모시고 있는데 집에 돌아온 지 겨우 이틀 되었습니다. 시도(時燾) 아우가 유중(類中)[8]을 앓아 모친께 큰 근심을 끼쳤기에 의원과 약물을 찾아 분주히 다니느라 저 또한 병이 나려 합니다. 약효를 거두어 온 집안이 조금이나마 쉴 수 있기를 바랄 뿐입니다.

무중(武仲 유계(兪棨))이 도모함에 충성을 다하여 저로 하여금 깊이 감사하게 하니, 이번 걸음을 어찌 다시 길이 멀다고 꺼리겠습니까. 다만 행구(行具)에 조리가 없고 또 길(吉)은 하나일 뿐이라고 하신 경계[9]를 생각하고 있습니다. 가만히 신세를 생각해 보니 역시 지극히 즐겁지 않습니다.

요즈음 규암(圭菴 송인수) 종조부의 후사를 위하여 우리 가문에서 장차 대궐에 문자를 들이려 하므로 사산(沙山)의 약속이 있었던 것입니다. 26일에 저쪽으로 향하여 27일이나 28일에는 길을 돌아서 형의

8 유중(類中) : 안에서 생긴 풍(風)으로 인하여 발생한 중풍증(中風症)이다. 밖으로부터 풍사(風邪)를 맞은 것이 아니라는 뜻에서 비풍(非風)이라고도 한다.

9 길(吉)은……경계 : 움직임을 삼가라는 경계이다. 주돈이(周敦頤)가 "길흉(吉凶)과 회린(悔吝)이 동(動)에서 생겨나는데, 아, 길(吉)은 하나일 뿐이니 동을 삼가지 않아서야 되겠는가."라고 하였다. 《周元公集 卷1 通書》

처소에 이르고 그믐이나 초하루에는 태읍(泰邑)에 모일 테니 네댓새 정도면 무안(務安)에 닿을 것입니다.[10] 이와 같이 안배하면 거의 어긋나지 않겠지요?

만약 노자를 주고자 하신다면 저는 마량(馬糧)이 전혀 없습니다. 이 고을의 박씨(朴氏) 원님은 탄핵을 받아 교체되고 정공 기풍(鄭公基豐)이 보름 전에 비로소 제수되었습니다. 그러므로 관가에 환곡을 아직 바치지 못했는데 곡식이 바닥났으니 작은 일이 아닙니다.

10 무안(務安)에 닿을 것입니다 : 당시에 유계가 무안 현감(務安縣監)이어서 송시열이 그를 방문하려는 것이다.

이태지에게 보냄 정해년(1647, 인조25) 1월 24일

與李泰之 丁亥元月二十四日

올해는 또 어떻게 하루하루를 보내겠습니까? 삼가 생각건대 부모님과 식솔이 모두 편안하실 줄로 압니다. 그리워하는 마음이 어느 날인들 잠시라도 잊히겠습니까.

저는 예전처럼 졸렬하고 게으른데도 근력을 따져 보면 실로 금년이 지난해만 못하니, 배우지 않으면 곧 쇠약해진다[11]는 가르침이 참으로 나를 속이지 않았습니다. 청천(淸川)의 일[12]은 제가 듣기에 허무맹랑하지 않은 듯하니, 참으로 "사람들이 아는 것은 양수(良遂)가 모두 알고, 양수가 아는 것은 사람들이 모른다."[13]라는 것입니다. 이 또한 운수에 관계된 것이니 어찌하겠습니까.

태형(泰兄)은 새로운 제수(除授) 명단에 성명(姓名)을 거론하는 것을 편치 않게 여기시지만 제가 예전에 겪었던 허다한 일에 비할 바가 아닙니다. 올해는 형의 뒤를 따라 적막한 물가에서 몇 권 남은 책을 마저 읽을 작정인데 이것은 실로 우연이 아닙니다. 그때의 거처는 형이

11 배우지……쇠약해진다 : 《근사록(近思錄)》 권2 〈위학(爲學)〉에 나온다.

12 청천(淸川)의 일 : 송시열이 후사를 얻기 위해 청천에서 첩을 얻으려 했던 일이다. 청천은 전라남도 무안(務安)에 있는 고을로, 그 고을에 사는 유운(柳運)의 여식을 측실로 들이려 하였던 듯하다. 《宋子大全隨箚 卷4》

13 사람들이 아는……모른다 : 굳이 말하지 않아도 이미 잘 알고 있을 것이라는 말이다. 《회암집》 권38 〈답원기중(答袁機仲)〉에 나오는 말로, 양수는 당나라 때의 선가(禪家) 조사(祖師)이다.

명하는 대로 정하겠습니다. 그러나 여러 곳은 모두 덕유산처럼 깊은 곳이 없습니다. 다만 어제 외성(外城)[14]의 편지를 보았는데, 조금 따뜻해지기를 기다렸다가 부름을 받기를 원하는 마음이 매우 간절하였습니다. 또 명보(明甫 송준길) 등 여러 사람이 저를 위해 양서(梁西)의 일[15]을 주선하여 마지않았습니다. 비록 굳게 결정하였는지는 모르겠지만 만에 하나 성사되면 책 상자를 지고 갈 수도 있을 것입니다. 만약 어긋난다면 중춘(仲春)에 불시에 형을 찾아가서 이전의 일을 마무리 지은 다음에 산으로 들어가는 계획을 실행할 것입니다. 형도 이를 헤아려 보시는 것이 어떻겠습니까?

14 외성(外城) : 충청남도 논산을 가리킨다. 김집(金集)이 살던 지역이다.

15 양서(梁西)의 일 : 양서는 연산(連山)과 고산(高山) 경계에 있는 지명이다. 송시열이 후사를 얻기 위해 양서에서 재차 첩을 얻으려 했던 것이다. 《宋子大全隨箚 卷4》

이태지에게 답함 정해년(1647, 인조25) 4월 29일

答李泰之 丁亥四月二十九日

일찍이 편지 한 통을 써서 처남 편에 부쳤는데 뜻밖에 중간에 유실되었습니다. 그러나 보내 주신 서찰이 연이어 도착하여 한스러우면서도 위안되었습니다. 우리가 불행하여 이 염량세태를 같이 겪고 있는데 어찌 감히 달리 도모하겠습니까. 다만 종전부터 끌어오던 사건을 상소로 간청하고자 하였으므로 즉시 현(縣)과 도(道)를 통해 올렸고, 23일에 회덕(懷德)에 가서 서원의 장의(掌議) 자리를 전해 받은 것은 몸에 얽매인 것을 다 벗고자 하여 즉시 깊은 산속에서 형을 따르는 것을 이번 여름의 계획으로 삼았기 때문입니다. 저곳에 이르러 보니, 여러 벗이 모두 정장(呈狀)하는 것을 아주 범연(泛然)한 것으로 여겼습니다. 저는 그대로 모친이 계신 곳으로 향하여 총 6일 만에 돌아왔는데, 수령이 보고하려 하지 않고 "마땅히 상소해야 한다."라고 말하였으므로 부득이 초안을 작성하고 있으니 단오 전에 올려보내려 합니다.

벗들이 말하기를 형은 직분이 더욱 미천하니 갑자기 문자를 들이기는 어려울 듯하다고 하는데, 저의 생각도 그러합니다. 그러나 옛날의 바른 도리로 헤아리면 상소하여 청하더라도 무슨 문제가 있겠습니까. 단지 이것은 후세가 너무 스스로 막는 것일 따름입니다. 대개 다시 더욱 정밀하게 생각하여 처리해야 합니다. 깊은 산속에 들어가려는 계책은, 이 일이 비록 완료되지는 않았지만 형이 들어간다면 제가 마땅히 따라갈 것입니다. 이것은 오십보백보일 뿐입니다.

양서(梁西)에는 감히 여러 형의 말씀대로 가서 보았습니다. 전후의 여인[16]을 비교하여 옥(玉)에 비유하자면 청천(淸川)의 여인은 맑지는 않으나 그래도 남전(藍田)[17]의 기상이 있습니다. 이 양서의 여인은 전적으로 무부(珷玞)[18]이나 근본에 의심할 것이 없으니 이 여인도 만족합니다. 감히 십금(十金)[19]을 구하겠습니까. 병이 없는 자는 남의 아픔을 알지 못하니 사성(思誠)이 말한 것도 당연하지 않겠습니까.[20]

아내의 병증을 사귀(邪鬼)가 붙었다고까지 말한 것은 원통한 것 같습니다. 대저 집안의 작은 일을 그대로 모두 숨기지 않는다면 되겠습니까. 아내가 변고에 대처한 것이 다 선하지는 못하였으나 다른 집안의 사나운 정도에 비하면 차이가 있을 뿐만이 아닙니다. 그런데 근년에 형과 명형(明兄 송준길)도 서로 운운한 바가 있었습니다. 매우 괴이하고 우스웠으나 해명하고자 하면 아이들 장난 같을 것이므로 그대로 받아들였을 뿐입니다. 저 사성의 의심이 또 어찌 괴이하겠습니까.

두 명의 첩은, 한 명도 이미 많은데 또다시 얻어서 두 명에 이른다면 이것도 운명이 기구한 소치이니 어찌 좋은 일이 있겠습니까. 회덕에 있을 때 여망(汝望 윤문거(尹文擧)) 영공(令公)을 만나 조용히 이틀을 지내고 파하였습니다.

16 전후의 여인 : 청천의 여인과 양서의 여인을 가리킨다.

17 남전(藍田) : 섬서성(陝西省)에 있는 고을 이름으로, 미옥(美玉)의 생산지로 유명하다.

18 무부(珷玞) : 옥과 같은 미석(美石)으로, 아름다운 옥이 아님을 뜻한다.

19 십금(十金) : 매우 적거나 많은 금전을 뜻하는 말인데, 여기서는 매우 완벽한 조건을 뜻한다.

20 병이……않겠습니까 : 권시(權諰)는 아들이 둘이나 있으므로 아들이 하나도 없는 송시열의 고통을 이해하지 못하는 것도 당연하다는 뜻이다. 사성은 권시의 자이다.

이태지에게 답함[21] 정해년(1647, 인조25) 3월 10일
答李泰之 丁亥三月十日

근심과 번뇌가 이와 같으니, 여러 형과 함께 의지하며 상의할 것을 생각하는 것이 어찌 굶주리고 목마른 정도일 뿐이겠습니까. 이러한 때에 갑자기 심부름꾼을 시켜 보낸 편지를 받고 십분 위안되었습니다. 다만 듣건대 형의 집에서 겪는 근심과 고통도 심히 가볍지 않다고 합니다. 두 집안의 운기(運氣)가 서로 연관된 것이 이와 같으니 괴이하고 한탄스럽습니다.

우리 집 종아이가 형에게서 와서 스스로 말하기를 "오는 도중에 이미 몸이 좋지 않았습니다." 하였는데, 며칠 동안은 과연 시령(時令 유행성 감기)과 흡사하더니 점점 고통스러워하다가 한 달 만에 죽었습니다. 이 종아이는 주인에게 충성을 다하는 정성이 있었으므로 더욱 참혹하고 가련하였으나 또한 마음에 두지 않았습니다. 얼마 안 되어 아내와 두 계집종이 일시에 앓아눕자 비로소 전염병인가 하는 의심이 들었습니다. 이 몸은 즉시 집을 나와 피하였으나 두 딸에게는 어머니를 간호할 것을 허락하였는데 증세가 매우 위중하여 속수무책으로 천명을 기다린 지 거의 5, 6일이 되었습니다. 명형(明兄 송준길)과 여망(汝望 윤문거(尹文擧)) 영공 덕분에 송리(宋里)에 와서 모여 의원을 찾아 약을 조제하여 한 사람 한 사람이 효험을 보아 어제저녁에 비로소 살아났으

21 이태지에게 답함 : 편차에 착오가 있는 듯하다. 시간순으로 배열하면 정해년 4월 29일에 보낸 편지 앞에 있어야 한다.

니, 이 마음이 자못 진정되었습니다.

윤생(尹甥 윤단(尹摶))이 와서 며칠 동안 지키고 있다가 돌아갔는데, 그의 처는 시아버지의 명으로 밖으로 나간 지 5, 6일이 되었으며, 지금은 정숙(靜叔 이태연(李泰淵))의 옛 별장으로 옮겨 보내어 그의 집으로 돌아가는 바탕으로 삼으려 합니다. 권녀(權女 권유(權惟)에게 시집간 딸)는 오늘 내보내려 합니다.

관가의 환곡이 비록 뜻대로 되지 않더라도 영동(永同)의 환곡으로 돕는다면 밥을 짓지 못하는 지경에는 이르지 않을 것입니다. 제가 오늘을 살펴보건대 증세가 과연 나아지고 있다는 것을 알았으니 서산(西山)에 가서 때때로 소식을 듣고 싶습니다. 두 딸이 만일 요행히 죽음을 면한다면 그대로 형이 있는 곳이나 명형에게 가기를 바랍니다.

희중(希仲 윤휴(尹鑴))은 안타깝게도 만나 보지 못하였습니다. 상사(喪事)를 주관하는 것에 대한 설은 저 사람도 경문(經文)을 위주로 하므로 타파할 수 없습니다. 다만 한 가지 설만 주장하여 여러 사람의 말을 모두 폐하고자 하니 또한 사리에 통달한 이론이 아닙니다.

강례(講禮)에 관한 가르침은 감히 가슴에 새기지 않겠습니까. 바야흐로 《서전(書傳)》을 겨우 반쯤 읽었는데, 삼가 저것을 그만두고 이것에 나아가야 마땅합니다. 《통해(通解)》는 일찍이 무중(武仲 유계(兪棨))의 편지를 보건대, 방백(方伯)이 주저하는 뜻이 있었다고 운운하였습니다. 매우 한탄스럽습니다.

이태지에게 보냄 정해년(1647, 인조25) 5월 20일

與李泰之 丁亥五月二十日

가뭄이 근래 혹심한데, 부모를 모시고 지내는 여러 근황이 어떠한지 살피지 못하여 그리워하는 마음을 놓지 못하고 있습니다.

저는 깊은 산속에 들어가자는 약속에 달려가고 싶은 지가 오래되었습니다. 문자를 올려보낸 뒤에 오랫동안 소식을 들은 바가 없어 이미 순조롭게 체차되었을 것으로 생각하였습니다. 그런데 오늘 아침 곧장 형이 있는 곳을 향하여 출발하려던 차에 정숙(靜叔 이태연(李泰淵))의 편지를 보고는 일이 요량한 바와 같지 않으리라는 것을 알았습니다. 어떤 지시를 내리셨는지 모르니 멀리 나가는 것은 편치 않으므로 방향을 바꾸고 인편을 찾아 곧바로 서산(西山)에 도착하여 적절하게 처리할 계획을 하였습니다. 거리를 계산해 보니 이곳이 중간이나 형이 있는 곳과 더욱 가깝습니다. 형이 이미 깊은 산속에 들어갔으나 부디 저를 위하여 자리를 거두고 와서 모여 아뢰어 청하는 일을 함께 마치시기를 바랍니다.

겸하여 예서(禮書)를 수십 일 강론한 뒤에 고삐를 나란히 하고 산으로 들어가 한 달을 머물 계획을 하는 것이 두 사람에게 합당한 듯하니, 속히 도모하시기를 바랍니다. 저의 책 상자 가운데에는 단지 《예기(禮記)》 한 부(部)뿐입니다. 형에게 예서를 읽으려는 뜻이 있다는 말을 들었기 때문입니다.

이태지에게 답함 정해년(1647, 인조25) 5월 26일

答李泰之 丁亥五月二十六日

백씨(伯氏 이유택(李惟澤))와 중씨(仲氏 이유부(李惟孚))께서 방문하시고 아울러 형의 답장까지 건네주시어 말씀하신 뜻을 잘 알았으니 매우 위안되었습니다. 다만 등나무 우거진 오솔길에서 기다렸으나 오지 않으셨으니 서운한 마음 어찌 끝이 있겠습니까. 저는 갑자기 학질에 걸렸는데 오늘 또 차례가 되었으니 말할 수 없이 민망하고 괴롭습니다.

성상의 비답이 그저께 내려왔는데 과연 전에 요량했던 것과 같았습니다. 이 뒤로 소장(疏狀)의 득실은 바야흐로 관망해야 합니다. 어제 이미 문장(文丈 김집(金集))께 여쭈었는데 하나를 선택하라는 말씀이 있는 듯합니다. 형도 인편을 통하여 가르쳐 주십시오.

이생(李生)이 멀리서 왔으니 참으로 부지런합니다. 저는 윤녀(尹女 윤단(尹摶)에게 시집간 딸)의 편지로 인하여 이미 산골길로 향하신 것을 알고 낭패를 당하실까 매우 염려하였는데, 편지를 받아 보고 서로 함께 있다는 것을 알았으니 매우 위로됩니다.

대저 이번 여름에는 함께 깊은 산속으로 들어가려는 계획을 반드시 실행하고 싶었는데, 제가 실로 기치를 세우고 중도에 그만두었으니 인사(人事)를 기약할 수 없는 것이 이와 같단 말입니까. 저에게도 따르는 아이들이 몇 명 있습니다만 형이 데려오는 아이들보다 절반을 줄여서 적게 이동하고 많이 성취하려는 계획을 백씨, 중씨와 도모하고 있으니, 계획은 마침내 이루어질 것입니다. 이만 줄입니다.

이태지에게 보냄 정해년(1647, 인조25) 7월 27일

與李泰之 丁亥七月二十七日

갈림길에서 작별하는 마음은 암담할 뿐만이 아니었습니다. 요즈음 부모님을 모시는 여러분의 기거가 진중하실 줄로 압니다. 저는 며칠 전부터 치통을 심하게 앓아서 밤낮없이 미친 사람처럼 울부짖고 있으나 오히려 낫지 않으니 너무나 답답하고 괴롭습니다. 스스로 생각건대 404가지 병[22] 중에서 오직 이 병에는 견줄 것이 없다고 생각합니다.

이곳 원역(院役)은 양식이 없어 하던 일을 멈추려 하므로 여러 사람이 귀군(貴郡)의 여러분에게 부탁하여 전주 부윤에게 전하여 알리게 하고자 하는데, 그곳의 여러분이 혹시라도 싫어하는 빛을 띠지 않겠습니까? 제 생각에는 퇴형(退兄 김수홍(金壽興))이 빨리 가면 양쪽 모두 편할 뿐만 아니라 일도 이루어질 것인데, 어떨지 모르겠습니다. 전주 부윤에게 형도 편지로 힘써 그것을 권하고, 통판(通判)에게도 이러한 뜻을 통지하는 것이 어떻겠습니까. 다음 달 10일 이후에 곧장 귀거(貴居)로 향하여 다 함께 연산(連山)으로 가면서 그때 무중(武仲 유계(兪棨))이 만약 있다면 마땅히 거기에서 하루를 보내려 하는데, 부디 가르침을 주시기를 바랍니다.

22 404가지 병 : 《근사록(近思錄)》 권4 〈존양류(存養類)〉에 나오는 정호(程顥)의 말이다. 사지(四肢) 백체(百體)가 사시(四時)에 걸리는 질병이라는 해석과 지수화풍(地水火風) 사대(四大)에 각각 101가지의 질병이 있기 때문이라는 해석이 있는데, 일반적으로 각종 질병을 말할 때 쓰는 표현이다.

별지

을유년(1645) 가을 석채(釋菜) 때 한장(韓丈)이 창언(倡言)하기를 "일찍이 영천 군수(永川郡守)가 되었을 적에 그곳에서는 우성(牛腥 생쇠고기)을 사용하였으니, 영남(嶺南)에서는 대체로 소를 씁니다. 이 고을은 물력이 풍부하지 않은 것이 아닌데 양과 돼지만 쓰니 구차한 듯합니다.……"라고 하여 변통해서 소를 썼습니다.

지금 《오례의(五禮儀)》의 그림을 상고해 보니, 양과 돼지 2조(俎)만 있습니다. 또 주(註)에 "문묘(文廟)에서는 성우(騂牛 붉은 소)로 대신하고 그 밖의 곳에서는 그렇게 하지 않는다."라고 하였습니다. 주자(朱子)의 《주현석전의(州縣釋奠儀)》[23]에서도 양과 돼지 2조만을 썼습니다. 그렇다면 이 고을에서 소를 쓰는 것은 잘못이 아니겠습니까. 비록 "거행하였으면 혹시라도 폐하지 말라."라는 말이 있기는 하지만 이처럼 대단히 온당하지 않다면 옛 제도를 도로 따르는 것은 이전의 일을 오로지 혁파하는 것에 비할 바가 아닙니다. 그러므로 이 고을 사람들이 옛일을 따르려는 뜻을 많이 가진 것입니다. 그러나 분명히 징험할 곳이 있으면 또한 그대로 두고자 합니다. 부디 밝게 가르쳐 주시는 것이 어떻겠습니까. 이러한 뜻은 고을 백성만 이와 같은 것이 아닙니다. 한번 혀를 잘못 굴리면 곧 좋지 않은 일이 생기니 부디 신중하게 하고 비밀리에 가르쳐 주십시오.

23 주현석전의(州縣釋奠儀) : 주희의 찬술로, 원제는 《소희주현석전의도(紹熙州縣釋奠儀圖)》이다. 남송(南宋) 소흥(紹興) 5년(1135)에 완성되었는데, 맨 앞에 관첩(官牒)이 있고 다음에 《석전의》의 주(注)가 있고 끝으로 〈예기도(禮器圖)〉가 있다.

이태지에게 답함 기축년(1649, 효종 즉위년) 5월 24일
答李泰之 己丑五月二十四日

답장을 받고 또 더위와 장마 속에서 부모님을 모시는 기거가 즐거우심을 알았으니 기쁘고 위로되는 마음 실로 깊습니다. 우리가 낭패를 본 것은 똑같으나 또한 춥고 따뜻함은 스스로 압니다.[24] 제 생각에 국상(國喪)의 곡반(哭班)에 달려가는 일은 혹시 때에 맞춰 이를 수도 있을 것으로 여깁니다. 그렇다고 해서 이것을 되레 출처(出處)에 관한 말로 여겨 뒤섞어서 한가지로 해서는 안 될 듯합니다.

오늘날의 출사(出仕)는 실로 심상한 일이 아닙니다. 스스로 헤아려 볼 때 터럭만큼의 기력으로 시사(時事)를 도울 수 있겠습니까. 지금 결정한 바는 이와 같은 데에 지나지 않습니다. 부디 외성(外城)[25]에 이르러 헤아려 보고 가르쳐 주시기를 지극히 바랍니다. 저는 말과 시종이 모두 부족하여 갈 수가 없습니다. 돌아가시는 길에 혹 길을 돌아서 이곳에 왕림하시어 직접 저와 만나 의논하고 산골길을 따라 구불구불 가시기를 실로 간절히 바랍니다.

○ 명보(明甫 송준길)는 전날 부임했던 일 때문에 지금 부임하지 않을 수 없습니다. 전날에 혹 잘못을 면하지 못하였다면 어찌 이에 근거

24 춥고……압니다 : 경우에 따라 술을 차갑게 마시기도 하고 따뜻하게 데워서 마시기도 함을 가지고, 세상에 나가 벼슬하고 숨어 은둔함은 본인의 뜻에 따라 결정되는 것임을 말한 것이다. 몽산(蒙山) 도명 선사(道明禪師)의 "예컨대 사람이 물을 마심에 차고 따뜻함은 절로 아는 것이다."라고 하였다. 《景德傳燈錄 袁州蒙山道明禪師》

25 외성(外城) : 연산(連山)으로, 김집(金集)이 거주하는 곳을 가리킨다.

하여 잘못인 줄 알면서 잘못을 범할 수 있겠습니까. 만약 이 논의와 같다면 이는 사람에게 어제는 그르고 오늘은 옳다는 깨달음이 없는 것이니, 어찌 이치에 맞겠습니까. 형도 이러한 논의를 하시니 이해할 수 없습니다. 오직 오늘의 출사만이 반드시 세상일과 도를 모두 담당해 낼 수 있습니다.

이태지에게 보냄 경인년(1650, 효종1) 1월 27일

與李泰之 庚寅元月二十七日

새로 부임한 수령의 행차에 간략하게 편지를 올렸는데, 이미 살펴보셨습니까? 이곳에는 말할 만한 것이 없습니다. 신재(愼齋 김집(金集))께서 가신 뒤에는 더욱 분열되었습니다. 그저께 우상(右相 김육(金堉))이 체차되었는데, 그의 여덟 번째 상소에 후회하는 뜻이 많이 있었으나 그의 실언은 애석합니다.

저는 사직 단자를 어제저녁에야 비로소 들였으니 내일쯤 마땅히 결단하여 떠날 것입니다. 그러나 상께서 그저께 사사로이 은의(恩意)를 주셨는데, 혹시라도 놓아 보내지 않으신다면 매우 낭패입니다. 그러나 문자 사이에서는 오히려 임의대로 하라고 허락하시어 오히려 마음을 안정시킬 수 있었으니 놀란 오리 같은 정도에는 이르지 않았습니다.

조 판서(趙判書 조경(趙絅))가 대사헌이 되자 피혐하고 나가더니 지금 또 상소를 올렸다고 합니다. 윤령(胤令 조석윤(趙錫胤))은 부제학이 되었지만, 이미 금천(衿川)의 별장으로 나가서 승지에 임명하는 명에 나아가지 않았는데 지금 어찌 나올 수 있겠습니까.

생각건대 백옥(伯玉)이 저에 대하여 하는 말이 자못 준엄하고 연석에서 또 우상을 공격하여[26] 이 때문에 시비가 분분한데, 장차 어떻게

26 백옥(伯玉)이……공격하여 : 백옥은 김시진(金始振)의 자이다. 그는 지평으로서 효종에게, 송시열 등이 악을 미워하고 선을 선양하였기 때문에 헐뜯는 말이 많은데 우의정이 그들을 지나치게 공박하여 배척하였다고 아뢰었다. 《孝宗實錄 1年 1月 24日》

결말이 날지 모르겠습니다.

석야(石爺)께서 장차 내달 초에는 나가시려 하니,[27] 이후로는 더욱 수습하기 어려울 것입니다. 호형(濠兄 송준길(宋浚吉))의 사직 상소는 어찌하여 지금까지 오지 않았습니까? 송형(松兄 김경여(金慶餘))의 집은 이미 전염병이 깨끗해졌습니까?

27 석야(石爺)께서……하니 : 석야는 김상헌(金尙憲)을 가리킨다. 김상헌은 영돈녕부사로서 차자를 올려 자신에게 감내할 수 없는 큰 질병이 있고 또한 조정이 크게 어려운 형세를 만났으므로 늙은 자신은 물러가겠다는 뜻을 밝혔다.《孝宗實錄 1年 1月 22日》

이태지에게 답함 경인년(1650, 효종1) 3월 10일
答李泰之 庚寅三月十日

8일에 보내신 몇 줄의 편지는 족히 작별한 뒤의 얼굴을 대하는 듯하였으니 기쁘고 위안되는 마음 한량없습니다. 저는 병이 아직 차도를 보이지 않으니 이는 박힌 뿌리가 깊으므로 잎이 더디 지는 것과 같기 때문입니다.

도료(度遼)[28] 같은 이와 함께 하는 것을 형은 스스로 자랑하더라도 하늘이 그를 아껴 남겨 두지 않는 것은 어찌하시렵니까. 김진수(金震粹 김경여(金慶餘)의 아들)가 그 부친에게 올린 편지에서, 아추(兒酋)가 상(上)의 사위가 되기를 몹시 바라고[29] 자전(慈殿)께서 궁으로 돌아오실 때 세 아이[30]가 방환되었으며, 안철(安澈)의 논계는 모두 죄안(罪案)이

28 도료(度遼) : 도료장군(度遼將軍)으로, 후한의 장수 황보규(皇甫規)를 가리킨다. 그는 강(羌)을 정벌한 공을 인정받아 도료장군에 올랐다. 환제(桓帝) 때 당고(黨錮)의 화가 일어나 진번(陳蕃), 이응(李膺) 등 당대의 명현들이 다수 체포되었는데 황보규는 이에 연루되지 않았다. 그는 이를 수치스럽게 여겨 스스로 상언하기를 "신이 지난번에 고 대사농(大司農) 장환(張奐)을 천거한 것은 곧 신이 당(黨)을 붙좇은 것이요, 또 옛날 신을 좌교(左校)로 좌천시킬 것을 논할 때 태학생 장봉(張鳳) 등이 글을 올려 신을 변호해 준 것은 바로 당인(黨人)들이 신을 붙좇은 것이었으니, 의당 신도 이 당옥에 연좌되어야 합니다." 하였다. 그러나 조정에서는 이를 불문에 부쳤다고 한다. 《後漢書 皇甫規列傳》

29 아추(兒酋)가……바라고 : 청 태조의 열넷째 아들인 예친왕(睿親王) 다이곤(多爾袞)이 사사로이 편지를 보내어 조선의 공주와 결혼하기를 청한 일을 가리킨다.

30 세 아이 : 소현세자(昭顯世子)의 자식들을 가리킨다.

되었으며,[31] 안철의 일은 윤령(胤令 조석윤(趙錫胤))이 담당한다고 하였습니다. 여휴(汝休 이상일(李尙逸))의 편지에 "계방(季方)[32]의 말은 혹 지나치게 염려하였다."라고 하였고, 계방은 이번 편지에서 "낙흉(洛兇)[33]은 틀림없이 이 정도에서 그치지 않을 것이다."라고 하였는데, 이 말은 일리가 있는 듯합니다. 바야흐로 또 "형장(馨長)[34]이 '김 판서(金判書 김집(金集))를 위하여 도모할 만한 형세가 있다.'라고 하였는데, 이는 공허하고 과장된 말이나 사람들이 믿으니 가소롭다."라고 하였습니다. 상당(上黨)이 사직에 관한 논의를 힘껏 주장하고[35] 또 연양(延陽 이시백(李時白))에게 말하기를 "양송(兩宋)이 이미 저들의 입에

31 안철(安澈)의……되었으며 : 안철이 일찍이 병사(兵使)를 지낼 적에 탐오(貪汚)하다는 지목을 받았으나 총관(摠管)의 낙점을 받은 것처럼 꾸며 논계를 발하였는데, 그것이 나중에 도리어 죄목이 되었다는 뜻이다. 안철은 김자점(金自點)의 손자인 김세룡과 함께 1651년 12월에 반역을 모의하여 인조의 후궁 조씨의 소생인 숭선군(崇善君) 이징(李澂)을 추대하였으나 발각되어 처형당했다. 《孝宗實錄 2年 12月 16日, 17日》

32 계방(季方) : 임의백(任義伯)의 자로, 그는 일찍이 홍무적(洪茂績)과 함께 김자점과 그의 당여를 탄핵하다가 배척받은 일이 있었다.

33 낙흉(洛兇) : '흉악한 김자점'을 뜻한다. 그의 훈호(勳號)가 낙흥(洛興)이기 때문에 이렇게 부른 것이다.

34 형장(馨長) : 이형장(李馨長)으로, 본래 군관이었으나 1629년(인조7) 청나라에 국서를 가지고 갈 인물로 발탁됨으로써 역관으로 활약하였다. 1641년에는 통정대부에 올랐다. 그 뒤 상급 역관인 정명수(鄭命壽)가 청나라 세력을 믿고 조선에서 권세를 부려 조정에 물의를 빚자 그 수하로서 원성을 샀다. 1651년 신면(申冕)의 역모 사건이 청나라를 배후로 하였다는 고변이 있었는데 그 중재인으로 지목되어 참형을 당하였다.

35 상당(上黨)이……주장하고 : 상당은 한씨(韓氏) 성을 가진 사람을 가리키고 사직은 사직동(社稷洞)에 거주하는 사람을 가리키는 듯한데, 모두 자세하지 않다. 《宋子大全隨箚 卷4》

올랐다." 하였습니다. 이는 반드시 은밀히 아뢰어야 하므로 우선 편안히 앉아 있는 것입니다. 성에 들어가서 다시 제출하고 즉시 올라갈 것입니다. 석실(石室 김상헌(金尙憲))에서 온 편지에 "얼핏 듣건대 첩황(貼黃)[36]한 상소가 또한 이미 멀리 퍼져 있어 할 수 있는 일이 없다 하니, 마음을 썩인들 어찌하겠는가."라고 하였습니다.

심령(深令 이후원(李厚源))이 전에 보낸 편지에서는 계방의 계획을 우활하다고 여겼는데, 이번의 편지에서는 그 벗어나기 어려움을 곧바로 염려하였으니, 대체로 모두 하늘의 뜻입니다. 자정(自靖)하는 것 이외에 다시 무슨 일을 할 수 있겠습니까. 서쪽으로 올라가실 때 만약 멀리 왕림해 주신다면 가르침을 받들 수 있을 것입니다. 병이 고통스러워 이만 줄입니다.

36 첩황(貼黃) : 임금의 은미한 과실, 국가 기밀에 관련된 일, 궁중에 관련된 중요한 일 등을 아뢸 때 타인이 볼 수 없도록 밀봉하고 서명하여 올리는 글로, 노란 종이를 사용하므로 이렇게 칭한다.

이태지에게 보냄

與李泰之

저는 내려오자마자 면종(面腫)을 앓아 현재 생사를 넘나들고 있으나 한스러울 것이 없습니다. 어제 문숙(文叔 김홍욱(金弘郁)) 등 여러 사람의 편지를 얻어 보니 "오랑캐의 차사(差使)가 여섯 차례 나온 것은 논의를 견지하는 한두 사람 때문이 아니다. 생각건대 고려조 충혜왕(忠惠王)과 충선왕(忠宣王)의 일[37]과 같아 명약관화(明若觀火)하나 조정에서는 근심할 줄 모르고 성상께서는 고립되어 어떻게 해야 할지 모르신다. 모름지기 우리가 힘을 다해서 청로(淸老 김상헌(金尙憲))께 차자 한 통을 올리도록 간곡하게 부탁하여 성상께서 존망의 기틀이 일거에 결정되는 것을 분명히 아시게 한다면 만에 하나라도 희망이 있게 될 것이다.……"라고 하였습니다. 이것은 청문(靑門)의 늙은 역적[38]이 말한 것입니다.

어제 병을 무릅쓰고 청로께 올릴 편지의 초안을 잡아 명보(明甫 송준길)에게 써서 보냈는데, 청로의 판단을 회답해 줄 수 있을지 모르겠습니다. 형이 이런 때에 소견이 있으면 즉시 청옹(淸翁 김상헌)이나 붕우(朋友)에게 고하는 것이 어떻겠습니까. 얼굴이 솥뚜껑처럼 부어 눈을 겨우 실낱처럼밖에 못 떠 자획을 읽지 못할 것 같으니 양해해 주십시오.

37 충혜왕(忠惠王)과 충선왕(忠宣王)의 일 : 고려 충혜왕과 충선왕이 원나라에 잡히거나 구속받은 일을 가리킨다.

38 청문(靑門)의 늙은 역적 : 김자점을 가리킨다.

오랑캐가 먼저 우리나라로 하여금 세폐(歲幣)를 면제하고 쌀을 봉성(鳳城)에 운반하게 하였으니,[39] 장차 대군(大軍)을 거느리고 올 것이며 그렇게 한 뒤에 흉계를 행할 것이라고 합니다.

병든 몸으로 억지로 이 편지를 쓰자니 병이 더욱 심해지는 줄을 잘 알면서도 서울 소식을 듣고부터는 통곡을 견디지 못하였습니다. -결락-

39 오랑캐가……하였으니 : 청나라의 섭왕(攝王)이 조선의 목화가 흉작이어서 무명베를 준비하기가 곤란하다는 말을 듣고 무명베 대신 쌀을 봉성으로 운반하게 하였다. 《孝宗實錄 1年 2月 8日》

이태지에게 보냄 경인년(1650, 효종1) 3월 22일

與李泰之 庚寅三月二十二日

봄 날씨가 음산하여 사람들이 모두 재채기를 하는데 부모님을 모시며 학문하는 안부가 좋으신지 모르겠습니다. 저는 필(弼 신익륭(申翊隆))의 약을 복용하고 대략 안정될 기미가 있었는데, 갑자기 이렇게 서늘한 바람이 부니 비록 두문불출하고 있으나 오히려 부들부들 떨립니다.

이리 같은 무리가 철수하고 돌아갔다고 하는데,[40] 저들의 생각이 처음부터 이 정도에서 중지하려고 했던 것입니까, 아니면 여러 공(公)이 심력을 많이 쏟은 것입니까?

전에 보내신 편지에서 허공에 글씨를 쓰는 것[41]을 나무라셨는데, 잊고 답장하지 못하였으니 어찌 가림(嘉林)[42]을 두고 한 말이 아니겠습니까. 제 생각에 이 벗은 깨끗하면서도 슬퍼하지 않을 수 있는데[43] 어찌

40 이리……하는데 : 청나라 사신이 본국으로 돌아간 것을 말한다. 《孝宗實錄 1年 3月 18日》

41 허공에……것 : 좌천당하여 억울해하는 것을 뜻한다. 진(晉)나라 때 중군장군(中軍將軍) 은호(殷浩)가 참소를 입고 신안(信安)으로 유배되었으나 낯빛이나 언어에 원망의 뜻을 드러내지 않은 채 종일 허공에 글씨를 썼는데 "쯧쯧, 괴이한 일이로다."라는 뜻인 '돌돌괴사(咄咄怪事)' 넉 자였다고 한다. 《世說新語 黜免》

42 가림(嘉林) : 충청도 임천(林川)의 옛 이름으로, 가림에 살았던 시남(市南) 유계(兪棨)를 가리킨다. 이산(尼山)과 가까운 거리에 있다.

43 깨끗하면서도……있는데 : 재주와 쓰임이 있으나 등용되지 못해도 슬퍼하지 않는다는 뜻이다. 《주역》 〈정괘(井卦) 구삼(九三)〉에 "우물이 깨끗한데도 먹어 주지 아니하여 내 마음이 슬퍼진다."라고 하였는데, 정이(程頤)의 전(傳)에 "재주와 쓰임이 있어

쯧쯧 혀를 차는 지경에 이르겠습니까.

부본(副本)은 불태우지 않고 제관(濟館)[44]에서 오자마자 이미 은밀히 간직하였습니다. 이만 줄입니다.

시행함에 간절하나 그 쓰임을 얻지 못한 것이니, 우물을 치우고 다스려 청결하나 먹어주지 아니하여 마음이 슬퍼지는 것과 같은 것이다." 하였다.

44 제관(濟館) : 금산(錦山)의 속역인 제원역(濟原驛)의 우관(郵館)을 가리키는 듯하다.

이태지에게 답함 을미년(1655, 효종6) 7월 29일
答李泰之 乙未七月二十九日

연이어 은혜로운 서찰을 받았으니 위로되는 마음이 어찌 끝이 있겠습니까. 이곳의 산사(山事)[45]는 이제 와서 비로소 예전의 가르침과 신문(新門)[46]의 이야기를 생각하게 되었습니다. 집안의 의론은 우선 선영에 부묘(祔廟)하는 것으로 정하되, 발인은 다음 달 16일로 잡고 하관은 26일에 하기로 하였습니다. 그러나 발인과 절사(節祀)가 서로 겹치므로 혹 조금 물리고자 합니다.

명산(鳴山)은 아직도 상의하는 중이나 만약 장사를 지낸 뒤에 취사(取捨)를 결정한다면 그전까지 형의 집에서는 속수무책으로 기다려서는 안 됩니다. 그러므로 가형(家兄)이 이미 성공(成公)[47]을 놓치고 오늘 아침에는 이청규(李淸圭)를 보기 위해 나갔으니, 비록 장사 지내기 전에라도 취사를 결정할 수 있을 것입니다. 그러나 이것을 만약 끝내 저희 집에서 쓴다면 형의 집에서 오직 이 땅만을 믿다가는 형세가 매우 낭패스러울 것이니, 모름지기 미리 다른 곳도 준비해 두는 계책을 세워야 하므로 홍룡(興龍)을 완전히 버려서는 안 됩니다. 일찍이 듣건대

45 산사(山事) : 송시열은 1655년 3월에 모친상을 당하고 8월에 옥천(沃川) 월이동(月伊洞)에 장사 지냈다. 《宋子大全 附錄 卷2 年譜》

46 신문(新門) : 창주(滄洲) 김익희(金益熙)를 가리키는 듯하다. 《宋子大全隨箚 卷3》

47 성공(成公) : 지관(地官)인 듯하다. 뒤에 나오는 이청규도 지관인 듯하다. 《宋子大全隨箚 卷4》

오정(吳井)[48] 주변 민가 뒤쪽이 자못 좋다고 하니, 또한 주선하는 것이 어떻겠습니까. 이와 같은 일은 많이 있어도 싫증 나지 않습니다.

저의 병이 진실로 가볍지 않지만, 어찌 변고에 대처하는 막중한 일을 갑자기 의논하여 불효의 죄를 무겁게 할 수 있겠습니까. 그러나 이것은 스스로 헤아려 볼 수 있습니다. 부디 고모께서 매우 걱정하며 생각하고 계시니 놀라고 애통한 마음을 조금이라도 편안하게 해 드리는 것이 어떻겠습니까. 할 말이 매우 많은데 마침 나생(羅生)이 가는 편에 병을 무릅쓰고 겨우 씁니다.

48 오정(吳井) : 충청도 회덕(懷德)에 있는 지명이다.

이태지에게 답함 을미년(1655, 효종6) 8월 5일

答李泰之 乙未八月五日

이곳은 괴로운 일과 기쁜 일이 들쭉날쭉한데 답장을 빨리 하지 못하여 매우 안타까웠습니다. 바야흐로 막냇동생[49]을 기다리고 있는데 오늘 상주(尙州)에서 돌아왔습니다. 내일 조카를 보내어 찾아뵙게 하려 했는데 전팽(耑伻)[50]이 갑자기 이르러, 다소의 말씀하신 뜻을 대략 알았으니 감사한 마음 그지없습니다.

이사(李師)[51]는 가형(家兄 송시묵(宋時默))이 다행히 불러와서 청(靑)과 옥(沃)을 간신히 가서 보았는데, 자식의 병 때문에 지레 돌아가 버렸으니 어찌하겠습니까. 어제 막냇동생을 성문(成門)에 보내어 그와 상의하게 하였으니, 그가 돌아오면 마땅히 일정한 계책이 있을 것입니다.

흥산(興山)에 대하여는 일찍이 그곳을 버려두겠다는 뜻을 알려 드렸고, 명촌(鳴村)을 버려두는 것도 십중팔구이니, 두 집안이 손에 넣은 것이 단지 이와 같을 뿐입니다. 다만 이곳들을 버려둔 뒤에 형의 집에서도 바깥의 의론에 흔들려 저의 집처럼 낭패를 당할까 두렵습니다.

이사가 구산(舊山) 뒤쪽 멀지 않은 곳에서 한 자리를 보았는데, 자정(子精 김익련(金益煉))과 반공(潘公)이 일찍이 모두 칭찬하였던 곳입니

49 막냇동생 : 송시열의 막냇동생 송시걸(宋時杰)을 말한다.

50 전팽(耑伻) : 직접 편지를 전달하기 위해 고용한 심부름꾼이다.

51 이사(李師) : 지관 이청규(李淸圭)를 가리키는 듯하다.

다. 우선 이곳에 임시로 모셔 두고자 하는데, 성문의 의론이 어떠할지 모르겠습니다. 또한 막냇동생이 돌아오기를 기다릴 뿐입니다.

저의 집안에서 취사(取捨)하는 권한은 오로지 가형에게 있으니 막냇동생이 어찌 감히 참여할 수 있겠습니까. 그가 전에 한 말은 또한 희언(戲言)일 뿐입니다.

이태지에게 보냄 을미년(1655, 효종6) 8월 10일

與李泰之 乙未八月十日

전에 보낸 편지는 받아 보셨습니까? 이곳의 합장에 관한 논의는 장자(長者)의 경계로 중지하였고, 우선 그 뒤에 이른바 월이곡(月伊谷)[52]의 계책을 써서 드디어 날짜를 정하였습니다. 처음에는 성 비장(成裨將)에게서 택일하여 9월 14일 술시(戌時)로 하였는데 또한 주자(朱子)의 '10월 모일 유시(酉時)'의 고사를 인용하여 증거로 삼았습니다. 그러나 아직 그런 말이 나오는 출처를 보지 못하였으므로 감히 따르지 못하였습니다. 다시 점쳐 이달 30일 사시(巳時)로 정하였는데 발인이 19일입니다. 기일이 갑자기 당겨져 모든 일이 엉성하니 답답합니다.

저는 정신이 거칠고 혼미한 중에 병으로 생각이 울적한데, 두 아우가 일 때문에 나가서 함께 처리할 사람이 없어 애써 처리하였으니 또한 어그러진 점이 많습니다. 바라건대 형이 일찍 와서 일에 따라 가르침을 주시어 낭패를 면하게 해 주십시오.

조완배(趙完培) 등 여러 사람에게 형이 이장하는 기일을 전하여 알려 주시는 것이 어떻겠습니까. 윤령(胤令)은 어찌하여 갑자기 이 지경에 이르렀습니까.[53] 살아날 가망이 더욱 없으니 어쩌면 좋단 말입니까.

52 월이곡(月伊谷) : 송시열의 모친 선산 곽씨(善山郭氏)의 묘가 있는 옥천 월이동(月伊洞)을 가리킨다. 《宋子大全 附錄 卷2 年譜》

53 윤령(胤令)은……이르렀습니까 : 조석윤(趙錫胤)이 죽게 된 것을 말한다. 조석윤은 이달 30일에 사망하였다. 《孝宗實錄 6年 8月 30日》

호가(濠家)의 장사(葬事)[54]는 명산(鳴山)과 흥산(興山)을 벗어나지 않으면 좋을 것입니다. 이만 줄입니다.

54 호가(濠家)의 장사(葬事) : 송준길이 1655년에 아내의 상사를 당하여 공주 명탄(鳴灘)에 장사 지낸 것을 가리킨다.

이태지에게 답함 을미년(1655, 효종6) 11월 27일

答李泰之 乙未十一月二十七日

아침에 보낸 편지가 미처 도달하지 않았을 터인데, 황생(黃生)이 돌아오는 편에 삼가 편지를 받았습니다. 공경히 부모님을 모시고 지내는 생활이 편안하심을 알았으니 위로되는 마음을 견딜 수 없습니다.

장지는 아직 지적한 곳이 없고, 막냇동생의 남행(南行)도 허사가 되어 버렸으며, 어제 또 고개를 넘어 성사(成師)에게 나아갔는데 또한 그를 오게 할 수 있을지 모르겠습니다. 밤낮으로 슬피 통곡하니 차라리 빨리 죽느니만 못합니다.

아침에 보낸 편지는 보은(報恩)의 안장(安丈)에게 즉시 혼사를 알렸으나 이렇게 오래도록 답장이 없으므로 어제 그의 아들을 보내어 사정을 물어 오게 하였는데, 답장이 원암(元巖)[55]에서 지체되어 그렇게 된 것이었습니다. 속히 편지를 써서 양생(梁生)에게 부탁하여 급히 고하게 하고, 안장의 편지도 함께 보냈습니다. 부디 흑백을 밝게 보여 주시고 혹 저쪽에 심부름꾼을 보내 주시는 것이 어떻겠습니까.

말씀하신 명방(鳴謗)[56]은 일찍이 뜻밖이었으니 무슨 일이 어떻게 일

55 원암(元巖) : 보은에 있는 지명이다. 송시열의 막내아우 송시걸의 집이 그곳에 있었다.

56 명방(鳴謗) : 이유태가 1655년 11월에 송시열에게 보낸 편지에서, 송시걸이 명산(鳴山)의 장지에 들르면서 송준길을 만나 보지 않아 송준길이 의아하게 생각하도록 하였다고 지적한 것을 말한다.《草廬集 卷12 與宋英甫書(乙未十一月)》 송시열은 이해 3월에 모친상을 당하였다.

어났는지 모르겠습니다. 부디 자세히 보여 주시어 반성하게 하는 것이 어떻겠습니까.

영동(永同)의 일은 대단치 않습니다. 젊은 사람들이 일을 할 적에 제대로 살피지 못하여 영동 백성에게 비방을 받고 그 여파가 수령에게까지 미쳤는데, 수령은 일이 이와 같이 된 것을 한스러워하면서도 신중하게 고려하지 못하고 지나치게 포악한 행동을 하였던 것입니다. 이후로 사단(事端)이 사라지면 사라질 것이고 사라지지 않으면 사라지지 않을 것입니다.

사형(沙兄)[57]이 매우 융숭한 비답을 받았으니 낭패가 염려됩니다. 일찍이 형의 설이 어떠한가를 물었더니, 일찍이 듣지 못했다고 답하였습니다. 미처 그와 상의하지 못했습니까? 이만 줄입니다.

57 사형(沙兄) : 송준길이다. 그가 향리인 송촌(宋村)을 떠나 선영이 있는 사산(沙山)에 있었기 때문에 이렇게 부른 것이다.

이태지에게 답함 을미년(1655, 효종6) 12월 28일

答李泰之 乙未十二月二十八日

보내신 편지를 연이어 받으니 위로되고 감사하는 마음 그지없습니다. 자세히 가르쳐 주신 것은 삼가 잘 알았습니다. 그러나 성덕(成德)을 풍자한 것에는 그다지 감복하지 못하겠습니다. -결락-

위(衛)나라 군주에 대한 물음에 자공(子貢)이 스스로 대답하지 않고 공자(孔子)에게 여쭈어 "무엇을 원망하였겠는가."라는 가르침을 얻은 뒤에 하지 않으시리라는 것을 알았습니다.[58] 그러나 당시에 공자에게 책임을 미루었다고 자공을 의심한 자는 없었습니다. 이전의 편지는 비록 기억하지 못하나 -결락- 이것은 참된 마음이 드러난 것입니다. 호(濠 송준길(宋浚吉))의 대답은 어떠한지 모르겠습니다. 어제 호의 편지를 얻어 보니, 민복(閔服)에 곡절이 있어[59] 스승의 설을 가볍게 논의

58 위(衛)나라……알았습니다 : 위나라 괴외(蒯聵)와 출공 첩(出公輒) 사이의 권력 투쟁에 공자가 개입할지를 궁금해하던 염유를 대신해 자공이 "백이와 숙제가 어떤 사람입니까?"라고 공자에게 물었다. 공자가 "인을 추구하다 인을 얻었으니 또 무엇을 원망하였겠는가."라고 대답하자, 자공은 나가서 "선생님께서는 하지 않으실 것이다."라고 하였다.《論語 述而》

59 민복(閔服)에 곡절이 있어 : 곡절은 대략 다음과 같다. 민재문(閔在汶)은 둘째 아들 민여질(閔汝耋)이 일찍 죽자 첫째 아들 민여기(閔汝耆)의 아들 아무개를 그의 후사로 삼도록 명하였는데, 미처 관에 고하지 못하였다. 아무개는 민여질의 삼년복을 입고 신주에 '자(子)'라 썼는데, 갑자기 본생모(本生母)의 상을 만났다. 이유태(李惟泰)가 "이미 관에 고하지 않았으니 민여질의 자식이 되지 못한 것이다. 아무개는 마땅히 본생모의 삼년복을 입어야 한다."라고 하였다. 윤선거(尹宣擧)가 이유태의 이 말을 김집(金

할 수 없다고 하였는데, 이른바 곡절이 무엇인지 모르겠습니다.

이장(李丈)의 질문은 성인(聖人)의 가법(家法)이 아닌 듯합니다. 비록 이해(利害)를 가지고 말하더라도 질문하는 것이 질문하지 않는 것만 못한데, 형은 무엇 때문에 찬찬히 살피고 천천히 좇으면서 그치려고 하나 그치지 못합니까? 삼달존(三達尊)을 겸한 분이 젖내 나는 어린이와 더불어 언근(言根)을 논쟁하는 경우가 어디에 있겠습니까. 제 생각에는 단연코 '비록 그것을 물리치고 듣기를 마치 듣지 못하는 것처럼 하더라도 괜찮다.'라고 여기는데, 어떻습니까?

나머지는 정신이 매우 거칠고 혼미하여 이만 줄입니다.

集)에게 고하며 "대륜(大倫)을 어지럽혔다."라고 하니, 김집이 그렇다고 하였다. 《宋子大全 卷43 答李靜叔》《宋子大全隨箚 卷4》

이태지에게 보냄
與李泰之

저녁 등불 아래 편지를 썼는데, 조만간 받아 보실 것으로 생각됩니다. 방금 체편(褫便)으로 길보(吉甫 윤선거(尹宣擧))의 편지를 얻어 보니, 도성에 들어가 상소 올리는 것을 득으로 여기고 형이 전에 말씀하신 것을 따르기 어려운 것으로 여겼습니다. 이 새로운 규례를 만들어 사람으로 하여금 알 수 없게 하는데, 의리는 무궁하고 저의 마음은 어둡고 막혔으니 어찌해야 좋을지 모르겠습니다. 부디 한마디 말씀으로 득실을 분명하게 알려 주어 이 어두움을 열어 주십시오. 아울러 사산(沙山 송준길)의 의리를 세세하게 논해 주신다면 더욱 다행스럽겠습니다. 이만 줄입니다.

이태지에게 답함 병신년(1656, 효종7) 1월 21일

答李泰之 丙申正月二十一日

전에 보내신 편지를 아직 보지 못하였는데, 방금 특별히 보내 주신 편지를 받았습니다. 삼가 부모님을 모시며 지내는 기거가 편안하심을 알았으니 위로되는 마음 한량없습니다. 고애자(孤哀子)는 구차하게 살아 지금에 이르렀는데, 초기일(初忌日)이 단지 40여 일밖에 남지 않아 울부짖으며 그리워하는 마음이 더욱 늘어나니, 누구와 더불어 호소하겠습니까.

두 동생이 월초에 고개를 넘어 10여 일을 머물다가 16일에야 비로소 성공(成公)을 만나 청주(淸州)의 선영(先塋)으로 나아갔는데, 근일에 길을 빙 돌아서 회덕을 경유하여 돌아갈 것입니다.

말씀하신 혼사에 대하여는 별지로 보고하였습니다. 아무개 벗이 어떻게 답하였습니까? 저는 감히 말할 수 없습니다. 단지 바라건대 여러 형이 정성을 다해 서로 가르쳐 주기를 마치 회옹(晦翁)이 이성보(李誠父)의 처세를 절대로 방관하지 않았던 것[60]처럼 해 주십시오.

여공(驪公 윤휴(尹鑴))이 유(柳)에게 머문 지 오래인데 어찌 서로 보지 않았겠습니까. 이산(尼山)의 젊은이가 들러 자고 가며 한두 가지를 전하였는데, 그 말이 더욱 새롭고 기이합니다. 대개 주자(朱子)의

60 회옹(晦翁)이……것 : 이성보는 주희의 스승인 연평(延平) 이동(李侗)의 아들 이신보(李信甫)로, 성보는 그의 자이다. 주희가 이신보의 처세에 대하여 경계했던 일을 가리킨다. 《晦菴集 卷28 與李誠父書》《宋子大全隨箚 卷6》

《시경》 해석이 본지(本旨)를 잃었다고 했다 하니, 매우 놀랍고 괴이합니다. 그 말이 더욱 기이하여 사람을 더욱 많이 그르쳤는데, 누가 홍수의 책임[61]을 감당해야 할지 모르겠으니 한탄스럽습니다.

최(崔)의 소식을 밤낮으로 기다리다가 지금 보내신 편지를 받으니 근심스럽고 답답한 마음이 어떻겠습니까. 이산 가문의 교하(交河) 선영(先塋)이 이롭지 못하여 최를 데리고 이산에 도착할 것이라고 하던데, 또한 과연 그러한지 모르겠습니다. 이만 줄입니다.

61 홍수의 책임 : 우(禹) 임금이 홍수를 막아 천하가 태평해졌듯이 이단을 물리쳐 도학(道學)을 바로 세우는 책임을 뜻한다. 《맹자》 〈등문공 하(滕文公下)〉에 "옛날 우 임금이 홍수를 억제하여 다스리자 천하가 태평하였고, 주공(周公)이 이적(夷狄)을 겸병(兼倂)하고 맹수를 몰아내자 백성들이 편안하였다."라고 하였다.

이태지에게 답함 병신년(1656, 효종7) 2월 1일

答李泰之 丙申二月一日

연이어 편지를 받으니 위안되고도 감사합니다. 선친의 묘갈(墓碣)은 지난번 인편으로 이미 상세히 여쭈었는데 다시 함장(函丈)이 기록한 것을 대략 한두 군데 표시하여 올립니다.

지난번 편지에서 하문하신 "아무개 벗, 이성보(李誠父)……"에 대해서는 잊고 미처 보고하지 못했으니 한스럽습니다. 이른바 아무개 벗은 보내신 편지에서 태학사(太學士)를 걱정하셨으므로 한만하게 언급했을 뿐입니다. 이른바 이성보는 회옹(晦翁 주희(朱熹)) 부자(夫子)께서 정성스럽게 지킨, 연평(延平)의 아들입니다. 형이 아무개 벗과 서로 권면하고 가르치기를 마치 회옹이 이성보에게 했던 것처럼 하기를 바랐을 뿐입니다. 지난번 편지에서 말뜻이 분명하지 않아 번거롭게 의심하시게까지 하였으니 황송합니다.

이태지에게 보냄

與李泰之

일찍이 유정민(柳定民)을 보고 귀동(貴東)의 묏자리에 대해 물으니 매우 칭찬하였습니다. 사제(舍弟)가 형에게 들은 것과는 절로 다릅니다. 대개 그 땅은 그다지 웅장하지 않으나 다만 문명(文明)을 감추고 있는 것이 다른 곳과 다르고 또한 대단한 결점이 없으므로 집안의 논의가 태반이나 그쪽으로 기울었습니다. 어떨지 모르겠습니다.

형이 민(閔)에게 술맥(戌脈)이라고 설명하였으나, 유(柳)는 결코 그렇지 않다고 하였습니다. 그 후에 가서 살펴보니 유의 말이 맞았습니다. 만일 저곳으로 의견을 모은다면 형이 그곳에 나가서 주관해 주시기 바랍니다.

편지를 보낼 생각이었는데 방금 호(濠 송준길)의 소식을 보았습니다. 그가 또 이조 참의가 되어 이전의 직임을 그대로 겸하게 되었으니, 그의 체직(遞職)이 쉽지 않을 듯하여 염려스럽습니다. 일찍이 염사(濂史)[62]의 편지를 보건대, 성상께서 형을 거친 사람이라 하셨지만 불러서 만나 보고 싶다고 하셨다고 하였습니다. 방금 저보(邸報)를 보건대, 형과 길(吉)을 진선(進善)에 의망하니 다음 정사에서 차출하라고 하교하셨습니다. 이전의 의심이 풀리지 않으신 것입니다.[63]

62 염사(濂史) : 사관(史官) 송규렴(宋奎濂)을 가리킨다. 《宋子大全隨箚 卷4》

63 이전의……것입니다 : 이유태가 조경(趙絅)을 논척하자 온당치 않은 하교가 있었는데, 이 일을 가리키는 듯하다. 《宋子大全隨箚 卷4》 이유태는 1649년(효종 즉위년)

아침저녁으로 변란에 대비해야 하는 때에 몸에 얽매이는 것이 없으니 어찌 크게 다행스럽지 않겠습니까. 여공(驪公 윤휴(尹鑴))이 고명(誥命)을 봉환하였는데, 그의 고상함이 이와 같으니 온 세상을 마치 흙 속의 벌레를 보듯 업신여길 것입니다. 처음에 내린 비답은 매우 융숭하였으나 재차 내린 비답에서는 어리석은 소견을 고집한다고 하교하셨으니, 저들은 더욱 세게 공격할 것입니다.

9월 상소하여 조경에게 탄핵받은 조석윤(趙錫胤)을 변호하며 "조경은 오만하여 자신을 아끼는 사람으로서 젊은 시절의 청렴한 명망으로 말하자면 간혹 칭찬하는 사람이 있었지만 조정에 선 지 오래되자 벼슬에 심취하여 경전의 가르침을 견강부회하고 간사한 말을 꾸며 냈으니, 벼슬은 비록 높지만 사림이 비루하게 여기고 있습니다."라고 하였다.
《草廬集 年譜 卷1》

이태지에게 답함 병신년(1656, 효종7) 2월 24일

答李泰之 丙申二月二十四日

이곳에 나온 지가 이미 3일이 되었는데도 형의 주선을 받지 못하였으니 외로운 신세를 어찌 견디겠습니까.

어제 보내신 편지는 매우 위안되었습니다. 어제 유(柳)에게 다시 살펴볼 것을 부탁하니 칭찬이 또 전보다 더하였습니다. 단지 막냇동생의 뜻은 그렇지 않은 듯합니다. 그가 오늘 옥천(沃川)으로 돌아가면 마땅히 형제와 다시 상의하여 보고할 것입니다. 고애자(孤哀子)는 이곳으로 결정한다는 소식을 받으면 수삼 일 동안 그대로 머물며 모든 일을 처리하고 돌아갈 것입니다. 만약 서로 만나게 된다면 얼마나 다행이겠습니까. 일찍 오시기를 간절히 바랍니다.

아무개 형[64]은 단지 사은(謝恩)하기 위하여 움직이는데, 이렇게 할 것은 없을 듯합니다. 함장(函丈 김집(金集))께서 일찍이 아무개가 승지에게 사례하려 한다고 하셨는데, 이런 뜻은 망녕된 것입니다. 제가 그에게 전하였으니, 또한 다시 이런 뜻을 갖지 않을 듯합니다.

아무개 공(윤휴(尹鑴))은 이윤(伊尹)과 부열(傅說)[65] 이상을 갑자기

64 아무개 형 : 송준길(宋浚吉)을 가리킨다. 《宋子大全隨箚 卷4》

65 이윤(伊尹)과 부열(傅說) : 이윤은 유신씨(有莘氏)의 들판에서 농사를 짓다가 탕임금의 재상이 되어 천하를 다스렸다. 《孟子 萬章上》 부열은 은 고종(殷高宗)인 무정(武丁) 때의 재상으로, 고종이 꿈에 성인(聖人)을 만나고 그 모습을 그림으로 그려 찾게 해서 부암(傅巖)의 성 쌓는 곳에서 일하고 있는 부열을 찾아 재상으로 삼자, 은나라가 크게 다스려졌다. 《書經 說命上》

넘어서려 힘쓰나 탕(湯) 임금과 무정(武丁)의 예우를 만나지 못하였으니 어찌 움직일 수 있는 이치가 있겠습니까. 다른 사람에게 나오도록 권하는 것도 칭물평시(稱物平施)의 도리[66]입니까? 알 수 없습니다. 이만 줄입니다.

66 칭물평시(稱物平施)의 도리 : 《주역》 〈겸괘(謙卦) 상(象)〉에 나오는 말로, 사물을 저울질하여 공평하게 베푼다는 뜻이다.

이태지에게 보냄 병신년(1656, 효종7) 5월 4일
與李泰之 丙申五月四日

밤사이에 강의(講議)한 모든 일에는 틀림없이 들을 만한 것이 있었을 것입니다. 방금 가형(家兄)을 통해 듣건대 영동(永同)에 사는 박씨(朴氏) 성을 가진 자가 응지소(應旨疏)를 지었는데, 그중에 고애자(孤哀子)를 언급한 것을 조카 기륭(基隆)[67]이 보고 저지하자, 그가 말하기를 "초려(草廬) 어른께 여쭈어 인가를 받았다." 하였다고 합니다. 형이 저를 사랑하는 것이 저 사람만 못한 줄은 생각지도 못하였습니다. 그리고 좁은 지역에서 대대로 친하게 지내 온 집안의 사람이 이런 문자를 올리는 것에 대해 남들은 제가 알지 못했다고 말하겠습니까.

또 그의 도리로는 지난가을에 이미 문숙(文叔)[68] 등 여러 사람의 일을 대궐에 호소하였으나 한 번도 시행되지 않았으니 지금 중단할 수 없었겠지요. 저 사람이 성심으로 받들어 여쭈었다고 해서 형이 만류하지 않고 도리어 장려하였으니, 이는 저를 저버렸을 뿐만 아니라 그 사람까지 저버린 것입니다. 어쩌면 그리도 황(黃)[69]을 대하는 뜻과 어

67 기륭(基隆) : 송시열의 사촌 형 송시영(宋時榮)의 아들 송기륭(宋基隆)이다.

68 문숙(文叔) : 김홍욱(金弘郁, 1602~1654)의 자이다. 1654년 황해도 관찰사로 재임할 때 천재(天災)로 효종이 구언(求言)하자 8년 전 사사(賜死)된, 소현세자(昭顯世子)의 빈인 민회빈(愍懷嬪) 강씨(姜氏)의 억울함을 풀어 줄 것을 상소했다. 민회빈 강씨는 1646년에 인조의 수라상에 독을 넣었다는 무함을 받고 사사되었다. 이 사건은 종통(宗統)에 관한 문제로, 누구도 감히 말하지 못하였는데 그가 이 일을 거론하자 효종이 격노하여 하옥하였고, 친국을 받던 중 장살(杖殺)되었다.

긋난단 말입니까.

듣건대 그가 현재 금빈(錦濱)에서 배회하고 있다고 합니다. 계책이 어떠한 것인지 뒤좇아 만류하고 싶은 마음 간절하니 부디 자세히 알려 주십시오. 그가 비록 길에 오르지 못하더라도 이미 벌어진 일은 다시 수습할 수 없으며, 무엇보다 괴로운 것은 삼엄함입니다.[70] 이제부터 형의 문에는 저의 종적이 없을 것이니, 형의 처지에서도 좋은 일이 아닐 것입니다. 갖추지 못합니다.

69 황(黃) : 황세정(黃世楨, 1622~1705)으로, 송시열의 문인이다. 윤휴와 매우 가까웠으며, 예론(禮論)이 일어날 때 윤휴의 주장을 지지하여 송시열과 갈등이 있었다.

70 무엇보다……삼엄함입니다 : 삼엄하게 주시하는 사람들의 시선이 무엇보다 괴롭다는 뜻인 듯하다. 《대학장구(大學章句)》 전(傳) 6장에 "증자가 말하기를 '열 개의 눈이 지켜보는 바이고 열 개의 손가락이 가리키는 바이니 얼마나 삼엄한가.' 하였다."라고 하였다.

이태지에게 답함 병신년(1656, 효종7) 8월 27일

答李泰之 丙申八月二十七日

슬하의 단란함을 알았으니 부럽고 슬픈 마음을 견디지 못하겠습니다. 고운(孤雲)[71]에 장사 지내는 일이 다 끝났으니 무엇을 말하겠습니까. 긴요하지 않은 쓸데없는 말이 이로부터 그칠 수 있겠습니까.

고애자(孤哀子)들은 구차하게 목숨을 보전하고 있으며 소소한 질병은 무상하게 왔다 갔다 합니다. 다만 가을 기운이 아직 일어나지 않으니 정말 견딜 수 없습니다.

주(洲)[72]의 병에 차도가 있다고 하니 기쁘고 다행스러움은 깊으나 또한 조금 나아졌다가 더칠 우려가 있습니다.

아무개 형의 행동에 대하여는 각자 처한 상황이 있겠지만 가까운 친구들과 어르신들은 입이 닳도록 충고하여 저지했으나 여러 형은 범범하게 이야기를 주고받았으니, 교분의 의리가 갑자기 이와 같이 쇠퇴했단 말입니까.

아무개 벗의 논의는 어떠한지 모르겠습니다. 심제(心制) 중에 혼사를 마칠 수 있다는 주장은 여강(驪江 윤휴(尹鑴))이 시작하여 여러 젊은이가 동조하였으니, 어찌 유독 운거(雲擧 이상(李翔)) 한 사람뿐이겠습니까. 그러나 붕우에게 잘못이 있으면 여러 형이 반드시 저에게 떠넘기

71 고운(孤雲) : 논산(論山)에 있는 지명으로, 김집(金集)의 묘소가 있는 곳이다.

72 주(洲) : 창주(滄洲) 김익희(金益熙)를 가리키는 것으로 보인다. 김익희는 김장생(金長生)의 손자이다.

니, 이 또한 괴로운 일입니다.

우(郵) 노인의 거취가 매우 염려스럽습니다. 《예기(禮記)》에서 "불쌍하다고 말한 것은 떠나갈 만한 이유가 될 수 있으나 사죄했으면 음식을 먹을 수 있는 것이다."[73]라고 하였습니다. 그러나 또한 불쌍하다고 말한 상황의 경중과 사죄한 말의 진위를 볼 뿐이니, 이것은 근거 없이 말하기 어렵습니다. 주자서(朱子書)의 서너 곳에는 대략 근거로 삼을 만한 것이 있으니, 다시 헤아려서 수용할 수 있습니다.

빗을 보내 주신 데 대해 깊이 감사드립니다. 이엄은 보내 주신 대로 잘 받았습니다. 말씀하신 우(迂 이후원(李厚源))의 편지는 어찌 일찍이 곽생(郭生)에게 부친 것이겠습니까. 서쪽으로 돌아갈 날이 아직 많이 남았으니, 잠시나마 한번 모일 수 있겠습니까?

73 불쌍하다고……것이다 : 《예기》 〈단궁 하(檀弓下)〉에 나오는 증자의 말이다. 제나라에 큰 흉년이 들자 검오(黔敖)가 길에서 굶주린 자들에게 죽을 쑤어 먹였는데, 소매로 얼굴을 가리고 절룩거리며 걸어오는 어떤 사람에게 검오가 말하기를 "아, 불쌍하다. 빨리 와서 먹어라." 하자, 그 사람은 눈을 치켜뜨면서 말하기를 "나는 불쌍하다면서 와서 먹으라는 음식을 먹지 않아서 이 지경에 이르렀다." 하였다. 검오가 사죄하였으나 그는 끝내 먹지 않고 죽었다. 이 이야기를 듣고 증자가 이렇게 말한 것이다.

이태지에게 보냄 정유년(1657, 효종8) 11월 30일

與李泰之 丁酉至月三十日

오랫동안 서로 소식을 듣지 못하였으니 사모하는 마음을 어찌 표현할 수 있겠습니까. 퇴지(退之 이유겸(李惟謙))의 편지로 인하여 형이 오늘 귀근(歸覲)하신다는 소식을 듣고 중도에서 맞이하고 싶어 말을 타고 출발하려 하였는데, 갑자기 냇물이 크게 불어났다는 말을 듣고 망연자실하여 중지하였으니 매우 한탄스럽습니다.

형을 맞이하려 했던 것은 한가로이 회포를 풀고자 해서가 아니라 가르침을 받들려는 마음이 간절해서였습니다. 특별히 융숭한 예우를 받아 형세가 매우 낭패스럽게 되었는데, 안온하게 모시며 여유를 가지고 가르침을 받아 미욱하여 자빠지는 데 이르지 않으려는 것이 실로 근래 저의 참된 정성입니다.

내일 송생(宋生)의 구택(舊宅)에서 모이는 것이 어떻겠습니까? 모레는 사정이 있고 그 뒤에는 또 감히 움직이지 못할 일이 있습니다. 내일은 모임을 가진 뒤에 그대로 잠을 자는 것도 좋을 것입니다. 부디 거절하지 마시기를 간절히 바랍니다.

이태지에게 답함 정유년(1657, 효종8) 12월 14일

答李泰之 丁酉十二月十四日

만나고 헤어짐이 구름과 같아 무정할 수 없는데, 방금 서신을 받으니 기쁘고 위로되는 마음이 실로 큽니다. 퇴지(退之) 거사(居士)의 일은 참으로 괴이합니다. 그의 글을 보면 떠나려는 뜻이 없지 않은 듯하니, 떠나는 것은 참으로 흔쾌한 일입니다. 그러나 당초에 이러한 시대에 몸을 굽힌 것은 오로지 부모님 봉양을 위해서였습니다. 큰일에 대하여는 능히 할 수 있으면서 작은 일에 대하여는 차마 하지 못하니, 경중을 모르는 것이 아니겠습니까. 바라건대 함께 상의하시는 것이 어떻겠습니까.

제가 괴리(槐里)에 가는 것은 참으로 망녕된 짓입니다. 식체(食滯)가 크게 발병하여 아침저녁으로 죽을 먹다 보니 저도 모르는 새 이처럼 갑자기 몸이 쇠약해졌습니다.

성황애(城隍哀)는 형편이 가련합니다. 어제 아사(亞使)가 송관(訟官)의 뜻을 대략 전하며 "송사(訟事)에서는 이(李)가 정직하지 않았고 죄는 심(沈)이 많다."라고 하였으니, 승패는 완전하게 가리기 어려울 듯합니다. 어찌해야 좋을지 모르겠습니다.

이태지에게 보냄 무술년(1658, 효종9) 1월 23일

與李泰之 戊戌正月二十三日

밤사이 부모님 봉양하시는 기거가 더욱 좋아지셨습니까? 저는 계속 몸이 피곤하니 어찌해야 하겠습니까. 아내는 대방(大房)에 머무르며 모시게 할 수 있으나 제 병이 이와 같아 음식 수발이 더욱 절실하므로 이번에 돌아오게 한 것입니다.

퇴지(退之 이유겸(李惟謙))는 민첩하다고 할 만합니다. 그러나 항상 승리하는 사람은 자주 싸우기 어렵습니다. 모름지기 장수가 교만한지 병졸이 나태한지 잘 살피고 또 적이 나를 잊은 적이 없다는 것을 알아야 합니다. 매우 우습습니다.

고운(孤雲)[74]에 비석을 세우는 일은 어떻게 되었습니까? 돌을 끄는 인부 중에 다친 사람은 없습니까? 답답합니다. 할 말은 많지만 누워서 글을 쓰느라 이만 줄입니다.

74 고운(孤雲) : 논산(論山)에 있는 지명으로, 김집(金集)의 묘소가 있는 곳이다.

이태지에게 보냄 무술년(1658, 효종9) 1월 29일

與李泰之 戊戌正月二十九日

근래의 기거는 어떠하십니까? 이곳의 일은 말할 나위가 없습니다. 정(鄭)의 일[75]이 과연 크게 일어났으니, 장차 북을 울려 죄를 성토하는 일이 있을 것입니다. 저는 힘으로 제 몸을 구제하지 못할 뿐만 아니라 또한 스스로 구제하기에도 부족하니, 어찌해야 좋겠습니까.

황(黃 황세정(黃世楨))이 그를 쫓아내자고 힘써 말하였습니다. 저는 처음에 차마 "그가 이미 스스로 새사람이 되었으니 어찌 그 길을 막을 수 있겠는가."라고 말하지 못하였으니, 황은 끝내 쫓아내지 않는 것을 잘못으로 여겼습니다. 형세상 장차 그를 보내야 하나 이와 같은 진흙길에 어찌 차마 7일의 여정을 걸어서 돌아가는 것을 보겠습니까. 그를 형에게 보내고 싶은데, 형은 일찍이 그를 쫓아내야 한다고 말하였으나 뒤에 그를 맞이하여 당에 오르게 했던 일[76]로 크게 모욕을 당하고 "그의 부친이 이웃 고을의 수령이 된 것[77]을 보고 전에 한 말을 바꾸어 그를

75 정(鄭)의 일 : 정(鄭)은 정보연(鄭普衍)을 가리킨다. 정보연이 윤휴를 강력하게 공격하자 윤휴와 친분이 깊었던 황세정이 정보연을 무함하여 곤경에 빠뜨리고자 하였다. 《宋子大全隨箚 卷4》

76 당에……일 : 본래 학문의 심오한 경지에 들어감을 말하나, 여기서는 제자로 받아들인 것을 뜻한다. 공자가 제자 자로(子路)의 경지를 두고 "당에는 올랐고 아직 방 안에는 들어가지 못했다."라고 하였다. 《論語 先進》

77 그의……것 : 정보연의 부친 정양(鄭瀁)은 1657년 12월 진천 현감(鎭川縣監)에 제수되었고 1658년 1월 사은하였다. 《承政院日記 孝宗 8年 12月 21日, 9年 1月 23日》

맞아들였다."라는 말을 듣기까지 하였습니다. 이 말은 차마 들을 수 없는 것인데, 또 어찌 다시 그를 형에게 보내겠습니까.

그의 곡식 섬이 은진(恩津)에 있는데 우선 저쪽에 보내고 싶으나 그의 부친이 저의 마음을 헤아리지 못하고 제가 이해(利害)에 흔들려 쫓아낸 것으로 여겨 놀라고 마음도 상할까 염려되니 또한 차마 하지 못하겠습니다. 어찌할 바를 모르겠습니다.

또 저는 위로는 형이 비난받는 것을 보고 아래로는 정(鄭)이 공격당하는 것을 보고도 태연히 원임(院任)을 맡았으니 염치가 없는 듯합니다. 또 공론(公論)이 일제히 일어나는 데에 방해가 되므로 내일 원임을 사직하고자 합니다. 모레는 강회(講會)가 있는 날이니, 그날이 되기 전에 사직하고 싶은데, 어떨지 모르겠습니다. 대개 이 일은 오로지 형이 아무개와 속마음을 다 토로한 데서 나왔으나 그것을 격발한 단서가 있습니다. 무슨 까닭에 이렇게 되었는지 유감이 없을 수 없습니다. 수연(壽宴)에 처음에는 정(鄭)을 보낼 생각이 없었으나 형의 부지런한 가르침을 어기기 어려워 감히 보내지 않을 수 없었는데, 그때는 어찌하여 양쪽을 저지하지 않고 도리어 양쪽을 격동하였습니까. 지극히 의아합니다.

고을 원이 때를 틈타 편들어 동의하였으니 또한 두렵습니다. 이 때문에 제생(諸生)을 물리쳐 사양하고 문을 닫고 스스로 반성하고 있으나 멀리서 온 자들은 조처하기가 매우 어려우니 또한 어찌하겠습니까. 형이 와서 가르쳐 주신다면 참으로 다행스럽겠습니다.

저는 출입하고 싶지 않습니다. 형에게 숨길 만한 것이 없는데 종전에 하나하나 베껴 냈던 것은 형이 매우 독실하게 저를 사랑한다고 여겼기 때문이고, 뜻하지 않게 이로 인하여 이런 낭패를 만났습니다. 지금 또 잘못을 뉘우치지 않고 형에게 다시 말하였으니, 다시 무슨 일이 있을지 모르겠습니다. 매우 우습습니다.

부디 이 편지를 불태워 남에게 보이지 마십시오. 급히 진천(鎭川)의 인편을 시켜 보내려고 서둘러 썼으니 속히 다시 가르쳐 주십시오. 이만 줄입니다.

이태지에게 답함 무술년(1658, 효종9) 1월 30일
答李泰之 戊戌正月三十日

이렇게 회답을 받으니 감사하고 위안됩니다. 어제 조카 기후(基厚)가 아무개[78]의 처소에 들러 잤는데, 아무개가 의리상 그만둘 수 없다고 힘써 이야기하자, 기후가 답하기를 "이것은 마치 동기(同氣) 중에 부모를 욕하는 자가 있는 것과 같은 상황이니 다만 방 안에서 가르치고 꾸짖어야 마땅하지 어찌 이처럼 시끄럽게 할 필요가 있겠는가." 하였습니다. 아무개는 끝없이 준엄하게 꾸짖고 또 기후로 하여금 지성으로 저에게 고하게 하여 제가 그를 쫓아 보내게 해야 한다고 했답니다. 이곳의 화색(禍色)을 상상할 수 있으실 것입니다.

형에게 그를 보내는 것[79]을 허락해 주셨으니 형의 성덕(盛德)에 포용력이 있음을 잘 알았습니다. 그러나 이미 일이 파급될 것을 알았으니 어찌 차마 그를 형에게 보내겠습니까. 함께 지내는 것만 못하니 낭패입니다. 그만둘 수 없다면 그로 하여금 은진(恩津), 이산(尼山)에 나아가 먹게 하며 우선 윤소(尹少 윤선거(尹宣擧))와 함께 거처하면서 그의 부친이 고을에 도착하기를 기다리게 해야 합니다. 무엇보다 가련한 것은 그가 무슨 낯으로 부친을 보겠느냐는 것입니다. 오열하며 먹지 못하니 병이 될 듯합니다.

78 아무개 : 황세정(黃世楨)을 가리키는 듯하다.《宋子大全隨箚 卷4》

79 형에게……것 : 바로 앞의 편지를 참조하면 '그'는 정보연(鄭普衍)을 지칭하는 듯하다.《宋子大全 卷40 與李泰之(戊戌正月二十九日)》

대개 이 근본은 매우 깊으니 그는 남의 과실을 듣거나 보면 조금도 감싸고 숨기지 않아 성내지 않는 사람이 없습니다. 얼마 지나지 않아 들은 것 중에 이러한 일이 있었는데 명확한 증거가 없어 난처하였습니다. 형이 아무개의 집에서 자며 깊은 이야기를 나눈 뒤에 아주 좋아서 뛰며 일어나서 그 울분을 털어놓았는데, 이것을 그칠 수 있겠습니까. 제가 형을 한스럽게 여기는 것이 이 때문입니다. 삭회(朔會)는 이미 사양하였으니 차례대로 물러나야 할 것입니다. 저들이 조용하여 들리는 말이 없으니 어찌 이곳의 소식을 저들이 듣게 하겠습니까. 형과 저는 이제부터 깊이 경계해야 합니다. 평소 사람을 알아보지 못한 죄는 자신을 매질한들 어찌 속죄할 수 있겠습니까. 오늘의 일은 형이 큰 조개와 황새를 만들어 사람으로 하여금 어부처럼 이익을 가로채게 한 것[80]이니, 매우 우습습니다.

사람이 스스로 새로워지면 그를 받아들이라는 말을 거의 이가 부러지도록 하였으나 듣지 않았습니다. 위에 있는 자가 또 따라서 그를 격동하였으니 어찌해야 좋겠습니까. 이것도 저의 죄입니다. 이제부터 두문불출하며 자책하는 것만 못합니다. 만약 가르쳐 주실 만한 것이 있으면 다시 가르쳐 주시기를 바라고 바랍니다.

80 큰……것 : 방휼지쟁(蚌鷸之爭) 고사를 끌어온 것이다. 큰 조개가 입을 벌리고 있을 적에 지나가던 황새가 쪼아 먹으려다가 조개가 입을 닫자 주둥이가 물렸는데, 계속 서로 버티다가 어부에게 모두 잡혔다고 한다. 《戰國策 燕策》

이태지에게 답함 무술년(1658, 효종9) 6월 12일

答李泰之 戊戌六月十二日

편지를 받고서 마음이 위로되고 후련하였습니다. 저는 내일 갈 것입니다. 판교(板橋)의 선산에 두루 하직 인사를 하고 회덕(懷德) 동쪽으로 가는 길을 취하여 형진(荊津)에 검을 걸어 놓고 가려 합니다.[81] 신탄(新灘)의 말씀은 부응하기 어려울 듯합니다.

저는 아직 간다고 고하지 않았고 형은 아직 와서 전송하지 않았으니, 이 한스러움은 참으로 적지 않습니다. 제가 어찌 가르침을 받들고 싶지 않겠으며, 형이 어찌 전송의 말을 해 주고 싶지 않겠습니까. 신탄이든 형진이든 많은 말을 할 것도 없으니, 부디 와서 모이는 것이 어떻겠습니까. 병이 발작하면 형세상 중지하겠지만 한번 얼굴을 마주하는 것에 해롭지 않습니다. 혹 그길로 마암(馬巖)[82]에 와서 그대로 조카 기륭(基隆)과 기후(基厚)와 더불어 며칠간 정다운 이야기를 나누는 것도 좋을 것입니다. 어떨지 모르겠습니다. 할 말은 많지만 이만 줄입니다.

81 형진(荊津)에……합니다 : 형진은 죽창(竹窓) 이시직(李時稷)의 묘가 있는 곳을 가리키는 듯하다. 검을 걸어 놓는다는 것은 묘에 들러 예를 표한다는 뜻이다. 춘추시대 오나라의 공자(公子) 계찰(季札)이 서(徐)나라 임금의 무덤 앞에 있는 나무에다 검을 매달아 두고 떠난 고사에서 원용한 것이다. 《史記 吳泰伯世家》

82 마암(馬巖) : 청주의 마을 이름으로, 송시열의 종가와 조부모의 사당이 있는 곳이다. 《宋子大全 附錄 卷2 年譜》

이태지에게 답함 무술년(1658, 효종9) 6월 15일
答李泰之 戊戌六月十五日

1000통의 편지가 한 번 얼굴을 마주하는 것만 못하지만 누차 편지를 받으니 매우 위안됩니다.

저는 길에서 날씨가 매우 뜨거웠고 이어서 비를 만나서 습병(濕病)이 크게 일어나 어쩔 수 없이 상소를 올렸습니다. 그러나 감히 갑자기 돌아갈 생각을 하지 못하고 그대로 여기에 머물러 있습니다.

임천(林川)과 이산(尼山)[83]이 모두 좋은 말을 해 주었는데, 평소에 회옹(晦翁)에게 들은 것과는 같은 점도 있고 다른 점도 있었습니다. 만일 저를 등용하는 자가 있다면 진실로 취사선택하는 것이 있을 것이나 우리의 권도(權度)가 정밀하지 못하니, 이것이 근심스러울 뿐입니다.

여관에서 병중의 생각이 무료합니다. 다만 제종(諸從)과 더불어 문자를 강론하니 이 또한 분수에 따라 견디기에 충분합니다. 계당(溪堂)의 경물(景物)은 들어 보니 마음이 맑아집니다. 그러나 제가 만약 몸을 돌려 한번 돌아간다면 또한 계정(溪亭) 위의 사람이 될 것이니, 부디 지나치게 자랑하지 마십시오. 퇴지(退之 이유겸(李惟謙))에게는 형의 심부름꾼을 통해 여러 통의 편지를 전할 수 있었으니 위안되고 감사한 마음을 이루 말할 수 없습니다.

할 말은 많으나 병으로 괴로워 이만 줄입니다.

83 임천(林川)과 이산(尼山) : 임천에 살았던 유계(兪棨)와 이산에 살았던 윤선거(尹宣擧)를 가리킨다.

이태지에게 보냄 무술년(1658, 효종9) 8월 17일

與李泰之 戊戌八月十七日

사람으로 하여금 수풀에 들어가 홀로 향원(鄕園)의 즐거움을 누리게 하니, 덕이 있는 사람도 이렇게 소진(蘇秦)과 장의(張儀)의 술수를 쓰는지 모르겠습니다. 이것은 실로 회옹(晦翁)이 오늘을 위해 준비한 말입니다. 이미 이 지경에 이르렀는데, 모름지기 저를 위하여 계책을 세워 큰 낭패가 없게 한다면 참으로 덕이 있는 사람의 실제를 잃지 않을 것입니다. 듣건대 성상의 체후가 올해 건강을 회복할 수 있는 상태가 아니라고 하니, 기다리며 웅크리고 앉아 있는 것은 견디지 못할 바입니다.

가을 기운이 언뜻 서늘해져 이미 사람으로 하여금 병이 나게 하였으니, 비록 이 세상에서 오래 살고 싶어도 할 수 없는 바가 있습니다. 겸하여 저의 언행이 한두 거실(巨室)을 동요시켜 그들로 하여금 깊이 도모하고 간절히 생각하게 하였으니, 만약 다시 배회한다면 아마 탄핵당할 염려가 있을 듯합니다. 더구나 또 동지(同志)[84]가 형적이 편치 않다는 이유로 이미 강상(江上)에 나갔다가 그대로 내려가려고 하니, 거취의 의리는 혼자 달리하기 어려울 듯합니다. 무릇 이 몇 가지는 모두 떠날 수는 있으나 머무를 수 없다는 말입니다. 그러므로 여장을 꾸리고 길을 나서 구불구불 동쪽으로 돌아갈 계획을 세우려 하는데, 형의 뜻이 어떠할는지 모르겠습니다. 밝은 가르침이 있기를 바랍니다.

84 동지(同志) : 송준길(宋浚吉)을 가리키는 듯하다. 《宋子大全隨箚 卷4》

형의 장남은 때때로 만나 보니 외로운 심사에 매우 위로되었습니다. 방금 정(靜) 영공(令公)[85]의 셋째 아들을 만나 보았는데, 방금 반촌(泮村)에서 그를 만났다고 하였습니다.

○ 외성(外城)[86]의 예송(禮訟)은 형의 비답과 저의 뜻이 털끝만큼도 어긋남이 없으니 매우 다행스럽습니다.

85 정(靜) 영공(令公) : 자가 정숙(靜叔)인 이태연(李泰淵, 1615~1669)을 가리킨다. 본관은 한산(韓山), 호는 눌재(訥齋)이다. 송시열의 손위 처남이다.《宋子大全隨箚卷4》

86 외성(外城) : 충청남도 논산을 가리킨다. 김집(金集)이 살던 지역이다.

이태지에게 보냄 무술년(1658, 효종9) 12월 24일

與李泰之 戊戌十二月二十四日

근황은 어떠하십니까? 저는 병세가 날로 심해져 쓰러질 지경입니다. 사무가 날로 더해져 낮에는 쉬지 못하며 밤에는 많은 우려가 있어 새벽까지 잠을 못 이루고 이처럼 애를 태우니, 이 어찌 오래 살 형세이겠습니까. 스스로 가련하고 가련할 뿐입니다.

무엇보다 여러 공(公)이 곁에서 보기만 하거나 물러서 있으면서 도우려는 뜻이 전혀 없으니, 어찌 인정이 이런 지경에 이를 줄 생각이나 했겠습니까.

그끄저께 상이 경연에서 미천한 신에게 하교하기를 "이(李) 아무개가 오려 하지 않는다." 하여, 대답하여 아뢰기를 "상께서 정성으로 그를 부르신다면 어찌 오지 않을 리가 있겠습니까." 하였습니다. 대개 형이 만약 끝내 이 세상에 뜻이 없다면 그만이지만, 그렇지 않다면 이러한 때에 올라와서 위로는 큰일을 하려는 성상의 뜻에 부응하고 아래로는 외로운 몸으로 실패한 형세를 돕는다면 공적으로나 사적으로나 모두 합당할 것인데, 어떨지 모르겠습니다. 만약 형이 올라오지 않는다면 저 또한 뜻을 결정하고 내려가서 크게 낭패를 보고 싶지 않습니다. 할 말은 많지만 이만 줄입니다.

이태지에게 답함[87] 무술년(1658, 효종9) 12월 20일

答李泰之 戊戌十二月二十日

그동안 보내신 편지는 하나하나 잘 받았습니다. 별지(別紙)는 삼가 잘 알았는데, 다만 그 내력을 살펴보면 미촌(美村 윤선거(尹宣擧))에게서 비롯된 듯합니다.

지난번에 시남(市南 유계(兪棨))이 미촌의 편지를 얻어서 명보(明甫 송준길(宋浚吉))에게 보여 주니, 명보가 말하기를 "말만 많고 실상은 없으며 객기(客氣)를 띠고 있다." 하였습니다. 대체로 여강(驪江 윤휴(尹鑴)) 무리가 말한 바에서 일어난 것도 실제 일이 있으니, 이것은 죄를 자복해야 합니다. 여기서 단지 시남과 더불어 밤낮으로 그 규모를 헤아려 보건대 참으로 크게 다른 점이 있으나 서로 돕는 점도 매우 많았으니 그에 힘입어 오늘날에 이른 것은 오직 이것 때문이었습니다. 대체로 많은 말을 할 필요 없습니다. 형이 오면 저는 머무르고 형이 오지 않으면 저는 돌아갈 것입니다. 이와 같이 할 뿐이니, 결단코 다른 계책이 없습니다. 형이 속히 결정하고 뜻을 보여 주신다면 저도 속히 결정하겠습니다.

천득(天得 이상진(李尙眞))이 오기를 날마다 바라고 있으나 어버이의 병으로 어긋났으니 매우 탄식할 만합니다. 만약 이 사람을 오게 한다면 거의 가망이 있을 것입니다. 태수(台叟)[88]는 속히 통청(通淸)[89]하고자

87 이태지에게 답함 : 앞의 편지와 순서가 바뀌었다.

88 태수(台叟) : 민여로(閔汝老, 1598~1671)의 자이다. 민여로는 1658년 11월에 예

하였으나 막는 자가 매우 힘을 썼습니다. 그러므로 일단 지방에서 시험하여 훗날의 바탕으로 삼으려 하였으나 끝내 부임하지 않았으니, 이곳의 뜻을 알지 못하는 듯합니다. 할 말은 많으나 일일이 쓰지 못합니다.

조 정랑에 임명되었다가 중병으로 미처 사은숙배하기도 전에 12월 풍기 군수(豊基郡守)로 임명되자, 글을 올려 임지로 내려가기 힘든 사정을 말하여 그대로 예조 정랑을 맡고 있었다.《承政院日記 孝宗 9年 12月 19日》

89 통청(通淸) : 청관(淸官)의 후보자로 천거하는 것을 말한다.

이태지에게 답함 기해년(1659, 효종10) 1월 9일

答李泰之 己亥元月九日

현질(賢姪)이 돌아가는 편에 편지 한 통을 부쳤는데, 받아 보셨는지 모르겠습니다.

어제 모일(某日)에 보내신 편지와 쪽지를 받고 대개 말씀하신 뜻을 잘 알았습니다. 다만 아무개 형에 대하여는 신경을 쓰지 않을 수 없습니다. 만약 아무개에게 원래 심약한 병통이 있음을 안다면 심하게 허물할 필요가 없으니, 제가 아무개에 대하여 어찌 불평하는 마음이 있겠습니까. 아무개가 저를 허물하는 것은 오로지 희중(希仲 윤휴(尹鑴))에게 힘쓰지 않기 때문입니다. 그 말이 지극히 고상하지 않아 상놈이 다투고 성내며 하는 말과 같은 점이 있으므로, 제가 "저들이 이 사이의 곡절을 알지 못하기 때문이다.……"라고 한 것입니다. 다른 것은 저들의 말이 대부분 옳습니다. 대개 문외(門外)[90] 이하가 희중을 무상한 자로 여기는 것이 어찌 끝이 있겠습니까. 저는 유독 그가 스스로 수립한 것이 사랑할 만하여 중론을 힘써 배척하고, 거취를 가지고 간쟁하여 제수하는 명이 있게까지 하였습니다.

그 뒤로 문외 이하는 망연자실하였고 저상(苧相)[91] 이하는 내가 조정

90 문외(門外) : 광성부원군(光城府院君) 김만기(金萬基)를 가리키는 듯하다. 김만기는 정언으로서, 이류(李瀏)가 윤휴를 상전처럼 섬겨 천거받았다고 탄핵하였다. 《宋子大全隨箚 卷3, 卷4》

91 저상(苧相) : 완남부원군(完南府院君) 이후원(李厚源)을 가리킨다.

의 체모를 크게 무너뜨렸다고 합니다. 저의 위태로움은 실로 희중으로부터 말미암았는데 아무개는 오히려 이와 같이 저를 탓하니, 이것은 또한 어려운 일이 아니겠습니까.

문외가 저 때문에 감히 희중에게 손을 쓰고 그 무리를 쳐서 제거하지 못하자 저 무리의 노한 기색이 불과 같았습니다. 한창 무중(武仲 유계(兪棨))과 힘을 다해 화해시키고 있으나 힘이 약해서 제대로 하지 못하고 있습니다. 그러나 크게는 함경(咸卿 이일상(李一相))이 이미 힘을 내어 주선하고 있으니 화해시킬 수 있을 것입니다.

장계 한 통이 들어오자 사람들의 의론이 모두 반드시 체차해야 한다고 하여 상이 이조에 내려 회계(回啓)하게 하셨으니 성상의 뜻을 알 수 있습니다. 그러나 기지(起之 김수흥(金壽興)) 좌랑이 와서 말하기를 "이 어른에게 나오는 길을 열어 놓고자 한다면 우선 체차하였다가 다시 소명(召命)을 내리는 것만 한 것이 없습니다." 하였습니다. 그러므로 체차를 청하고 소명을 청하자 모두 즉시 메아리처럼 답하셨습니다. 대체로 많은 말이 필요하지 않습니다. 형에게 움직일 뜻이 있으면 저는 머물러 기다리고, 그렇지 않으면 저는 마땅히 속히 돌아갈 것입니다. 모름지기 뜻을 분명히 보여 주신다면 매우 다행스럽겠습니다. 할 말은 많지만 어수선하여 이만 줄입니다.

이태지에게 답함 기해년(1659, 효종10) 2월 27일

答李泰之 己亥二月二十七日

좋은 소식을 간절히 기다리고 있는데 방금 구생(具生)이 소매에 넣고 와 편지를 전하니 기쁘고 위안되는 마음 그지없습니다. 다만 아직도 거취의 결정을 분명히 말하지 않으셨으니, 어찌 형이 침착하게 기미를 살피는 것이 이 지경에 이를 줄 생각이나 했겠습니까. 당초 형이 출사하기 어렵다는 뜻을 보여 주었다면 이 몸은 이미 오래전에 돌아갔을 것입니다. 어찌 일찍이 군자의 교분에서 그 진퇴를 같이하지 않는 것을 본 적이 있습니까.

저는 우연히 산증(疝症)과 곽란(癨亂)을 앓아 몸져누워 신음한 지 이미 열흘 남짓 되었습니다. 형이 정말로 온다면 마지못해 다시 일어나 직임을 수행하겠지만 혹시라도 올 뜻이 없으시다면 그대로 힘껏 사직하고 돌아가고자 합니다. 오늘의 일은 단지 이 두 가지 선택만 있으니, 부디 한마디 말씀을 분명히 보여 주시되 전날처럼 양쪽에 다리를 걸치는 짓을 하여 이 사람을 속이지 마시기를 매우 간절히 바랍니다.

서둘러 이 글을 써서 시남(市南 유계(兪棨)) 형에게 부탁하여 전하러 가게 하였습니다.

이태지에게 보냄 기해년(1659, 효종10) 2월 28일
與李泰之 己亥二月二十八日

어제 시남(市南 유계(兪棨)) 형과 글을 지어 비국(備局)으로 하여금 급히 전하게 하였는데, 생각건대 오래지 않아 성상께 올라갔을 것입니다. 그 뒤에 시남 형이 와서 만나 보았는데, 매우 염려하였습니다. 형세의 미약함은 서로 같은 줄을 모르겠으나 성상의 흠모하는 마음만은 쇠하지 않았습니다. 이러한 때에 형이 없어서는 안 되므로 시남의 뜻이 이와 같았던 것입니다. 저는 단지 형의 거취를 관망하고 있을 뿐입니다. 다만 가련한 자는 시남입니다. 형의 의리에 대해서는 많은 말을 할 필요가 없으니, 이미 기축년(1649)의 행차가 있었습니다. 지금 성상의 깊은 돌보심을 입었으니, 출사하고자 하시면 지금이 바로 그렇게 할 때입니다.

할 말은 많지만 모두 이전의 서간에서 말하였으니 여기에서 다시 말하지 않겠습니다. 헤아려 주시기를 바랄 뿐입니다.

이태지에게 답함 기해년(1659, 효종10) 3월 20일

與李泰之 己亥三月二十日

밤사이에 근황은 어떠셨습니까? 숙배(肅拜)는 어느 날에 하십니까? 우재(迂齋 이후원(李厚源))와 동춘당(同春堂 송준길)이 말한 것은 들을 수 있겠습니까?

어제 천득(天得 이상진(李尙眞))을 만났는데 말이 시사(時事)에 미치자 느긋하게 처신한 것을 매우 민망하게 여기고 우리를 자못 크게 책망하였습니다. 그러고 나서 "이번에 저들이 보낸 천금과 비단을 공주에게 하사하였는데, 그와 권대운(權大運) 승지가 밤중에 진계(陳啓)하여 즉각 대내(大內)에서 전부를 내보내 호조에 넘기게 하니, 외부인 중에 아는 자가 없습니다. 그 인(仁)과 용(勇)이 이와 같으나 받들어 감당하는 신하가 없으니 매우 개탄스럽습니다.……"라고 하였습니다.

할 말은 많으나 타고 갈 말을 얻을 때까지 기다렸다가 찾아뵐 생각입니다. 이만 줄입니다.

이태지에게 보냄 기해년(1659, 효종10) 3월 27일

與李泰之 己亥三月二十七日

오늘 언제쯤 내려가십니까? 다시 뵙지 못하는 것이 한스럽습니다. 주상께서 지성으로 신임하고 계시나 형은 도리어 내려갈 것을 계획하고 있습니다. 저는 진실로 어둠 속에 묵묵히 있으나 어찌 귀신이 없겠습니까.

이치상 진실로 어긋나지 않으니, 형이 곰곰이 생각할 만합니다. 오늘 밤에는 새벽까지 잠을 이루지 못하고 우리 성주(聖主)를 생각하였는데 저도 모르게 눈물이 눈에 가득 찼습니다. 마침 천재(天災)가 매우 참혹하여 이 마음이 타는 듯하니 어떻게 될는지 모르겠습니다.

이태지에게 보냄 기해년(1659, 효종10) 3월

與李泰之 己亥三月

두 번의 차자에도 허락하지 않아 세 번째 차자를 올린 뒤에 그저 달아날 뿐입니다. 나가고자 하면 나갈 것이니, 이것은 어려운 일이 아닙니다. 그러나 형의 처지에서는 할 말이 없을 것이니, 어떻게 하시겠습니까.

수령의 출사와 죄수의 판결은 며칠이면 될 일입니다. 홍수의 피해가 어찌 9년이나 오래 이어질 수 있겠습니까.[92] 이만 줄입니다.

92 홍수의……있겠습니까 : 요(堯) 임금 때 홍수가 나 세상이 어지러워지자 우(禹) 임금의 부친인 곤(鯀)을 9년 동안 시험하여 공적이 없자 내친 일이 있었다. 《書經 堯典》

이태지에게 답함 기해년(1659, 효종10) 4월 2일
答李泰之 己亥四月二日

성상의 유지(諭旨)를 가지고 갈 때 미처 알지 못하여 편지를 부쳐 보내지 못하였기에 늘 한탄스러웠습니다. 이번에 감영(監營)의 인편에 지난달 28일에 보내신 편지를 받으니 매우 위안됩니다.

근래 상(上)이 사사로운 것에 관계된 일을 일체 털어 버리고 법을 어긴 사대부들을 우선 그대로 두었는데, 이는 매우 사의(事宜)에 맞으니 기뻐할 만합니다.

형의 책[93]은 어제 시남(市南 유계(兪棨)) 형을 만나 보았는데 그가 "우재(迂齋 이후원(李厚源))와 동춘당(同春堂 송준길(宋浚吉))을 돌아서 나에게 왔다."라고 하였습니다.

아(丫)[94]의 상소가 한번 나가자 비방하는 의론이 분분하고 서로 절친한 사람들이 모두 더불어 신랄하게 공격하여 자신이 죄를 면할 계책으로 삼았습니다. 저만 홀로 그렇지 않은지라 저와 함께 상소하려 하는 것은 가련하고 가련합니다. 잘 모르겠지만, 저들의 말이 진실로 옳다면 공격하는 자는 끝내 부끄러울 것입니다.

별지의 내용은 삼가 잘 알았습니다. 감영의 인편이 저녁에 이르더니

93 형의 책 : 이유태가 시사를 논하는 상소를 지었는데, 아마도 이 상소의 초고본을 가리키는 듯하다. 《宋子大全隨箚 卷4》

94 아(丫) : 아계(丫溪)에 살던 김익렴(金益廉)을 가리킨다. 아계는 아연(丫淵)이라고도 한다.

그대로 매우 급하게 답변을 요구하고 있어 우선 추후의 인편을 기다리겠습니다. 대체로 성상의 뜻을 자세히 살피려면 형이 오지 않을 수 없습니다. 이와 같을 뿐입니다.

형이 떠난 뒤에 경향 각지에서 저를 좋아하지 않는 사람들이 모두 "아무개에게 아무 일이 있었으므로 아무개가 갔다.……"라고 하니 매우 괴롭습니다. 이 말이 뜻이 없지 않으니 묵묵히 헤아리셔야 합니다. 이만 줄입니다.

이태지에게 답함 기해년(1659, 효종10) 4월 3일
答李泰之 己亥四月三日

어제저녁에 병을 무릅쓰고 편지를 써서 공주 감영의 인편에 부쳤습니다. 오늘 아침에 중씨(仲氏)와 계씨(季氏)의 편지를 아울러 얻으니, 기쁘고 위로되는 마음이 지극하여 말로 표현할 수 없습니다. 저는 근심 걱정으로 애를 태워 거의 큰 병이 되었습니다. 함께 시사(時事)를 위하여 죽을 수 있는 자가 없기 때문입니다. 더 이상 무슨 말을 하겠습니까, 더 이상 무슨 말을 하겠습니까.

원통함을 깨끗이 씻어 주어 사람들의 마음에 크게 부합하고, 궁장(宮莊)을 조사하고 바로잡아 사대부들이 두려워할 줄을 알게 되었으니, 지금이야말로 큰일을 할 수 있는 기회입니다. 그러나 아랫사람 중에 누가 감당하여 성상의 뜻을 이룰 수 있겠습니까. 생각이 여기에 이르니 곧장 하늘에 호소하고 싶습니다.

형의 상소는 초안을 잡아 올리고자 하는 마음 간절하였으나 근래에는 병이 심하여 예사로운 응대도 마음대로 할 수 없으니, 어찌하겠습니까.

무엇보다 청암역(靑巖驛 전라남도 장성(長城))의 일에 말할 만한 것이 있는데, 어찌해야 하겠습니까? 이 노인이 들어오면 잘 헤아릴 수 있을 것입니다. 이만 줄입니다.

이태지에게 답함 기해년(1659, 효종10) 4월 14일

答李泰之 己亥四月十四日

편지가 오고 또 백씨(伯氏)를 뵈어 삼가 많은 것을 알게 되었으니 위로되고 기쁜 마음이 어떠하겠습니까. 근래에는 괴롭게도 사무가 많아 즉시 답장하지 못하였으니 그 한스러움이 어떻겠습니까.

책자[95]는 현재 시남(市南 유계(兪棨))에게 있는데, 시남은 장차 그것을 가지고 영상(領相)의 집에 가서 조용히 상의한 뒤에 나머지 사람들에게 말할 수 있을 것이라고 하였습니다. 문자를 엮어서 보내려 하였으나 실로 틈이 나지 않아 하지 못하였습니다. 근래 성상의 뜻을 살펴보건대 형과 여러 윤씨(尹氏)가 오지 않으면 필시 그만두지 않을 것이니, 속히 와서 서둘러 힘을 합쳐 돕는 것이 낫겠습니다.

천득(天得 이상진(李尙眞))이 또 좌윤(左尹)에 올랐는데, 이 공(公)은 가장 믿을 만하니 기쁩니다. 천재(天災)와 물괴(物怪)가 이루 말할 수 없을 정도로 많습니다. 성상께서 염려하며 홀로 애쓰고 계신데 심신을 다 바치는 사람이 없으니 한밤중에 생각하면 그저 눈물만 흐를 뿐입니다. 구구한 이 뜻을 잘 헤아려 주실는지 모르겠습니다.

형의 편지는 의당 일일이 답장해야 하지만 마침 여기에 적당한 인편이 있지 않으므로 할 수 없을 뿐입니다. 할 말은 많지만 일일이 쓰지 못합니다.

95 책자 : 이유태가 시사를 논하는 상소를 지었는데, 이 상소를 가리키는 듯하다. 《宋子大全隨箚 卷4》

이태지에게 보내며 겸하여 퇴지에게 답함 기해년(1659, 효종10) 4월 30일

與李泰之兼答退之 己亥四月三十日

퇴지(退之 이유겸(李惟謙))의 편지가 와서 시봉(侍奉)하며 편안하게 지내고 계시다는 것을 공손히 살폈으니 위로되고 기쁜 마음이 그지없습니다. 또 태형(泰兄 이유태(李惟泰))이 절에 머물며 밖으로 나오지 않는데 까닭이 있음을 알았습니다. 다만 "오랫동안 문자를 올리지 않으며 임금의 명을 그냥 잊어버리고, 사헌부의 직임을 띤 채 돌아오지 않는다."라고 말하니, 듣기에 괴로웠습니다.

제 생각으로는 또 한 가지 일이 있습니다. 내려갈 때 어떤 사람을 만나고 어떤 이야기를 나누었으며, 고향에 내려가서 또 어떤 일을 전하였는지 번다한 말이 매우 많아 이 자리에 있는 자로 하여금 더욱 심하게 곤경을 겪게 하였습니다. 이 형의 깊은 생각과 원대한 계획으로도 오히려 이런 일이 있으니, 저 같은 자가 무슨 말을 하겠습니까. 요컨대 성상의 뜻은 필시 기꺼이 버리려 하지 않을 것입니다. 만약 다시 올라오신다면 저는 오히려 지탱할 수 있습니다. 그렇지 않다면 제가 비록 머물고 싶어도 할 수 없는 형세입니다.

지난번에 지숙(持叔 민유중(閔維重))과 계우(季羽 이익(李翊)) 두 간원이 묘도(墓道)를 참람하게 쓰는 자를 논하자, 성상의 비답에 그들의 관직을 삭탈하도록 윤허하였고, 두 간원이 나가자 여러 사람의 분노가 이 몸에 집중되었습니다. 친한 사람들이 모두 분명치 않은 태도를 취하면서 성상께서 간언을 좇아 어기지 않으시기를 바라거나 수도(隧道)를 만드는 것은 참례(僭禮)가 아니라는 말을 스스로 모면할 계책으로 삼으니, 애달플 따름입니다. 이와 같은 규모와 기상으로 어떻게 국정을 담당할 수 있겠습니까. 탄식할 따름입니다. 이 사람이 수수방관하면서 지레 돌아가는 것은 어렵지 않으나 유독 성상의 뜻을 차마 저버리지 못하고 오히려 이렇게 지체하고 있으니, 또한 크게 어리석다는 것을 알 수 있습니다. 초형(草兄 이유태)이 오면 머무를 수 있지만 오지 않으면 형세상 거취를 속히 결정할 것입니다. 보내온 편지는 삼가 잘 받았습니다. 일일이 쓰지 않습니다.

이태지에게 답함 기해년(1659, 효종10) 윤3월[96] 6일
答李泰之 己亥閏月六日

그리워하는 마음에 한창 괴로운데 방금 특별히 보내신 편지를 받으니 위안되고 후련한 마음이 그지없습니다.

천안(天安)의 편지를 며칠 전에 얻어 보고 먼저 그 별지에 답하여 감영의 인편을 기다렸으나 감영의 인편이 몹시 더디니 의아합니다. 공적으로나 사적으로나 둘 다 편리한 것은 금(衿)과 과(果)의 계책만 한 것이 없는데 지금 말씀이 이와 같으니 어찌해야 좋겠습니까. 백(伯)이든 주(州)든 어찌 좋지 않겠습니까. 다만 시종신(侍從臣)으로부터 그것이 되려면 모름지기 한 고개가 있어 쉽게 도모할 수 없을 듯하니, 매우 고민될 뿐입니다. 이 밖의 좋은 계책은 모름지기 다시 생각해서 보여 주십시오.

그동안 보내신 별지는 말씀대로 돌려보냅니다. 문숙(文叔 김홍욱(金弘郁))의 억울함을 이미 신원하였고, 소현세자(昭顯世子)의 자녀로서 죽은 자는 증작(贈爵)하고 살아 있는 자는 칭호를 내려 주니 며칠 안 되어 인심이 흡족해하였습니다. 게다가 대간의 상소에 대한 비답에 "한 마리 독수리[97]를 보기 어렵다"는 탄식이 있어 사람들이 모두 고무되

96 윤3월 : 1659년에는 윤월이 3월이다.

97 독수리 : 과감하게 직언하는 강직한 대간(臺諫)을 비유하는 말이다. 후한(後漢) 때 공융(孔融)이 예형(禰衡)을 추천하면서 "사나운 새가 수백 마리 있어도 한 마리 독수리보다 못하니, 예형을 조정에 세우면 필시 볼만한 점이 있을 것이다."라고 하였다. 《後漢書 文苑列傳 禰衡》

었으니, 이 기회를 잃으면 곤란할 것입니다. 형은 부디 성지(聖旨)에 응하여 상소 한 통을 올려 단서를 약간 드러내어 상으로 하여금 이와 같은 상황을 아시게 한다면 반드시 성공할 수 있을 것인데, 어떻게 하시겠습니까?

어제 대신이 등대(登對)하였을 때 상이 신하들에게 이르기를 "윤고(尹某)-윤문거(尹文擧)이다.-는 개차하지 말고, 윤모(尹某)-윤선거(尹宣擧)이다.-는 속히 부직(付職)하라.……" 하셨습니다. 할 말은 많으나 몹시 바빠서 이만 줄입니다.

이태지에게 답함 기해년(1659, 현종 즉위년) 6월 8일

答李泰之 己亥六月初八日

며칠 동안 소식을 듣지 못하여 몹시 그리워하고 있습니다. 방금 듣건대 좌의정(심지원(沈之源))이 어제 탑전(榻前)에서 또 전에 했던 말을 거듭하고, 관직에서 물러나 백의종사할 것을 청하였다고 하니, 그 마음은 반드시 쫓아내고야 말려는 데 있는 듯합니다. 이는 마땅히 피해야 하는 데 어떻게 해야겠습니까? 부디 헤아려 보여 주십시오. 형의 거취는 장차 어떻게 하시겠습니까? 아울러 보여 주십시오.

이태지에게 답함 기해년(1659, 현종 즉위년) 6월 11일

答李泰之 己亥六月十一日

어제 답장은 매우 감사합니다. 저녁에 성상의 하교가 또 내려왔으니, 삼가 한층 더 황송하실 것으로 생각됩니다. 며칠 전에 우재(迂齋 이후원(李厚源)) 재상이 편지를 보내어 "아무개 형이 돌아가는 길이 점점 어려워진다."라고 하였는데, 당시에는 그다지 그렇게 생각하지 않았습니다. 지금 과연 이와 같으니 또한 신기합니다. 이미 성안으로 들어오셨는지 모르겠습니다.

저는 어제 일찍 상소를 올렸는데 아직까지 비답을 받지 못하고 있습니다. 다만 듣자니 두 상신(相臣)에게 하문하셨다고 하는데, 혹 마지못해 따르실 것으로 생각합니다. 묵묵히 기도드립니다. 일일이 쓰지 못합니다.

이태지에게 답함 기해년(1659, 현종 즉위년) 6월

答李泰之 己亥六月

마신 물이 찬지 따뜻한지는 다른 사람이 알지 못합니다. 이웃에 태재(太宰 이후원(李厚源))가 있으니 상의할 수 있습니다. 그러나 양쪽 모두 인편이 없어 서로 만날 수 없으니 답답한 마음만 큽니다.

○ 형의 말에는 믿기 어려운 점이 있습니다. 대행 대왕(大行大王)께서 한창 능력을 발휘하시던 날에 형은 곧 수수방관하면서 도망하였는데, 오늘날에도 옛 습관이 어찌 반드시 없으리라 보장할 수 있겠습니까.

이태지에게 보냄 기해년(1659, 현종 즉위년) 6월

與李泰之 己亥六月

서로 소식을 듣지 못하는 것은 형세입니다. 성상의 뜻에 힘써 부응하라고 하는 것은 동춘(同春 송준길(宋浚吉))의 논의이고, 체차하면 나가지 말라고 하는 것은 시남(市南 유계(兪棨))의 말입니다. 도성 문 밖 강가에서 그대로 남쪽으로 돌아가고자 하는 것은 저의 뜻입니다. 한 번 상소하고 두 번 상소하는 것은 제가 아직 결정하지 못한 계책입니다. 숙배(肅拜)하고 병을 핑계로 삼아 거취를 결정하는 것은 제가 형을 위해 도모한 것입니다. 도성 문 밖 강가에서 필마(匹馬)로 찾아 주시는 것은 제가 형에게 바라는 것입니다.

함(咸)의 상소[98]가 매우 심각한 데다 제가 여러 공에게 그것을 바친 것 때문에 세상살이가 어렵게 되었습니다. 이만 줄입니다.

98 함(咸)의 상소 : 함릉군(咸陵君) 이해(李澥)가 1659년 6월 21일 상소를 올려 효종의 능을 수원에 쓸 수 없다고 극언하였다. 《顯宗實錄 卽位年 6月 21日》

이태지에게 보냄 기해년(1659, 현종 즉위년) 6월 28일

與李泰之 己亥六月二十八日

산루(山樓)가 고요한데 형이 나오지 않으시니, 서로 바라보아도 싫증 내지 않는 것은 참으로 하나의 경정산(敬亭山)뿐입니다.[99] 저는 이미 한가로운 몸이 되었으니 이쪽이든 저쪽이든 모두 안 될 것이 없습니다.

미공(美公 윤선거(尹宣擧))은 어떻게 생활하려 합니까? 이 공은 여강(驪江 윤휴(尹鑴))의 색채에 깊이 물들어서 반드시 한번 광채를 내고자 하였으므로 이렇게 갑자기 오는 거조를 한 것입니다. 시남(市南 유계(兪棨))은 이미 그것을 근심하여 그에게 오지 말도록 권하고자 하였습니다.

저는 자리에서 물러난 뒤에 비로소 병의 고통스러움을 깨닫고 침석(枕席)에서 전전하며 살고 싶은 생각이 전혀 없으니, 어찌해야 좋을지 모르겠습니다. 내달 삭전(朔奠)에 병을 무릅쓰고 들어가 곡하고서 돌아가고 싶은 마음 간절한데, 이 계책은 어떠합니까? 부디 헤아려 보여 주십시오. 할 말은 많으나 이만 줄입니다.

99 서로……경정산(敬亭山)뿐입니다 : 당나라 이백(李白)의 〈독좌경정산(獨坐敬亭山)〉에 "서로 바라보며 둘 다 싫증 내지 않는 건, 오로지 경정산뿐이라네.〔相看兩不厭, 只有敬亭山.〕"라고 하였다. 자신의 심정을 이해할 수 있는 사람이 아무도 없는 서운함을 드러낸 것이다. 《李太白文集 卷20》

이태지에게 보냄 기해년(1659, 현종 즉위년) 6월
與李泰之 己亥六月

형의 상소가 또 순조롭지 않습니다. 이 일을 이렇게까지 길게 끌어 곁에서 보는 자들도 매우 답답하게 여기고 있는데, 다시 어떻게 해야 할지 모르겠습니다. 만일 결말이 속히 나기를 바란다면 반드시 일이 잘되도록 주선하는 여러 공의 힘을 얻은 뒤라야 가능한데, 이것은 시남(市南)의 책임입니다. 저의 자급(資級)은 비록 윤허받지 못하더라도 의금부의 직임은 힘껏 사양하여 반드시 윤허를 얻은 뒤에야 마음이 편안해질 것입니다.[100] 그러므로 좨주(祭酒)의 결말을 기다린 뒤에 다시 글을 올리고자 합니다.[101]

중간에 모여서 회포를 풀고자 하였으나 각각 사세(事勢)에 구애되니 어찌하면 좋겠습니까.

100 저의……것입니다 : 송시열이 당시에 숭정대부(崇政大夫) 겸판의금부사(兼判義禁府事)로 승진하여 제배되었으나 극력 사양하여 체직되었다. 《宋子大全 附錄 卷3 年譜2》

101 좨주(祭酒)의……합니다 : 송시열이 당시에 겸임한 좨주의 품계가 본래 3품이기 때문에 준례를 들어 사직하기를 청하였으나 현종이 그대로 띠도록 명하였다. 《宋子大全 附錄 卷3 年譜2》

이태지에게 답함 기해년(1659, 현종 즉위년) 7월 10일

答李泰之 己亥七月十日

산속이 고요한데 서찰이 갑자기 이르니 감사한 마음 그지없습니다. 다만 슬하에 근심이 있다는 것을 알았으니 우려하는 마음도 깊습니다. 그러나 홍성하는 시운(時運)이 바야흐로 형통하여 조야(朝野)가 장차 모두 복을 받을 것이니 소소한 재액을 어찌 염려할 것이 있겠습니까.

저는 행장(行狀)[102]의 글이 아직 도착하지 않아 단지 찬집한 여러 문자만 점검하고 있을 뿐입니다. 시사(時事)는 내버려두고 다시는 말하지 마십시오. 홍(弘)의 차자는 아직 보지 못하였습니다. 그러나 남의 잘못을 틈타 엄습하여 승리를 취하는 것은 또한 대성인(大聖人)의 일이 아닙니다.

저는 자처(自處)할 바를 이미 잘 아는데, 이는 초동(草洞 송준길(宋浚吉))이 걱정한 것입니다. 만약 길(吉 윤선거(尹宣擧))과 함께 저를 방문해 주신다면 얼마나 다행이겠습니까. 이만 줄입니다.

102 행장(行狀) : 이경석(李景奭)이 찬술한 영릉(寧陵)의 행장을 가리킨다.

이태지에게 보냄

與李泰之

저의 집으로 말하자면 죽도 잇지 못하는 형편이라 어려서부터 고량진미를 먹고 자란 4, 5명의 무리를 감당할 수 없습니다. 서울 안에서는 그 외가의 부유함이 공실(公室)에 필적하고 그 아버지도 봉록을 받으니, 그들을 서울로 보내는 것이 어찌 좋지 않겠습니까. 그러나 일절 허락하지 않는 것은 뜻이 있어서입니다. 저는 학문을 하는 일에 착실하지 못하고, 또 그들이 교유하고 논의하는 즈음에 저로 인해 손상을 입을 우려가 적지 않을 것이기 때문입니다. 현윤(賢胤) 수재(秀才) 무리는 부득이한 경우가 아니라면 그냥 슬하에 두고 《소학(小學)》을 숙독하게 하며 서울에 들어가는 것을 허락하지 않는 것이 좋을 듯합니다. 부디 묵묵히 헤아려 주시기를 바랍니다.

이태지에게 보냄 기해년(1659, 현종 즉위년) 7월

與李泰之 己亥七月

성상께서 불쌍히 여겨 직명을 체차하도록 윤허해 주시어 이미 한가로운 사내가 되었으니, 도성 문 밖 강가에서 어찌 다시 이별할 필요가 있겠습니까. 종자(從者)를 기다리며 막혔던 회포를 잠시 풀고자 하였으나 바쁜 일이 조금 생겼습니다. 지금 성동(城東)을 향해 가다가 숙소를 정하면 형이 머무는 곳을 찾아 평온히 뵙겠습니다. 몹시 바빠서 이만 줄입니다.

이태지에게 보냄 기해년(1659, 현종 즉위년) 7월

與李泰之 己亥七月

어제 보낸 편지는 보셨습니까? 어느 날 강을 건너십니까?

형의 의(義)와 동춘(同春)의 인(仁)은 모두 존경하여 복종할 만합니다. 다만 이 사람은 비인(非仁)과 비의(非義) 사이에 처하여 그저 낭패만 당하여 광증이 머지않아 가까운 시기에 발작할 것이니, 어찌해야 좋을지 모르겠습니다.

어제 관질(官秩)을 올리라는 명이 또 뜻밖에 나와서 모두 간절하게 사양하였으나 모두 윤허하시리라는 것을 보장하기 어렵습니다. 도름지기 담장을 따라 달아나는 행동[103]이 있은 뒤에야 비로소 결말이 날 수 있을 것입니다.

아이는 나아가고자 해도 타고 갈 말이 없는데, 말을 빌리면 저녁에 나갈 수 있을 것입니다.

103 담장을……행동 : 높은 관직을 받을 적에 더욱 겸손하게 자신을 낮추고 그 직책을 어렵게 여기는 태도를 이른다. 《춘추좌씨전》 소공(昭公) 7년 조에 "정고보(正考父)의 정명(鼎銘)에 '첫 번째 명을 받고서는 몸을 숙이고 두 번째 명을 받고서는 몸을 구부리고 세 번째 명을 받고서는 더욱 몸을 구부려 담장을 따라 빠른 걸음으로 달아나니, 또한 나를 감히 업신여기지 못한다.' 하였다."라고 보이는데, 두예(杜預)는 《춘추좌씨경전집해(春秋左氏經傳集解)》에서 "담장을 따라 빠른 걸음으로 달아난다는 것은 감히 편안히 걸어 다니지 않음을 말한 것이다."라고 풀이하였다.

이태지에게 보냄

與李泰之

오늘 궐하(闕下)에서 곧장 형 쪽으로 향하려 하였는데, 갑자기 일이 있어 중도에 그쳤으니 한탄스럽습니다.

상소를 올리는 일과 교외로 나가는 일은 장차 어떻게 해야겠습니까? 저의 거취는 반드시 발인까지 기다려야 하겠습니까? 세밀히 생각하여 가르쳐 주십시오. 떠나는 것은 비록 인혐하여 체직되어야 하더라도 시급히 하지 않으면 안 됩니다. 어떻게 생각하십니까? 아울러 가르쳐 주십시오.

상소문의 초고는 저도 겨를이 없어 작성하지 못하였습니다만 대충 써내어 보여 드립니다. 이만 줄입니다.

이태지에게 보냄
與李泰之

거취를 누차 하문하셨는데, 산 풍경을 보고 샘물 소리를 듣는 사람에게는 적합하지 않은 듯하니, 그것이 찬지 따뜻한지는 물을 마신 지 며칠인데 아직도 그것을 모르시겠습니까. 노(魯)[104]의 말은 범범한 논의에는 적합하나 이 사람에게는 맞지 않습니다.

공주(公州)에서 대과(大科)를 설행할 때 어떤 사람이 그의 벗을 유인하여 함께 입격을 취하기로 약속하였는데, 그 벗이 먼저 활을 쏘아 입격하자 그 사람이 즉시 손을 내저으며 활을 쏘지 않고 "지금이 어찌 영예를 취할 때이겠는가."라고 말하였습니다. 그의 벗이 성을 내고 꾸짖으며 죽고 싶어 하였으나 훗날 그 사람은 감관(監官)에게 죽고 그의 벗은 만호(萬戶)가 되었습니다. 오늘날 형과 노(魯)는 바로 그 사람의 술수를 쓴 것입니다. 그러나 저는 참으로 만호를 바라지 않습니다. 저는 어리석고 사리에 어두워서 형에게 속임을 당하지 않았으니 오늘날 거울삼을 만합니다. 그리고 전일에 고언(苦言)을 형에게 드렸으나 들어주지 않으셨으니 오늘 앙갚음하려는 마음이 없을 수 있겠습니까.

내일 아침에는 우재(迂齋 이후원(李厚源))의 말을 따라 들어가 사은(謝恩)할 것이니 물이 찬지 따뜻한지, 저를 유인하는지 속이는지는 만나 보면 간파할 수 있습니다. 이만 줄입니다.

104 노(魯) : 윤순거(尹舜擧)의 세거지(世居地)인 노성(魯城)의 줄임말로, 여기서는 윤순거를 가리키는 것으로 보인다.

이태지에게 답함

答李泰之

답장에 깊이 감사드립니다. 이미 병을 잘 조리하라는 명을 받들었으니 조금 지체하며 다시 청해도 무방합니다. 그러나 너무 지체한다면 온당치 못할 것입니다. 이미 지레 떠날 수도 없고 다른 곳으로 옮길 수도 없으니, 마땅히 제공(諸公)이 알선하여 공적으로나 사적으로나 편하게 해야 할 듯합니다. 그러나 누가 이것을 할 수 있을지 알 수 없으니, 이것이 염려스럽습니다. 여기에는 참새 떼만이 뜰에 있을 뿐입니다. 그러나 형이 만약 오실 생각이 있다면 다시 이곳의 일을 보고서 여쭙겠습니다. 이만 줄입니다.

이태지에게 보냄

與李泰之

형의 일은 여유작작하고 저는 괴롭고 지쳤습니다. 강가로 나가는 계획에 대하여 우재(迂齋 이후원(李厚源))는 무익하다고 하는데, 무익한지 아닌지는 자신에게 달려 있을 뿐입니다. 대개 벼슬길에 나가지 않으면 스스로를 지킬 도리가 전혀 없고, 내려가는 것은 인정상 차마 할 수 없는 바가 있으므로 단지 강가에서 머뭇거리면서 인산(因山)이 끝나기를 기다리려 합니다. 이 계책은 어떠합니까? 이만 줄입니다.

이태지에게 보냄

與李泰之

들으니 이미 도성에 들어오셨다고 합니다. 삼가 생각건대 성상께서 마음에 위안이 되셨을 것입니다. 즉시 찾아가 회포를 풀고 싶으나 할 수 없으니, 한탄스럽습니다.

근년에 석야(石爺)께서 차자를 올려 초(楚)가 먼저 해서는 안 된다고 논하자 신로(愼老)께서 즉시 교외로 나갔는데,[105] 제가 오늘날 불편한 것이 어찌 그때보다 열 배나 더할 뿐이겠습니까. 즉시 도성 문 밖으로 나가 강상(江上)으로 옮겨 가서 일의 결말을 기다리고 싶은데, 어떨지 모르겠습니다. 부디 헤아려 가르쳐 주십시오.

105 석야(石爺)께서……나갔는데 : 석야는 김상헌(金尙憲)을, 신로는 김집(金集)을 가리킨다. 임담(林墰)이 이조 판서가 되자, 김상헌이 차자로 "김집보다 먼저 해서는 안 됩니다."라고 하였다. 여기서 '초(楚)'는 임담을 가리키는데 그 뜻은 자세하지 않다. 어쩌면 '임지(林之)' 두 글자가 와전되어 '楚' 자로 된 듯하다. 《宋子大全隨箚 卷4》

이태지에게 보냄

與李泰之

성상의 뜻이 융숭한데 끝내 머물고 싶지 않다면 다시 머물 필요가 없으니, 스스로 진퇴유곡(進退維谷)의 상을 취하였습니다. 다만 이미 잠시 머물겠다고 상달(上達)하였으니, 길을 바꾸어 그대로 떠나가기 어렵습니다. 이후로는 형세상 머물러 있다가 반드시 그 직임에서 체차된 뒤에 조용히 내려가야 합니다. 그러나 모름지기 물어볼 만한 곳에 물어보아야 할 것입니다. 더디게 떠나는 것이 이 지경에 이르렀습니다. 비록 어진 사람의 마음을 보았더라도 사태를 너무 늦게 파악한 것은 그렇다고 할 수 있습니다. 이만 줄입니다.

이태지에게 보냄
與李泰之

일전에 연석에서 한 말을 듣지 못하셨습니까? 회암(晦菴)이 말한 "여러 공(公)은 자신의 사욕을 이겨 선(善)을 따르지는 못하고 뜻을 굽혀 미봉하며 선비를 잃었다는 비난이 있을까 두려워한다."[106]라는 것이 바로 오늘날의 일을 가리키는 것입니다. 단지 사람으로 하여금 형세가 군박하게 할 뿐입니다. 매우 괴롭습니다.

106 여러……두려워한다 : 《회암집(晦菴集)》 권24 〈답장흠부(答張欽夫)〉에 보인다.

이태지에게 보냄
與李泰之

어제 아뢴 것은 아직 답을 받지 못했습니다. 문자는 지난밤에 이미 들였는데 아직 비답이 내리지 않았습니다. 언사가 간혹 매우 박절하여 승지가 깜짝 놀라 고치기를 청하니 허락하셨는데 결말이 어떠할지 모르겠습니다. 대저 오늘의 일은 우려와 탄식을 금할 수 없으니 어찌해야 하겠습니까. 형의 일을 누가 감히 지휘할 수 있겠습니까. 형이 스스로 해야 할 뿐입니다.

저는 흔적 없이 스스로 벗어날 길이 없으므로 어쩔 수 없이 상소를 올렸습니다. 만일 다른 길이 있다면 어찌 이리 괴롭겠습니까. 소장(疏章)을 들이고 머물기를 권면받았으나 떠났으니 큰 은택이 녹록지 않습니다. 그러므로 지금 세상에는 이런 일이 많아 아주 흔한 일로 여기는데, 형도 기뻐하며 본받으시렵니까? 다만 생각건대 형은 유지(諭旨)를 받들고 들어와서 절로 서관(庶官)과는 같지 않으니, 그저 휴가 30일을 얻어 조용히 내려가는 것이 어떠할지 모르겠습니다. 저는 옳고 그름을 알 수 없으니 부디 이웃 재상[107]에게 물어보는 것이 어떻겠습니까.

주사(朱砂)는 남에게 청하는 데 익숙하지 않아 가지고 있는 것이 전혀 없으니 어쩌면 좋겠습니까. 곧 문을 나가 조지서(造紙署)에서 빌려 지문(誌文)을 지을 계획입니다.

107 이웃 재상 : 완남부원군(完南府院君) 이후원(李厚源)을 가리키는 듯하다. 《宋子大全隨箚 卷4》

이태지에게 보냄
與李泰之

어제 보낸 답장을 받아 보셨습니까? 이 말[108]은 제가 이미 오래전에 들었으나 부자간에도 서로 말하지 않은 것은 그가 구차하게 면하려는 마음을 먹고 망녕되이 주선할까 염려해서입니다. 그는 다른 곳에서 들었는데, 우재(迂齋 이후원(李厚源))도 듣고 알려 주었습니다. 처음에는 형과 의논하고자 하였으나, 다시 생각해 보니 마침 서로 연루되었기에 오늘의 일은 그저 두문불출하고 손님을 사절하는 것이 합당하였습니다. 다만 형과 의논하고자 했던 것은 물러나기를 더디게 하고 빠르게 하는 것에 따라 무엇이 득이고 무엇이 실인가 하는 것이었습니다.

아이는 "경연에 출입하며 봄이 되기를 기다렸다가 내려가는 것이 낫습니다."라고 하는데, 결코 그렇게 해서는 안 됩니다. 형이 속히 떠나기를 바라는 자는 오늘 이미 "기미를 보았으나 또한 이미 늦었다."라고 말할 수 없지만 "이 때문에 떠난다."라고 말할 것도 없습니다. 모든 일을 잘 생각하여 가르쳐 주십시오.

우재가 이 편지를 써서 그동안 발설하지 말라고 한 것이 매우 간곡하였을 뿐만이 아니니, 살펴본 뒤에 바로 돌려주시고, 부디 얻어 본 사람처럼 행동하지 말아 주십시오.

108 이 말 : 당시에 차마 듣지 못할 이야기로, "송시열이 사성(嗣聖), 즉 대를 이은 임금에게 전일하려는 마음이 없다"는 것을 말한다. 《宋子大全隨箚 卷4》

이태지에게 보냄

與李泰之

어제 미진한 점이 매우 많았으나 객이라서 지레 흩어졌으니, 지금까지 몹시 한스럽습니다. 저의 일도 스스로 명료하게 하지 못하니 형을 위해서 도모할 수 없습니다. 다만 형의 뜻을 가만히 살펴보면 하루가 다하기를 기다리지 않는 계책[109]이 없어 차마 결단하지 못하였으니, 비록 어진 사람의 마음이기는 하지만 거취의 의리에 어떠하겠습니까.

저는 이미 이러한 제목(題目)을 얻었으니,[110] 자기 목을 찌르고 배를 가르지는 못하더라도 다시 어찌 감히 얼굴을 들고 이 세상에서 지체할 수 있겠습니까. 비록 대단한 일이 있더라도 돌아보지 않는 경우가 있는데, 더구나 형을 위하여 속히 할 수 있는 것을 지체하겠습니까. 또한 원컨대 형은 성인(聖人)이 진(陳)나라와 채(蔡)나라 사이에서 양식이 끊어졌어도 돌아보고 염려하는 바가 없었던 기상[111]을 떠올리십시오.

109 하루가……계책 : 속히 떠나는 계책을 뜻한다. 《주역》 〈계사전 하(繫辭傳下)〉에 "군자는 기미를 보고 떠나면서 하루가 다하기를 기다리지 않는다."라고 하였다.

110 이러한 제목(題目)을 얻었으니 : 차마 들을 수 없는 비난을 받았다는 뜻으로, "송시열이 대를 이은 임금에게 전일하려는 마음이 없다"는 것이다. 《宋子大全隨箚 卷4》

111 성인(聖人)이……기상 : 곤궁한 상황에서도 의연한 태도를 견지하는 기상을 뜻한다. 《장자(莊子)》 〈양왕(讓王)〉에 "공자가 일찍이 진나라와 채나라 사이에서 곤궁한 액운을 당했을 때, 7일 동안이나 밥을 지어 먹지 못하고 명아줏국에 쌀 한 톨도 넣지 못한 채로 멀건 국만 마시다 보니 얼굴빛이 매우 초췌했는데도 방 안에 앉아서 거문고를 타며 노래를 불렀다."라고 하였다.

다만 오늘날을 보건대 저를 괴롭게 하는 것이 한 가지가 아닌데 장차 대역(大逆)으로 모함하려 하니, 결코 성세(盛世)의 일이 아닙니다. 회옹(晦翁)이 "아무개가 바로 이러한 때 관직을 얻었으니 애석하다."라고 하였는데,[112] 이 말은 깊이 반성할 만합니다.

여러 번 상소를 올리면서 글에 써넣지 말라[113]는 뜻으로 우재(迂齋 이후원(李厚源))가 이미 간곡하게 경계하였으니 감히 가슴에 새겨 두고 일을 마치지 않겠습니까. 지극히 가련하니, 이 또한 똑같은 운명입니다. 다만 병 고치는 일에 대해 만약 자립할 수 있다면 반드시 사람들에게 꺼림을 받을 것이니, 이것은 누구의 잘못이겠습니까.

112 회옹(晦翁)이……하였는데 : 이동(李侗)의 아들 이신보(李信甫)가 정인(正人)이 배척받고 쫓겨날 때 정인에 제배(除拜)되자, 주희가 편지를 보내 이런 말로 경계하였다. 《晦菴集 卷28 與李誠父書》

113 여러……말라 : 이후원이 "뜬소문을 상소할 필요는 없다."라고 말한 것을 가리킨다. 《宋子大全隨箚 卷4》

이태지에게 답함

答李泰之

보여 주신 뜻은 삼가 잘 알았습니다. 저는 오늘 이미 두 번째 상소를 올렸으니 이후의 일은 따라서 알 만합니다. 시남(市南 유계(兪棨))이 이번에 편지를 보내 말다툼의 단서를 조금 드러냈는데, 어찌 형의 말로 인하여 그렇게 한 것이 아니겠습니까. 만류하는 말이 많이 있었으니 우습습니다. 이와 같은데도 머무를 수 있겠습니까.

성제(誠弟 송시도(宋時燾))가 바로 이 때문에 관직을 얻었으니 매우 난처합니다. 벼슬을 하면 이치를 해치고 벼슬을 하지 않으면 흔단(釁端)을 돕게 되는데, 형이 어떻게 가르쳐 주실지 모르겠습니다. 이미 "이치를 해친다."라고 하였으니, 고려하는 바가 없어야 좋을 것입니다.

이태지에게 답함
答李泰之

일찍이 두 장의 손바닥만 한 편지를 받고 매우 위안되었습니다. 박(朴)의 상소는 들어는 보았으나 보지는 못하였습니다. 이른바 운운한 것은 과연 무슨 일인지 모르겠습니다. 이 박씨는 어려서부터 종형(從兄)에게 배우고 스승을 위해 복(服)을 입은 자인데 이와 같이 괴이한 짓을 하였으니 매우 한탄스럽습니다.

시남(市南 유계(兪棨))의 편지에 마음을 기울여 답하였습니다. 저 사람이 비록 외면당하였더라도 우리가 어찌 차마 똑같이 하겠습니까. 성보(誠甫 송시도(宋時燾))의 일은 단지 그가 스스로 처신하는 데 달렸습니다. 그러나 형도 소견을 알려 주십시오.

형의 일은 절로 길보(吉甫 윤선거(尹宣擧))의 일과는 같지 않습니다. 만일 지체하고자 한다면 반드시 연석(筵席)에 출입하며 소회를 다 아뢰어야 합니다. 그렇지 않으면 속히 떠나야 하니, 이렇게 서성거리며 사람들의 기롱을 야기해서는 안 됩니다.

이태지에게 답함
答李泰之

편지를 받고 위안되었습니다. 길보(吉甫 윤선거)가 어제 저물녘에 들러서 곧장 형의 진퇴에 근거가 없다고 말했는데, 이 말은 일리가 없지 않은 듯합니다. 입시하자마자 즉시 돌아간 것도 말이 되지 않는 듯합니다. 이미 지체하였으니 형세상 반드시 착실하게 일을 맡아야 하고, 떠날 만한 점이 있은 뒤에 떠나야 할 것입니다.

성보(誠甫 송시도)의 일은 참으로 여러 가지 불편한 점이 있으니, 형이 물러나자 아우가 나아갔으므로 사람들의 의심을 일으킨 듯합니다. 게다가 신(臣)[114]과 서로 이어서 하는 것은 문호(門戶)의 복이 아닙니다. 형제 네 사람 중에 세 사람이 관원이 되었으니 귀신이 시기하는 데 대한 두려움이 없지 않습니다. 구구절절 생각해 보면 단지 전 교관(教官)으로서 전리(田里)에서 유유자적하는 것이 합당합니다. 그러나 가형(家兄)이 반드시 처분을 내리는 바가 있을 것입니다. 어떻게 생각하십니까?

114 신(臣) : 두주(頭註)에 "'臣' 자는 의심스럽다."라고 하였다.

이태지에게 답함

答李泰之

편지가 와서 매우 위안되었습니다. 어제 사직을 청하는 소장을 올렸는데, 오늘 아침 사대(賜對)하는 자리에서 상께서는 제가 돌아가는 것을 윤허하지 않으셨고 미천한 신은 머물겠다고 말하지 않았습니다. 삼가 천안(天顔)을 우러러보니 눈물이 눈자위에 가득하였고 미천한 신도 눈물로 옷깃을 적시며 나왔습니다. 이후에 다시 상소를 올려야 할 것입니다. 형은 어찌하여 들어오지 않아 사람으로 하여금 이해하지 못할 말을 하게 하십니까.

이태지에게 답함

答李泰之

답장은 삼가 잘 알았습니다. 직임을 띠고 서울에 있으면서 곡반(哭班)에 참석하지 않는 것은 매우 온당치 않다는 것을 깨달았습니다. 두 번째 상소를 도로 내주시면 교외로 나가는 것이 오히려 편안하겠습니까? 감히 알지 못하겠습니다. 우재(迂齋 이후원(李厚源)) 재상과 서로 의논하시리라 생각합니다. 오직 이 사람의 종적이 매우 낭패한 것[115]은 우재께 상세히 들었으리라 생각합니다. 물러나는 것 외에는 다시 다른 방책이 없으니 공제(公除) 뒤에 상소를 올리고 교외로 나가고자 합니다. 체직되어 한가로이 지내다가 발인 뒤에 내려가면 조용할 듯하나 일에는 알 수 없는 점이 있어 오늘 일찍 결정하는 것이 좋겠는데, 형은 어떻게 생각하십니까?

무엇보다도 저의 문제로 인하여 우재 상공이 나라를 그르친다는 죄명을 뜻밖에 얻었으니 이는 매우 온당치 않습니다. 이후의 일은 더욱 말하기 어렵습니다. 다만 묵묵히 이해할 수 있을 것입니다.

115 이……것 : 이 사람은 경성 판관(鏡城判官) 홍여하(洪汝河)를 가리킨다. 홍여하가 올린 상소문에 '측력(崱屴)'이라는 두 글자가 있었는데, 측력은 곧 산이 연해 있는 모양으로, 이후원이 나라를 그르치며 송시열과 송준길 등 여러 사람과 편당 짓기를 연해 있는 산처럼 하였다는 뜻으로 언급한 것이다. 《宋子大全 附錄 卷3 年譜2》

이태지에게 보냄 기해년(1659, 현종 즉위년) 10월 23일

與李泰之 己亥十月二十三日

다른 일은 물을 것도 없이 우재(迂齋 이후원(李厚源))의 생각은 죄를 면하기 어렵다고 여깁니다. 그러므로 저 또한 그가 면하기 어려움을 알았으니, 임시로 다시 사양하는 것은 그만둘 수 없을 듯합니다.

저는 보름날에 잠깐 움직인 나머지 연일 고통스러워하고 있습니다. 제 마음은 비록 죽더라도 반드시 흠위(廞衛)를 배종(陪從)하고자 합니다. 그전에 다시 청하건대, 도성에 들어가는 날 곧장 이곳에 들어와서 여러 가지를 헤아려 보는 것이 어떠합니까? 날이 저물어 일일이 쓰지 못합니다.

이태지에게 답함
答李泰之

두 통의 편지에 깊이 감사드립니다. 어제 길보(吉甫 윤선거), 사성(思誠 권시(權諰)), 사심(士深 이후원)은 향리에서 광주(廣州)로 오고 광주에서 교외로 와서 이미 도착하였습니다. 그런데 죄를 면하기를 도모한 것을 매우 잘못되었다고 하였는데, 이 의리가 어떠한지 모르겠습니다. 저 같은 사람은 정신이 혼미하여 마땅한 바를 알지 못하는데, 이미 우재(迂齋), 동춘(同春 송준길) 등 여러 사람과 상의하여 결정하였습니까?

이태지에게 보냄 기해년(1659, 현종 즉위년) 10월 27일
與李泰之 己亥十月二十七日

두 윤씨(尹氏)[116]가 일부러 좁은 오솔길에 들어갔다가 벗어나는 것을 고상하다고 여기는 것을 매양 괴이하게 여겼는데, 어찌 형이 오늘 그들을 본받을 줄을 생각이나 했겠습니까. 이미 들어온 뒤에는 좋은 계책이 없으므로 감히 잘잘못을 분별하지 않을 수 없습니다. 오늘 함께 잠을 잘 수 있게 되었으니 서글픈 심정을 다 말하는 것이 어떻겠습니까. 저는 형이 거취를 어떻게 결정하셨는지 모르겠습니다.

○ 다만 우재(迂齋 이후원)에게 물어보았는데, 우재는 그가 물러나기를 바라는 자이니, 이 사람이 가리키는 바는 틀림없이 잘못이 없을 것입니다. 그저께부터 지금까지 모두 제가 형을 그르친 것을 탓하니, 세간의 일은 이와 같은 경우가 많습니다.

116 두 윤씨(尹氏) : 윤문거(尹文擧)와 윤선거(尹宣擧)를 가리킨다.

이태지에게 보냄

與李泰之

이 지경에 이르렀으니 다른 일을 막론하고 어찌 내려갈 형세가 있겠습니까. 그러나 한번 사면(辭免)하는 것은 불가피할 듯합니다. 형은 이미 처음부터 도모하였으니, 오직 왕실에 충성을 다하고 동료들과 협동해야 합니다. 만약 반드시 떠나고자 한다면 형제가 속히 손을 잡고 함께 돌아가서 특별한 은총이 베풀어지지 않게 해야 할 것입니다. 만약 자기는 반드시 떠나고자 하면서 몰래 그 일이 이루어지기를 바란다면 이는 귀를 막고 종을 훔치는 일과 같습니다. 부디 맹렬하게 살피시기를 바랍니다.

이태지에게 답함
答李泰之

편지가 와서 위안되고 기쁩니다. 형의 경우에는 떠날 수 있는 의리가 없을 뿐만 아니라 형세상 실로 떠나서는 안 되는데, 밖에서 이런 말을 하는 것이 어찌 성실한 도리이겠습니까.

존백씨(尊伯氏)의 일[117]은 제가 소식을 들은 바가 없습니다. 그러나 아끼는 자는 마음으로 기뻐하고 아끼지 않는 자는 입술을 비쭉거릴 것을 앉아서도 알 수 있습니다. 그러나 단지 성상의 뜻이 향하는 바에 달려 있을 뿐입니다. 오늘 말을 사서 편자를 붙이면 달리 거리낄 만한 일이 없을 것입니다. 더디 갈지 빨리 갈지는 단지 이 일에 달려 있을 뿐입니다. 세 갈래의 큰길에서 묻는 자가 어찌 "군부(君父)의 질병을 잊고 망녕되이 병 고치는 일을 논한다."라고 말하지 않겠습니까. 떠나가실 때 형이 혹 배웅하십니까?

117 존백씨(尊伯氏)의 일 : 이유태에게 연로한 부모가 있으므로 현종이 그의 백씨 이유택(李惟澤)을 연천 현감(漣川縣監)에 제수하여 성근(省覲)하는 데 편하게 하였다. 《宋子大全隨箚 卷4》《承政院日記 顯宗 卽位年 12月 26日》

이태지에게 답함
答李泰之

연이어 편지를 보니 매우 위안됩니다. 저는 병이 이와 같아 돌아갈 계획이 더욱 급합니다. 와서 묻는 자가 있으면 한결같이 "병이 나으면 돌아가려 한다."라고 대답합니다. 말씀하신 것은 참으로 그러합니다. 재능을 뽐내라는 말씀은 형의 뜻을 자세히 알지 못하겠으며, 입을 열고 싶으나 대정(大政) 때 입을 열어도 효과가 없습니다.

어제 여쭌 것은 다른 사람에게 물어보려던 것이었습니다. 다시 생각해 보니, 가까운 사람도 이미 이와 같은데 소원한 자에게 다시 무엇을 바라겠습니까. 그러므로 마음을 고쳐먹었습니다.

오늘의 일에도 어찌 성씨에 대한 혐의가 없겠습니까. 가형(家兄)이 일찍이 편지를 보내어 꾸짖기를 "강개(强介)하나 도와주는 이가 적어 형제에게 미쳤다." 하였으니, 이 말이 참으로 옳습니다. 그렇다면 성(姓) 때문이 아니라 형 때문입니다.

여(驪)의 일은 윤(尹)을 얻어 더욱 강해져서 약한 자를 등지고 강한 자에게 붙었는데, 이것이 인정입니다. 족자(族子)가 형에게 묻지 않은 것은 형세이지 다른 이유가 없습니다.

이태지에게 답함 기해년(1659, 현종 즉위년) 11월

答李泰之 己亥十一月

그저께 보내 주신 편지에 어제 다시 가르쳐 주겠다는 뜻이 있었는데 결국 바람을 저버려서 사람을 쓸쓸하게 하였습니다. 그러나 이른 아침에 서한을 받고 괴로운 마음이 깊이 위로되었습니다.

이전의 편지에서 "기다리는 것이 있다."라고 말한 것은 이렇습니다. 일찍이 산릉(山陵)의 의론과 안악(安岳)·신천(信川)의 일[118]에 대하여 대신(大臣)이 "산릉의 일이 끝나기를 간절히 기다리다가 곧 들어갈 것이다."라고 말하였고, 산릉의 일이 끝난 뒤에는 또 "청나라에서 온 사신 때문에 들어가지 못하여 괴롭고 괴롭다."라고 말하였으니, 사신이 떠나는 날이 언제입니까?

우재(迂齋 이후원) 재상이 사람들에게 말하기를 "대신이 들어가면 아무개 역시 떠나야 한다." 하였습니다. 저는 처음에 '19일에 청나라 사신이 떠나면 20일에 대신이 당연히 들어갈 것이다.'라고 생각하였습니다. 그러므로 그가 20일에 들어가기를 기다렸다가 저는 오늘 정고(呈告)하려 하였는데, 뜻밖에 그가 19일에 홍제원(弘濟院)에서 복명(復命)하자마자 곧바로 인책하고 들어갔습니다. 이 때문에 제가 어제 또

118 산릉(山陵)의……일 : 산릉의 의론은 효종의 능을 수원(水原)에 써서는 안 된다는 의론이다. 안악·신천의 일은 안악과 신천 백성의 전지(田地)를 점유하여 궁장(宮莊)으로 삼은 데 따른 원통한 상황을 가리킨다.《顯宗實錄 卽位年 7月 29日》이 두 가지 일로 대신이 인책하고 출사하지 않았다.

한 지례 정고하여 사직을 청하였습니다. 성상께서도 이러한 뜻을 아셨으므로 전일에는 으레 조리한 다음 출사하라는 명을 내리셨는데 오늘은 관례에 따라 말미를 주셨습니다. 세 번째 청하면 장차 원하는 대로 될 것입니다. 만에 하나 생각했던 대로 되지 않으면 곧 이어서 소장을 올리고, 여전히 청을 허락받지 못하면 오직 제가 하고 싶은 대로 할 뿐입니다.

선왕께서 승하하신 뒤에 즉시 인혐하고 떠나야 했으나 이번에 7개월 만에 졸곡하고[119] 11일이나 지나 오히려 사흘 밤을 머문 것[120]보다 많이 머물렀으니, 어찌 더디고 더디다고 하지 않을 수 있겠습니까. 제가 당초에 참으로 형보다 뒤에 떠나고 싶었으나 형이 차마 갑자기 결단하지 못하였으므로 이미 먼저 채찍을 휘두른 것입니다.

다만 한 가지 일이 있으니 여쭙지 않을 수 없습니다. 사람으로서 염치를 잃은 자를 나의 역량으로 바로잡을 수 없으면 그저 묵묵히 있어야 합니다. 무엇 때문에 도리어 그를 장려하여 그가 핑계 댈 거리로 삼게 한단 말입니까. 며칠 전부터 들은 바가 매우 괴로워 형을 위해 매우 애석하게 여겼습니다. 저는 단지 "공무를 행하는 것은 행하지 않는 것만 못하다."라고 하였습니다. 그는 필시 즐겁게 여기지 않겠지만 저의 마음은 부끄럽지 않습니다. 이로부터 모름지기 그가 발하는 것을 살펴야 합니다.

119 7개월 만에 졸곡하고 : 효종은 1659년 5월 4일에 붕어하였고, 졸곡 일은 11월 11일이었다. 《顯宗實錄 卽位年 11月 10日》

120 사흘……것 : 발걸음이 쉽게 떨어지지 않음을 말한다. 맹자(孟子)가 제나라 왕을 찾아갔다가 뜻이 맞지 않아 떠날 때, 왕이 다시 부르기를 바라며 도성에서 사흘 밤을 머무르고 주(晝) 땅을 나갔다는 고사를 차용하였다. 《孟子 公孫丑下》

별지

금오(金吾)를 얻거나 잃는 것은 모두 우리 종족에게 달렸습니다. 얻은 자는 참으로 기뻐하지만 잃은 자는 깊이 원망하니, 이는 정당한 도리로 얻지 않았기 때문입니다. 그리고 기뻐하는 자는 약하고 원망하는 자는 강성하며, 기뻐하는 자는 적고 원망하는 자는 많습니다. 설령 도리가 정당하여도 오히려 염려스러운데 하물며 그렇지 않은 경우이겠습니까. 어제 기랑(起郞)[121]이 와서 말하기를 "전인(前人)이 사면(赦免)된 뒤에 해당 조가 그대로 관직을 띠게 할 것을 계청하는 것은 본래 체례(體例)이나 하지 않았다.……" 하였습니다. 잃은 자는 집착하는 바가 있고 원망하는 자는 스스로 그만둘 수 없으나 형은 까닭 없이 그 소굴에 들어갔습니다. 그러므로 애석하게 여기는 것입니다. 아무개 형이 기뻐하는 자는 보고 원망하는 자는 보지 않는 것은 참으로 손가락으로 눈을 가리는 것입니다. 여러 차례 고하였으나 한결같이 둘러대고 있으니 탄식할 만합니다. 회답을 알고자 하여 다시 이처럼 심부름꾼을 시켜 편지를 부칩니다.

121 기랑(起郞) : 자가 기지(起之)인 김수홍(金壽興)이 이때 전랑(銓郞)이 되었으므로 이렇게 부른 듯하다. 《宋子大全隨箚 卷4》

이태지에게 보냄 기해년(1659, 현종 즉위년) 12월 10일

與李泰之 己亥十二月十日

뜻을 결단하고 나와 대궐을 돌아보니 마음이 어지러워 두 줄기 눈물이 떨어졌습니다. 외로운 생각이 맺혀 차라리 아무것도 몰랐으면 하였습니다.

형의 거취는 매우 잘 헤아려야 합니다. 오늘 저녁에 저를 찾아온 자를 통하여 외부의 논의를 들어 보니, 형이 백씨(伯氏)와 함께 내려가더라도 그 일은 끝내 그만둘 수 없으며 끝내 명에 응하지 않더라도 이미 그 이익을 누렸다고 운운하였습니다. 이 말을 듣고 마음이 좋지 않았습니다.

사람들이 또 말하기를, 형이 일찍이 춘형(春兄 송준길)과 타당하게 결정한 바가 있었으나 이 일이 이루어진 뒤에 도리어 다른 계책을 세웠으니 매우 의심스럽다고 하였는데, 이 말이 어찌하여 이르렀는지 모르겠습니다. 형이 만약 내려가면 큰 비방이 반드시 일어날 것입니다. 부디 몇 달 동안 꾹 참으며 떠날 만한 일이 일어난 뒤에 떠나는 것이 어떻겠습니까. 구구한 이 말은 실로 충심에서 나왔으니, 천만번 생각해서 마무리하는 바탕으로 삼는 것이 어떻겠습니까? 《역(易)》에 "털끝만한 차이가 천 리로 어긋난다."라고 하였으니, 부디 다시 깊이 살피십시오. 춘형은 이미 떠났습니다.

이태지에게 보냄 기해년(1659, 현종 즉위년) 12월 12일

與李泰之 己亥十二月十二日

저의 일은 어쩔 수 없는 상황에서 나온 것입니다. 형의 경우는 몇 달 동안 참고 견딜 수 있는데 이처럼 급급하여 장차 저와 다툴 듯이 하는 것은 피차간에 서로 방해되니 매우 적절하지 않습니다. 종전에 충심으로 고한 것이 도리어 허사가 되고 말았으니 이 무슨 도리입니까. 개탄스러운 마음을 가눌 수 없습니다. 비록 여러 벗을 생각하지 않는다 해도 어찌하여 성주(聖主)와 시사(時事)조차 생각하지 않는단 말입니까. 생각하노라면 눈물이 떨어집니다.

저와 아이는 진천(鎭川) 가는 길을 따라 청향(淸鄕)을 지나서 가묘(家廟)에 배알하고 돌아왔습니다. 형과 함께 돌아왔으나 같이 가지 못하였으니 또한 한번 탄식합니다. 할 말은 많지만 이만 줄입니다.

이태지에게 보냄 경자년(1660, 현종1) 1월 그믐

與李泰之 庚子元月晦日

아직도 진천에서 부모님을 모시고 계십니까? 하시는 일은 얼마나 진척이 되었습니까? 백씨(伯氏)에게서 온 편지가 있습니까?

저는 줄곧 쓰러져 누워 있으니 어찌하겠습니까. 속담에 "누운 보리와 노인은 모두 일어나지 못한다."라고 하였는데 장차 저에게서 그 말을 확인하게 될 것입니다. 무(武 유계(兪棨))에게 답한 편지를 올리니, 부디 분명한 가르침을 내려 주십시오.

저의 말은 매번 지나치게 단정적이어서 삼가지 못하거나 지나치게 급박하여 여유가 없는 문제가 있으므로 이미 잘못을 저지르고 후회하는 경우가 매우 많습니다. 이런 까닭에 형이 한번 보시고 헤아려 바로잡아 주시기를 바랍니다.

이태지에게 답함 경자년(1660, 현종1) 2월 2일
答李泰之 庚子二月二日

아들을 보낸 뒤에 마음이 더욱 좋지 않은데, 지금 백씨(伯氏)를 만나 뵙고 또 보내온 서찰을 받으니 이 마음이 매우 위안됩니다. 백씨는 전날 제가 한 말이 별다른 문제가 없는데도 스스로 매우 괴롭게 여기니, 다른 사람들은 말을 할 수 없을 것입니다.

시남(市南 유계(兪棨))의 편지는 형의 가르침을 독실히 믿어 보내지 않았는데, 아마도 그는 제가 말없이 스스로 굴복했다고 말할 것입니다. 그러나 또한 무슨 상관이 있겠습니까. 이른바 '여러 공'이 잘못 도위(都尉)[122]를 도와주고자 저와 한 번 인사를 한 친분이 있는 이들을 모두 억지로 죄안(罪案)에 넣었습니다. 그러므로 한 재상이 교산(喬山)에서 통곡하는 일이 있었으니, 기상이 어찌 참혹하지 않겠습니까. 그러나 부디 묵묵히 마음에만 담아 두기 바랍니다. 예를 갖추지 못합니다.

122 도위(都尉) : 효종의 둘째 딸 숙안군주(叔安郡主)와 혼인한 익평위(益平尉) 홍득기(洪得箕)를 가리키는 듯하다. 당시에 '차마 듣지 못할 이야기'가 홍득기에게서 나왔다고 하자, 홍득기가 상소를 올려 자책하였다. 《宋子大全隨箚 卷4》

이태지에게 보냄 경자년(1660, 현종1) 2월 4일

與李泰之 庚子二月四日

요즘 자못 격조하여 그립고 답답합니다. 형이 올린 상소에 이미 비답이 내렸습니까? 저는 어제 과부가 된 누이를 보내 서울 집으로 돌아가게 하였으니 마음이 갑절이나 좋지 않습니다. 백씨(伯氏)의 거취는 어떻게 되었습니까? 시작을 신중히 하지 못하여 이렇게 머리만 내민 쥐처럼 진퇴를 결정하지 못한 채 머뭇거리고 있으니, 모름지기 뒷날을 좋게 하는 꾀를 생각하는 것이 어떻습니까.

저는 매번 서울에서 온 편지를 받을 때마다 사나운 적이 날로 늘어나니, 참으로 죽을 곳을 모르겠습니다. 무엇보다 아이의 삭적(削籍)이 이미 해결되었다고 하나 그는 반드시 부임하려는 뜻이 없습니다. 만약 그렇다면 화색(禍色)이 틀림없이 한층 더 심해질 것입니다. 그가 가기 전에 알려 드리고 함께 의논하지 못한 것이 안타깝습니다. 나머지는 예를 갖추지 못합니다.

이태지에게 보냄 경자년(1660, 현종1) 2월 9일
與李泰之 庚子二月九日

우재(迂齋 이후원(李厚源))의 부음에 슬픔이 뼈에 사무쳐 말할 바를 모르겠습니다. 비록 신위(神位)를 설치하고 슬픔을 다하였으나 슬픔은 본래 다할 수 없으니 어찌 정(情)에 지극하지 못한 바가 있어서 그런 것이 아니겠습니까, 아니면 이후에는 서로 아끼기를 이 어른처럼 하는 분이 다시는 없을 것이기 때문이겠습니까, 아니면 늙은이의 마음이 쉽게 감응하여 그런 것이겠습니까. 위로될 만한 것은 죽을 날이 각자 머지않으니 슬퍼할 시간이 얼마 안 된다는 사실뿐입니다.

형의 행차는 다시 지체하는 것이 마땅하지 않으니, 모름지기 20일즈음까지 기다리지 말고 가까운 시기에 올라가서 한번 사정을 진달하고 청하기를 동춘(同春 송준길)의 생각처럼 하면 좋을 듯합니다. 그러나 백씨(伯氏)가 이미 부임하지 않겠다고 결정했으니, 저의 처음 생각과는 절로 같지 않습니다. 모름지기 나의 마음에 과연 편안하려는 뜻이 없는지 자세히 생각해야 하니, 그런 뒤에야 마음에 편안할 것입니다. 또 나의 역량을 스스로 헤아려야 일후에 비록 좋은 자리에 제수되더라도 굳게 앉아 움직이지 않을 수 있으니, 그런 뒤에야 의리에 편안할 것입니다.

이 저술은 엉성하게 대충 감정(勘定)해서는 안 될 듯합니다. 동춘형의 별지(別紙)에 대하여는 그때 주고받은 말을 전혀 기억하지 못합니다. 일찍이 동교(東郊)에서 객을 보낼 적에 서로 창화(唱和)하기를 "이 대감(송시열)이 이미 이러하고, 아무개(이유태)는 아무개(송준길)와 함께 타당하게 처리하였다고 하니 떠나가서는 안 될 듯하다.……" 하였습니다. 그러므로 전날에 형에게 대략 언급하여 거취를 헤아리는 중에 아울러 생각하시기를 바란 것입니다. 뜻밖에 오늘 또 뒤집혀 물결을 일으켰으니 매우 우습습니다. 대체로 오늘 이야기하는 것은 매우 난처하니 그저 입을 닫고 문을 닫아걸 뿐입니다. 이만 줄입니다.

이태지에게 답함 경자년(1660, 현종1) 2월 14일
答李泰之 庚子二月十四日

방금 퇴지(退之 이유겸(李有謙))를 만났는데, 장차 날이 저물기를 기다려 걸어서 천변(川邊)으로 향할 것이라 하였습니다. 편지에서 말씀하신 것도 이와 같고 18일도 머지않습니다.

다만 성상의 눈병이 매우 위중하다고 들었습니다. 방금 송규렴(宋奎濂)이 자신이 얻은 동춘(同春) 형의 쪽지를 제게 보여 주었는데, 성상의 시력이 스스로 손바닥을 분별할 수 있으시다는 하교가 있었습니다. 이는 필시 침과 약의 효과이니 기뻐서 뛰는 마음에 어찌 끝이 있겠습니까.

오늘 늦은 아침에 별유(別諭)가 급히 도착하였습니다. 속히 글을 올려 죄주기를 청하여 명을 태만히 여긴 것을 사죄하려고 합니다. 황공하고 위축되어 말을 할 수 없습니다. 나머지는 뵙고 말씀드리겠습니다.

이태지에게 보냄

與李泰之

어제저녁 문을 나섰으나 말 머리를 향할 곳이 없었습니다. 바야흐로 이렇게 좋은 집을 찾고 있으니, 마땅히 원룡(元龍)의 백척루(百尺樓)를 지으셔야 합니다.[123] 부끄럽고도 부끄럽습니다.

빙궤(憑几)[124]의 소식은 뜻이 깊다고 할 만합니다. 국상(國喪)의 번육(膰肉)은 배를 거머쥐고 웃을 일입니다. 거처를 정한 뒤에는 늦지 않게 혼자 말을 타고 찾아 주시기를 바랍니다.

123 이렇게……합니다 : 일신의 안일만을 도모하는 사람을 멀리해야 한다는 뜻이다. 좋은 집을 찾고 있다는 말은 일신의 이익만을 추구하는 것을 뜻한다. 원룡은 삼국 시대 위(魏)나라 고사(高士)인 진등(陳登)의 자이다. 허사(許汜)가 말하기를 "옛날 난리를 당하여 하비(下邳)에 들러 원룡을 만났는데, 원룡은 손님 접대할 뜻이 없이 오랫동안 말도 걸어 오지 않더니, 끝내 자기는 큰 와상(臥牀)으로 올라가 눕고 손님은 아래 작은 와상에 눕도록 하였다." 하자, 유비(劉備)가 곁에 있다가 말하기를 "원룡은 그대에게 우국충정을 기대하였는데 그대가 일신상의 안일만 도모하기 때문에 더불어 말할 것이 없다고 생각해서 그랬을 것이다. 이 때문에 원룡이 그대를 그렇게 대한 것인데 어떻게 그대와 말을 할 수 있었겠는가. 내가 원룡의 처지였다면 의당 나는 백척루 위로 올라가고 그대는 땅에 눕도록 하였을 것이다. 어찌 상상(上牀)과 하상(下牀)의 차이만 두었겠는가." 한 데서 온 말이다. 《三國志 魏書 陳登傳》

124 빙궤(憑几) : 《서경》 〈고명(顧命)〉에 나오는 말로, 임종 때 유언하는 것을 의미한다.

이태지에게 답함 경자년(1660, 현종1) 3월 18일

答李泰之 庚子三月十八日

편지가 와서 위안되었습니다. 다만 은혜를 받기가 어려운 것이 아니라 은혜를 갚기가 어려우니, 심히 집사(執事)를 위하여 걱정합니다. 저는 병중에 갑자기 새로운 명[125]을 받드니 그지없이 놀랍고 두렵습니다. 그렇지만 단지 몇 줄의 글을 지어 체면(遞免)되기를 간절하게 바라면 될 것입니다. 면직을 받으면 아무 일이 없게 될 것이고, 비록 혹시 이롭지 못하게 되더라도 단지 다시 이같이 할 뿐입니다.

사성(思誠) 영공(令公)은 참으로 칭찬할 만하나 몹시 괴롭게도 들풀을 잊지 못하니,[126] 이는 참으로 사슴의 본성으로 대중(大中)의 도(道)가 아닙니다. 그러나 인간 세상에서 우물쭈물하면서 속인도 아니고 승려도 아닌 자는 결국에는 반드시 낭패를 보게 되니, 이는 집사가 경계해야 할 것입니다.

보내온 편지는 어제 아침 사람을 보내 전하였습니다. 이곳은 말씀드릴 만한 것이 없고 그저 전날과 같을 뿐입니다.

125 새로운 명 : 송시열이 특명으로 우찬성에 임명된 것을 가리킨다.《宋子大全隨箚 卷4》

126 들풀을 잊지 못하니 : 초야에 묻혀 살려는 뜻을 지녔다는 뜻이다.

이태지에게 답함 경자년(1660, 현종1) 3월 24일

答李泰之 庚子三月二十四日

보내온 편지는 삼가 잘 알았습니다. 별지(別紙)는 더욱 감사합니다. 지금 입을 다물려 해도 다물고 있을 수가 없어 또 함부로 발설하고 말았으니, 어찌해야 할지 모르겠습니다.

일찍이 아무개 재상[127]이 여강(驪江 윤휴(尹鑴))의 설을 주장하며 한 번 피력하고자 하였으나 적당한 기회를 얻지 못했다고 들었는데, 이제 허락받아 깃발을 세우니 역시 가소로울 뿐입니다. 시남(市南 유계(兪棨))의 부탁으로 길보(吉甫 윤선거)의 의론을 들은 적이 있는데 여강의 의론이었습니다. 그러나 저도 아직 자신할 수 없으니, 솔직하게 자신의 견해를 말하고 고집하지 않으면 좋을 것입니다.

무엇보다도 가뭄에 보리가 죽어 굶주리는 백성이 날로 늘어나니 이것이 무슨 광경입니까. 두려움을 견딜 수 없습니다. 아이와 여러 손자가 나누어 나갔는데, 그들이 끼니를 거르는 상황을 듣자니 가련합니다. 이 아이를 혹 만나게 되면 이야기를 잘해 주십시오. 저동(苧洞)의 고아[128]는 지탱해 나가고 있습니까? 매번 그를 생각할 때마다 눈물이 줄줄 흐르는 것을 금하지 못합니다.

127 아무개 재상 : 원두표(元斗杓)를 가리키는 듯하다. 원두표가 허목(許穆)의 삼년복설을 보고 헌의(獻議)하기를 "당초의 잘못된 행동 때문에 재차 전례를 그르칠 수 없습니다." 하였다. 《宋子大全隨箚 卷4》

128 저동(苧洞)의 고아 : 저동에 집이 있었던 이후원(李厚源)의 자식들을 가리킨다. 이후원이 1660년 2월에 세상을 떠났으므로 고아라고 한 것이다.

이태지에게 보냄 경자년(1660, 현종1) 4월 5일
與李泰之 庚子四月五日

중씨(仲氏 이유부(李惟孚))가 어제 낮에 방문하여 평안하고 즐겁게 지내시는 기거를 대략 알았습니다. 그러나 이 외에는 한 가지도 전하는 것이 없어 사람으로 하여금 답답하게 하였습니다.

사문(師門)[129]의 자제가 차례로 실패하고 있습니다. 비록 그가 스스로 처리하는 데 미진함이 있었지만 우리는 물끄러미 보고 방관만 할 뿐 주선하고 중재하는 일이 전혀 없었으니, 의리로 보아 어떠한지 모르겠습니다. 지난겨울 아(丫)가 실패했을 적에[130] 저는 이미 돌아갈 작정을 하였습니다. 차마 작은 기력이나마 내지 않을 수 없었으나 역부족으로 그렇게 되었으므로 저의 마음에 부끄럽지 않습니다.

월천(月川)의 일[131]은 그 뜻이 바르기는 해도 한 가지 사례로써 단정하기는 어려울 듯하니, 한번 묵묵히 헤아려 보십시오. 사보(士輔)[132]는

129 사문(師門) : 김장생(金長生)과 김집(金集)을 뜻한다.

130 아(丫)가 실패했을 적에 : 아는 아동(丫洞)에 살았던 김익렴(金益廉)을 가리킨다. 장령으로 있을 때 예조 당상 추고 건으로 동료인 황준구(黃儁耇)와 서로 책임을 전가했다는 이유로 대신의 탄핵을 받아 사판에서 삭제되었다. 《顯宗實錄 卽位年 12月 3日, 1年 3月 19日》

131 월천(月川)의 일 : 월천 조목(趙穆)은 이황(李滉)의 문인이다. 이황이 세상을 떠난 뒤에 이황의 자식과 손자를 자신의 형제처럼 여기면서 지성으로 경계하고 신칙하여 그들이 과실을 범하지 않도록 했던 일을 가리킨다. 《宋子大全隨箚 卷4》

132 사보(士輔) : 김장생의 서자(庶子) 김비(金棐)의 자이다. 《宋子大全隨箚 卷4》

형세상 원하는 바를 얻어야 허다한 것을 구원할 수 있을 것입니다.

일찍이 미령(美命)[133]을 만나 보니, 그의 한집안 사람과 상의하는 것을 자못 어렵게 여겼습니다. 이조 판서의 허락을 얻은 뒤에야 괜찮을 것이라고 하였습니다. 하지만 누가 고양이 목에 방울을 달겠습니까. 형은 대태(大台)[134]와 연분이 있으니 입을 열 수 있겠습니까? 저는 미령에게 답하는 편지를 통해 대략 그것을 언급하였습니다. 그러나 미령은 이미 변방에서 온 편지로 의심을 받았고, 또 그의 아우가 무숙(懋叔)을 논박하여[135] 이런 청이 있게 되었으니, 온당하지 못함을 잘 알겠습니다. 다만 사보의 형이 와서 간구하기를 그치지 않았으므로 원서(元書)가 완성된 뒤에 추가로 첨부하였습니다. 형의 뜻에 만약 심히 안 된다고 여기신다면 첨부한 것을 잘라 버리고 전하신다면 매우 다행스럽겠습니다. 사보의 집안에서 지극히 바라는 것은 이웃한 찰방(察訪) 자리입니다.

133 미령(美命) : 자가 군미(君美)인 이경휘(李慶徽)를 가리킨다. 《宋子大全隨箚 卷4》

134 대태(大台) : 자가 대이(大而)인 홍명하(洪命夏)를 가리킨다. 홍명하는 1660년에 이조 판서가 되었다. 《顯宗實錄 1年 1月 22日》

135 그의……논박하여 : 1660년에 이경휘의 아우인 대사간 이경억(李慶億) 등이 남원 부사(南原府使) 김익훈(金益勳)의 난폭한 행정을 아뢰고 그를 사판에서 삭제할 것을 청하였다. 《顯宗實錄 1年 3月 25日》 무숙은 김익훈의 자이다.

이태지에게 답함 경자년(1660, 현종1) 4월 9일
答李泰之 庚子四月九日

근황이 어떠하십니까? 이미 등대(登對)할 기회를 얻으셨습니까? 이곳 사람들은 모두 "연제(練祭) 때 움직이지 않을 수 없다."라고 하지만 이미 확고하여 고치기 어렵습니다.

무숙(楙叔)의 일[136]은 지금 그의 말을 들어 보니 더욱 지극히 놀랍고 애통합니다. 장차 쌀에 미치게 될 조짐[137]이 있어 심히 백문(白門)[138]을 위하여 두려워합니다. 월천(月川)의 일[139]은 우리가 참으로 쓰지 못하더라도 유독 회옹(晦翁)이 이성보(李誠甫)에게 했던 일[140]을 보지 못했단 말입니까.

예송(禮訟)은 어떻게 귀결되었습니까? 동춘(同春 송준길)의 편지는 저의 의론을 지나치게 준엄하다고 하였는데 과연 그렇습니까? 상소에 대한 비답이 아직 내리지 않았으니, 황송하여 편치 못합니다. 일찍이

136 무숙(楙叔)의 일 : 589쪽 주135 참조.

137 쌀에……조짐 : 지강급미(舐糠及米), 즉 겨를 핥다 쌀까지 먹는다는 말로, 외부의 적이 내부마저 장악하게 되었음을 뜻하거나 욕심이 점점 커짐을 이른다.

138 백문(白門) : 창주(滄洲) 김익희(金益熙)의 아들들을 가리킨다.

139 월천(月川)의 일 : 588쪽 주131 참조.

140 회옹(晦翁)이……일 : 이성보는 주희의 스승인 연평(延平) 이동(李侗)의 아들 이신보(李信甫)로, 성보는 그의 자이다. 영신(佞臣) 용대연(龍大淵)과 증적(曾覿)이 집권할 때 간관(諫官)에 임명되자 주희가 그에게 편지를 보내어 지조를 지킬 것을 여러 번 규계한 일이 있다. 《晦菴集 卷28 與張元善書》

홍씨(洪氏) 성을 가진 사람이 가는 편에 편지 한 통을 올리고 겸하여 군미(君美 이경휘) 영공(令公)에게 답하는 편지를 보냈습니다. 지금은 이미 올무와 통발[141]이 되었으니, 편지 끝에 추가로 쓴 것은 잘라 버리고 전하면 매우 다행스럽겠습니다. 근래 진원(鎭院)의 일도 매우 분분하니 답답합니다.

141 올무와 통발 : 필요 없게 된 물건이라는 의미이다. 《장자(莊子)》 〈외물(外物)〉에 "물고기를 얻은 다음에는 통발을 잊어버리고, 토끼를 얻은 다음에는 올무를 잊어버린다."라고 하였다.

이태지에게 보냄 경자년(1660, 현종1) 4월 16일

與李泰之 庚子四月十六日

근황은 어떠하십니까? 이미 등대(登對)할 기회를 얻으셨습니까? 제 생각에는 구대(求對)도 괜찮습니다. 그럭저럭 시일만 끌면서 물러나지도 않고 나아가지도 않다가 그저 터무니없는 비난을 취해서는 안 됩니다. 구대하여 할 말을 다 하여 일찌감치 시비를 가르는 것이 좋습니다. 먼저 행하고 난 뒤에 할 말을 하라고 하신 성인의 가르침이 분명한데 형은 이와 반대로 하였습니다. 그러므로 오늘 문득 거취가 모두 어렵다는 것을 깨달았으니, 이 말을 묵묵히 헤아려 주시기 바랍니다.

예송(禮訟)은 어떻게 귀결되었습니까? 허(許 허목(許穆))의 후소(後疏)는 다시 어떠합니까? 제 생각에는 참최복(斬衰服)을 입어야 한다고 말하는 자들은 신모설(臣母說)[142]의 의리를 만들어 내려고 하는 것이니 매우 이치에 어긋납니다. 허의 소는 여강(驪江 윤휴(尹鑴))에 비해 자못 온당하지만 전혀 장소(長少)의 윤리가 없고 또 종통(宗統)의 바름을 어지럽혔으니 일시적으로 편리할 수는 있으나 만세(萬世)의 경법(經法)은 아닙니다. 듣건대 증산(甑山)[143]과 시남(市南 유계(兪棨))도 항복

142 신모설(臣母說) : 어머니를 신하로 할 수 있다는 설을 말한다. 1659년 효종이 승하하자 인조의 계비인 자의대비(慈懿大妃) 조씨(趙氏)가 어떤 상복을 입어야 하는지 논쟁이 있었는데, 정태화와 송시열의 기년복설(朞年服說)에 대해 허목은 차장자설(次長子說)에 따라 삼년복을 주장했고, 윤휴는 신모설에 따라 삼년복을 주장했다.

143 증산(甑山) : 석성현(石城縣)의 증산에 우거(寓居)하던 윤문거(尹文擧)를 가리킨다.

하는 깃발을 세웠다고 하는데, 어찌 깊이 생각하지 않았단 말입니까. 길보(吉甫 윤선거(尹宣擧))는 그렇지 않을 것입니다. 형이 두 형을 구원하는 것은 작은 일이 아닙니다. 그러나 절대 다른 사람에게 말하지 마십시오.

이태지에게 보냄 경자년(1660, 현종1) 4월 28일

與李泰之 庚子四月二十八日

근래의 일은 저도 모르게 혀가 내둘렸습니다. 무엇보다 후소(後疏)는 어떻게 수습되었습니까? 무중(武仲 유계(兪棨))은 팔자가 심히 좋아, 갑자기 감히 말할 수 없는 곳에 그를 두어 그로 하여금 시비총중(是非叢中)에서 초연하게 하였으니, 이것이 우리에게 가장 순편한 것입니다.

저는 방금 길가에 나와서 상소하고 대죄할 뿐입니다. 다만 5월 4일[144]이 이미 박두하였으니 망극하고 망극합니다. 이만 줄입니다.

144 5월 4일 : 효종이 승하한 지 1년이 되는 날이다.

이태지에게 보냄 경자년(1660, 현종1) 5월 8일

與李泰之 庚子五月八日

근일 어떤 말을 하였으며 어떤 사람을 접촉하였습니까? 저는 우선 시장에서 억울하게 죽는 것을 면하였으니, 분수에 넘치는 은혜를 지극히 받았습니다. 다시 무슨 말을 하겠습니까.

여강(驪江 윤휴(尹鑴))의 본색을 먼저 깨달은 것은, 귀로 듣고 눈으로 보는 것이 이 일 아닌 것이 없는데 어느 누가 모르겠습니까. 아무개에게 들른 사람이 말하기를 "아무개 아무개 한 무리는 여강의 본색을 알지 못하고 경솔하게 나와서 이런 일을 당하였다.……" 하였습니다. 형이 조만간 진천(鎭川)으로 돌아간다면 그 자세한 내용을 알게 될 것입니다.

이태지에게 보냄 경자년(1660, 현종1) 5월 19일

與李泰之 庚子五月十九日

근래의 일은 다시 어떠합니까? 여(驪 윤휴)의 정상(情狀)이 다 드러났으니, 무중(武仲 유계(兪棨))이 말한 '선견지명의 불행'은 참말입니다. 저는 불쌍히 여기며 기뻐하지 않을 뿐입니다. 다만 형이 부모님의 병 때문에 돌아가게 해 달라고 청했으나 이렇게까지 지체한 것은 필시 저들에게 모함을 받은 것입니다. 이미 돌아왔다가 도로 들어가는 것 또한 무방합니다. 모름지기 속히 돌아와서 저들의 핑곗거리가 되지 않는다면 매우 좋을 것입니다. 오늘은 다른 날과는 다르니 형을 위하여 매우 염려합니다. 할 말은 많지만 돌아오시기를 기다려 하나하나 말씀 드리겠습니다.

이태지에게 보냄 경자년(1660, 현종1) 5월 27일

與李泰之 庚子五月二十七日

편지를 쓴 지가 이미 오래되었는데, 어제 듣자니 퇴지(退之 이유겸(李惟謙))가 근일에 비로소 올라갔다고 합니다. 요즘 근황은 어떠합니까? 근일 조정의 형세는 다시 어떠합니까?

조사기(趙嗣基)의 상소는 이미 들어갔습니까? 탄(炭 권시(權諰))의 상소는 조리가 없어 사람을 현혹하기에 부족하고, 무엇보다도 여강(驪江 윤휴(尹鑴))의 색채가 있으니 어찌 어렵지 않겠습니까. 그 의론이 이미 올라간 뒤에는 옥당의 차자조차 드러내 놓고 그것을 배척하지 못하였습니다. 그것은 주자(朱子)가 "적을 잡으려면 먼저 왕을 잡아야 한다."라고 한 것과는 어떻습니까? 단지 저들로 하여금 더욱 치밀하게 도모하게 하여 환란을 더욱 깊이 걱정하게 될 뿐이니, 그것은 위태롭습니다.

시남(市南 유계(兪棨))의 편지에서는 "그 무리가 흉흉하기 그지없다."라고 했는데, 이른바 그 무리라고 하는 것은 누구입니까? 듣자니 소문(小門)의 두 이씨(李氏)[145]는 이미 그 무리와 절교하였으나 세 민씨(閔氏)[146]는 그 무리를 힘써 부지하고 있으므로 정(楨 황세정(黃世楨))

145 소문(小門)의 두 이씨(李氏) : 서소문(西小門)에 살았던 이경휘(李慶徽)와 이경억(李慶億) 형제를 가리킨다. 《宋子大全隨箚 卷3》

146 세 민씨(閔氏) : 민시중(閔蓍重), 민정중(閔鼎重), 민유중(閔維重) 세 형제를 말한다.

과 정(禎 송규정(宋奎禎))이 망설이고 있다고 하던데, 참말입니까? 우리에 들어왔으면 다리를 묶어 놓을 필요 없는데,[147] 형이 그 지나간 일을 뒤늦게 탓할까 염려됩니다. 그러나 오늘의 일은 더욱 두려워하고 조심하여 사람으로 하여금 비난할 만한 틈이 없게 해야 합니다. 형은 모름지기 맹렬히 성찰하는 공부를 통렬하게 더 하십시오.

별지

제 생각은 다음과 같습니다. 법에 어긋나는 것은 피해야 하나 갑자기 면천 군수(沔川郡守)로 하여금 면직하게 한다면 상사(上司)의 잘못입니다. 이것은 응당 피혐해야 할 법이 없는데 면직을 청한다면 이는 할 말이 있기 어려울 것입니다. 실제로 병이 있는지는 외부 사람이 알기 어렵습니다. 면천 군수는 강명(剛明)함으로 이조 판서 등 여러 공에게 칭찬받은 자인데, 지금 이 사람을 체차하고 홍로(興老)[148]로 대신한 것은 강명한 관원을 택한 듯하니 그가 낭패하기를 바란 것이 아닙니다. 다만 면천 군수가 면직을 청한 연고를 보자면 홍로와 경중이 어떠합니까? 대단한 것이 아닌데 면직하고는 반드시 여기에 재촉하니

147 우리에……없는데 : 이미 잘못을 고친 사람에 대해 기왕의 잘못을 다시 비판하는 것을 의미한다. 《맹자》 〈진심 하(盡心下)〉에 "묵적(墨翟)에게서 도피하면 반드시 양주(楊朱)에게로 돌아가고 양주에게서 도피하면 반드시 유가로 돌아오니, 돌아오면 받아들일 뿐이다. 그런데 지금 양주 묵적과 변론하는 이들은 마치 도망친 돼지를 쫓는 것같이 하여 이미 우리로 들어왔는데도 다시 발을 묶어 놓는다."라고 한 데서 온 말이다.

148 홍로(興老) : 대흥 현감(大興縣監)을 지낸 이유택(李惟澤)을 가리킨다. 김장생과 김집의 문인이며, 이유태(李惟泰)의 백형(伯兄)이다. 《宋子大全 卷179 大興縣監李公墓碣銘》

참으로 알 수 없는 점이 있습니다. 혹 원래 불만스러운 뜻이 있었는데 이로 인하여 사소한 일로 그곳을 떠나고자 하는 것이 아니겠습니까. 만약 그렇다면 잠시도 만류해서는 안 됩니다.

민망스러운 점은 오늘날 우리 두 집안에 대하여 얼굴을 돌리고 서지 않은 이가 없는 것인데, 이 형만은 급히 끊지 않았습니다. 지금 이로 인해 서로 어긋난다면 의리를 막론하고 관계된 바가 작은 일이 아닙니다. 그러나 떠나야 한다면 떠나는 것이니 어찌 다른 것을 돌아볼 수 있겠습니까.

이태지에게 답함 경자년(1660, 현종1) 6월 10일

答李泰之 庚子六月十日

두 통의 편지는 앞뒤로 잘 받았습니다. 앞의 편지에는 곤두선 머리털이 관(冠)을 추켜올리는 뜻이 있어 사람으로 하여금 부끄러워 굴복하게 하였습니다. 권생(權甥 권유(權惟))이 전한 바가 무엇인지 모르겠습니다. 그러나 우리의 말꼬투리를 빙자하여 그의 부친이 스스로 해명할 근거로 삼고자 하니 그 정상이 또한 애처롭습니다. 참으로 깊이 허물할 필요 없습니다. 퇴지(退之 이유겸(李惟謙))와 변론을 심히 많이 하여 거의 서로 합치하였으니, 진실로 다행입니다. 여(驪 윤휴(尹鑴)), 탄(炭 권시(權諰))에 대하여 저는 여가 본원이고 탄이 지류라고 여기나 퇴지는 반대로 여깁니다. 저는 여가 까다롭고 탄이 수월하다고 여기는데 퇴지도 동의하였습니다. 형의 뜻이 이와 같은 것 아니겠습니까. 그러나 이는 굳이 융통성 없이 쟁변할 필요 없으니 내버려두어도 좋을 것입니다. 다만 춘형(春兄 송준길(宋浚吉))은 행차할 뜻이 있으니 뒤에 명이 이르면 틀림없이 번연(幡然)히 행차할 것입니다. 저는 이미 힘써 권하였으니, 형은 모름지기 지극한 정성으로 그를 권면하는 것이 어떻습니까? 할 말은 많으나 몹시 바빠 이만 줄입니다.

이태지에게 답함 경자년(1660, 현종1)

答李泰之 庚子

어제 보내신 편지를 받고 위안되었습니다. 듣자니 모친께서 오시어 중도에서 단란하게 모일 것이라고 하던데, 화락한 풍경이 상상되어 부러워 찬탄합니다.

사산(沙山)에서 모이고자 한다고 하셨는데, 사산은 참으로 이미 텅 비었습니다. 저 또한 움직일 뜻이 없고 움직이면 허물이 있을 것이며, 형이 오시는 것도 바라지 않습니다.

오늘의 일은 문을 닫고 빈객을 사절하는 것이 첫 번째 의리입니다. 황(黃 황세정(黃世楨))의 일은 제가 눈으로 본 것이 아닌데 형이 자세히 알려 주지 않으시니 역시 사소한 것입니까? 우선 내버려두고 서둘러 의견을 일치시킬 필요는 없습니다.

강(江 윤휴)과 탄(炭 권시)에 이르러서는 보내 주신 편지에서 말씀하신 뜻에 심히 복종할 수 없습니다. 제 생각으로는 "포의(布衣)가 이제 곤의(衮衣)를 입었다."[149]라고 한 것은 비록 부박(浮薄)한 듯하나 그 실제에 어긋나지 않는 것 같습니다. 만약 탄을 똑같이 과죄(科罪)하여 죄안에 포함한다면 어찌 크게 원통하지 않겠습니까. 강(江)은 진실로

149 포의(布衣)가……입었다 : 당시에 윤휴(尹鑴)를 남곤(南衮)에 견주어 "포의가 변하여 남곤의 옷이 되었다."라는 말이 있었다. 남곤은 초립(草笠)을 쓰고 남 서방(南書房)이라 불리며 공경(公卿)의 집안을 드나들면서 기묘년(1519, 중종14)의 화를 이루었는데, 윤휴는 스스로 윤 생원(尹生員)이라 칭하며 저녁과 밤에 왕래한 자취가 남곤과 똑같았으므로 '남곤의 옷'이라 이른 것이다. 《宋子大全隨箚 卷4》

바다의 본원이지만 탄은 바다의 지류이니, 이것을 안다면 판단하는 데 어려움이 없을 것입니다. 어떻게 하시겠습니까?

이태지에게 보냄 경자년(1660, 현종1)

與李泰之 庚子

그동안의 편지는 모두 받아 보셨습니까? 병 때문에 즉시 회포를 풀지 못하였으니 매우 한스럽습니다. 저는 날마다 마치 붉은 화로 옆에 있는 듯이 땀을 흘리니 몹시 괴롭습니다.

또 저는 황(黃 황세정)을 공격한 것 때문에 한 부류의 사람들에게 분노를 크게 샀는데 형의 집안은 또 공격하지 않았다고 의심받았습니다. 형은 작년 우리 두 사람이 정생(鄭生 정보연(鄭普衍))을 위하여 해명하던 때의 이야기를 생각해 보십시오. 정생이 부끄러워하며 엎드렸는데도 황(黃)과 김(金)이 그를 공격하는 데 더욱 힘썼습니다. 그러므로 우리 두 사람은 심히 남이 개과천선하는 길을 막는다고 치부되었습니다. 지금 황이 이미 자책하고 있는데 우리가 만약 이와 같이 한다면 황과 김에게 비웃음을 받는 일이 없겠습니까. 비록 소견이 약간 맞지 않더라도 두 집안이 또 이렇게 분분함으로써 엉뚱한 사람이 이익을 가로채게 해서는 안 됩니다.

정생의 남은 화가 아직 그치지 않았고 여황(餘黃)[150]이 어제 또 달아나 돌아갔는데 이곳의 몇몇 사람은 또 감히 정을 위하여 곡하지 않으니,[151] 이것이 무슨 일입니까. 한탄스럽습니다.

150 여황(餘黃) : 황진(黃璡, 1634~1666)을 가리킨다. 그가 부여(扶餘)에 살았으므로 여황이라 칭하여 황세정과 구별한 것이다. 《宋子大全隨箚 卷4》

151 정을……않으니 : 정보연이 1660년에 사망하였다.

이태지에게 답함 경자년(1660, 현종1) 9월 20일

答李泰之 庚子九月二十日

근자에 소식을 듣지 못하였는데, 그저께 보내신 편지를 받아 무척 위안되었습니다. 저는 병이 심하니 어쩌겠습니까. 사관(史官)이 와서 성상의 특별한 은혜를 지극하게 입었는데 끝내 유익함이 없게 되었습니다. 어제 퇴지(退之 이유겸)의 편지에 답하면서 제 뜻을 대략 언급하였습니다. 만나서 이야기를 나누고 싶은 마음 지극하나 인편이 없으니 한탄스럽습니다.

무엇보다도 신세가 소인임을 깨달을수록 일이 줄어듦을 깨닫게 되니 여강(驪江 윤휴)은 저를 도와주는 사람입니다. 일이 많은 사람을 볼 때마다 이따금 한 번씩 웃음을 터뜨립니다.

이태지에게 답함 경자년(1660, 현종1) 9월 27일

答李泰之 庚子九月二十七日

편지에서 말씀하신 뜻이 정성스럽고 자세하니 감사한 마음 그지없습니다.

소옥(小屋)은 윤생(尹甥)이 헐기를 청하였으니[152] 참으로 매우 통쾌한 뜻이 있습니다. 당초에 이 집을 엮은 것은 조(趙)를 위해서일 뿐만이 아니었으므로 그것을 인하여 지붕을 잇고 장차 자신이 밥을 지어 먹으며 생활하는 용도로 쓰려고 한 것입니다. 이제 보내온 편지의 내용이 이와 같으니, 약속하지 않아도 부합한다고 할 만합니다. 매사가 이와 같다면 저번 편지에서 "권모술수로 서로 원망한다."라고 하는 등의 말씀은 어찌 말하기를 기다려서 알겠습니까. 우습습니다.

소본(疏本)은 참람함을 잊고 지어 올리니, 오직 취사(取捨)를 어떻게 하실지에 달렸을 뿐입니다. 쓰임을 받지 못하여 나가지 못한 것이 본디 사실이나 갑자기 글에 넣으면 함축하는 뜻이 없습니다. 모름지기 아주 절박해진 뒤에 그 뜻을 슬며시 드러내는 것이 좋을 듯합니다.

동춘당(同春堂)이 서울로 올라가게 되면 한번 모일 때가 없겠습니까. 이전 편지에서 일이 많다고 한 것은 그렇지 않은 사람이 없으므로 그냥 말했을 뿐입니다.

152 소옥(小屋)은……청하였으니 : 송시열이 사위 윤단(尹搏)을 위하여 회덕에 소옥을 지었다. 윤단이 헐기를 청한 것은 분명히 까닭이 있었으나 지금은 자세히 알 수 없다. 《宋子大全隨箚 卷4》

한가하고 바쁜 까닭이 서로 같지 않으니 이것이 어찌 괴상하게 여길 일이겠습니까. 일찍이 들은 바를 퇴지(退之)의 편지를 통하여 대략 보였는데 전달되었는지 모르겠습니다. 몹시 바빠서 이만 줄입니다.

이태지에게 보냄 경자년(1660, 현종1) 11월 16일

與李泰之 庚子十一月十六日

중씨(仲氏 이유부(李惟孚))는 대문 앞을 지나가면서 들어오지 않고, 계씨(季氏 이유겸(李惟謙))는 고을에 이르렀다가 갑자기 몸을 돌려 갔으니, 이것이 무슨 광경입니까. 알기 어렵다는 말이 어찌 나오지 않을 수 있겠습니까. 그러나 문을 닫고 허물을 반성하는 데에는 역시 도움이 없지 않습니다. 그 말에 유감스러운 바가 있는 듯하나 실로 다행으로 여깁니다.

저는 한질(寒疾)을 심하게 앓아 수일 전에는 거의 죽었다가 지난밤부터 대략 살길을 찾게 되었습니다. 인경(仁卿 윤증(尹拯))은 진실로 전날의 인경이고, 사람들이 전하는 형의 말은 전날 형이 말하던 것이기에 본디 신기함을 깨닫지 못했을 뿐입니다. 병처럼 지키라[156]는 경계는 지키지 않아도 혹 괜찮지만, 소진(蘇秦)과 장의(張儀)의 술수는 제거하는 것이 심히 마땅할 것입니다. 오늘 저로 하여금 옴짝달싹하지 못하게 한 것은 누가 시켰습니까? 형은 제가 알지 못한다고 생각하십니까? 우습습니다.

156 병처럼 지키라 : 말을 삼가라는 뜻이다. 주희가 지은 〈경재잠(敬齋箴)〉에 "입을 지키기를 병 주둥이를 지키듯이 하고, 생각이 치달리는 것을 막기를 성을 지키듯이 해야 한다."라고 하였다. 《晦菴集 卷85》

이태지에게 답함 경자년(1660, 현종1) 12월 29일

答李泰之 庚子十二月二十九日

제 아우가 돌아와서 가르침을 말하고 또 혜서(惠書)를 전하니 심히 위로되었습니다. 제가 병을 앓는 일이 매우 잦아서 오래 장수할 조짐이 아닌 듯하니, 그대로 맡겨 둘 뿐입니다.

말씀하신 화숙(和叔 박세채(朴世采))의 일은 잘 이해하지 못하겠습니다. 이미 "양부모에게는 자최(齊衰) 3년이고, 친척에게도 그러하다."라고 하였고, 그 아래에서 또 "그 본복(本服)을 입고 심제(心制)를 입는다."라고 하여 그 의리가 바르니, 장차 무엇을 따라야 하겠습니까? 미(美 윤선거(尹宣擧))의 의론은 오로지 모호하여 끝까지 밝히기 어려운 이야기를 하여 사람으로 하여금 좇을 바를 알지 못하게 하였으니, 이것은 작은 병이 아닙니다.

해가 바뀌는 즈음에 시봉(侍奉)하는 기거가 더욱 복되기를 축원합니다.

이태지에게 보냄 신축년(1661, 현종2) 1월 2일

與李泰之 辛丑正月二日

해가 바뀌었습니다. 삼가 부모님을 모시고 있는 형제분들이 더욱 편안하고 형통하실 것으로 생각하며 구구히 찬탄하고 경하합니다. 저는 여전히 병든 물건이라 말할 만한 것이 없습니다. 만나 뵐 길이 없으니 우러러 그리워하는 마음만 간절합니다.

삼가 귤 3매(枚), 전복(全鰒) 2개, 호초(胡椒) 1봉(封)을 대부인(大夫人)께 드려서 임금의 하사품을 영광스럽게 합니다. 병으로 몸소 올리지 못하니 죄송하고 죄송합니다.

나머지는 예를 다 펴지 못합니다.

이태지에게 답함 신축년(1661, 현종2) 1월 10일
答李泰之 辛丑正月十日

영계(令季 이유겸(李惟謙))와 운거(雲擧 이상(李翔))가 형의 편지까지 가지고 왔으니, 산중이 그다지 적막하지 않게 되었습니다. 저는 누워 있는 시간은 길고 일어나 있는 시간은 짧으니, 스스로 정력을 헤아려 볼 때 오래 장수할 물건이 아닌 듯합니다. 다만 죽기 전에 언행을 조심하여 이전의 일을 조금이나마 속죄하려 했으나 정력이 이미 소모되어 할 수 없습니다. 춘형(春兄)이 서울로 가는 것 또한 단정할 필요가 없으니, 가는 날 모임을 기약해도 늦지 않습니다.

퇴지(退之 이유겸)는 저와 나란히 잤으나 서로 대화를 제대로 나누지 못했습니다. 아주 잠깐 한 가지 문제를 제기하였으나 대화를 마치지 못하였으니 한탄스럽습니다. 대개 근래 몇몇 집안은 정말로 백척간두의 상황이니, 전전긍긍하며 조심하더라도 그저 면하기 어려울까 두렵습니다. 더구나 약간의 미진한 일이 있어 의심하고 성내는 사람들의 구실이 되었습니다. 바라건대 형제간에 화락하게 지내는 때 서로 더불어 성찰하고 깨우치십시오. 나머지는 다 쓰지 못합니다.

이태지에게 답함 신축년(1661, 현종2) 1월 19일

答李泰之 辛丑正月十九日

삼가 단란한 즐거움을 생각하니 사람으로 하여금 지극히 부러워하고 감탄하게 하였습니다. 다만 사람이 부족한 까닭에 심부름꾼을 보내 안부를 여쭙지 못하였으니 한스러운 마음이 없을 수 없습니다. 이에 형제분들의 편지를 받으니 위안되고 감사한 마음이 지극하여 형용할 수 없습니다.

저는 큰 병을 앓은 나머지 줄곧 쇠약해지고 있으니, 또한 오래 살기 어려울 것을 스스로 헤아릴 뿐입니다. 저번 편지에 말하고자 하다가 말하지 못해서 "더욱 답답하다."라는 말씀까지 하시게 하였으니 부끄럽고 송구합니다. 퇴지(退之)의 정사가 이제까지 6년이 되었는데,[157] 그를 좋아하지 않는 자가 끝내 흠잡은 것이 없으니 이것이 어찌 얼음을 넣은 옥항아리와 밝은 가을 달의 고사[158]가 아니겠습니까. 오직 금산(錦山)의 서쪽과 진산(珍山)의 동쪽[159]은 다른 사람들이 다시는 보습을

157 퇴지(退之)의……되었는데 : 퇴지 이유겸은 1654년(효종5)에 내시교관에 제수되고 1656년에 사재시 주부에 제수되고 1657년에 진잠 현감에 제수되었다. 《承政院日記 孝宗 5年 3月 18日, 7年 12月 26日, 8年 1月 9日》

158 얼음을……고사 : 《회암집(晦菴集)》 권97 〈연평 이 선생 행장(延平李先生行狀)〉에 "(부친께서) 일찍이 사현(沙縣)의 등적(鄧迪) 천계(天啓)와 선생에 대하여 언급한 적이 있는데, 등적이 말하기를 '원중(愿中)은 얼음을 넣은 옥항아리와 가을 달같이 맑고 투명한 것이 흠이라고는 없어 우리들이 미칠 수 있는 바가 아니다.' 하였다."라는 기록이 있다. 원중은 연평 이동(李侗)의 자이다.

이태지에게 답함
答李泰之

답장에 깊이 감사드립니다. 조묘(祧廟)에 대한 논의[161]는 본디 세상 사람들이 놀라고 웃는 것을 압니다. 그러나 감히 배운 바를 버리고 시속을 따를 수는 없습니다. 만약 세상과 어긋난 형처럼 제 냄새를 쫓아다니는[162] 자가 아니라면 끝내 저를 옳게 여기는 사람이 한 사람도 없을 것입니다. 그러나 또한 무슨 상관이겠습니까.

금산(錦山)에서 저를 방문해 주시겠다는 말씀을 들었으니 얼마나 다행입니까. 비록 소소한 사고가 있더라도 부디 계획을 바꾸지 마십시오. 저는 병으로 피곤함이 날로 심해져 깊이 스스로 이상하게 여기고 있습니다. 어제저녁에 아이가 눈동자를 아주 크게 다쳐서 몹시 심란합니다. 퇴지(退之)의 아내가 편치 않다고 하니 그지없이 염려됩니다. 그러나 운기(運氣)가 바야흐로 형통하니 무엇을 걱정하겠습니까. 이만 줄입니다.

161 조묘(祧廟)에 대한 논의 : 다음 편지에 자세한 내용이 있다.

162 냄새를 쫓아다니는 : 어떤 사람이 몸에서 몹시 악취가 나므로 친척, 형제, 처첩들도 같이 있으려 하지 않자 괴로워하다가 홀로 바닷가에서 살았는데, 한 사람이 그 냄새를 좋아하여 밤낮으로 그를 따라다녔다는 고사에서 온 말이다. 《呂氏春秋 卷14 遇合》 기호가 아주 괴벽(怪僻)한 것을 비유한다.

이태지에게 답함

答李泰之

어제 두 양씨(梁氏)가 저를 찾아왔는데 그 편에 보내 주신 편지를 받고 퇴지(退之) 아내의 증세가 여전한 것을 알았으니, 염려됩니다. 그러나 양씨의 말로는 대략 소생할 뜻이 있어 오랜 시간이 흐르면 저절로 평안해질 것이라고 합니다.

동춘(同春) 형이 그동안 보낸 편지를 올립니다. 지난해에 분분했던 것은 월인(越人)의 만궁(彎弓)[163]과 같았으나 오늘의 경우는 장차 한집안에서 싸움이 일어나려는 것[164]과 같습니다. 형이 저의 상소가 의리에 어긋나지 않는 것을 명확하게 보았다면 부디 속히 심부름꾼을 보내어 저들의 의혹을 풀어 주십시오. 만약 저들의 설에 계합(契合)하는 점이 있다면 부디 밝게 저를 가르쳐서 미혹됨을 열어 주십시오. 그리하면 마땅히 대죄하는 상소를 속히 올릴 것입니다. 또한 오늘 회답을 받았습니다. 대개 저의 생각에는 비록 태조를 시조로 삼았더라도 이미 태종, 세종 이하의 세실(世室)이 있으니 두 종(宗)이 됨을 면치 못합니다.

163 월인(越人)의 만궁(彎弓) : 나와 전혀 상관없는 일이라는 뜻이다. 《맹자》 〈고자 하(告子下)〉에 "월나라 사람이 활을 당겨 사람을 쏘아 죽이려 할 때 옆 사람과 담소하며 그러지 말라고 말리는 것은 그와 소원하기 때문이고, 나의 형이 활을 당겨 사람을 쏘아 죽이려 할 때 눈물을 흘리며 그러지 말라고 말리는 것은 친하기 때문이다."라고 하였다.

164 한집안에서……것 : 체면을 불고하고 달려와 급한 처지에 있는 사람을 구해 주어야 할 상황을 말한다. 《맹자》 〈이루 하(離婁下)〉에 "한집안 사람이 싸울 경우에는 이를 구원하되 머리를 풀어 흩뜨린 채 갓끈만 매고 달려와 구원하더라도 가하다."라고 하였다.

똑같이 두 종이면 차라리 주자(朱子)의 설을 쓰는 것이 낫습니다. 게다가 이 논의가 병자년(1636, 인조14)과 정축년(1637) 이전에 나왔다면 그래도 괜찮을 것입니다. 그러나 반드시 처음부터 그 두 종을 바로잡아야 하니, 그렇게 한 뒤에야 가능할 듯합니다. 그렇지 않다면 오히려 중도에 그만두는 것을 면치 못할 것입니다. 더구나 오늘날 반드시 제후의 법도를 삼가 지키고자 하는 것은 정말 이해하지 못할 일입니다. 고견이 어떠한지 모르겠습니다. 이만 줄입니다.

《의례경전통해속(儀禮經傳通解續)》에서 "제후는 5묘(廟)이니 2소(昭)와 2목(穆)에 태조를 합해서 5묘가 된다."에 대한 주(註)에 "태조란 처음 봉작(封爵)된 임금이니 왕자(王者)의 후손은 처음 봉작된 임금을 위해서 사당을 세우지 않는다."라고 하였고, 그 소(疏)에는 "무릇 '처음 봉작된 임금'이란 왕의 아들이나 아우가 제후로 봉작된 것을 말하는데 그가 바로 후세의 태조가 되고, 그 임금 자신에 당해서는 자기를 낳아 준 왕의 사당을 세우지 못하므로 전혀 사당이 없는 것이다. 그러므로 제후는 감히 천자를 시조로 삼지 못한다. 만약 큰 공덕이 있다면 왕이 특별히 명하여 사당을 세우는 것은 괜찮다. 가령 노나라에 문왕(文王)의 사당이 있고, 정나라가 여왕(厲王)을 시조로 삼은 것이 이것이다. 노나라는 문왕의 사당을 세웠을 뿐만 아니라, 또 강원(姜嫄)의 사당과 노공(魯公), 무공(武公)의 사당을 세웠다. 주공(周公)과 친묘(親廟)까지 아우르니 문왕의 사당을 제외해도 오히려 8묘이다. 이는 모두 공덕이 있어 특별히 하사한 것이지 올바른 예는 아니다. 이것이 처음 봉작된 임금의 아들은 1묘를 세울 수 있고, 처음 봉작된 임금의 6세손이 비로소 5묘를 갖추게 되는 것이다. 가령 이성(異性)이 처음 봉작된 태공(太公) 같은 경우는 처음 봉작된 것이라 5묘를 세우게 된 것이니, 이는 제후의 예법을 따른 것이다. '왕자의 후손은 처음 봉작된 임금을 위해서 사당을 세우지 않는다'는 것은 그 공덕 때문이니, 오직 선대(先代)의 후예인 까닭에 봉작되었으므로 후세의 태조가 되지 못하고 이 임금을 낳은 왕자(王者)의 사당을 세운다. 반드시 그런 줄 아는데 경전에는 문장이 없다. 미자(微子)가 송나라의 시조인 까닭에 《좌전(左傳)》에서 '송나라가 제을(帝乙)을 시조로 삼는다.'라고 한 것이 이것이다. 가령 이왕(二王)의 후손[165]이 하늘에 교제사(郊祭祀)를 지낼 때는 원대(遠代)의 시조를 하늘에 짝하여 제사를 지냈다. 그러므로 〈예운(禮運)〉에 '기(杞)나라가 교제사를 지내는 것은 우(禹) 임금이 있었기 때문이고, 송나라가 교제사를 지내는 것은 설(契)이 있었기 때문이다.'라고 하였다."라고 하였습니다.

《중용혹문(中庸或問)》에서 "3소와 3목에 태조의 사당을 합하여 7묘가 되며, 문왕과 무왕은 종(宗)이 되어서 7묘의 수에 들어 있지 않다."라고 한 것은 유흠(劉歆)의 설입니다. 비록 그 수효는 같지 않지만 그 위치와 옮기는 차례는 또한 제후의 묘와 그다지 다를 것이 없습니다.

○ 여러 유학자와 유흠의 설 중에 무엇이 옳습니까? 전대(前代)에 해설하는 자들이 대부분 유흠을 옳게 여겼으니, 저 또한 그 말이 혹 옳은 듯합니다.

165 이왕(二王)의 후손 : 하나라와 상나라의 자손을 가리킨다. 주나라 초기에 전대의 두 왕조인 하나라와 상나라의 자손을 각각 기(杞)와 송(宋)에 봉하고 작위를 내려 주어서 그들을 예우하고 공경하는 뜻을 드러냈다.

이태지에게 답함 신축년(1661, 현종2) 3월 13일

答李泰之 辛丑三月十三日

답장을 받고 매우 위안되었습니다. 묘의(廟議)에 대한 동춘(同春) 형의 뜻이 이미 이와 같으니 다른 사람도 아마 알고 있을 것입니다. 평소 저를 좋아하지 않는 자들이 시끄럽게 들고일어났으니 비록 동춘 형이라도 끝내 저지하지 못할 것입니다. 오직 동춘 형이 의혹을 풀고 다른 사람이 그에 의지하는 바가 없어야 하니, 그렇게 된 뒤라야 다행스러울 것입니다. 저는 이미 두 통의 편지를 써서 그것을 극진하게 말하였는데 어떻게 생각하시는지 모르겠습니다. 또한 이미 서로 말하였다고 하니 저는 힘을 얻을 수 있습니다.

이태지에게 보냄 신축년(1661, 현종2) 4월 8일

與李泰之 辛丑四月八日

근래에 괴롭게도 소식이 막혀 매우 한스러웠습니다. 저는 진실로 병이 들었으나 고질병이 있는 것을 완전히 잊었으니, 그대 때문이 아니라면 어찌 이 지경에 이르렀겠습니까.

아이는 생각할 때마다 가슴이 아프고 목이 메는데, 그는 제가 염려하는 것을 생각지 않습니다. 그가 마음 내키는 대로 곧장 행동하는데 제가 먼 곳에 있어 제때 돌볼 수 없으니 이내 가슴이 타는 듯합니다. 형에게는 반드시 안부를 여쭈려고 할 것이니, 부디 삼가 생명을 손상하지 말라고 경계하는 것이 어떻겠습니까.

그리고 그를 위로하는 사람을 백숙모(伯叔母)라고 칭해야 하나 세상에 이와 같은 경우가 없고, 오직 민애(閔哀)와 운거(雲擧)만이 이 주장을 견지하는 것이 매우 견고합니다. 그가 말한 바가 또한 이와 같다면 참으로 지극히 올바르지만 혹 세상에서 비방을 받지 않겠습니까. 부디 헤아려서 그에게 가르쳐 주시기를 바라는데, 어떻습니까? 또한 이 예(禮)를 물은 한 장의 종이에 대하여는 여기에 답하여 보내니, 그로 하여금 깨닫게 해 주시면 매우 다행스럽겠습니다.

이태지에게 답함

答李泰之

보여 주신 뜻은 삼가 잘 알았습니다. 그러나 단지 이와 같으면 너무 재미도 없고 까닭도 없을 것입니다. 그러나 남겨 둔 자산을 받지 않는다면 그래도 괜찮지만, 만약 이미 받았다면 더욱 극히 혐의가 있으니 모름지기 상소 중에 모두 언급하고 사직하는 것이 옳겠습니다. 그리고 상소가 아직 올라가지 않았다면 부디 시남(市南) 등 여러 사람과 다시 그 가고 머무는 것을 상의하는 것이 어떻겠습니까. 어찌 아녀자를 위하여 이렇게 성신(誠信)하지 못한 일을 한단 말입니까. 저는 처음부터 권하지 않은 자이나 오늘날 이와 같은 경우에 대하여 소견이 없지 않으니, 부디 생각해 보십시오.

이태지에게 답함 신축년(1661, 현종2) 7월 7일

答李泰之 辛丑七月七日

편지가 유(柳)를 통하여 이르렀는데, 편안하다는 소식을 기쁘게 들었습니다. 저는 앓고 있는 병이 날로 심해져 매일 오후에는 죽은 사람처럼 쓰러져 누웠다가 한밤중에 비로소 깨어납니다. 손자의 설사병은 이미 극심한 지경에 이르러 속수무책으로 하늘의 뜻을 기다리고 있으니, 요사이의 심사(心事)는 실로 살고 싶지 않습니다.

응지(應旨) 문자는 이미 완성하셨습니까? 근래 아무개 유생과 함께 있으면서 아무개 벗의 일을 많이 들었는데 개탄스러움을 견딜 수 없었습니다. 저는 그에게 이미 입이 아프도록 충고해 주었으나 서로 믿음이 없으니, 생각건대 형이 이어서 충고해 줄 수 없겠습니까. 이 사람을 구제하는 것은 작은 일이 아닙니다. 이 벗에게는 감히 깊이 바라지 못하니, 대략 자리를 택하여 술에 취한다면 아마도 가능할 것입니다. 도성 젊은이들의 뜻은 대개 이와 같다고 합니다.

바야흐로 현윤(賢胤)을 마주하고 편지 한 장을 쓰고 있는데, 편지가 또 이르렀으니 기쁘고 위안되는 마음 그지없습니다. 형의 해바라기 같은 충심을 이렇게 바로 다 기울여야 하는 날을 만났으니 성상의 뜻도 반드시 믿고 따르실 것입니다. 태평 만세에 칭송되기를 바랄 뿐입니다.

이태지에게 답함 신축년(1661, 현종2) 10월 12일
答李泰之 辛丑十月十二日

진천(鎭川)으로 가는 편에 보내신 편지를 받고 위안되는 마음 그지없습니다. 일찍이 편지 한 통을 인편에 부쳤으니, 이곳의 일을 잘 알 것이라 생각합니다. 곤궁한 사람의 일은 으레 이와 같으니 어쩌면 좋겠습니까.

12일이 강일(剛日)이니 이날에 반곡(返哭)하고 이어서 삼우제(三虞祭)를 행하고자 합니다. 다만 초우제(初虞祭) 외에 모든 우제와 졸곡(卒哭)은 반드시 아침에 행해야 합니다. 지금은 저녁에 하는 것을 면치 못하니, 이렇게 해도 큰 해가 없겠습니까? 가르쳐 주십시오.

이번 알성(謁聖)에 친구들이 한 명도 참여하지 않았는데 불행이 아닙니다. 할 말은 많지만 이만 줄입니다.

지은이 **송시열(宋時烈)**

1607(선조40)~1689(숙종15). 자는 영보(英甫), 호는 우암(尤菴)·우재(尤齋)·화옹(華翁)·화양동주(華陽洞主) 등이며, 시호는 문정(文正), 본관은 은진(恩津)이다. 부친은 송갑조(宋甲祚)이고, 모친은 선산 곽씨(善山郭氏)이다. 사계(沙溪) 김장생(金長生)과 신독재(愼獨齋) 김집(金集)을 사사하여 기호학파의 종장(宗匠)이자 노론의 영수로 활동하면서 조선 후기 학문과 정치에 큰 발자취를 남겼다. 효종의 즉위 이후 청나라에 대한 복수설치(復讐雪恥)를 역설한 《기축봉사(己丑封事)》를 올려 북벌론을 제시하였고, 학문적으로는 주자성리학을 정통으로 삼아 남인 학자인 윤휴(尹鑴)와 대립하였다. 이후 남인, 소론과 갈등이 깊어지다가 효종의 천릉(遷陵), 왕실 복제를 둘러싼 예송(禮訟)으로 논핵을 받아 삭탈관직되고 덕원(德源), 장기(長鬐), 거제도(巨濟島)에서 유배 생활을 하였다. 1689년 원자 책봉 문제로 제주(濟州)에 유배되었다가 서울로 압송되던 중 정읍(井邑)에서 사사(賜死)되었다. 1756년(영조32) 문묘(文廟)에 배향되고 영의정에 추증되었다. 저서로 《송자대전》, 《주자대전차의(朱子大全箚疑)》, 《정서분류(程書分類)》, 《주자어류소분(朱子語類小分)》, 《논맹혹문정의통고(論孟或問精義通考)》 등이 있다.

옮긴이

양기정(梁基正)

고려대학교 한문학과를 졸업하고 성균관대학교에서 문헌정보학 박사 과정을 수료하였다. 민족문화추진회 국역연수원을 졸업하였다. 한국고전번역원에 재직하고 있다. 《한국문집총간》의 기획과 편찬에 참여하였고, 《승정원일기》, 《명재유고》, 《성호전집》, 《번암집》, 《맹자주소》 등을 공동으로 번역하였다. 저서로 《생각, 세 번》, 《景, 자연을 노래하다》(이상 공저), 《남명집교주》 등이 있다.

김정기(金正基)

한림대학교 부설 태동고전연구소와 강원대학교 국어국문학과 박사과정을 수료하였다. 현재 한국고전번역원 고전문헌번역실 번역위원이며, 한국국학진흥원 영남선현문집번역 객원연구원이다.